在日二世の記憶

小熊英二・
Oguma Eiji
高賛侑・高秀美 編
Ko Chanyu Ko Sumi

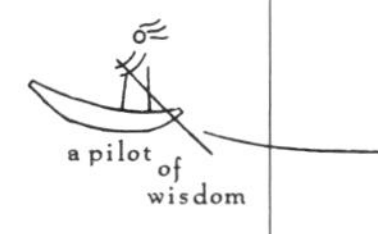

本書の刊行に寄せて

姜尚中

「在日二世」とは何者なのか？　この問いは、私にとって、自分自身とは何であるのかを問うに等しい、実存的で根源的な問いである。

ただし、「在日二世」はどう生きてきたのか、その軌跡を振り返る時、そこには百人の「在日二世」がいれば、百様の轍(わだち)が残されているに違いない。共通項を見出(みいだ)そうにも、ほとんどそれが見つからないほど、「在日二世」の生き様は、万華鏡を覗(のぞ)くような多様性と個別性に溢(あふ)れているからである。

本書に収められた人々は、社会運動に、ビジネスに、自営業に、教育に、映画に、演劇に、芸能に、スポーツに、自分たちの存在感を示しえた人たちである。しかし、出身地や学歴、民族教育の有無や周囲の環境、民族団体との距離や運動の有無などによって、「在日社会」や日本、韓国や北朝鮮へのコミットメントもまちまちであり、また母語や国籍、民族文化や「帰化」、南北統一に対する態度も、決して同じではない。

それでも、自称と他称も含めて、「在日二世」という、一括(ひとくく)りの社会的アイデンティティが成り立つのはどうしてなのか。それは端的に両親か片親が「在日一世」の子どもたちを指しているからである。「在日二世」とは、その人生の軌跡が恐ろしいほど多様であっても、「在日一世」から生まれ、そして彼らの記憶をそのアイデンティティの中に宿しているという、その一点において共通しているのである。そこには、被植民者が舐めた辛酸と屈辱、差別や偏見、貧困といったネガティヴなイメージがつきまとうとともに、それでも、「在日一世」の人間的な喜怒哀楽や底抜けの逞しさの記憶も宿っているに違いない。「在日二世」ほど、「在日一世の記憶」の母斑を刻印された世代はないと言えるかもしれない。

しかも「在日一世」が「在日外国人」であったのに対して、「在日二世」は、「外国人」でもなければ「日本人」でもないという、宙吊りになった「中間」を、自らの起点にせざるをえなかった人たちなのだ。「在日外国人」であった「在日一世」にとって、ことさら「在日」が特別な意味を持つことはなかっただろう。しかし、「在日二世」にとっては、曖昧な宙吊り状態の「在日」こそが、自らの根拠なのだ。だが、その根拠は、いま述べたように、宙に浮いたままである。でもだからこそ、狂おしいまでに、どこかにしっかりとした重力の手応えを求め続ける。その未完の無限運動こそ、「在日二世」の「在日二世」たる所以に他ならない。

それは、確かに日本の歴史の自画像の一部をなしている。その意味で、読者は、本書の中に「アナザー・ジャパン」（もう一つの日本）を見つけ出すに違いない。しかし、他方で、新たな格差と貧困が拡がり、平均的な日本人像が崩落していくなかで、『在日二世の記憶』に、近未来の日本社会の諸相を見出すような読み方も、今後リアリティを増していくことだろう。

しかも、ニューカマーが「在日」の新たな構成メンバーになり、また「在日二世」あるいは

「在日三世」の中から、日本という境界を超える世界的な企業家が輩出されつつあることを考えると、「在日」は決して固定的で静態的な集団ではなく、これからも絶えず変貌を遂げるマイノリティであり続けるはずだ。

「在日」は、日本というナショナルなボーダーからこぼれ落ちる「余剰」を孕（はら）んだマイノリティでもある。この意味で、私自身、「未完のプロジェクト」としての「在日」を生きていると自覚している。このプロジェクトを次の世代に伝える意味でも、また日本人の多くが、そこに自分たちの自画像の一部を垣間見（かいまみ）て、仄（ほの）かに輝く未来への曙光を見出すうえでも、『在日二世の記憶』を知って欲しいと願わずにはいられない。

二〇一六年一〇月

目次

1　共生のこの地に「コリア文化博物館」の実現を

中英愛（シン・ヨンエ）　女

取材日／二〇一五年四月五、一九日、五月二四日　**出生地**／慶尚北道大邱　**現住所**／東京都三鷹市　**生年月日**／一九三二年二月二〇日　**略歴**／書画家。雅号・暁風（ぎょうふう）。福岡県北九州市で育つ。七人きょうだいの三番目。幼いころから父・申応休（シン・ウンヒュ）に書画を学ぶ。法政大学文学部に進学。療養のため休学、中退。学生時代に出会った同胞学生と結婚、後に離婚。息子が三人。現在、暁風書画塾主宰、高麗書芸研究会副会長、国際書画芸術協会常任理事、国際書画連盟理事。イギリス、フランス、モナコ、ポーランド、中国、韓国にて作品発表。中国（南京博物院）、ポーランド（トルン・旧市庁舎博物館）に作品収蔵。　**取材**／高秀美　**原稿執筆**／高秀美

八〇歳を過ぎると自分の過去を呼び戻すように振り返るものですね。

お正月になると父は姉たちやわたしにもお酒を飲ませてくれるんですよ。お屠蘇（とそ）みたいなものですね。そして昔の話をしてくれるんです。「千字文」の釈文とか王朝物語とか、理解できない歴史ものを得々と。だから、わたしは日本の学校しか行っていないんですが、自然に頭に

入ってしまいましたね。
もちろん日常的にも教えられました。筆を持って正座させられ、むずむず動いたりすると、竹の笞（むち）で叩（たた）かれました。
そういったことが今でもときどき甦（よみがえ）ってきます。

▼大学予科で学んでいた父

父が生まれたのは一九〇〇年です。父は小さいときから書と絵をやっていたらしく、母方も貧乏画家の家です。昔のことですから親同士が決めたんでしょうけど、そんなことで二人は出会いました。両親は本国で結婚しています。

一番上の姉は韓国の大邱（テグ）で生まれています。姉は五年ぐらい前に、生まれ故郷を訪ねたのですが、昔のことを思い出したといってました。クリスチャンだったハルモニ（祖母）に連れられて土手を通って行きながら教会に行ったときのことや、その土手で妓生（キーセン）たちがとても素敵に着飾っていて憧れたこととか。五歳ぐらいのときの記憶だそうです。姉たちは二人とも大邱で育っています。

当時としてはごく普通のことだったみたいですが、父は母・李小香（リ・ソヒャン）と子どもたちを残して単身日本に渡り、京都大学の予科（第三高等学校大学予科）で学んでいた、そんなことを聞いていています。考えてみれば父からきちんと昔のことなど聞いてませんでした。今となってはどうしようもないことですね。

母は二人の娘を連れて、恋しい夫を訪ねてはるばる日本にやってきました。母の意志ですね。その後、母がわたしを孕（はら）んだのは日本に来てからのことです。

実はわたしが生まれたのも大邱なんです。父は昔の人ですから、子どもを産むのは実家で、という人で、それで母はわざわざ故郷に帰ったんです。生まれてみたら、三人目も女ということで、父の実家の方ではたいそう不満だった。母はいたたまれなかったのだと思います。そんな重圧からも逃れようと、早々に父のもとに戻ってきたんですね。向こうで百日の祝いをしてから戻ってきたと聞いています。

父は日本と朝鮮を何度か行ったり来たりしながら、生活手段をどうするか、悩んだようです。本当は勉強を続けたかったんでしょうけど、結婚して子どもが次々と生まれて、とても自分の勉強なんかしていられる状況じゃない、食わせなくちゃ、ということで変わったんだと思います。故郷に帰ったとき、日本の炭鉱で働く労働者を募集してまとめる責任者の仕事があるという話があって、その仕事を引き受けることにしました。福岡県の鞍手（くらて）郡木屋瀬（こやのせ）（現・北九州市）というところで炭鉱住宅地の高台に広大な住宅を建て、一〇〇人ぐらいの鉱夫を住まわせるようになりました。わたしは小学校から女学校までそこで過ごしました。

寮の食堂も家も大きかったことを覚えています。そこをたまり場にして日本の友達なんかと遊んでましたから、わたしにとっては楽しい思い出ばかりなんです。

植民地下の在日の生活というのは差別の中で辛苦に満ちたもの——というのが常識的なんでしょうけれど、わたしの場合は父の仕事上の立場のこともあって、いい思い出しかないんです。でもこれはわたしにとっては一種のハンディともいえるものだと思ってきました。

姉は今でも九州にいるんですが、姉も「苦労したことないのよね、わたしたちは」なんて、いってますね。

学校のときは日本名でした。当時は強制されてましたから。父は「妥協した」といってましたね。でも家に帰ってくると父は絶対に挨拶は朝鮮語なんです。家での教育というか、しつけはものすごく厳しかったです。

▼故郷に届かなかった家財

うちは高麗中家なんです、少ないんですよ。父の家系が両班（ヤンバン）だったかどうか、なんてことは聞いたことがありません。父はむしろそういったことをすごく嫌っていたんじゃないでしょうか。同胞たちが、生まれがどうのこうのという話をしているのを聞くと、「誰も彼もみんな両班だ。両班が国を奪われ日本へ来て何している！」といい放ったものです。

わたしがまだ木屋瀬尋常高等小学校（後に木屋瀬国民学校）に通っているとき、雨が急に降ってきたりすると学校に傘を持ってきてくれる人がいました。その人は日本語が上手にしゃべれないんです。それで迎えに来てもらっても嫌で、来ているのがわかるとわざと違う道を雨に濡れて帰ったりして、父に大層叱られたことを時々思い出すんです。本当にいい人だった。でもそのときは朝鮮人だというのが、わけもなくわたしの中で嫌だったんでしょうね。

日本名で通っていたんですが、みんなわたしが朝鮮人だということはわかってましたよ。学校は炭鉱に近いところにありましたが、朝鮮人の子どもは比較的少なかったんじゃないかと思います。炭鉱に募集で来る労働者というのはほとんど単身者だったからじゃないかしら。

父は当時、毎日のように手紙を漢文で書いていました。労働者たちは故郷から手紙が来ると父のところに持ってくるんです。父はそれを読んでその返事を書いたりしてました。その姿がすごく鮮明に残っています。わたしはそれが父の仕事なんだと思ってました。

そうして文字通り、歓喜の終戦を迎えるわけです。

日本の敗戦後、父は鉱夫たちをどんどん帰らせる手配とかしてましたが、何人か残っている人もいましたね。父のそばを離れたくないといって。それで残った人たちがいろいろ面倒みてくれたりしました。

父もすぐに南の故郷に帰るつもりで、当時住んでいた広い家を売ったんです。家財も処分し、自分の作った屛風（びょうぶ）だの資財、全部まとめて船に乗せて送り、すぐ後からわたしたちが帰る手はずでした。ところがなかなか帰国の船が手配できなかったんです。それで邸宅といってもいいくらいのかつての家を目の前にして、納屋で仮住まいすることになりました。人手に渡ったとはいえ、まだ誰も住んでいないのだからそのままそこにいればいいのに、父はそういうことを嫌うんですね。「もう自分たちの家じゃないから」といって。

ところが送った家財が一切届いていなかったんです。船が転覆したのか、途中でそっくり盗まれたのか、わからないんですが、とにかく故郷には何一つ届かなかった。父は友人に確認しに行ってもらったんですね。でもその人が帰ってきてからいうことには家財を乗せた船は見当たらなかった、それだけでなく故郷もすっかり変わってしまって、とても暮らしていけるような状況じゃない、と。だから父は帰るに帰れなくなってしまったんですね。

▼東京の大学に

戦後、学制が変わって、福岡県立直方(のおがた)南高等女学校が福岡県立筑豊高等学校となり、そこを卒業し大学進学となるわけです。

もともと父は「職業を持ちなさい。そのためにはせめて薬科大学を出て」っていっていたんですが、ダメだったので、翌年法政大学の日本文学科に入ることになったんです。当時、東京にいとこの兄たちが三人いたんです。経済的に余裕があった父は父方、母方の親戚の子どもたちを日本に呼び寄せ、学校に通わせたりしていました。この兄たちはわたしたちときょうだいのようにしてましたので、わたしにとっては実の兄のような存在でした。その兄が結婚して東京に住んでいたので、大学のことで相談したんです。それで法政大学がよかろうということになって。

大学では日本文学を学んだんですが、その中でも古典を専門に選びました。父の助言で選択しました。父は「朝鮮と日本の関係はきょうだいのようなものだ。日本は負け、朝鮮は解放されたんだから、これからはいい関係にならなければいけない。そのためには日本の古典を学べば古（いにしえ）の深い関係がつまびらかになる、日本の古典を勉強しなさい」といっていました。

大学に入って間もなく咳（せき）が出るようになって、それで休学することになりました。病名は肺浸潤というものです。今もその影が残っています。いとこの兄は東京でカフェーをやっていて少し羽振りも良かったんですね。茨城県の羽黒（はぐろ）（現・桜川市）にあった農家を買って持っていました。その家に住んで療養しなさいといってくれたんです。義姉と移り住みました。でもわたしは療養なんかしないわけ。馬を乗り回したりとか、田舎のギター弾きの青年がいつも遊びに来てたりしていたんです。兄のお嫁さんがそんなわたしを見ていて、このままじゃダメだから東京に戻すと兄にいわれて。兄はこのままでは学校には戻れない、療養して少し良くなったらお前は九州に帰れというんです。「復学したい」といったんですが、「その体じゃダメだ」といわれて。

それで九州に帰りました。東京と九州を行ったり来たりする生活でしたね。わたしが九州に帰ったときに、兄が大学に休学届を出してきて、「少し具合が悪い」と父に暴露したんです。父にはそれまで病気のことを黙っていました。

▼父に逆らって駆け落ち

民愛青（在日本朝鮮民主愛国青年同盟、現・在日本朝鮮青年同盟）の文化活動に参加しないかといわれて、ガリ版の機関誌にエッセイみたいなものを書いたりしたんです。機関誌に文章書いている青年たちが集まって、リズムという音楽喫茶店でよくたむろしてクラシックレコードを聴いて酔ってたものです。

八月一五日は「解放記念日」ですから、九州でも東京で学んでいた学生同盟（在日本朝鮮学生同盟）の大学生がわんさと集まって夏期休暇を熱く故郷で盛り上げて毎日遊んだものです。そんな中で知り合った人にものすごく積極的に迫られて。結婚しようといわれたんですが、父は「学業半ばで、とんでもない」って怒って。そうこうしているうちに、わたしって大胆なことするのよね。駆け落ちしたんです。

父の友人たちはいってました。「女の子をそこまで学校にやるのは間違っている」「将来、きっと後悔するぞ」と。父は毅然として「俺のやり方だ」といい返していましたが。家庭教育はもう本当に普通じゃありませんでしたよ。だからそんな父に逆らってわたしが家出するの、わかるでしょ、どんなに大変なことだったか。総攻撃ですよ。

母も姉たちもいっていたんです。「お父さんはあんたのことだけが大好きだったのよね」って。「あんたはわたしと違って才能あったから、ものすごく期待されていた」のだと。わたしが女学校に入るようになると展覧会に出すといつも入選するので、父は嬉しかったんでしょうね。姉たちはそういうことがなかったんです。その父を裏切ったんです。

わたしと一緒になれないなら命を捨てるというくらい強烈に迫られると後に引けない、そう思ったから決断したんです。家を出るしかないと思って。

でも結婚したらいきなり現実に直面させられました。それこそ着の身着のままで家出したから、何もない。お金も食べるものもない。計画性もないし。それから苦難が始まりましたよ。でもその苦労がわたしを、普通の軌道に乗せてくれたんじゃないかと思うんです。

どうやって生活したかって？　見知らぬ土地で空き家の納屋に住み、それはもう乞食みたいなことしましたよ。怪しげな若者が二人いるということで、何かいろいろ運んでくれる朝鮮のおじいさんがいて、「あなたたちは普通じゃない、お家に帰りなさい、家族が心配してるよ」と諭してくれたり。

そういいながらも、リヤカーで古鉄集めて売るための「資本金」をくれたんです。わたしは顔が見えないように手ぬぐいで頬かむりして麦藁帽子をかぶって、リヤカー引いたんですよ。これは今まで誰にも話したことなかった。

後で聞かされたことですが、家の方では、悲しみにうちひしがれた父は、わたしが家出した後も夜中に外で物音がするとそっとガラスを開けて表を眺めて……ということがたびたびあったらしい。子どもができて、親の許しが出ました。子どもの存在ってすごいでしょ。アボジ

（父）は子どもが生まれたということを人づてに聞いて、何もいわなかったそうです。

▼母ときょうだい五人は北朝鮮に帰国

父は生前、「帰国するなら自分の故郷に帰るべきだ」「北朝鮮に行ってはダメだ」といっていたんです。北朝鮮への帰国の第一船が出るのは一九五九年一二月一四日です。父が亡くなったのは同じ月の二四日、北朝鮮への帰国船が開始された直後なんですね。

母は父が反対していたのに、姉の婚家が帰国するというので、一緒に帰るしかなかったんです。わたしは反対してました。

いとこの兄さんはわたしの母のことを「お母さん」と呼んでいたんですが、「お母さん、何を今さらいっているんですか。宣伝に乗せられたらダメですよ」「朝鮮戦争が終わってまだ何年になるんですか。そこまで復興するわけない」「おじさん、いってたでしょ、帰っちゃダメだって」。

そうやってまわりで説得したんですが、わたしなんか頼りにならないし、母は下に残っている弟、妹たちをどうやって育てていったらいいのか悩んで、それで一緒に帰国したんです。母は父の遺骨を抱いて直方の駅から列車に乗って新潟に向かいました。

きょうだい五人が北朝鮮に帰国しています。七人きょうだいでわたしが三番目。一番上の姉が残りましたが、残りのきょうだい五人が帰っています。一九六〇年三月のことです。

帰国した弟や妹たちは大学まで出ています。でも当初は本当に苦労したみたいです。

オモニ（母）が亡くなったのは一九七九年三月、七二歳のときです。わたしはその年の五月、母たちが帰国してから初めて北朝鮮を訪問することになっていたんです。なのに……。母はわたしに会えるというのでとても喜んで、興奮して、アルバム出して広げてみたり夜中も寝ずにいたらしいんです。それで脳梗塞で倒れて、そのまま亡くなってしまったんです。オモニはわたしがいろいろ服なんかを送ってあげると、それに顔を押しつけ、「ヨンエの匂いがする」と喜んでいたそうです。それほどわたしに会いたがっていたんです。結局、わたしは生前の母に会えずじまいでした。オモニが亡くなったという連絡を受けて、もう行くのをやめようと思いました。行っても意味がないから。子どもの勉強部屋に閉じこもって泣き明かしました。親不孝ってこういうものなんだとつくづく思いました。でも日にちがどんどん近づいて、墓参りもしなくちゃいけない、きょうだいも悲しんでいるだろうと思い直して、行ったんです。

▼小さな書道教室から

書道教室を始めたのは四二歳のとき（一九七四年）ですね。最初はピアノ教室から始めて。家でピアノを弾いていたら、それを聞いていた近所の人が「うちの子に教えてほしい」と。だから最初は近所のよしみだからと無料で教えてあげてた。近所の子二人から始まって、お隣さんのような感じですね。

当時、地元の共産党の支部の活動があって、わたしもそれにちょっと協力していたんです。あるときその地区委員会の文化祭があって、そのとき作品を一つ書いてほしいといわれたので書いたんです。財政活動に協力して何十枚も色紙を書いてあげました。そのうち、「書道教室開いて、教えてもらえませんか」ということになったんです。

書道教室はそれが始まり。最初は三、四人。でもすぐに一〇人、二〇人と増えていった。展覧会か何かで教え子の作品が出されたら、口コミで広がっていってお母さんたちが次々に「うちもお願いします」ということで。通信教育で段をとれることをある人から聞いて日本習字教育連盟（現・公益財団法人日本習字教育財団）に所属し、それでだんだん本格的になっていったんです。五段を取れば書道教授免許は取れるんですよ。わたし自身は今、七段位の資格を持っています。

当時は自宅の小さな部屋に机を並べたり、片付けたり……、そんなことも今では懐かしい。大変だったけれど、楽しかった思い出です。

書家として日本の書壇の交流の中での人脈も増えていったのですが、日本と韓国、朝鮮の外交の問題のことでいつも揺り動かされてきたし、わたしが申という名前で在日ということを前面に出して暮らしていたので、いつもターゲットにされてきたというのがありました。

子どもたちのことを考えると、住んでいるこの日本を良くしなければいけない、住みやすい国にしなければいけないと思いました。そのためにはやはり歴史的なことが検証されなくてはいけないと思ったんです。強制連行の現場は日本のあらゆるところにあったのに、日本が率先して慰霊碑や慰霊塔を建てたり、歴史の教科書に記述するとかいうのはなかったんですよ。それもものすごく腹立たしいというのがあって。

「朝日新聞」の論壇に投稿（「連行慰霊塔と朝鮮美術館建設を――戦後の長い空白に『在日』は願う」一九九〇年八月一六日）しました。五八歳のときです。

「……、ふと、私の胸にくぐもっている一つの石碑を思い浮かべる。『有明朝鮮国咸鏡道壬辰義兵大捷碑』と刻まれている。豊臣秀吉の侵略による壬辰倭乱の時、咸鏡道(ハムギョンド)で義兵が日本軍に大勝した史実を刻んだ碑だ。それが今も、靖国神社の境内にあって、鳩舎(きゅうしゃ)の傍らで糞(ふん)にまみれ、ひっそりたたずんでいる。……これは日露戦争時、日本軍が豆満江(トマンガン)のロシア軍を攻めた際、後備歩兵一七旅団長池田正介指揮の軍が、村人を銃で脅して没収したものだという。碑は、皇居内の『振天府』に陳列された。それがいつの日か、歴史の恥部を隠蔽するように、人目に触れない片隅に捨てられているのだ」

この投稿があってから初めて屋根がつけられたんです。訪ねてくる人が多くなり、神社には苦情も寄せられて暗い場所から南側に移し丁重に囲いまでしつらえた。韓国からの要請もあってその後、韓国に送られ、そこからさらに北朝鮮へ返還されたのはつい最近ですよ。ここ一〇年以内のことじゃないかしら。

▼短歌の作風が変わる

若いころは同人雑誌に短歌を投稿していました。気まぐれに詠んでいますが、作風は次第に変わってきましたね。以前は恋愛がテーマだったり情緒的な作品が多かったのですが、次第に社会的なことを詠むようになりました。

光州(クアンジュ)事件(一九八〇年五月)のときもそう。「光州」というのは父からよく聞いていたんです。ずっと昔から学生運動の伝統が根付いているところだと。日本では五月といえば風さわやかな季節で、コンビニの前に行くと若い人たちが地べたにすわってのんびりだべっていたりしているのに、韓国の若者たちは民主化闘争のために命をかけて闘っている。切なくなりました。この落差はいったいなんだろうと思って、歌を詠みました。

光州五月は幾十度(いくそたび)かと国さびしむ武蔵野の青き風をねたみつつ

(朝日歌壇、一九九一年六月一六日)

生き継ぎていま乙女(おとめ)らが民族の誇りを身に着るチマ裂かれおり

(朝日歌壇、一九九四年六月二六日)

衣装というのは民族を表すもの、そのチマが裂かれたり編んでいる髪の毛を切られたりしているということを知ったときには怒りというか、憤りで震えそうになる。でもそれを歌にしようと思ったときは抑えますよ。感情をぐっと抑えないと歌にならないから。

投稿した短歌を振り返ってみると、そのときどきの社会事件とかが甦ります。いつも選者は近藤芳美さんでしたね。近藤さんから「どんどん詠んで歌集を出しなさい」といわれたこともあるんですが、わたし、あまりまじめにやらないから。

現在副会長を務めている高麗書芸研究会は在日の書道団体です。国家や組織に所属していません。独立した自主グループとして活動しています。展覧会を開催するだけでなく、ハングルの成り立ちについても勉強会を積み重ねています。九五年の阪神・淡路大震災のときには神戸の民族学校へ、東日本大震災のときにも、それぞれチャリティーの展覧会をして茨城と福島の民族初中級学校に一〇〇万円ずつ寄付しています。それ以外にもいわき市にある桜プロジェクト、震災の後、崩れた山にさくらの植樹を行っているボランティア団体があって、そこに三〇万円寄付するという活動も行ってきています。

▼博物館をつくるのが夢

一九九〇年の論壇の反響はすぐにありました。稲城市在住の知人小島淑子さんからも、さっそく翌日電話で「市民運動の絶対的チャンスです」という熱いメッセージをいただきました。

その後すぐに賛同者を募ったのですが、たちまち三〇人、五〇人、一〇〇人と増えていったのです。九月三〇日の「高麗博物館をつくる会」発会式以降はメディア関係にも広く取り上げられて、稲城教会を拠点に東海林勤（しょうじつとむ）牧師を代表としてスタートしました。それから一〇年後、篤実な韓国人企業家の協力によってビルのワンフロアが使えることになり、現在地の新宿区大久保に「高麗博物館」として再出発しました。講演会、学習会、史実にもとづく歴史検証のパネル展示等々、本当に地道な活動と堅実な運営姿勢に頭が下がります。

でもわたしが思い描くのは本来の博物館。物はあるんです。在日の方で国宝級の文化財をたくさん収集されている人がいました。この人は韓国にも一部寄贈されていたそうですが、日本の中心地にこれらを納める建物を建て、公開したい、そういう博物館が欲しいと念願されていたんです。でも、思い半ばで亡くなられてしまいました。

文化財は基本的には本国に返還すべきだという論理・主張もありますが、歴史の隘路（あいろ）を越えて生き続けるこの日本の地にわたしたちの誇れる先人たちの創り上げた文化遺産を抱いて生きることはそれほど不遜（ふそん）なことでしょうか？

印象派以降の作品の膨大なコレクターとして知られる松方幸次郎の収蔵品のために建てられた国立西洋美術館は、来年（二〇一六年七月、登録決定）世界遺産登録に推薦されるといいます。建物そのものもさることながら、西洋美術の普及により日本の近代文化の復興を支えてきたといえるのではないでしょうか。

いつの日か、共生のこの地に輝く「コリア文化博物館」が息吹く、そんな断ち切れない夢を追い続ける日々を過ごしています。

2　宝塚で外国人市民の共生目指して

金禮坤（キム・イェゴン）　男

取材日／二〇一二年一二月一〇日、二〇一三年八月一〇日　**出生地**／兵庫県川辺郡　**現住所**／兵庫県宝塚市　**生年月日**／一九三三年一〇月一五日　**略歴**／一九四六年から民族教育を受け、朝鮮中・高・大学とも各一期生。東京朝鮮中高級学校、朝鮮大学校教員を経て、採石会社経営。現在、同会社のアドバイザー、八六年朝大全国同窓会初代会長。九六年宝塚市外国人市民文化交流協会初代会長。九八年より、同会と市及び国際交流協会の三者共催事業として異文化相互理解事業を推進。二〇〇二年より、同会と宝塚市外国人市民懇話会座長。二〇一四年四月には宝塚市市制六〇周年記念式典で国際交流功労賞を受賞。著作「国語講座」（月刊誌「新しい世代」一九六一年から二年間連載）、著書『朝鮮語会話』（朝鮮青年社、六五年）、『ポケット韓日辞典』『ポケット日韓辞典』（사람 in 社、二〇〇二年）。　**取材**／川瀬俊治　**原稿執筆**／川瀬俊治

▼黙々と働く父の姿と母の深い悲しみ

わたしは八〇歳になる在日二世です。一九三三年、父・金末寿（キム・マルス）と母・洪福伊（ホン・ポギ）の五男として、兵庫県川辺郡小浜村、今の宝塚市小浜で生まれました。宝塚

市はJR宝塚駅・阪急宝塚駅を中心に高層マンションやホテルが立ち並ぶ観光・住宅都市であり、二〇一四年は宝塚のシンボル・宝塚歌劇団が創立一〇〇年を迎えます。こうした都市発展の基盤整備の一部に武庫川改修工事、県道尼崎宝塚線工事、神戸市水道隧道（ずいどう）工事、六甲山系の砂防工事などがありました。その多くの工事は在日一世もツルハシを振るい泥まみれになり参加し、築かれたものです。とりわけ武庫川改修工事では朝鮮総督府政務総監有吉忠一（元兵庫県知事）が一九二三年の第一期竣工式で「この工事は朝鮮人の力でできあがったといっても過言ではない」と挨拶したことは新聞報道でも記録されています。

父は一八九八年に朝鮮慶尚南道（キョンサンナムド）にある東萊（トンネ）温泉の近くの村に生まれ、自作農家に育ちましたが、末っ子の六男で耕す田畑も少なかったため、一九歳のときに福井県小浜の知人を頼りに日本に渡りました。そして一年も経（た）たずしていまの宝塚市小浜に移り、朝鮮から家族を呼び寄せます。雨季によく氾濫する荒神川（こうじんがわ）の河床浚（さら）いと堤防の嵩（かさ）上げ工事などの仕事に従事、その仕事ぶりから同胞や村人からも信頼を得ていきました。

荒蕪地（こうぶち）だった荒神川周辺の土地は稲作農地として活用に不向きな土地です。朝鮮で農業をしていた父は、河川改修後は農地として活用できると考えたようです。村人の信頼も厚かったことから、七〇〇〇坪に及ぶ土地を借りることができました。河川工事後、その荒地を少しずつ広げ農地にしていきました。

母は七人の子どもを育て七一歳で亡くなりましたが、生活ではチョゴリを着て通し、日本語は使いませんでした。このことがわたしの朝鮮語の基礎になったと思います。長男の址坤（チゴン）が腸チフスで亡くなったのですが、址坤は小浜村立小浜尋常高等小学校を卒業後、満蒙（まんもう）開拓団へ志願し練兵場で訓練を受けているときに腸チフスにかかり家に帰されたのです。母はあらゆる漢方薬を取り寄せ煎じて与え、病状を回復させせました。ところが役場から法定伝染病であるため強制隔離を命じられたのです。指定の避病院（隔離病院）では治療を十分に受けられないことを知っていた母は入院には必死に抵抗したのですが、聞き入れてもらえませんでした。址坤は強制的に入院させられ、まもなく世を去りました。一八歳でした。

頼りにしていた長男を失った母は号泣しました。日本に渡って最大の悲しみだったと思います。毎年、兄の命日になると母は近くの武庫川の水際で、韓国式に霊を弔う儀式をしました。母は供え物を、わたしは祭壇を運びました。母は兄に話しかけていました。「お前を死なせたのはわたしのせいだ。みなわたしが悪かった。許しておくれ。お前が生きていたら、こんなに悲しまなくても良かったのに……」。胸に収めてきた悲しみ、悔しさを喉がつまるような声で切々と訴えていました。その言葉を今も思い出します。

▼奥田靖雄先生との出会い

六年生のときが日本の敗戦でした。父は帰国の段取りをしていたようでした。帰国者には荷物や金銭の制限があったのと船便の都合がつかなかったのとで、父は近くの西宮浜や鳴尾浜などから漁船ででも帰国を実行しようかと思っていたようでした。でもそのころ、大変な噂を耳にして帰国を見合わせました。後にわかったことですが、それは浮島丸事件のことでした。

帰国を先延ばしにした父は多くの同胞と共に、四六年に朝鮮人学校の前身である国語講習所を五ヶ所に設置、しばらくして市内の美座に小学校を設立しました。やがて神戸に神戸朝鮮中学校が開校します。入学の前年、一九四八年四月二四日には阪神教育事件が起きたのです。一四歳だったわたしは大人たちの指示に従いMPや警察の情報を伝える役目をしたことを覚えています。事件後も、教育弾圧は続き、学校周辺は警官が張り込んでいました。警官をかき分けるようにして校門をくぐった緊張した日々を思い出します。

神戸朝鮮中学校卒業後、間もなく開校した高等部に進みました。高三の夏からは進学のための合宿に参加していましたが、高等部を終えるころに親のすすめで、千葉県船橋市にあった朝鮮中央師範専門学校に入学し、その一年後に東京都北区十条に朝鮮大学校が設立され、師範専門学校からは九人が推薦を受け二年生に入学しました。わたしはこのように中、高、師範、大とも第一期生です。

朝大では九人のうち二人が文学部に入学しました。日本語の授業は、奥田靖雄先生に朝鮮中央師範専門学校から引き続き教わりました。先生から「君は朝鮮語を専攻してはどうだ。とりあえず俺の研究会（民主主義科学者協会言語科学部会）に来ないか。日本語研究者たちの会だが、朝鮮語の教育のためにも日本語研究は大事だよ。子どもたちの母語は日本語だ」とすすめられました。在日子弟に対する言語教育の特殊性をひもといてくださったのです。当時、朝大は約三〇人の教授陣のうち日本人の先生も多く、奥田先生はその一人でした。

奥田先生はやがて新たな研究会「言語学研究会」を組織します。日本語文法の新しい体系をつくるといっておられた。ある日、金田一春彦先生が参加され、研究方法について評価された。「二葉亭四迷など言文一致運動時代の小説のなかから、用例を収集し、文法体系を確立するのは素晴らしい研究だ」と。奥田先生は「優れた作家は優れた日本語の使い手です。自分の頭でつくり出したデータで文法現象を説明するこれまでのやり方ではだめです」と強調しておられました。わたしは奥田先生を見習って朝鮮語の代表的作家である李箕永（イ・ギヨン）、崔曙海（チェ・ソヘ）らの文章から三万以上にもなる用例をカードにして、体系化する研究を始めることになります。

やがて奥田先生から「週一～二回俺の家に来ないか。言語学を少し勉強しよう」といわれ、それから先生の自宅に通うことになりました。ここで言語学の大事さ、研究の面白さを教わったといえます。当時の言語学理論で先進的な国はソ連だったことから、ロシア語の論文を読みました。予習などで毎週つらかったのですが、数年続けていただいたおかげで言語学という世界が少しわかった気がしました。

六一年のことです。在日朝鮮人青年向けの月刊誌「新しい世代」編集部から朝鮮語入門の執筆を頼まれたのです。この依頼を断ったことを奥田先生にそれとなく話したのですが、「大事なきっかけだ。つらい思いもしなさい」とすすめられます。それから二年間、毎月の連載を奥田先生の指導をうけながら続けたのですが、つらい二年間でした。

▼民族語そのものが民族の魂

朝大卒業後も研究生として学校に残り朝鮮語研究を続けたのですが、一方で東京中高（東京朝鮮中高級学校）など数ヶ所の講師を兼ねていました。当時、在日本朝鮮人総連合会（総連）の教育部長は李珍圭（イ・ジンギュ）さんで、彼はわたしに「地方の学校づくりにも協力しなさい」と指示され、各地に出かけることになります。九州では福岡の折尾（おりお）に開設される朝鮮学校に熊本の子どもたちを送り込むため、生徒募集の要員にわたしと文学部同級生の車次燮（チャ・チャソプ）さんの二人が派遣されました。帰京時のことです。大勢の父母たちの見送りを受けたあと気付いたのですが、父母たちがよごれた紙幣をわたしたちのポケットにねじ込んでいました。あのときの感動を思い出します。父母たちの朝鮮学校への熱い思いを感じました。

その後のことですが、朝鮮総連中央学院にも講師として派遣されました。各県本部の委員長や県の幹部たちが参加している場です。最新の正書法を、全国の幹部たちに統一させるための講義でした。受講生には母校の神戸朝鮮高級学校の金傭昊（キム・ヨンホ）校長先生が兵庫県本部委員長になって参加しておられ、先生は大勢の受講生の前で「この講師はわたしの教え子だ」と若い未熟なわたしを励ましてくださいました。

とりわけ韓徳銖（ハン・ドクス）総連中央常任委員会議長は民族語教育に熱心な方でした。総連の使命は、祖国統一はもちろんのこと、在日朝鮮人運動の根幹は民族教育であると考え「民族語そのものが民族の魂だ。民族語の教育は特に大事だ。流暢（りゅうちょう）に話せてその上朝鮮語でものを考えるところまでいかないと民族性が身に付かない」といい、特別な対策を立てることを教員たちに求めたのです。これを機に始まったのが、朝鮮語等級制運動です。

「教材は、小学校三、四、五年生の国語教科書（ポケット版）を新たに作り、それを丸暗記し、その言葉を生活語にしよう」「学校では日本語なまりの朝鮮語の表現をなくそう」と、教師も生徒も全員参加する方針が出され、日本語的表現の典型的な用例をわざわざ壁新聞に書き出すことなどもして、日本語的な表現をなくす運動を展開しました。教師も一級、二級と等級により合格証を取得することが求められました。東京中高が全国の朝鮮学校のモデル校になり、わたしは国語分科の責任者で推進役の立場でした。

専任の教師となって初の担任が日本の中学校卒業生四五人でした。この生徒たちを三年間受け持ちました。あとで知ったことですが、朝鮮語担当の先生に引き続き担任をしてほしいと生徒たちが校長に要望したことで三年間持ち上がりになったようです。わたしはこの生徒たちへの朝鮮語授業の経験をもとにして一般向けに『朝鮮語会話』（朝鮮青年社）を出版しました。六五年のことです。

▼兄の死、人生の転機

次男・正弼（ジョンピル）が父の会社を継ぎ成長させてきましたが、病気のため四二歳で急逝したのです。一九七〇年のことです。母は長男の址坤に続き正弼の死にショックを受け、翌年に帰らぬ人となりました。

わたしは朝大に赴任して四年目で、正弼の葬儀を終え、引き続き朝大で教鞭（きょうべん）をとれるものだと思っていたのですが、父から兄の事業のことが心配にならないのかと詰め寄られました。この言葉に悩みましたが、父の言葉に従うことになります。兄の死は一夜にして、わたしの人生を変えたといえます。

さっそくわたしは大阪府にある採石場に案内されました。昨日まで教壇に立っていた者にとってはまったくの別世界でした。七〇年といえば大阪万博の年で、会場の敷地整備工事など、関西最大の新都市建設に沸いていました。砕石場は数年前からこの開発地区の石材供給の基地でした。以後、わたしはダイナマイトを取り扱うための免許や業務管理主任者免許など数多くの資格を取り、砕石業に専念していったわけです。

当時、妻・尹一仙（ユン・イルソン）は東京中高で教師をしていました。互いに教師をやる約束で結婚したので、妻が関西に来ても教職を続けられるかが一番の悩みでした。幸い尼崎の朝鮮中級学校で日本語教師として勤務でき、七〇年四月から家族揃（そろ）って宝塚に住むことになります。

ただ事業を受け継いだ後も朝大との関係は続き、八一年のことですが、「同窓会をつくろう」と有志に提案しました。それから五年がかりで各県の友人たちにも相談を持ちかけて実現にこぎつけることができました。発会の総会は八六年九月一五日で、わたしは九四年三月まで会長を務めることになります。朝大の同窓会は、卒業生と連絡を取り合いたいという願いから出たものでありました。ただ驚いたのは朝大同窓会が誕生すると連鎖的に全国の小、中、高級学校の同窓会が設立されていったことです。

八九年には同窓会幹事会で平壌（ピョンヤン）に同窓会連絡事務所を設置しようと決めました。わたしたちは平壌に赴き当局に要望したのですが、答えは得られませんでした。わたしの力及ばず、期待に胸を膨らませ集まってもらった平壌の同窓生たちをがっかりさせる結果となりました。同窓会創立から三年目のことです。

わたしが八四年から再び教壇に立つことになるのは、東京外国語大学の朝鮮語学者菅野裕臣教授の依頼があったからです。朝大で朝鮮語講座を担当していたことを知っていた菅野教授は「母語が日本語であることは東京外大も朝大も同じく共通しているので、日本語的表現是正の指導方法も変わらない」と、朝大での経験を生かしてもらいたいと要望されたように思います。会社経営をしながら九〇年まで隔年で集中講義をしました。わたしは学生たちに「朝鮮語の勉強をしっかりやってください。朝大生たちが不可能な韓国留学も、あなたたちはできて恵まれている。この利点を生かして頑張りなさい」とよくいったものです。

一方、わたしはもう研究はできないが、何らかの役を担いたいと考え、東京外大を終えたあと海山文化研究所を立ち上げて日本語学研究の学術誌「対照言語学研究」の発刊を引き受けました。国会図書館の逐次刊行物の登録番号を得て、以降年に一回発刊しています。現在は二五号を数えています。東京外大の集中講義といい、学術誌の発刊といい、わたしには身に余る出来事といえます。論文掲載者のほとんどが外国人日本語研究者です。

▼阪神・淡路大震災の瓦礫（がれき）処理

一九九五年一月一七日、阪神・淡路大震災。阪神高速道路の倒壊など、総量で二〇〇〇万トンともいわれる瓦礫処理問題が発生しました。すでに八〇年代に産業廃棄物処理の許可を取っていたことから兵庫県からいち早く震災瓦礫処理の依頼を受けました。ドイツの産業廃棄物連合会の処理のノウハウを聞いていたことが役に立ちました。ドイツは第二次世界大戦時にソ連のベルリン爆撃で発生した瓦礫の処理を国家プロジェクトで取り組み、瓦礫の再利用を早くから進めてきたのです。のちにドイツを訪問、再利用の方法を再確認しました。

膨大な震災瓦礫の処理のためには会社の二ヶ所の処理場ではスペースがとても足りないため、灘（なだ）浜にある神戸製鋼所の空き工場などを借りて作業を進めました。受注高は大変大きかったのですが、一次処理材を他市の保管地まで運ぶ輸送費がかさんでほとんど利益が出なかったものの、震災復興に貢献した実績は残りました。

後日談があります。二〇〇二年のＦＩＦＡワールドカップを開催することになった韓国大邱(テグ)市から、瓦礫処理の経験を学びたいと兵庫県と神戸市を訪ねてきた際、震災瓦礫を処理したわが社を県、市とも指名したのです。わたしは現場を案内し瓦礫処理のノウハウを提供することができました。震災復興にも、ワールドカップ開催にも貢献でき、両市民の皆さんに感謝されてやりがいを感じられたことを、今も企業人として、大変嬉(うれ)しく思います。

▼「統一の願い」は枯れることはない

二〇年以上も前のことです。会社が日系ブラジル人を数十人雇用することになりました。大きな問題は「言葉」の壁と「住」の確保をどうするかでした。特定非営利活動法人・宝塚市国際交流協会などに足を運んだのですが、自分で解決するしかありません。わたしはこれらの活動を通して国際交流のあり方について考えました。二二万都市宝塚市に住む定住外国人をひっくるめた共生社会を作らねばならないと考え、九六年に宝塚市外国人市民文化交流協会（宝塚市外国人市民の会）を立ち上げました。時勢に合わせたテーマを季刊誌「地球人・宝塚」で取り上げ、来日間もない外国人にもわかるよう総ルビで刊行を続けています。

一方、近現代史の勉強会も活動の重要な柱になりました。片野次雄『李朝滅亡』（新潮文庫）も取り上げたのですが、これは単なる韓国・朝鮮史ではなくむしろ、日韓関係史の一部であり、在日の歴史にも繋(つな)がる作品です。日韓議連の国会議員たち約四二〇人のほか、宝塚市会議員全員に、そして宝塚市国際交流協会にも贈呈しました。また宝塚市、宝塚市国際交流協会と宝塚市外国人市民の会の三者で講演会を毎年開き、今年（二〇一三年）で一九回を迎えています。講師として登壇した金敬得（キム・キョンドク）弁護士、上田正昭京大名誉教授などの講演は市民の大事な近現代史の勉強を手助けすることができたと確信しています。

二〇一一年、東日本大震災で福島第一原発事故が起きましたが、その半年ほど前に宝塚市国際交流協会が「原子力発電は安全か」というテーマで講演会を計画しました。講師は原発の安全性を強調する方でした。外国人市民の会には原発を心配する人が多くおり、彼らの提案で「本当に原発は安全か」というテーマで勉強会を開くなどして、自然エネルギーに関心が向き始めたのです。そこで「水力発電に取り組もう」と、外国人市民の会が中心になって発電用設備を六甲山の山裾に設けることになりました。今年二月には関西電力と今後二〇年間の売電契約を交わし、年内には稼動する予定です。

グローバルな市民権獲得を目指して、宝塚市民として生きることと、在日韓国・朝鮮人として生きることとは矛盾するものではありません。青春時代には民族教育者として活動に打ち込み、四〇代から現在に至るまでは企業経営、文化的な啓発活動を在日の一人として模索してきました。ただわたしの故郷は朝鮮半島の北でも南でもありません。空を見上げて朝鮮の故郷を思っていた母とは違って、確かにわたしはこの地の土になるでしょう。しかし、ふるさとの実感はありません。

ただ、二〇年前、わたしが還暦を祝ってもらった場で「新たな夢」として参加者に申し上げたのは朝鮮半島に東西に延びる非武装地帯に寄せる思いでした。「非武装地帯約一〇〇〇平方キロの地に南北政府が共同で道路、水道、電気を整備して、この地を在日同胞に使わせて欲しい」と述べました。新聞記事にもなったことを覚えています。在日だから南北に自由な立場で役立てる。朝鮮半島は「冷戦の孤島」のように取り残されており緊張が絶えませんが、八〇歳を越えたいまも在日同胞の一人として「統一の願い」は枯れることはありません。いまもう一度、この機会に改めて、在日だけでなく外国にいるすべての「わが同胞に」といいなおしたいと思います。非武装地帯を「心の故郷」とし、そしてその地に真っ先に行って、臨津江（イムジンガン）を始め多くの河川に小水力発電所を数多くつくってみたいと思っています。

3 担任の机に入ったままだった「就職希望書」

鄭琪煥（チョン・ギファン） 男

取材日／二〇一二年四月三〇日　**出生地**／岐阜県可児郡　**現住所**／岐阜県可児市　**生年月日**／一九三五年一二月六日　**略歴**／両親は一九二五年ごろ渡日。三男六女の次男（六番目）として生まれる。同胞の居住数が少ない地域で成長し、日本の軍国主義教育を小学四年まで受け、終戦。高校卒業後、職を転々とし、父がやっていた廃品回収に従事。その後、くず鉄と製紙原料の個人商店を営む。バブル崩壊後の不況の中で、小規模に鉄くず商を継続しながら焼鳥屋を開業した。　**取材**／黄英治　**原稿執筆**／黄英治

▼日本人に囲まれた暮らし

俺はここ（可児市）の広見で生まれたんや。九人きょうだいで、一番上の姉ちゃんは朝鮮で生まれて、一歳になる前に日本に来た。親父が先にこっちに来て、落ち着いてから、お袋らを朝鮮に連れに行った。

親父は渡日について話さなんだな。お袋の断片的な話では、親父は大邱の山の中で愚連隊系。

みんなで山へ柴刈り（しば）に行くとなんにもやらずに、みんなが集めた柴を博打（ばくち）で取って、それを持って来たらしいわ。お袋は旅館の下働きのようなことをしとったようや。

チャグナボジ（父の弟）が一宮（愛知県）におった。親父は一人息子で、チャグナボジは腹違い。家は百姓やないか？　親父は、先に日本に来とったチャグナボジに呼ばれたんや。仕事は岐阜に来るまでは土方。国で食えんもんでこっちへ来たんやけど、お袋は「こんな苦労するなら、国におったほうがましやった」といっとったな。

記憶にある親父の仕事は、ぼっこ（襤褸（ぼろ））屋。親父は商いになるならどんな品でも売買をしとった。国民学校一年に上がる頃太平洋戦争が始まった。親父は徴用にとられて、鈴鹿の飛行場建設に行って、戦争が終わるちょっと前に帰って来た。二年ぐらい行っとったな。そこに大きな煙突があって、それが地震で折れた話をしとった。大きな地震（一九四四年一二月七日の東南海地震）があったんや。小学校の二年か三年のときの昼間、友達の家でお好み焼きをつくっとるときにグラグラっと揺れて、這（は）って外に出た。防火用水が「ジャバーン」とこぼれるほどやった。そのころは、お袋がぼっこ屋やっとったはずや。

当時の家の周りは日本人しかおらん。親父は穏やかで近所で評判良かったよ。伏見や御嵩（みたけ）（いずれも現・御嵩町）のほうに亜炭鉱があって、朝鮮人が大勢来とったけど、炭鉱の朝鮮人との関係はなかったようやな。朝鮮の友達が来たときは、ウリマル（母国語）が七割か八割ぐらいで、日本語がまざっとったな。親父とお袋は、当時としては日本語がどえりゃあ上手なほうで、俺らとしゃべるときには、日本語ばっか。ほんでも怒るときには朝鮮語になっとった。

▼勉強好きの軍国小学生

「鄭琪煥」で出生届されたけど、通名の「川上秀男」で暮らした。「川上」は、親父が日本へ来てすぐのころ、富山県黒部の飯場におったときに、そこの親方が「名前をつけなあかんけど、ここは川の上の方やで、川上にせい」でついたらしい。在日で「川上」なんちゅう苗字はあらへん。金なら金本、金田、金山。朴なら本家にちなんで新井とかな。おれんどこは山の奥で日本人がつけたもんで、「川上」になっただけ。

四つぐらいのときに、一番上の姉ちゃんに漫画の『トンボのとんちゃん』を読んでもらって、それで字を全部覚えた。吹き出しを姉ちゃんが読む。それを自分も声に出すうちに、字と音が一致するわけよ。

朝鮮人を意識したのは、子ども同士で遊んどって、なんかあると「チョーセン」といっていじめられたで、「俺は朝鮮なんか」と思ってな。

一年生に上がったときは、兄貴が高等科二年にいて助けてくれたで、そんなにいじめられなんだ。二年生になったときには兄貴はおらん。ほんでも、身体も大きかったし喧嘩が強なってよ、五年生かそこらの奴なら負けなんだ。弟がいじめられると、こんどは俺が退治しに行く。そりゃ面白かったぞ。

当時は軍国教育やけど、俺は勉強をようやったもんで、二年生の担任の女先生が、「川上君はしっかりして勉強もようやるで陸軍幼年学校へ行きゃあ」といっとった。俺もそのつもりで「僕、行くよ」って答えたな。

勉強をなんでようやったかわからんな。記憶力がすごく良かったんや。ある意味、「皇国の興廃」を一身に背負う軍国少年やったわけやな。そんなふうにつくられとったんや。そんな子どもやったで、先生にはいじめられなんだし、差別されたことはない。四年生で終戦になって、野球が入って来たんや。野球も上手で先生にちやほやされたな。

兄貴は高等科二年で豊川の海軍工廠(こうしょう)へ行って、機関銃の銃身をつくる部署で働いたそうや。ほんで終戦の年の九月一〇日ごろに志願兵で入隊することになっとった。まだ若いもんで、親の判子がいる。それをだまって持ち出して、判子ついて行くことになっとった。あのとき行きゃ、すぐ死ぬぞ。入るところが砲兵隊の工作部隊で、戦車が通る道路つくる、最前線の最前線やな。親父に隠れて軍隊に志願するんやで、兄貴も相当の軍国少年やったわけや。

▼ぼんやりとしている終戦前後

戦争が終わって世の中ががらっと変わったちゅうけど、教科書に墨を塗った記憶はないんや。八月一五日は暑い日やった。「今日、天皇陛下の放送がある」というので、中部電力の出張所みたいなところに集まって行った。親父らもそこに来とったような記憶がある。ラジオがガーガーと音を出しとったけど、天皇陛下の言葉がはっきり聞き取れんわけよ。すると中電の出張所の親父が、突然「くくく」と泣きにかかった。ほんでもまだわからん。しばらくして、誰かが「戦争が終わった」といいにかかったんや。そんなようなことやぞ。

夏休みが終わって学校が始まるんやけど、軍国少年である必要がなくなったとか、一学期と二学期で何が違ったかについて、まったく記憶にない。そんなことも考えたことがなかったなぁ。

とにかく、萱場製作所（現・KYB株式会社）に爆弾が落ちたり、終戦の年の八月一四日に広見の通りが艦載機で機銃掃射されたりしたことはあったけど、それだけや。夜中に名古屋へ空襲に行くB29の編隊は見たわ。山の上がぼおっと赤くなって、「名古屋が燃えよおるげな」ちゅうような、そんな程度。平和やであかんわ。ほんとに平和やったよ。親父がどうしてコメを仕入れて来たか知らんけど、学校に持って行く弁当にイモを持って行ったことは一回もない。イモの入ったご飯は持って行ったけど、イモを代用食にすることはなかったな。コメはいつもあった。腹が減ったとか、よその家のキュウリを盗んで食ったとか、そんな記憶もない。

▼戦後の暮らし

アメリカ軍は広見にもたまに来とったな。終戦直後に英会話教室ができたもんですぐ行った。人が座れんぐらい英会話を習いに来とったけど、すぐやめた。

それとな、広見の駅前に民族学校ちゅうのができたんや。駅の近くに朝鮮人連盟（在日本朝鮮人連盟）があって、その近くや。親父がそこへ「行け」といったな。ひと月ぐらい朝鮮学校へ通って「아야어여（アヤオヨ）」を習った。パジ（ズボン）、チマ（スカート）、チョゴリ（上着）とか覚えた。

解放されたとき、親父は国へ帰るつもりやった。ほんで家財道具もある程度売った。ほしたら兄貴が「俺は行かへん！」といったもんで、「家族がばらばらになるのはあかんで」と、やめたんや。なんで兄貴が「行かん」と頑張ったのかはわからん。俺なんか、親父が「行くぞ」といえば、「はい」ってついて行くだけやもん。お袋も親父について行くだけ、賛成も反対もなかったな。兄貴は昭和四（一九二九）年生まれで、一六、七になっとった。

帰らんと決めた後、暮らしを立て直すために飴屋を始めたんやな。あれで潤った。飴はな、ヤミのコメを買ってきて、蒸してから水と麦芽を入れて二時間ぐらい置いとくと、全体が甘くなってな。それをしぼって、液を炊くわけよ。朝の九時ごろ炊くと、昼過ぎには飴になる。家にはすごく大きな釜が三つもあったでな。飴をやるとカスが出るもんでブタを飼う。自然発生的にそうなるんやな。周りの日本人は何にもいわなんだぞ。親父が勝手にブタ小屋つくった。つくれば既成事実になるだけよ。

飴をやっとるときの暮らしは優雅なもんやったよ。家には野球のグローブは二、三個あったし、バットも何本か買ってもらっとった。近所の奴が野球やるとなると、道具がいるもんで、俺を探しに来とった。

中学に入ったのは昭和二三（一九四八）年。中学時代の俺も立派なもんよ。一年、二年、三年とホームルームの室長よ。クラブは野球部が主体やけど、走りゃ速いし、卓球の選手になるわ、陸上の選手になるわで席巻しとった。陸上部の郡大会に出て一〇〇メートル、走り幅跳び、高跳びをやった。野球部はわりと強かった。俺はキャッチャーで監督みたいなもんや。打順決めて、ピッチャー交代も決めよったもん。

▼勉強を諦めさせた壁

中学になるころに外国人登録が始まった。その記憶はある。行かなあかんけど、「なんでこんなことしなあかんのや」と思った覚えはある。ただ、疑問はあんまり浮かばなんだ。朝鮮人が大勢おって、そろって反対するちゅうようなことがあらへん。俺らは広見の雰囲気に溶け込んで生活しとった。

高校は最初、笠松工業（岐阜工業高等学校）に行った。親父が「大学へ行かしたれんで、工業高校のほうが就職するにええやら」ちゅうことで、親父が決めたんやな。どっちにしろ、高校へ行って勉強はしたかった。でも笠松工業高校は遠くて通うにえらいで、一年も行かなんだ。笠工は有名校で、就職は絶対に良かったけどな。ほんで、御嵩の東濃高校に転校したけど、学校へ行っとらんもんで、職員会議でもめたらしいよ。ほしたら近所に東濃高校の先生がおらして、「あの家はまじめなとこやし、あの子も勉強がようできるで」と頑張ってくれたらしいんや。ほんで二年から転校できたんや。

で、転校して一ヶ月ぐらいで上級生を殴っちまって、大騒ぎよ。野球部に入って、監督がフリーバッティングさせたんや。グラウンドはセンターが広かったけど、三本ぐらい山の中へ打ち込んだわけよ。監督が喜んじゃってな。レギュラー決定みたいなもんや。ところが、雨の日に「練習や」と上級生がいうもんで、「こんな日に中途半端な練習せんでもええやろ」といったら、「素振りや」というわけ。「どこでやるや！　こんなべたべたで」と答えたら、上級生の奴がぶつぶつと何かいった。ほんで「文句あるか！」って殴って、野球部やめちまった。弁論部で遊んどったけど、そのころは勉強しやへなんだ。

将来への希望がなかったからやな。大学は行きたかったなぁ。「絶対にあかん」とはいわれなんだけど、「無理や」と考えたんやな。そのころ暮らしはしんどかった。笠工も東濃高校も、電車賃や学費は、土方のバイトして自分で出しとった。

そのとき家業は、ブタをなりゆきでやっとった。あとは買ってきた襤褸や本を整理して、俺が自転車で太田（現・美濃加茂市）まで売りに行った。朝の六時ごろ、リヤカーに大きい箱が二個乗せたるわけよ。俺はまじめで、親父のいいつけるとおりに仕事をやったな。そのころなんとなく「将来、親父の面倒はみなあかんな」と思っとった。

▼作家になりたかった

作家になりたかった。この前も同窓会へ行ったら「川上は小説家になると思とったぞ」といわれるくらい好きやったんや。中学校のときに、ガリ版の冊子を出したりしとったもん。最初にのめり込んだ作家は中学一年のときの石川啄木。啄木から、同じ岩手県の宮沢賢治になって、高校では倉田百三の仏教や宗教的な本を読んだりした。ヘルマン・ヘッセの『車輪の下』とか、フランスの作家のアルフォンス・ドーデーの『風車小屋だより』とか、柔和で穏やかな文章や作風が好きやったんや。そういうのを書いたこともあるよ。

詩も好きで、ある先生が「川上、何か書いとるか?」と聞いてくると、「書いた」と見せると「いいなあ」っていって、他の教室で読んで、批評会になるわけよ。知らん奴が「川上、お前どえりゃあええ詩書くなあ」といってくるわけよ。ほんなんやったけど、どうにもならんわな。

▼ぶらぶらとした生活

高校卒業するとき担任の先生に、就職の希望書みたいなやつを出すわけよ。そうしたら、俺のだけ先生の机の中に入ったまんまやった。高校は一九五四年卒業や。そのころ朝鮮人はまともなとこでは使わなんだ。「これはあかん」と思ってな。若いときには結構ひがみっぽくなるな、やっぱり。ほんで就職を諦めた。

三月一日が卒業式なんで、一月二五日ごろまで学校へ行きゃ卒業できる。卒業までのひと月の間、友達の家を渡り歩いて、酒を飲んで、飯を食って、遊びまわって、パンツが汚れると替えに家に寄るちゅう生活をした。ずるずるの生活よ。

高校卒業してぶらぶらしとった。俺はまともな仕事しとらんぞ。でも親父は「仕事やれ！」とはいわなんだ。近所の仕事のお手伝いに行っただけよ。伏見の八千代炭鉱は、兄貴が行っとったもんで、「俺も行くわ」って半年ぐらいやったかな。掘らずに寝てばっかおった。常雇いで行っとったもんで、「中でやる仕事があるわ」と人が来んとこで昼寝や。

そのころ芝居にあこがれてな。卒業した年に名古屋の御園座（みそのざ）で、宇野重吉や滝沢修の劇団民藝がアーサー・ミラーの『セールスマンの死』をやったんや。それがどえりゃあ良かったんや。高校の先生に、演劇関係の知り合いがおるちゅうもんで、紹介状書いてもらって東京まで行ったし、民藝の試験受ける書類を出した。民藝のほうは書類選考でアウトよ。それにはちゃんと自分が朝鮮人やと書いたけどな。

東京には同級の安本を頼って行った。安本は朝鮮人で、上の兄さんが明治大学、次が日大（日本大学）、安本が明治の夜間に行っとった。まじめな奴でな、仕送りもらわずバイトして卒業した。俺もそうして大学に行ったら良かったけど、遊んでばっかやった。

演劇もあかんし、いつまでも安本に頼っとれん。そのころ兄貴が九州でパチンコ屋に住み込みで働いとったんや。それで九州に行った。一九五五年ぐらいかな？　二週間ぐらい兄貴のところにおった。そしたらパチンコ屋の金本の奥さんが、「熊本に支店があるで、そこへ行って仕事せい」というわけ。兄貴に「熊本でパチンコ屋やれといわれたけど嫌やで」と相談したら、「お前は岐阜へ帰れ」というもんで、帰って来ちまった。東京に半年ぐらい、九州に二週間ぐらいやな。とにかくぶらぶら人生やな。家に戻っても親父は何もいわなんだな。

▼仕事の変遷

あんまり遊んどってもあかんで、二七歳のとき親父に「クルマ買って、ぼっこ屋やろか」といったんや。「やるならやってみ」と自動車学校の銭も出してもらって、商売を始めたんやな。それから紙、ダンボール、鉄くず、銅と商売の幅は広がって、高度成長やオイルショックのときには、それなりに儲(もう)かったけど、ほんの少しの間やったな。

親父は商売上手やった。それに輪をかけたのがお袋よ。どえりゃあ性格がきつい。終戦直後はヤミをやった。親父はヤミの品を動かすために一〇〇円札を一斗缶につめて持ってきとった。それは自分の銭やない。お袋が、親父に「その金持ってどっか行きゃあ、こんだけありゃ、何年か食える。ヤミの銭を返せとはいわん」と。親父は「そんなことしたら信用なくして広見におれんようになる」と、こういう考えや。親父とお袋の考えが反対やったら、俺らは大きなパチンコ屋の主人になっとったかもしれんな。そんなふうで、俺が商売始めて外回りしても「川上の息子なら信用できる」ちゅうことで、楽やったな。

鉄くず専門でやっとったとき、大同製鋼（現・大同特殊鋼株式会社）の代納店の看板を出しとったけど、あれは向こうから「マンガンをずっと入れてくれ。代納の形でやってくれ」と頼んできたんや。なかなか大同の代納資格は取れんよ。マンガンは砕石場から持って来とった。多治見の手前に日章、博国、多治見砕石があった。砕石屋を開拓したのは親父や。親父が日章産業の会長と仲が良かったちゅうか、ヤミ商売関係で、手下ぐらいの存在やったからやな。日章の砕石場の事務所で、親父がちょっと発音の悪い日本語でしゃべるわけよ。それでも日章の会長の話なんか全部通用するもんで、マンガンや鉄が買えるようになった。日章で買っとるとなると、他の砕石場でもマンガンが買えるようになったんや。これで商売が上手な奴やったら、もっと大きく鉄を集めて問屋をやるやろうけど、そういう才覚が俺にはないんやな。目の前のものだけでええんやで。

鉄くずから焼鳥屋になったのは、バブルがはじけて景気が悪なって、一年で一二〇、一三〇万持ち出すようになったからや。それでどうしようか考えて、一番下の妹の紹介で、神戸の焼鳥屋で三ヶ月ほど教えてもらって、始めたわけやな。商売を変えることについて、そんなに悲壮ではなかった。昼間は鉄くずやりゃええし、夜は俺が焼鳥手伝やなんとかなるという、例の俺のゆるい考え方よ。

それでなんとかなったたな。焼鳥屋を始めた当初は、けっこう店もはやって儲かった。飲酒運転規制が強くなる前までは、カウンターに客が一杯で、座れずに帰る人も多かった。規制が強くなって、ぱたっという感じ。お客は工業団地のサラリーマンとかのホワイトカラーが多かった。クルマで土岐(とき)や瑞浪(みずなみ)、多治見から来る人が多かったんや。

俺の仕事は最後まで自営業ちゅうことやな。鉄くずは今でもやっとる。年に五回ぐらい行く会社が二軒と、月に二回行く板金屋が一つあって、そこで鉄を積んで、問屋に持って行く。

▼踏み切れなかった日本人との結婚

自動車学校で知り合った日本の女の子と七年付き合った。長かったな。親父は「日本人でもええで連れてこい」というし、その子は「しかるべき人を立ててもらいにきて」といったけど、ようせなんだな。ぐずぐずしとっただけ。その後、朝鮮の女性――今のおっかあやな――と結婚して、長男が生まれ、次は女の子。鉄くずやっとりゃなんとか食えるもんで、暮らしにあんまり不安はなかったな。子どもに期待することもなしに、親父が俺に接したように、息子に接してきた。「勉強しよ」とはあんまりいわなんだ。勉強なんか自分でやりゃ絶対できるちゅう頭がある。自分がそうやったもんで。

祖国は、基本的に俺は朝鮮人やで、朝鮮になるな。けど、俺は韓国に行ったことないんや。国籍は五年ぐらい前に朝鮮から韓国に変えた。パスポートは取ったことないな。おっかあは韓国旅行に何回か行っとる。子どもらは帰化しちゃっとるよ。子どもがそうするときに、おっかあに「どうする」ちったら、「面倒くさいで、やらんでもええやら」ちゅうもんで、「そうやな、そんなこと必要ないわな」ぐらいな程度よ。

国に親戚がおるかどうかわからん。親父は一人息子や。お袋は七、八人きょうだいの末っ子で、終戦後、国からお袋の兄さんが死んだちゅう手紙が来た。お袋が泣いて、チェサ（祭祀）みたいなことをしたことを覚えとるわ。

俺はチェサを親父が生きとったときからずっとやってきたし、今でもやっとる。前は正月、親父の命日、お袋の命日、国の先祖のチェサを全部やったけど、いまは正月とか、親父もお袋も命日が五月なんで、五月に二人合わせてやっとる。長男の嫁さんは日本人やけど手伝ってくれる。

お袋が死んで、親父が太多線の鉄橋のとこの墓場に建てた墓には「東莱　鄭家之墓」と刻んだるけど、俺はその墓しか行くところがない。長男は「墓はちゃんと守る」といっとるけどな。

▼怖いのは戦争よりも原発

今一番怖いのは、戦争よりも原発よ。福島であんな大きな事故をくらって、いまだに「原発がなかったらあかん」ちって平気でいっとる奴がおる。福島で起こったことが、こんど福井で起こって、またどっかの原発が大事故起こしたら、小松左京やないけど、日本沈没やぞ。代替エネルギーがどうという前に、そこまで電力が必要かちゅうことよ。ないなら、ないように暮らしたらええわけやないか。

大飯(おおい)原発の再稼働やるつもりやな。本当に痛みを感じとらへんぞ。チェルノブイリだってまだ終わっとらんぞ。だいたい「想定外」ちゅう言葉がおかしいんやて。原発そのものが安全やないんやで、すぐやめなあかんと思うな。

4　元アートネイチャー会長にして俳人の身世打鈴

姜琪東（カン・キドン）　男

取材日／二〇一五年三月二六日　**出生地**／高知県香美郡　**現住所**／福岡県福岡市　**生年月日**／一九三七年二月七日　**略歴**／戦前に高知県で生まれた二世。父の死後、大阪の釜ヶ崎と東京の山谷で野宿生活をしながら職を転々とする。一九六八年、アートネイチャーに就職し会社の発展に尽力。グループ副社長を経て会長に就任した。幼少期から俳句を作り、加藤楸邨の結社「寒雷」に所属。二〇〇三年、定年退職後に図書出版「文學の森」を設立。月刊「俳句界」発行。句集に『パンチョッパリ』『身世打鈴（シンセタリョン）』など。　**取材**／高賛侑　**原稿執筆**／高賛侑

▼釜ヶ崎（かまがさき）での野宿生活

僕は一九三七年に高知県香美郡（かみ）（現・香美市）で生まれました。父親は全羅南道（チョルラナムド）出身で、ずっと行商してました。四五年、高知市は大空襲を受けるんです。それで四国山脈の山奥まで疎開して、そこで学校に通いました。「チョーセン」って冷やかされたりすることもありましたけど、素朴な学校なのでそれほどひどい差別はなかったですね。

中学三年のとき、父親が川に転落して死にました。それでおふくろは自転車の練習をして、子ども四人を育てるために行商に行くようになって、僕は父親の葬式が終わった翌日、一人で大阪に出ました。

いろんな職を転々としました。まともに履歴書を出して雇ってくれるところはありません。特に朝鮮戦争が終わった後の不景気な時代ですから、パチンコ屋や食堂の店員とか、そういう程度でしたね。

大阪で働いていると、母親から「高校に行かせるので戻って来い」という連絡が来て、高知に帰るんです。そして手に技術をつけておかないといけないというので、工業高校に行くんですけど、僕は文学少年でしたので苦痛でしてね。ほとんど学校に行かないで、詩とか小説ばっかり書いてました。

工業高校は卒業したんですけど、就職なんかできないので、また大阪に戻って、釜ヶ崎に一〇年おりました。痩せた非力な少年でしたからニコヨン（日雇い労働者）ができなくて、ずっと野宿生活をしていました。ホームレスの第一号かもしれない。会社に偽名を使って就職しても、三ヶ月か半年すると、「正社員にするから戸籍謄本を取り寄せなさい」といわれる。それが解雇通知と同じなんですね。黙って会社を逃げ出して。それが四〇回も転職をした理由です。だからそのころは帰化することが夢でした。

それから夜鳴きそば屋をしました。電柱にラーメンの売り子を求むって看板を見かけて働きに行って、人の一〇倍売りましたね。やがて自分の屋台を持って、これはバカみたいに儲かりました。夜鳴きそばは金持ちが住む街では売れない。生野区は在日の多い街なので、深夜も働いているサンダル工場なんかがお得意さんでしたね。

屋台は相当な重さです。水のタンク二つにラーメンの道具類を積み込み、その屋台を引っ張って一晩中チャルメラを吹きながら街を歩きますから大変な肉体労働です。ただね、屋台のリヤカーっていうのは柄の所に腕を載せてぶら下がって歩くから比較的楽に歩けるんです。四年ぐらいやりました。金が残ったので、アパートに住み、自立して仕事をするようになり、僕にとって運命が変わる一つのきっかけになりましたね。

そのあと小さな週刊新聞を作るんです。「週刊テレビ新聞」っていって、タブロイド判の一六ページで、テレビ番組の紹介です。これは取材の必要がないから楽なんですよ。テレビ局に行くと、写真やストーリーを全部もらえますから、レイアウトするだけでいい。スタッフが二人ぐらいいて、一年半ぐらいやりました。すごく勉強になりましたね。けれども、ほとんど売れなくって。印刷屋に借金も作って、結局ラーメン屋で儲かった分がゼロになって、東京の山谷に逃げて行ったんです。

▼アートネイチャーでの夢のような生活

山谷でも大阪時代と同じような生活をしてると、もうこんなことやってたらいかんというのがどっかにあったんですね。二六、七歳ぐらいになって、結婚して長男が生まれていました。六八年ごろ、たまたまアートネイチャーの「社員求む」という新聞広告を見て偽名で応募したら、初代会長の阿久津三郎の面接を受けて採用されて、すぐに福岡店の責任者にされました。アートネイチャーは阿久津氏が最初に作ったのが六五年、株式会社になったのが六七年ということで、そのころは社員が五人ぐらいしかいなかったんですよ。

福岡には部下もいて、一生懸命働きましたから、儲かりました。全九州の主要都市、それから僕の預かっていたエリアは山口から沖縄まででしたが、二年ぐらいで二〇店鋪ぐらいに増やしたんです。そして九州・沖縄に自社ビルを六棟建てました。社員も九州だけで一〇〇人ぐらいになった。面白いほど稼いだんです。

そのころはライバルがなかったですね、そのあとアデランスという会社ができますけども。アートネイチャーは、バブルの真っ最中に急成長しました。最初は韓国とかフィリピンで作って、韓国の人件費がどんどん高くなっていくと、中国に移るとかしましたから、儲かって当たり前です。相談者の髪の薄い部分をかたどって、工場で型通りに作って、理容師、美容師がちっと付けてやる。一度付けると散髪はアートネイチャーの理容室に行かなければならないので、固定客がどんどん増えていきますね。二年に一回作り直すんですよ。

それ以前から頭にかぶるものはあったけれど、アートネイチャーはオリジナルで本人に合わせたのが成功の大きな要因でした。それからかつらも進歩しますから、本当にわからないというほど精巧さが進んでいき、やがてかつらじゃなくて、直接地肌に植毛する技術も開発していきます。それと宣伝上手ですね。僕が宣伝文を書きましたから。大阪時代に新聞のレイアウト技術を覚えたことがのちになって役立ちました。

会社はどんどん成長して、全国に二三〇店鋪ぐらいできました。阿久津は会長、僕は福岡のアートネイチャー西部の社長で、全国のアートネイチャーの副社長になってました。それはね、僕の人生にとって一番裕福な時代です。外国にもしょっちゅう幹部と旅行してましたし、夢のような生活でした。

そのころは、アートネイチャー関西（大阪）とか、アートネイチャー中部（名古屋）とか、皆それぞれ独立して売上金を本社に上げるという形でした。でも、不幸にも一九九五年に阿久津ががんで早死にしましてね。その後会社を一本化して、僕はアートネイチャーグループの会長になり、大阪の社長をしていた五十嵐という男が社長になりました。

当初、僕は偽名で入社したから、誰も朝鮮人とは知りませんでした。そのうちみんなにわかっていきますけども、そのころ、僕は会社の役員でしたから、もう大丈夫でした。

会長になってからは東京に勤めることになったんですけど、僕は東京が好きではないので、一週間に一回ぐらい行くようにしていました。会社は自分でも信じられないような勢いで大きくなっていきました。僕は二〇〇三年に会社を辞めましたが、そのころには従業員は製造工場まで入れると二〇〇〇人ぐらいいましたよ。年間の売り上げが二〇〇億を超してましたからね。

▼句集『パンチョッパリ』の出版

俳句は小学六年生のころからやってました。投書少年で、少年雑誌なんかに投書して、ボールペンをもらうのが嬉しかった。書くと悲しいことばっかりになるので、あまり悲しいことを書きたくないっていうのがあって、五七五で完結する俳句が僕の性格に向いてたんでしょうね。そして生活が落ちついたとき、つまりアートネイチャーの仕事を始めたころに、東京の加藤楸邨という有名な俳人の「寒雷」という結社に入って本格的に勉強するようになったんです。会員が三〇〇〇人ぐらいいて、月に一回出る結社誌に投句して、いかに上位の成績を取るかということが楽しくてしかたなかった。

釜ヶ崎や山谷で苦労していたときは、とてもそういうことはできなかった。それでも不思議にですね、釜ヶ崎俳句会っていうのができて、僕も出入りしていました。そんなことより食うのに精いっぱいだったから、やがてそこは辞めましたけどね。釜ヶ崎のドヤ（宿）には優秀な人がいっぱいいるんですよ。東大を出たとか京大を出たとか。でも世の中から脱落した人たちですけど。だから釜ヶ崎俳句会は優れた句会でしたね。

月に一回ある「寒雷」の句会には福岡から参加してました。贅沢な話ですよ。句会に出るために飛行機で行って、夜は東京のホテルに泊まって、俳句の連中と酒を飲んで回って。アートネイチャーと共に僕の青春が一気に爆発するんです。僕は在日の中でも運の強い男だと思います。
僕の俳句は六割が在日がテーマですね。自分の胸の中を絶叫するから、非常に異色な俳句ですよ。だけど加藤楸邨という人は人間探求派っていわれた、いわゆる境涯俳句を作る人ですから、僕の俳句に共鳴してくれたんだと思います。

一番最初、一九七三年に自費出版で出した句集は『パンチョッパリ』(半日本人)です。そのころは横山白虹(はっこう)っていう北九州の俳人に師事していましたが、先生から「君は僕より加藤楸邨がいいんじゃないの」といわれて、のちに加藤楸邨の方に移るんですけども、句集の序文は横山先生が書いてくれました。金もないときですから、薄っぺらな貧しい句集でしたが、これが爆発的な話題になったんです。メディアがわっさわっさ取り上げたものですから、一躍脚光を浴びるようになったんです。

一九七八年に西日本新聞の山本巖文化部長と一緒に韓国に行って、そのことを彼が新聞に一ヶ月間毎日連載したことがありました。僕はそのころ朝鮮籍だったので韓国に行くことができませんでした。朝鮮籍の者が韓国に行くことができたのは民団(在日本大韓民国民団)が行った墓参団、お墓参りだけで、その二回目の墓参団に参加したんです。で、一週間ぐらい工場なんかを巡ってから釜山(プサン)で解散。そこで山本巖と合流して、韓国政府が車と運転手と通訳を提供してくれて、故郷に行きました。

締めくくりだけいうと、僕たちは韓国政府が新聞社に協力して運転手や通訳を提供してくれたと思ってたら、実は全部ＫＣＩＡ（韓国中央情報部）だったんです。車の中で、「韓国はもっと民主化しないといけない」とか悪口いってたのが全部、本部に報告されてたんですね。旅行が終わって、ソウルで二、三日滞在して、福岡に帰ろうかというときの夜。山本巖が「寿司でも食って来る」って出かけてから三〇分もしないうちに戻ってきて、「様子が変だ」っていって急遽（きゅうきょ）福岡に帰って来ました。帰るのが一日遅れてたら拘束されてたでしょうね。

▼最大の劣等感は韓国語を話せないこと

二冊目は一九九七年に『身世打鈴（シンセタリヨン）』（この世の恨（ハン）を語る身の上話）を出版しました。その中に『パンチョッパリ』の俳句の六割は入ってます。俳句というのはいわずしてものを述べるという余白の文学なんですけども、僕はストレートにいうことを叩（たた）きつけてますから、僕の俳句を嫌いだという人も日本人の中にいっぱいいいたと思いますよ。そのときの思いが率直に出ていたんだろうという感じがありましたけど、その一方で、韓国人である自分が日本語で書くことの不自然さも感じていて。

僕がいまだに引きずっている最大の劣等感は、韓国語を話せないこと。僕は韓国に行きたいんです。けども通訳なしでは行けないということが僕を躊躇（ちゅうちょ）させてるんです。両親が生きていたころは、聞くことも少し話すこともできたんです。だけど父親が事故死してから母親は韓国語を話す相手がいなくなったので、わが家から韓国語が消えてしまうんです。ところが不思議なもんですね。母親は日本語を上手に話して、独学で文字も書けたのに、死ぬ前二、三年間は韓国語を話すようになったんですよ。僕らきょうだい、誰も話せないので、おふくろの韓国語を一生懸命聞き取りました。

僕も何度か韓国語にチャレンジしたんですよ。毎年四月になると、民団の韓国語講座に行くんですけど、仕事に追われて結局マスターできなかった。ハングルを読むことはできるけど意味はわからない。ああ、だけど韓国を一人で旅行してみたいです。

▼「文學の森」設立と「俳句界」発行

二〇〇三年に退社したのちに株式会社「文學の森」を設立したのはね、以前から月刊「俳句界」って雑誌があったんですけど、経営が行き詰まって、いつの間にか僕が経営者になっていたんです。「俳句界」はほとんど売れない雑誌だったんですけど、紀伊國屋書店の社長がトーハン（旧・東京出版販売株式会社）に声をかけてくれて、全国の書店に配本できるようになって。いまは四〇〇ページぐらいの「俳句界」と別冊の「投稿俳句界」の二冊セットにして売っています。これは雑誌としては画期的なことです。

僕は加藤楸邨から可愛（かわい）がられて、「寒雷」中でも幹部会員になっていったんですけど、結社の中だけの繋（つな）がりですね。だけど「俳句界」という雑誌を出版するようになると、これは一つの権威なんです。だけども日本の俳壇からは、在日が俳句雑誌を出すということに対する抵抗がありました。だから二年ぐらいで潰れるだろうといわれてましたが、もう一三年になります。「文學の森」では「俳句界」の出版を中心にしながら句集を作ったり、自費出版を手伝ったりもしています。投稿者は毎月五〇〇〇人ぐらいいますから、「俳句界」に掲載されるのは大変な競争率です。選者の先生方が選考して講評を書いてくれます。僕は俳句の選はしません。句集を月に二〇か三〇冊発行しますから、全国のすべての結社と交流があります。いま、弟子が五〇〇人以上の結社は二〇〇〇ぐらいあって、俳句人口は一〇〇〇万っていわれています。実際はそれほどではないでしょうけどね。

「文學の森」を始めてから、二〇〇六年に句集『ウルジマラ（泣くな！）』を出しました。姿勢は全然変わってなくって、むしろもっと激しい場面もあります。

二〇〇八年には演劇家の中西和久さんが僕をモデルにした「アウトロー・WE　望郷編」という演劇を上演してくれました。まあ、ヤクザの男の物語ということでしょうけれども、素晴らしいお芝居だったですよ。僕は自分で泣きましたもん。それにしても日本人がね、東京で一週間満席でしょ。福岡では入りきれないほどで、大盛況でした。一流の俳優が揃って（そろ）ってましたから。

▼在日の雑誌を作りたい

僕にとって、俳句というのは、在日の悲しみ、憂い、不平等な世の中を告白する手段でした。

俳句は五七五の限られた字数で書かれますが、僕は全部いい切ったと思ってます。これからも伝えていきたい。でも、もうそれはやめようと思い始めたのは一〇年ほど前からです。もうちょっと豊かな俳句を楽しみたいと思うようになりました。いまは明るい作品ばっかりです。もう、在日のことはほとんど書きません。僕の生活環境ががらっと変わりましたからね。帰化したいという気持ちも消えてますし。なんだかんだいっても結局日本しか生きる場所はないですから、日本を、日本の文化を好きになって死んでいく方が幸せかなと。

僕は、韓国は僕たちを捨てたんだと思ってるんですよ。韓国に行くと在日が差別されるでしょ。日本人から差別されることはしかたないと思っても、本国に帰っても差別されるいわれはない。だけど韓国語がしゃべれないので、そんなことも偉そうにはいえない。

以前は仕事で韓国には年に二回ほど行ってたんです。だけどもう一五年ぐらい韓国に行ってないです。入国するときにね、「韓国語を話せません」って、その言葉だけ覚えていっていうんですけど、韓国語で話しかけてきますから、入管でパニクってしまいますよ。だから「ああ韓国語を習いたい」と切実に思ったこともあります。そのくせちゃんとマスターしてないのは僕が甘いんですよ、生き方が。

これからの在日は帰化する方が多いだろうと思います。特に三世、四世、五世となるほど祖国に対する愛着心がなくなる。僕なんか一世の親を持ってるから、心の隅に祖国を頼りとするものを持ってたけれども。僕が帰化をしないのは、先祖に対してのお詫びの印、それだけですよ。

日本人は、一対一で話すときは、「自分は絶対差別しない」というんです。だけどこれが在日という括りと日本人という括りになったときには必ず対立軸が生まれます。個人と個人が付き合うときにはそれはないですけどね。

僕はですね、在日という文化も作らないといけないと思ってるんです。文化を持たない民族は必ず滅びる。僕は民団でも総連（在日本朝鮮人総連合会）でもなく、在日というひと括りの組織が生まれていいと思ってるんです。そして共通した国家みたいなものがあって、文化があって、そうなると在日がどんなに日本で豊かに生きていけるだろうと思っているんですけど、これはね、日本を好きになろうという僕の考えと相反する考えですね。在日という組織を作って在日の文化を育てようということは日本人にとっては抵抗あるんじゃないですかね。そこからまた対立が生まれる可能性もある。

日本でヘイト・スピーチのようなものが許されるのは、日本人が共鳴するものがあるから成り立っていけるんです。日本人があれを本当に良くないことだと思うんだったら、立ち消えになっていくはずです。

句集『突進を忘れし犀』の中に、「妹の仕返しに行く青田道」というのがあります。これは四国の山奥に住んでたころの思い出なんですけれど、「妹」のところを「在日」と置き換えてもいいんですよ。僕の気持ちの中に、日本を好きになんないといけないといいながら、そういう俳句を作る矛盾した姜琪東がいるのも事実なんですね。それは根底に少年時代の、あの地獄を見るような貧困、それがやっぱりまだ残ってるんです。

在日の一つの生き方として、孫正義さんは「孫」という名前で帰化してるわけですよね。韓国名を残して日本人に帰化している。僕はむしろ「姜琪東」という名前がかっこいいと思ってるんですよ。ハングルで書くと単純な字になってしまうけども、漢字で書くと、何か、風格が字に見えるんです。

僕は最後の仕事として在日の文化を作りたいと思いますね。在日の雑誌も出してみたい。何か一つ、在日の仕事がしたい。だけど僕はハングルが書けないからやっぱり日本語の在日雑誌になるでしょうけどね。

在日で、本を購読する人が五万人ぐらいおるとして、一〇人に一人、五〇〇〇部は発行できるでしょう。「文學の森」はトーハンに取次口座を持ってますから、書店に流すこともできますし、日本人にも読む人はいると思うんですよ。一時期の韓流ブームとかではなくて、まじめに韓国のことを勉強しようという人たちには、在日の本も売れるだろうと。本当に「チェイル（在日）」でいいから、雑誌を作りたいなぁ。

5　天才打者の壮絶な被爆体験

張本勲（はりもと・いさお）　男

取材日／二〇一三年四月八日　**出生地**／広島県広島市　**現住所**／東京都　**生年月日**／一九四〇年六月一九日　**略歴**／広島で四人きょうだいの末っ子として生まれる。一九四五年八月、原爆が投下され、最愛の姉を亡くす。四歳のときに大やけどを負い、以降右手が不自由になるも不屈の努力と抜群の運動神経で野球選手として大成していく。松本商業高校から浪華商業高校を経て、五九年、東映フライヤーズに入団。一年目に新人王、六一年には初の首位打者、六二年にはパ・リーグの最優秀選手賞に輝く。七〇年には当時のシーズン最高打率となる三割八分三厘四毛を記録。その後、読売ジャイアンツ、ロッテオリオンズに移籍し、八一年に引退するまでに七回の首位打者と通算三〇八五本安打（日本プロ野球公式記録歴代一位）を達成する。　**取材**／木村元彦　**原稿執筆**／木村元彦

▼生い立ち

わたしの両親の家は朝鮮半島の慶尚南道昌寧郡（キョンサンナムドチャンニョン）というところで農業をやっていました。しかし、日本の植民地時代に土地から何から全部取られてしまい、もう食えないということから

一九三九年ごろに日本に来ました。
うちの親父の弟、つまり叔父が先に知人を頼って広島に来て古道具屋を始めていたので、父はそれを追って来たんですね。あのころは電話も電報もほとんどない時代ですから父は叔父と時間をかけて手紙でのやりとりをしていたみたいです。その手紙が残っていましてね。うちの親父はなかなか筆達者だったようです。しかし、字は上手いのですがもうとにかく酒癖が悪かった。すぐに手を上げるわ、博打でしょっちゅう負けて帰って来るわで、わたしの母は随分苦労したといいます。だからわたしは博打が大嫌いで一切やりません。

両親は兄貴と二人の姉、計三人の子どもの手を引っ張って日本に来たそうです。わたしは来日して一年半後の一九四〇年に広島の大州というところで生まれました。それが大体の生い立ちです。終戦後、父親は生活のめどがある程度立つと、日本で暮らすための最終的な段取りをつけるために韓国に一度戻りました。少ないながらの財産を処分したり、親への挨拶まわりなどをしたのでしょう。ところが、魚の骨が咽に刺さってそこで急死してしまいます。一家の大黒柱を失ってしまい、母は途方にくれたと思います。

▼やけど、そして被爆体験

あれは四歳のときです。土手で焚き火をしてサツマイモが焼けるのを待っていたら、後ろから、トラックが突っ込んで来ました。そのまま倒され、大やけどを負いました。火の中に突き飛ばされたので胸から顔から真っ赤に焼かれてしまったんです。小指と薬指は燃えてしまって癒着し、親指と人差し指は、今でも曲がったままです。トラックの運転手は家まで連れて行ってくれましたが、そこから姿を消してしまいました。逃げたんですね。うちの叔父さんがたまりかねて交番へ行って、犯人を捜してくれ、せめて治療費を取りたいと言うと、そんなもんわからん、お前ら朝鮮人だろう、帰れと言われたそうです。うちの叔父さんはとてもおとなしい人でしたが、その人が震えながら泣いて、あのときは本当に悔しかったと、わたしが中学校のときに語ってくれたことがありました。

原爆の投下された八月六日のことは鮮明に覚えています。五歳でした。近所の子たちと遊ぼうと思って、六畳一間が連なる長屋の戸をガラッと開けて表に出た途端、ピカーっと光ってドーンとものすごい音がしたんです。気がついたときは真っ赤な色が目の前にありました。よく見るとそれはお袋の血でした。ガラスの破片で胸を切りながらもわたしと下の姉を庇って覆い被さってくれていたんです。わたしたちの家は裏に比治山という海抜七二メートルの山があってそれで助かったんです。爆心地から直線距離にしたら二キロほどなんですが、家が山の真裏だったから、光と熱が遮られてわたしたちの長屋だけが助かった。振動はあったし、バラックだから倒れましたが、死の灰は吸わずに済んだのです。

それから下の姉に手を引かれて、五、六〇メートル先のぶどう畑に逃げて行ったら、もうすでに何十人も避難して来た人たちがいました。そこで見たのはまさに地獄絵でした。うめき声、焼けた人肉の臭い、それと絶叫。怖かったのは、わたしの目の前を人がダーっと走って行って近くのドブ川に飛び込むんです。熱くて苦しくてたまらず、とにかく水が欲しいんですね。でも飛び込んだ人はみなそこで亡くなってしまいました。

原爆が落とされてから二日後のことです。避難していたぶどう畑に、負傷した上の姉が担架で運ばれて来ました。赤十字の人が「張本さーん、どこですか？」って大きな声で呼ぶから、慌てて家族は立ち上がりました。担架に駆け寄ると、姉は全身がケロイドで覆われて見るも無残な姿でした。顔を見てもこれが姉ちゃんなのかとわからなかったほどで、家族もようやく名札で確認できたと言います。わたしにとっては自慢の姉でした。色白で背が高くて優しくて、いつも友達から「勲ちゃんはええのう、きれいなお姉ちゃんがいて」って言われていたものです。

その姉が痛い、熱いと一晩中……うめいていました。お袋は一晩中泣いていました。

わたしが物心ついてから兄貴に、姉は正確にはいつ亡くなったのかと聞くと、運ばれてきた翌朝ものすごく大きな声で……お袋が泣いたらしいですわ……、そのときじゃないかと……。

韓国の文化なんですね。お袋は姉の髪の毛一つも残さないんです。日本では形見として親族が遺品を全部残すじゃないですか。ところがお袋は全部焼き捨ててしまった。わたしと兄貴が姉さんの小さな写真を持っていたのですが、それも取り上げられて燃やされてしまいましたよ。悲しい記憶をもう二度と思い出したくないのでしょうね。お墓はありますよ。お袋いわく、お姉ちゃんは一〇歳くらいでなくなったけどここには魂が入っているからと。わたしも年に何回か墓参りに行きます。

しかし、原爆資料館（広島平和記念資料館）には戦後にできてから一度たりとも行けませんでした。悔しくて悲しくて怖くて、足を向けることができなかったんです。でもある出会いがあったんです。あるとき、連載していた「毎日新聞」のコラムで「八月六日と九日は暦から失くして欲しい、来る度に原爆を思い出すから」と書いたんですよ。そうしたら大分県の小学六年生の女の子が手紙をくれたのです。「張本さん、それは逆じゃないですか」と。「私たちの世代は戦争を知りません。このままではその悲惨さを伝える人がいなくなってしまいます。私たちの下の世代の子どもたちのためにも張本さんの真実を伝えて下さい」と書かれていてね。ビックリしましたよ。六年生の子に六〇歳の俺が何を言われているんだと思ってね。

わたしは、資料館の近くまで行ったことはあるんです。でも手が震えて汗が溢れ出てきて、辛抱たまらず引き返してしまった。それで女の子に言われて、はっとしました。その子は長崎の資料館に行って衝撃を受けたそうで、核兵器の恐ろしさを前に何とかしなくてはいけないと思ったのでしょうね。小学生が勇気を出して向き合っているのに、俺は何をしているんだ、よしと決意して行きました。二〇〇七年の四月四日でした。行く前には親族の眠るお墓に寄って、今から見てくるよと報告をしたものです。館内はもう涙なしには見られませんでした。五歳のときの記憶が蘇るんです。わたしは愛する姉を取られているから余計身に沁みて、資料館を出るまで涙が止まらなかった。見るも無惨です。この世の人間がやる所業じゃないと思います。原爆を投下した方はいろんな理由を言いますよ。これ以上やるともっと戦争の犠牲者が増えたとかね。しかし、それで一般市民を殺すという理屈はおかしいです。そういうことで、わたしはもう核に関しては震えるほど反対しているんです。核廃絶のアピールにも賛同しています。アメリカはじめ大国は無条件で核を放棄して欲しいですね。良い悪いは政治の問題だからわたしにはよくわからないんだけど、とにかく核を持って、何の罪もない無垢の少女・少年を殺傷するのは人間の仕業じゃない。

その後、原爆資料館の入場券の半券の裏に「ありがとう、君に背中を押されて行ってきましたよ」と書いて「毎日新聞」を通して女の子に渡しました。

▼戦後

終戦の八月一五日の玉音放送は家にラジオが無くて、後で録音で聞きました。お袋は日本語もできないし、わたしたちを連れて朝鮮半島に帰ろうかと考えたようです。実際に航行しているヤミ船の乗り場まで行ったのですが、定員いっぱいで乗れず、そうこうしているうちにそのヤミ船が下関沖で転覆する事件なんかがあって断念したそうです。住む家が無く、仕事も無く、それでも親子四人で生きていかないといけない。父方の親戚がやはり広島にいて鉄を造る仕事をしていたのでお袋はそこにお金を借りに行ったりもしたそうです。そして広島・東大橋の土手の下にあった六畳一間にトタン屋根を付けただけの小屋を借りてホルモン焼きの店を始めるわけです。肉は闇市で仕入れて、お酒は近所の同胞から分けてもらった密造のどぶろく、マッコリです。警察に見つかったら捕まるのですが、それでも安いからそこで買うわけです。リンゴ箱をひっくり返し、布を被せてテーブルにして、そこでキムチとか自分が作ったナムルとかを出して、大工とか工員さんを相手に商売していました。店も住む場所も六畳の中ですから、学校から家に帰るといつもお客さんがいました。お袋は朝から夜中までいつもずっと働き通しでしたから、わたしは寝ている姿を見たことがありませんでした。母は日本の文字がわからないので、肉や酒の注文を受けると墨で壁に棒で印を付けて数字を記録して、それでお勘定を正確にもらっていたんですね。

家では、お袋はほとんど朝鮮語でした。だからわたしも朝鮮語の単語は今でも大体覚えています。韓国人としての誇りを持ったのは間違いなくお袋の影響ですね。わたしは小学校のときに差別に二回出くわしました。一回目は六年生のときに、教室の掃除を三人くらいでサボったんですね。三人で休んだんですが、担任の先生はわたしだけをターゲットにして殴る、蹴ると酷(むご)い仕打ちをしたんです。顔がメチャクチャに腫れました。三歳上の姉がそれを見て泣いて、あんたが朝鮮人だから、あんた一人が殴られたのよと言うんです。そのときはあまりピンとこなかったんです。そして二回目は、朝鮮人の友達が教室で大勢の同級生にものすごく叩(たた)かれるのを見たんです。スリッパを口にくわえさせられた上、馬乗りになられて殴られていたんです。

何をしてるんだと聞いたら、いや、こいつは朝鮮人だからだと言うんですね。わたしはぶっとばしてやめさせました。そして家に帰ってお袋に聞いたんですよ。「お袋、朝鮮人て言うたらそんなにダメな人間なんか?」って。そしたら、生まれて初めてお袋の怒った顔を見ました。

座りなさい、言われてね。今でもはっきり覚えていますよ。そうじゃないんだ、よく聞きなさい、人間は平等だ。われわれの民族は決して劣った民族じゃない。韓国はむしろ歴史がある国で日本にいろんな文化を伝えた国なんだと言われたときには、子ども心にはっとしました。お袋は異国の地で子どもを三人抱えて字もわからない言葉もわからない、家もない、収入はない、どうやって生きて行こうと思ったことでしょう。でも強いんですね。広島駅の裏が闇市やったから、あそこへ買出しに行くんですよ。バスで行くと片道二〇分位。歩くと片道一時間くらいかかったそうです。でもバス代の一五円が惜しくて雪の日も、風の日も雨の日も歩いて通った。暑いときには喉が乾くじゃないですか。ラムネとかみかん水が五円だったそうで、普通買って飲みますね。でもお袋は飲まない。あのころはみんな共同水道が多かったんですが、その水道の水、夏だからぬるいんですが、それで喉濡らして帰って来ていた。それは、隣のおばさんから聞いたんですよ。乱暴者のわたしがいたずらするとおばさんにパチーンと殴られたものです。勲ちゃん何をしてるの、お母さんがどんな苦労してあんたを育てているのかわかっているのって言われました。わたしはお袋が四〇歳のときの子ですからね。一八でプロ野球に入ったときは、お袋は五八です。親孝行をする時間がものすごく短かった。それを唯一わたしは後悔してるんですよ。プロ野球で稼げるようになってから仕送りをしてもお袋は一銭も使わないんです。お袋は誇りを持っていて生涯、自分が韓国人であることを一切、隠そうとしませんでした。日本にいるから日本の洋服を着たらどうですかと何十回言っても、自分には似合わないから、と言ってずっとチョゴリを着ていました。だから川崎球場でわたしが三〇〇〇本安打を打ったときもグラウンドでチョゴリ姿で写真に写っています。

兄貴は中学を卒業して、一六歳になるともう流しのタクシーの見習いに行っていました。一八にならないと免許は取れないけど、もう家族の生活のことを考えていたんです。わたしが甲子園に行くために大阪の名門浪商高校で野球をやりたいと言い出したら、兄貴はそんな金が家のどこにある、と怒りながらも高校の監督に相談してくれたんです。そうしたら、勲は必ず化けるから野球をできれば続けさせてやって欲しいと言われたそうです。兄貴はその言葉をひたすら信じて生活が苦しいにもかかわらず大阪に送り出してくれました。不眠不休でタクシーの運転手をして仕送りをしてくれたんですね。当時タクシーのひと月の稼ぎが一万八〇〇〇円、そこから一万円を送ってくれたんです。わたしが一七歳で兄貴が二七歳のとき。若い男にすれば一番遊びたい年頃ですよ。でも我慢してそんなふうに面倒を見てくれたんです。わたしは絶対にプロ野球に入って恩返しをするんだと決意して、厳しい練習に励んでいました。貧しさから抜け出すには野球しかなかったんですね。

ところが、そんな思いで通った浪商野球部ですが、朝鮮人ということでまたわたし一人だけ外される事件が起きました。下級生を部室で制裁するという事件が起こって、それが高野連の知るところになったんです。そうしたら野球部の部長というのが悪い男で、下級生への暴力は張本一人がふるったことでチームは悪くありません、という報告書を提出したんです。そんな事実はまったくないのですが、高野連は調べもしないでわたし一人に責任を取らせました。部長の行状については当時のコーチが後になって教えてくれたんです。部長がはっきり、チームを守る、俺は朝鮮人が嫌いなんやからと言ったそうです。その事件の三、四年前にも陸上部の韓国籍の選手に同じことをして悪者にしたそうです。わたしは自分に対する大きな差別をここで経験しました。そのことで三年生の予選が始まる最も大切な時期に出場停止処分を受けて、甲子園への道が閉ざされてしまったんです。もう死のうと思いました。家族が貧しい暮らしの中で自分たちを犠牲にして大阪に送り出してくれたのに、こんなことではプロ野球に入れない。淀川をランニングしていても涙が止まらず、生きていてもしょうがないと思って死を決意したんです。電車に飛び込もうとしました。そうすると、どこかで母親の「勲ちゃん」って言う声が聞こえたんです。

それで思い留まりました。

わたしは公式戦に出られなくて自暴自棄になりかけるんですが、そこからまた野球に救われたんですよ。民団（在日本大韓民国民団）の方で在日の高校球児でチームを作って韓国へ遠征するということになって、声がかかったんです。わたしはまた野球ができる喜びでいっぱいになって、広島に手紙で知らせました。するとお袋は大反対するんです。絶対ダメだと、近所の人が、勲ちゃんが韓国へ行ったら兵隊に取られて帰って来られないと散々吹いているわけですよ。そうじゃないと、説得するのが大変だったわけですが、無事に韓国へ行くことができました。いろんな所を回りましたよ。ソウルだけではなく大田（テジョン）、釜山（プサン）、光州（クアンジュ）も全部行きました。向こうは野球は後進国だから一五試合やって一四勝一引き分けでした。しかし、歓迎はもうすごかったですね。そのときは本当に自分はこの民族で良かったなと思いました。

▼プロ野球へ

甲子園には行けなかったのですが、韓国遠征から帰ると多くのプロ球団がスカウトに来てくれました。残念ながら希望の巨人は来てくれませんでした。東京で活躍したかったわたしは東映フライヤーズと契約しました。契約金は二〇〇万円でした。ところが、それを持って帰ってお袋に見せたらまた心配するんです。お前、これは何か悪いことして手に入れたんじゃないかと。わたしは契約金の中から上京費用の一〇万円だけ取って、残りを全部兄貴に預けました。三年間本当にお世話になりました、これで家を建てて下さい、と伝えると兄貴はそれで市内に家を建てました。今までがトタン屋根の住み処（すみか）でしたから、御殿のように思えたものです。

東映に入団する際にはわたしが韓国籍であることが問題視されました。当時は一球団に外国籍選手は二人までと決められていたんですね。すでに球団には二人いてオーバーしてしまう。

オーナーの大川博社長は、良かったらうちに養子に来る形で帰化したらどうか、契約金もたくさん出すからということを提案されました。それでお袋に相談したら、とんでもないと怒られました。そんなことをするなら、もう野球なんかやめなさい、兄ちゃんとタクシーかダンプに乗ってわたしを助けなさいって。東京に帰って大川オーナーにそれを伝えたら「偉い」と言われました。「お前のお袋は偉い」って、その上で大川さんはプロ野球連盟に外国人規約の改定を進言されるんですね。そしてそれ以降、一九四五年以前に日本で生まれた者は日本人と見なすとなって枠が広がったんです。わたしのために規約を変えてくれたんです。

レスラーの力道山さんとはわたしが一九歳のときに初めてお会いしました。東映に入って二年めでした。うちの後援会の方が在日で、力さんと仲良くされていてそれで紹介されたんです。会ったのは銀座の焼き肉屋だったんですが、分厚い手で握手してくれてカッコ良かったです。力さんが同胞であるということはその後援会長に聞きました。北朝鮮から一八歳で日本に来てちょんまげ結って苦労したんだと。自分はどうせ朝鮮から来たから大関、横綱にはなれないんだ、それならもう自分でちょんまげ切ってやるって言うて、レスラーになったそうです。わたしはオフになると自分からしょっちゅう電話を入れていました。力さん、遊びに行きたいですと言うと、食事に一杯にと、よく可愛(かわい)がってもらいました。力さんが持っている力アパートの八階にご自身の部屋があるんですが、あるときそこに行ったら、ちょうど在日の音楽家の人がいたんです。力さんはそこでメイドさんが入ってこないように部屋に鍵をかけてラジオをいじるんです。そうしたら朝鮮の放送局から音楽が流れて来ました。力さんはそれを聴いて踊るんです。わたしはまだ子どもでしたから、「お兄さん、そんなことせずに故郷の唄なんだから堂々と聴けばいいじゃないですか」と言ったんですね。そうしたら、いきなりあの大きな手で殴られたんですよ。痛くて痛くて。「貴様に何がわかるか、ワシらの時代は虫けらみたいに扱われたんだ」と。「だって何も……」と言うと「やかましい、黙れ」と言われてね。俺が韓国・朝鮮人だと言うと世界中のファンががっかりするんじゃないかと言うんですよ。だからこのまま日本人で押し通していくんだと。そんな時代ですよ。戦後まだ一五、六年しか経っていない時代でしたから。

在日で出自を隠すというのは、今でもそういう人がたくさんいるじゃないですか。経済、芸能、スポーツ、……。わたしにはよくわからないですけど、それでその人が幸せなら、そっとしておいてあげた方が良いのかとも考えます。亡くなられた横綱の玉の海さんには二、三回会ったことがあります。あの方はご自身ではっきりと在日であると言っていましたね。

わたしが二三年間プロ野球選手として頑張れたのは、まずトタン屋根六畳一間の家で家族のために苦労している母親に楽をさせてやりたいという、その思いが出発点でした。

在日の民族的な組織の動きが戦後直後は活発にあったのでしょうが、わたしはもう小学生のころからまったくの野球一本でしたから、よくわからなかったです。民団・総連（在日本朝鮮人総連合会）というのもわからないし、活動の内容もよくわからない。

それから六ヶ国協議も広島でやるべきだという意見を出したこともあります。広島には立派な会議場があるし、ホテルにも困らないから十分開催が可能です。アメリカからはオバマさんじゃなくてもいい、首席補佐官でもいいから要人たちが来てしっかり原爆資料館を見てもらって（二〇一六年五月、ォバマ大統領が広島訪問）、全世界へ向けて核廃絶をPRしてもらいたいです。あれを見たら知らない人でも心打たれます。わたしが行ったときも白人の人がワンワン泣いていました。自分たちの子孫のためにも目覚めてくれると良いのですが。

▼次の世代へ

東アジア情勢のニュースなんかを見てると心配ですね。竹島の問題とか、こじれていますからね。どうでしょうねぇ。

わたしら二世が元気な間に解決してくれれば良いんだけど、もう三世の子どもたちの時代ですよね。

竹島もうちのものだ、お宅のものだと言わないで、ちょっと難しいから、時間を掛けて解決していくしかないんじゃないでしょうか。子孫のためにちょっと顔背いて、お互いに幸せになるならそうさせてくれと。われわれが幸せになるんじゃなくて、三世の彼ら彼女らが幸せになるためにね。

6　親父はどうして、あんな生き方しかできなかったのか

都相太（ト・サンテ）　男

取材日／二〇一二年二月一一日　**出生地**／岡山県阿哲郡　**現住所**／愛知県豊川市　**生年月日**／一九四一年八月一一日　**略歴**／四男一女の次男として生まれる。一九六〇年四月、信州大学工学部土木工学科入学。六五年に同大を卒業。翌年、都築建設興業設立。七三年、韓国民主回復統一促進国民会議（韓民統）に参加し中央委員。七九年一〇月、韓民統を離れる。二〇〇〇年九月、NPO法人三千里鐵道の理事長に就任。〇五年、六・一五南北共同宣言実践日本地域委員会の副議長に就任。一〇年五月、ハンギョレ統一文化財団の統一文化賞を受賞。一一年九月、投票2012の代表に就任。NPO法人山羊のいる風景専務理事、コリア国際学園副理事長などを務める。　**取材**／黄英治
原稿執筆／黄英治

▼朝鮮人の町、小坂井

わたしの記憶が始まる愛知県宝飯(ほい)郡小坂井町(こざかいちょう)（現・豊川市）への家族の移転は、名古屋の空襲が激しくなったからで、「コヒャン　サラムドゥリ　マーニ　イソッタ。クレソ　ヨギ　ワ

ッタ（故郷の人たちが大勢いた。だからここに来た）」という話を聞きました。小坂井には住友金属の軍需工場建設のために、朝鮮人が徴用でたくさん連行されて来ていましたが、徴用朝鮮人と小坂井の朝鮮人とは全然交流がなかった。うちは飯場じゃなく、鶏部屋といった養鶏場跡に入ったんです。当時はケージじゃなくて平場で飼っとるじゃないですか。屋根つきで、床にはコンクリートが打ってあるところね。小坂井町は三キロ四方しかないんですが、朝鮮部落が点在していて、朝鮮人の密度が非常に高かった。

わが家は、ハルベ（祖父）、ハンメ（祖母）、両親と子どもの三世代家族。家業の順序は定かじゃないけど、鉄くず屋、密造酒、飴製造をし、養豚もした。鉄くず屋のとき、家の裏に不発焼夷弾が山のように積んであって、親父が信管を抜いていました。いま考えると恐ろしい。あんなものが爆発したら部落全部がなくなりますよ。チョソンハッキョ（朝鮮学校）がつぶされる小学三年の一九四九年ごろは、飴屋です。飴はサツマイモを蒸かしますから、わたしの弁当はサツマイモだけど、それすらない子がほとんどだったから、よく覚えています。その子たちは、みんな北朝鮮に帰国しました。

ハルベ、ハンメと両親は朝鮮語で話し、子どもと親とは朝鮮語と日本語のチャンポンマル（まざった言葉）ですが、親は国の言葉のほうが楽だったはずですよ。わたしの母語感覚はほぼ日本語だけど、日本語をどこで覚えたかというと、「日々の生活の中」としかいいようがない。オンマ（母）は国の言葉で考えていながらも、日本人相手に商売するときには日本語を使わざるをえない。そんな言葉の世界が、わたしに入ってきたんでしょうね。

朝鮮人であることを、特別「嫌だ」と思わなかった。近所の同胞とは大家族のようなもんで、チェサ（祭祀）があると行き来し、おかずを融通しあったりね。集まると貧しかったからひと騒ぎ。博打をやって男が争い、女同士のいさかいがある。役所に聞いたら、この小さな町に一〇〇〇人ぐらいの同胞が住んでいたといいますから、解放後にほとんど国へ帰っていないんじゃないかな。帰ったのは徴用朝鮮人で、彼らはすっと来て、すっと帰ったみたい。

▼儒教三代体系の家の中

解放は四歳のときですから、定かな記憶はありません。解放の雰囲気で、覚えがあるのは、親父が在日本朝鮮人連盟の親分になるんですよ。みんな連盟のユニフォームを着とるんですよ。親父は学校へ行ったわけでもないけれど、民族の根っこのエネルギーだけで動いとったはずですね。朝鮮学校も援助があって建てるわけじゃない。あとで親父に確認したら、ニコヨン（日雇い労働者）の仕事を回しあって、その金を学校へ入れたというんです。ユニフォーム姿の親父を、オモニ（母）は冷ややかに見てますよ。五人の子どもを、どう食わすかが日々のことでしょ。「格好つけてなにやってんだ」ということでしょうね。

解放後、ハラボジ（祖父）は故郷へ帰ろうと思ったでしょうが、すぐ国へ帰るより、こちらで稼いで、向こうを助けようという意識が強かったんじゃないかな。故郷の貧しさを知ってますからね。アボジ（父）が密航で国へ行って金を渡し、戻ってくるときに捕まって長崎県の大村収容所へオモニがもらいさげに行くことが、記憶しているだけで二回はありましたから、頻繁に往来していたんでしょう。

アボジは酒と博打が大好きな、典型的な在日一世。「親父がいないと家の中がすごく平和」でした。彼がおると、みんなびくびく。そういう雰囲気を朝鮮の男たちは持っとるじゃない。オモニに手をあげたり、子どもにもそうしたりね。仕事はあればする。日本人のように会社があってそこに行くわけじゃない。非常に不安定で、いくつか仕事を始めるけど、上手(うま)くいかない。その重荷が全部、オンマ（母）にかかってくる。年に一〇回以上もあるチェサの工面も含めて。どう工面していたか、いや本当に不思議。近所にコモ（父方の女きょうだい）がおるんですが、コモたちもチェサには来ても、段取りからは逃げる。アボジは長男だから、チェサは伝統に乗っかってやる。当時、チュソク（秋夕）や正月はご先祖様ごとに、一回下げて、また新しい料理を出してね。あれにはチョル（お辞儀）をするのもうんざりしたけど、それを段取りするオモニは、どんな苦労があったのか。それにハルモニ（祖母）とオモニの関係はやっぱりきつい。逆に、息子のアボジには甘いというか、アボジが酒や博打で荒れても、その責任は嫁にある、となる。だから子どもたちは、「そんな理不尽な」って、全部オンマの側につくしかないじゃない。

▼つぶされた朝鮮学校

朝鮮学校ができてわたしは一年から、兄貴も日本の学校から編入して通いました。「朝鮮人は朝鮮の言葉で学ぶべきだ」という思いが、ハラボジやハンメ、両親に強くあったからでしょうね。

朝鮮学校に通うのが嫌だった記憶はありませんね。楽しい思い出は、運動したりとか、食べ物を野原や川で探すとか。同級生は二〇人以上いたから、生徒は少なくとも一二〇人以上いた。あの狭い地域で結構な数ですね。シン先生が六月の麦畑で警察に捕まりました。非常にいい先生が手錠をはめられて連行されていく姿が忘れられません。そのとき、日本の警察は敵ですけど、なぜそうされるのかはわからない。三年生のころは、ほとんど毎日、東三事務所（東三河教育事務所）へ「学校をつぶすな！」と抗議に行っています。

結局、学校がつぶされて、一九四九年三月の雪の寒い日、隊列をつくって日本学校へ編入して行くのですが、そのときの気持ちは、新しい場所に対する不安ですね。「行かない」という選択の余地はないわけです。

編入先での朝鮮人と日本人児童の葛藤はありましたが、わたしには強くなかった。三月末に小坂井東小学校へ編入され、新学期に女性の担任が席替えで、わたしの隣に一番勉強ができて可愛い女の子をつけてくれた。意識的にそうしてくれたのは間違いないですね。兄貴は中学生でしたが、喧嘩はしていなかったんじゃないかな。小さな部落に朝鮮人が多いから、完全なマイノリティじゃない。番長が朝鮮人で、喧嘩すると朝鮮人が強かった。朝鮮学校が閉鎖されて、ハッキョ（学校）出身者のために言葉や文化を学ぶ課外授業がありましたが、行きませんでした。なぜかなぁ。遊ぶのが忙しかったのかな。

▼貧しさと父への嫌悪

日本学校に行って「都築（つづき）」になりました。わたしは生まれた地名に由来して「トミ＝富」と呼ばれていました。でも「トミ」だと女みたいだから、途中から「富夫」になった。これは自分でそうしたと思います。だって親は字なんか知らんもん。「都築」という通名もいい加減で、親父に「創氏改名で、何だったんだ」と聞いたら「『松山』を使っとった時期もあった」というんですね。都築姓がこの部落にいますが、「都」が入っているから、便宜的に都築にした。それくらい単純なもんだと思いますよ。

わが家は総連（在日本朝鮮人総連合会）でしたね。小坂井のほとんどのトンポ（同胞）が総連だもの。総連との関わりは強かったですよ。銀行の人や組織の役員が回ってきたりしていたから。

朝鮮戦争の記憶は、非常にあるんですよ。当時、家にラジオがあって、ハラボジが朝鮮の放送を聞きながら一喜一憂する姿を憶えている。ハラボジの反応を見ながら、戦争を感じていたんですね。ハラボジが南北どちらの動きを喜び、悲しんでいたか、それは九歳の子どもにはわかりません。

　中学になって自我に目覚めると、朝鮮人より、貧しさが嫌だという思いがつのります。そのころ、コモの家がだんだん良くなっていく。大きいコモん家は鉄くず屋で、小さいコモのところは麴をつくり、密造酒もやっとったんだろうね。こちらは名古屋へ出て行った。格差が出てきたこともあったね。

　中学から高校にかけて、家業は養豚で、ブタの世話に明け暮れて勉強に縁がなく、先を考えるゆとりはなかった。高校時代は自転車で学校へ行って、帰ってきてからは、体を壊しつつあった可哀想なお袋をどう手伝うかです。二〇〇頭ほどのブタを飼っとったんですけど、エサの確保が大変。近くで在日が大きな飴屋をやっていたから、リヤカーで行ってイモの搾りかすを買い、五〇貫（約一八八キロ）とか積んできて、ブタにやる。アボジはまじめに働かない。男はどうもそういう働き方ができないようですね。

　高校のとき、わたしは小柄で痩せていて、体力に自信がない。だから力仕事はできないという予感があった。兄は大阪の大学に行ってたから、「大学に行かなあかんな」とは考えていた。それと、「アボジのような生き方はすまい！」とずっと思っていました。「一回しかない人生を酒と博打で、刹那に生きるのか」と。アボジは、歴史の中で故郷を追われ、日本で差別を受けて生きている。けど、当時のわたしには、「なんであそこまで母親を困らすんだ」という存在でしかない。だから大学に行くということは、ある部分は、逃げ場だったんじゃないのかな。

▼一念発起して勉強し、大学へ

高校三年に進級するとき、「ちょっと勉強しないと」と思ってね。成績はびりから何番目にいましたから、大学なんて考えられない。それで四月一日から勉強を始めました。この境遇から脱け出す、旅立ちの準備ですね。兄が大阪工業大学の土木なので工学部を選択し、「授業料が安い国立大学しかだめだ」と厳命されていたから、国立を探したわけです。あの貧しい中でも、勉強への反対はなかった。それもまた、儒教の考え方が影響しとるんですね。科挙に合格して立身出世する。それと食うために技術を身に付ける、文学じゃ食えませんからね。一期校は金沢大学で、すべりました。浪人できませんから、信州大学はよく入れてくれたもんだと思いますよ。

信州は自然に恵まれたいいところ。そこで「どう生きるか」を模索する余裕ができたわけです。寮でいろんな人に出会い、六〇年安保があり、韓国の四月革命があった。その時代の中で、少しずつ目覚めて行くわけです。

大学では本名、通名も使いましたが、安保闘争のときにカミングアウトしとるんです。何かの集まりのときに、「安保闘争は日本の国の問題で、わたしは朝鮮人だが、この闘争にも参加している。みんなの意見を聞かせて欲しい」ということをいった。信州大学も学生運動が盛んで、日本共産党がすごく強かった。寮でも「赤旗」を読む人は、わたしも含めて結構いました。

わたしは東京へデモに行かなかったけど、同じ寮から何人かは行ってました。日常的には、工学部は長野なんで、市内をデモしました。朴正熙（パク・チョンヒ）の軍事クーデター（一九六一年）の記憶はあります。衝撃は受けましたけど、長野の田舎におって何もできないじゃないですか。

政治運動への参加とともに、旅行にも行ったし、登山もよくしましたね。工学部の寮は男ばかりだから、看護学校とか、短大のお嬢さんと合同ハイキングに行くんです。信州大学の工学部ということで、女子大生に結構もてたんですね。

読書でいうと、岩波新書のF・パッペンハイムの『近代人の疎外』はくりかえし読みました。あとは濫読で、たくさんの本を読みました。朝鮮関係の本も読んでいますし、学生時代から「世界」は読んでいたはずです。難しい雑誌だから、どこまで理解できていたかわかりませんけど、そのおかげで、工学部のわりには、理屈っぽくなりましたね。

大学は楽しかったけど、実家が気になっていました。おふくろが土地を買ったので、その借金を返すために三年から四年に進級するとき一年間休学。わたしは兄よりも家に対する関心が強かった。兄もまじめな人ですけど、大体、朝鮮人の長男というのは、わがままに育つようになっとる。わたしは「とにかくオンマを助けたい」となるんです。

専攻は土木で、何を勉強したのかわかりませんが、それが会社をつくる土台になっていますね。

▼泥縄式の中での工法開発

大学を卒業してから、就職して安定していた兄を呼んで、土木会社を設立しました。最初は苦労しましたね。何をやればいいのかわからんもん。金がない、何もない中で、日雇いのように、売り上げを分けて食べるだけです。それが続きましたが、一生懸命汗を流して働きました。だから、闇雲につくった会社でも、なんとか食ってきたんですね。

大阪万博（一九七〇年）を控えて東名高速が延びてきて、道路を囲うフェンスをやっとったところへ、前田道路が「ガードレールの仕事できんか」といってきた。この時代のよさは、「誰もわかっていない」ということですね。工法が確立していないんです。隣の工区を見に行ったら、ドリルで穴をあけて、支柱を立てて土を戻す工法をやっておったんですよ。うちにその機械を買う力はない。それで「打ち込んでみよう」と、鍛冶屋と相談しながら機械をつくって、現場に入れてね。でも支柱がきっちり打ち込めるわけじゃない。今度は、それをどうするか。泥縄ですよ。そこで癖を見つけて、例えば「車の移動をきちっとすればいい」と、〈等条件打ち込み工法〉を編み出す。そのうち油圧の考えが出て、〈等条件打ち込み工法〉はなくてもよくなる。油圧の機械を開発して特許をいくつか取るわけ。

東名でいったんガードレールの仕事が途切れますが、東関東自動車道が出てきて、それからずっと仕事は続いています。当初、金もない、信用もないで、商社は材料を売ってくれん。だから、一メートルいくらで工事をやる。これを積み上げていくと、元請から「材料を持ってくれんか」となった。それまでの契約は、工事だけで二〇〇〇万円だとすると、材料費込みは二億にも三億にもなる。ここから五％ぐらいの工賃がとれる。大きいですよ。ですから七〇年を過ぎてからぐっと安定してくるわけです。

一九六七年に同胞の女性と見合い結婚しました。後に子どもを韓国に留学させましたが、彼らを韓国に送ったのは、わたしに「生きて行く中で回り道してもいい」との考えがあるからです。だから「ともかくいっぺん自分の国へ行け、行って差別されてこい」と、それは明らかにいっています。当然、向こうで差別を受けるんだから。まあ、「言葉も覚えるほうがいいだろう」ぐらいのもんです。するとそれが、このわたしを国とか民族に戻していくんですよ。「ウリマル　ペウォヤ　ハンダ（母国語を学ばなければいけない）」となっていく。

▼金大中拉致事件への義憤

事業も業績が伸びて余裕をえる中、一九七三年八月、金大中（キム・デジュン）拉致事件が起こります。「何ということをするのか！」と、義憤を覚えました。発端はすごく単純です。営業で神田小川町の会社を訪問中に、道路の反対側に韓民統（現・韓統連：在日韓国民主統一連合）の事務所があるのを知ってそこを訪れ、中央委員として活動することにしました。

その前は、総連の事務所に顔を出しとったんですよ。金日成（キム・イルソン）主席の還暦行事で、国に送る刺繍をやるのに手を洗うだけじゃなくて消毒させた。「これ、なんだ！」と怒ったんです。それで総連とは縁切りになった。

七九年に朴正煕が暗殺されたあと、韓民統を離れました。一つの時代が終わったという判断もありましたが、わたしは商売をやっとる人間ですから、途中のいろんな段階で、わたしのような人間を軽んじている風潮が出てくるんですね。別に議長でいらした裵東湖（ペ・ドンホ）先生が嫌だとかいう話じゃなくて、「そんな雰囲気がどうして生まれるんだ」と。わたしは自分の選択で、自分の責任で行く。まあ、物をつくるということは、全部そうですよね。失敗すればそれは全部パーになるわけですから。だから単純なんです。自分の選択で韓民統へ行き、自分の選択でそこを離れた。

▼文牧師訪北の「背後」嫌疑

その後、光州で全斗煥（チョン・ドゥファン）による虐殺と民衆抗争（光州事件、一九八〇年）があって、時代は激動します。その時期、今度は自分の選択じゃなくて、国の方から「民主化運動のために資金がいるから」とか、そんなことが八〇年代に続くんです。その流れで、わたしが一九八九年の文益煥（ムン・イックァン）牧師の訪北の「背後」にされる事件になった。文牧師と一緒に訪北した劉元琥（ユ・ウォノ）氏は、八八年にソウルで設立した合弁会社の社長で、わたしの会社が四九％出資していました。それで韓国の検察は、わたしが訪北資金を出したと発表した。当時、わたしの子どもが二人留学中で、そこが家宅捜索されました。文牧師と劉氏は懲役七年の刑を受けます。それからわたしに領事館から呼び出しがかかり、執拗にソウルの情報部へ行けと脅迫を受けたりもしました。

九二年に留学中の子どもの件で、どうしてもソウルへ行く用件ができ、東京の韓国大使館の参事官に身辺保証をもらって行きました。そしたら入国審査もそこそこに三人の男に連行されて、二泊三日ホテルで「調査」ですよ。「約束が違う」と抗議して、日本に電話はできたんですが、緊張しましたね。脅迫役となだめ役がいて、文牧師の「訪北資金」を聞き出そうとするんだけども、事実として何もない。わたしは「会社の投資金が反故にされた被害者だ」と主張し続けました。眠った記憶はないですね。その一方で、情報部の要員は昼飯時になると、わたしを連れ出して焼肉屋の一室で飽食してごろ寝ですよ。税金がこんなふうに使われていた。最後に上役が来て、解放となりました。

▼二世の罪を胸に抱いて

三千里鐵道ですか？　六・一五南北共同宣言（二〇〇〇年）は、時代の転換点に間違いないが、わたしはそういうとき「自分たちに何ができるか」と、考える癖があるから、冷静に興奮したんですね。ありがたかったのは、南北閣僚級会談で、鉄道連結に合意したことです。それで「これを非武装地帯でやろう、南北が合意しとるんだからできる」と考えた。

断ち切られた鉄路を、在日同胞と日本人の募金でつなぐ。呼応は予想以上でしたね。二〇〇二年に軍事境界線の南北二キロに敷設する鉄道レール費用――七〇〇〇万ウォン（六八〇万円）を、南北の政府に伝達できました。〇七年五月に南北の機関車がその上を走りました。三千里鐵道の意義とか展望とか、大上段に考えず、ときどきの問題に対処するやり方ですね。大事なことは肩肘張ってやるんじゃなく、自然体で続けていけばいいと思っている。無理があれば、やめればいいだけ。

わたしが在日として生きる原点は、民族的であること、平和を願うこと、統一を祈ること、だけです。この単純な三点を日常に、生活にどのように結び付け行動するかですよ。それ以上のことは考えない。

在日韓国人が韓国の国政選挙に参加できるようになり、「投票２０１２」を立ち上げて代表を引き受けました。そして、在日から候補者を出すまでになりました。これは在日としてまっとうなことで、自然体の中でみんなが集まり、散らばって、また集まるというのが、本来の姿じゃないですか。

このごろしきりに思うのは、「民団（在日本大韓民国民団）と総連に、何の対立があるんだ」ということ。好き嫌いの問題、方法論の違いがあるのかもしれんけど、そんなことは親父の代からあったことで、それが決定的になる必要があるかな、と。こんなわたしの考えを表現するなら「和して同ぜず」です。政治的な原点は、金大中拉致事件ですが、根本は「親父のように生きてはいけない」ということですね。同時に、「親父はどうして、あんな生き方しかできなかったのか」を考えると、歴史に戻っていかざるをえない。そうしないと、親父そのものを理解できないでしょう。

〈在日二世原罪論〉とわたしがいうのは、親たちを全否定した二世の連中がいっぱいおるわけ。民族も棄てる、親も棄てる、国籍も棄てる。一世を否定した存在として自分がある、と。それではいけない。だから「俺たちに一番罪があるよ」と、そこを自覚せん限りだめだということですね。

自分の親父の生きざま、死にざまには、歴史があるし、当然民族がある。それをたどって行けば、自分の一番近しい男を理解できるんじゃないか。それは同時に、自分を理解し、自分の位置を見つけることでもあるんですね。

7 関東大震災の直前、日本にやって来たアボジ

鄭宗碩（チョン・ジョンソク） 男

取材日／二〇一四年六月二七日、七月一一、一四、二三日　**出生地**／東京市葛飾区　**現住所**／東京都足立区　**生年月日**／一九四二年一二月一六日　**略歴**／両親の出身は慶尚南道固城。父・鄭斗満、母・蔡粉伊。一七歳だった父親が東京の墨田区にやって来たのは関東大震災発生の二ヶ月前（一九二三年七月）のことだった。命の恩人となる日本人の手助けにより家族は九死に一生を得る。小学校・中学校・高校と地元の公立学校で学ぶ。高校一年のとき「小松川事件」に遭遇。朝鮮大学校を卒業後は総連の専任の仕事に携わる。現在は「関東大震災朝鮮人虐殺の国家責任を問う会」運営委員、「韓国・朝鮮・在日と日本の歴史と文化を知る会」代表、NPO法人「高麗博物館」運営委員を務める。　**取材**／高秀美　**原稿執筆**／高秀美

▼命の恩人との出会い

関東大震災があったのは一九二三年九月一日のことです。当時一七歳だったアボジ（父）が日本にやって来たのは、まさにその直前の七月だったんですよ。

アボジが来たのは、東京の墨田区――白鬚橋の近くです。今は向島警察署となっていますが、当時は寺島警察――寺島という町だったんですね。そこにいたハラボジ（祖父）を頼って来た。ですから、ハラボジは少なくともその二、三年前には墨田区に来ていたということですね。今となっては定かではありません。わたしが生まれたときにはすでに亡くなって、いませんでしたから。

もともとハラボジは北海道の夕張炭鉱に徴用で来たんです。例によって「金儲けできるよ」ということで、来たんでしょう。ところがハラボジは少ししてからそこを脱走しました。タコ部屋だったんですね。とてもじゃないけど耐えられなくなったんでしょう。どういうふうに来たのか、東京まで逃げ延びたということです。

そこでハラボジは運命の出会いというのか、命の恩人に出会うことになったわけです。

当時、その界隈に製鋼所があったんですね。そこの工場長をやっていたのが真田千秋という方です。その方と偶然、外で――飲み屋かなんかで知り合ったんでしょうね。浅草に有名なバー、神谷バーというのがあるんですが、どうもその近くで出会ったみたいですよ。

真田さんという方は静岡県の出身で、東京商船学校を出て国際航路の船乗りをやっていたそうです。ところが船酔いにめっぽう弱かったらしく、どうも向かないと思ったんでしょうね、退職したそうです。その後、吾嬬製鋼所の工場長に招請されたんですね。

ハラボジが出会ったのは真田さんが工場長をしておられたときです。おそらく言葉もそれほど流暢だったとは思えないのですが、仕事を探しているんだということを片言で話したんでしょうね。なかなか機転の利く人だったと聞いてます。ちょうど工場では石炭を燃やしたときに出る燃え殻の処理をするのに困っていたらしく、それで、その処理をする仕事をやってもらえないか、ということになったようです。

当時のことだから大八車に乗せて運んで、というような程度の仕事だったと思うのですが、それでもなんとか家族を呼べるようになったんです。

ハルモニ（祖母）とアボジの一番下の妹が一歳か二歳だったようですが、この三人で東京にやって来たわけです。それで住み始めたのが墨田区の白鬚橋のすぐ近くですよ。小さい飯場もできて、故郷の同胞たちが寄り合うようになっていたようです。

▼「朝鮮人を出せ」

もの心つくようになってから、アボジが何度もうなされている場面を見ました。冷や汗をかきながら大声を出して。小さいころは「どうしたんだろ、病気かな」とその程度しか考えてなかった。

九月一日の地震のとき、大きな揺れに驚いてアボジは思わず外に飛び出してしまったらしい。なんとそれでドラム缶に入って隠れたそうです。

次の日になって自警団が来るようになった。関東大震災の少し前あたりから警察がたまに見回りに来ていたそうですよ。朝鮮からここに何人か来ているのかなと。なんとなく不穏な空気というのがその以前からあったんじゃないですかね。だから真田さんも自警団の話を聞いて、これは危ないんじゃないかと。

真田さんは「家に来なさい」といって、ハラボジたちを自分の家に匿ってくれたんです。家の押入れの中かなんかに隠れていたんじゃないでしょうか。でもそこにも自警団が押し寄せてきたそうです。「ここに朝鮮人がいるのはわかっている、出せ」と。二日に戒厳令が出されていますから、おそらくその日の夕方ごろのことじゃないかと思います。

真田さんは「デマを信じて人を殺すなんてことはとんでもない」「自分の目の黒いうちはそんなことさせない」と自警団を何度か押し返したようです。それでも次第に「このままでは危ないな」ということになって。製鋼所ですから工員だとか従業員が何人もいたようです。それで工場の若い人間を一〇人以上も護衛につけてハラボジたちを取り囲むようにして寺島警察まで送ることにした。白鬚橋から亀戸まで――ちょうど今、東京スカイツリーの見えるあたりまでですね。真田さんは半纏をわざわざ準備して工場の若い人間に着させて護衛につけたそうです。自警団も半纏を着てたから、そういうの着てると、やはり違うでしょ。

白鬚橋から寺島警察まで約二キロメートルなんです。上野の方から逃げて来て検問にあい、逃げきれずに殺されて橋から投げ込まれた朝鮮人がたくさんいて、川は血の海だったそうです。明治通りの脇には無数の死体――虐殺死体が折り重なるようにころがっていて、法泉寺に入る入り口付近も死体が積み上げられていた。地震の犠牲者ではなく、虐殺の死体です。それは見るからにわかったそうです。

警察に連れて行かれてみると、朝鮮人が結構いたようです。資料によると寺島警察でも何人かそこで殺されたらしい。ハラボジ、ハルモニは、もう今更逃げられない、どっちみち殺されてしまうんだったら、ここにいよう、一歳か二歳の小さい娘抱えてどうやって逃げられるんだと覚悟を決めたそうです。ところがアボジは一七歳そこそこでしょ、夜になったら逃げ出したんですよ。群衆が押し寄せてくる騒ぎの中で、夜中、様子を見計らって警察の塀を乗り越えて出たんです。それで四日ぐらいまで逃げ回ったんです。その間、いろんなことがあったようです。日本刀や竹やりで追い回されたり、畑やどぶ、縁の下に隠れたりして、食うや食わずで。そのうちまわりの様子も変わった——収まってきたというのか、それで恐る恐る白鬚橋の方に戻ってみたら、すでに両親たちが帰って来ていたのです。

その後また吾嬬製鋼で元のように働くようになったそうです。どうして震災の後もその地から離れなかったのかと思われるでしょうね。なんでそんな恐ろしい目にあった場所に住み続けることができたのか、なんで故郷の朝鮮に帰らなかったのかと。でも、もう帰るところがなかったんです。生活のために食うや食わずで来たハラボジたちは、もうすでにここ以外に行くところがなかったんですね。真田さんは地元の名士でもありました。真田さんを頼って、そこで働くのが最善と考えたんでしょう。だからいられたんだと思います。

▼まじめに働いたアボジ

アボジはその後、吾嬬製鋼で、溶鉱炉の今でいうとオペレーターの仕事をやりました。溶鉱炉の火というのは消せないんですね。一昼夜交替で不眠不休で働いたそうです。溶鉱炉ではよく事故が起こったそうですが、アボジはただの一度も事故を起こしたことがなかったそうです。自慢話にしてましたね。アボジの名前は鄭斗満（チョン・ドゥマン）というのですが、真田さんからは「トウマン、トウマン」と呼ばれて、可愛（かわい）がられていたようです。仕事もまじめにやって、それで重宝がられたということもあったと思います。当時はまだ「創氏改名」の前ですから、本名でした。

とはいえなんだかんだいっても大震災でのことは抜きがたくあったのだと思います。真田さんのことは別にして、どうしても日本に対する反感のようなものがあって、普段の態度としてもそんなものがにじみ出てたんじゃないでしょうか。父から聞いた話で印象深かったのは「内鮮融和」を掲げる相愛会、協和会という組織があったのですが、大政翼賛会の下、そこからたびたび呼び出されて拷問を受けたということです。そういった親日団体から見れば父は苦々しい存在だったのかもしれません。

両親の出身は慶尚南道（キョンサンナムド）の固城郡（コソン）というところです。二人は日本で出会いました。オモニは関東大震災を体験していません。その後に来ているんです。オモニの両親らは当時大井（品川区）に住んでいました。両親が結婚したのは何年かな。一番上の兄が一九三〇年生まれですから、その一年以上前ということになりますか。八人きょうだいです。わたしは男五人、女三人の上から四番目ですね。今生きているのは長男と姉、わたし・弟・妹の五人です。

わたしが生まれたのは一九四二年です。当時双子の兄貴は民族学校に行ったんですね。でも朝連（在日本朝鮮人連盟）の解散命令（一九四九年）だとか、民族教育に対する弾圧だとか、そういった中で、時期としては朝鮮戦争（一九五〇年六月）前夜、だんだん厳しくなるころです。

▼小松川事件との遭遇

わたしが通っていたのは地元の小学校で、上平井小学校といいます。周りはほとんど日本人でした。このときは「日川」という通名で通っていました。通称名としては変わった名前なんですが、なぜ「日川」かというと、本貫（氏族の祖先発祥の地名で、姓と組み合わせて表記される）が迎日（ヨニル）鄭氏なんですね。その「日」をとって「日川」としたらしいです。

周りは、わたしの家が朝鮮人だというのは知っている人間は知っているという感じでしょうかね。関東大震災のときのことは、学校でもほとんど聞いた覚えがないですね。

中学もやはり地元の上平井中学でした。高校は都立江戸川高校です。クラブはバスケット部に入りました。夏休みに入ってすぐに遠征試合で川を挟んですぐ隣りの小松川高校に行ったんです。そしたら「小松川事件」（一九五八年八月一七日）が起きて、大騒ぎだった。だからこのときのことはよく覚えているんです。

一つの大きな転機というか、わたしの人生に大きな影響を与えたのが小松川事件ですね。逮捕されて新聞に大きく報道されて、本名出たでしょ。わたしの兄貴たちも知ってましたね。目と鼻の先の江戸川区だし、李珍宇（イ・ジヌ）が生まれた家がどういう家だったのか、同胞たちが住んでいて、どういう地域だということは知っていたんでしょ。李珍宇の兄貴とちょっと面識があったようです。李珍宇は小松川高校の夜間部で、たぶんわたしより二歳ぐらい上だったと思うんですが、彼は夜間部に通いながら昼間は工員として働いていたと思います。

わたし自身は小、中、高、入ってからもそうでしたが、民族的な自覚だとか、アイデンティティ……そんなものはこれっぽちも持ち合わせてなかったですね。だから、要は劣等感の塊です。

この事件が起きたときの恐怖、衝撃は半端なものじゃなかったです。朝鮮のチの字が出ただけでもじっと小さくなっていた。自分が朝鮮人だということをなおさら隠そう隠そうとするようになりましたね。

こういうことがあってから、わたしは吃音（きつおん）になってしまったんです。今では想像もつかないでしょうけれども。しゃべり過ぎでね（笑）。

中学生まではなんともなかったんですよ。小松川事件をきっかけにしてそういう状況に陥っちゃったんです。人前で話すのが苦痛でした。ましてや先生に指されて発言したり、何かを読まされたりするのは一番苦手でした。治すためにいろいろ苦労しました。

▼「力のある者は力を」

一九五八、五九年あたりというのは在日の運動が非常に盛り上がった年でもありました。北朝鮮への帰国事業が五九年の一二月に始まったんです。地域の青年運動も活発だった時期です。わたしは葛飾に住んでましたから、葛飾の青年同盟（在日本朝鮮青年同盟）の委員長というか、専任をしている人間が毎日のように来ましたね。朝鮮学校（東京朝鮮第六初級学校）で一泊二日で若い在日の人間を集めて勉強会やったり、そういうのをしょっちゅうやってましたよ。

日本の大学に行こうか、とも思ったことがあります。でもいろいろ悩んで、朝鮮人として生きなければいけないんだろう、と思ったわけですよ。言葉も話せるわけでもないし、朝鮮人として何一つ知っているものがないんじゃないか、と。青年運動の中での学習だとか、そういう影響もだいぶ受けたと思いますね。

卒業して青年運動をしていく中で、自分が何者なのかということをわかるようになって、自分の国の歴史だとか、親の歴史——関東大震災のことだとか、そういうことを聞いたりして、どういうふうに生きていくことが自分の道なのか、ということを少しずつ理解し始めたということだと思います。

吃音は高校を卒業したら治りました。学校にいる間は一向に良くならなかったですね。

卒業してからも悩みの連続でした。それで一年後に朝鮮大学に行くことになりました。学部は政経学部です。朝鮮大学は教員コースが一番多かったけれど、自分は教員になるタイプではないなと思って。話すのも苦手で、日本の高校出てるからなおさらです。政治経済というのは大学を出てから応用が利くんじゃないかなと思ったぐらいですよ。実際は総連（在日本朝鮮人総連合会）の幹部というか、総連の仕事をやるためのコースでした。

朝鮮大学の寄宿舎二、三、四号館の建設にはわたしたちも全部携わってます。当時、講堂も図書館もなかったんです。それら全部一週間交替の勤労奉仕で、学生がほとんどやりました。大変でしたね。「力のある者は力を、知恵のある者は知恵を、金のある者は金を」というスローガン、そのものですね。

大学のときには忘れられない出来事がいくつかあります。六四年の東京オリンピックもその一つです。このとき朝鮮民主主義人民共和国から代表選手団が来て、朝鮮大学の宿舎を使っていたんです。残念でならないのですが、結局一週間ほどの滞在で彼ら全員はオリンピックをボイコットして引き揚げるということになりました。これはＧＡＮＥＦＯ（新興国競技大会）に出場したことを理由にして、オリンピックに参加させないという措置を取られたことへの抗議でした。彼らが二台のバスで朝鮮大学から去っていくとき、「われわれは敗北して帰るんじゃない、勝利して帰っていくんだ」といっていた団長の言葉が忘れられません。このときのサッカーチーム全員は二年後のワールドカップに出場しました。そしてなんとイタリアを破ってベスト8という成績を残しているんです。なんとも嬉しかったというか、感激しましたね。

一年のときは「日高（日本の高校）卒業生」のクラスがあって、一学期は日本語で授業、あとは毎週日曜日、朝鮮語の単語を覚えて試験、だから遊びになんて行けないんです。夏休みは八・一五（解放記念の日）までは学校に缶詰状態で勉強。そのあとようやく自分の家に帰った。今でも忘れないのは、家に帰ってまず親に挨拶。朝鮮語で「アボジ、オモニ、チグム トラワッスンミダ」（お父さん、お母さん、今帰りました）と。両親は改めて緊張した面持ちで聞いてましたね。えっ？ ずいぶん変わったもんだ、と思ったんじゃないかと思いますよ。

▼朝鮮大学校、総連の専任として

きょうだいで朝鮮大学に行ったのはわたしだけですね。大学を出た年が一九六六年です。卒業間近の三月になると、それぞれ配属されるわけです。わたしは総連のイルクン（働き手）コースでしたから、富士見町（東京都千代田区）の総連中央の中にあった東京都本部の宣伝部に配属されました。何もわからなかったんですが（笑）。

宣伝部でやった仕事というのは、まず成人学校・青年学校での講習会。朝鮮の文字と言葉を学ぶためのものです。そこで教える講師たちを毎週集めてやるんですが、それを担当しましたね。

東京都本部にいたのは一年半です。それから人事異動があって愛知県本部の方に行って、そこでは組織部というところにいました。

わたしはそれから一三、四年間、愛知にいたんです。結婚は東京都本部にいたときに知り合った女性と結婚しました。だから遠距離恋愛というか、そういうことでしたね。結婚したのは二九歳のとき。子どもは息子が二人です。上の息子が小学校のころまで愛知にいましたね。ただわたしの親も年が年だし、東京に戻してくれということで。一時は愛知で骨を埋めようかと思ったこともあったんですがね。

東京に戻って来たのは一九八一年の八月です。定期大会があって、人事異動もこのときに行われるわけです。

東京に戻って来てからは江戸川支部の専任になりました。生活はまあ苦しかったというより、最低限度は保障されていましたよ。妻は朝銀（朝銀信用組合）でしたから、生活はなんとかできてました。わたしの場合は恵まれていたと思いますね。当時でも地方に行くと生活できないとかいろいろいわれていたから。

八五年二月まで総連の専任をやってました。当時、四三歳でした。なぜやめたのか、簡単に一言でいうのは難しい。当初思い描いていた理想と現実の狭間での苦悩というか、悩みが大きくなってきたということですね。子どもの将来のこととかもありました。

自分で事業を始めたいなと、そういう思いもあった。だから愛知県本部にいたときに、車の免許取ったり、不動産の免許取ったりと、いろんな資格を取ってましたね。

やめた後は不動産会社に入りました。独立してやろうと思ったこともあるんですが、そろそろバブルもはじけてくるころで、高校の同級生たちとかで不動産の仕事始めているのが何人かいましたが、一時は良かったものの、借金を抱え込んでしまったり、自分の家まで処分しなければならなくなったりとか、そういう話を聞いたりしました。土地を買ったもののそれを処分できずに借金だけ残ったとか、そういう時代でしたよね。まあ、それ以上に自分の才覚がなかったということでしょう。しばらくして不動産会社で仕事を続けていくのも難しくなりましたね。

子どもたちはずっと民族学校です。高校卒業するまで。子どもに民族教育を受けさせるというのは自然なことでした。特別にやらせたのはスポーツでしたね。現在長男は「山岳愛好家」として飛び回っています。これまで七大陸最高峰登頂――セブンサミッター、日本国内三〇〇名山踏破を果たし、在日ではその第一号ということです。下の息子は高校卒業してからオーストラリアに留学しました。現在は柔術家（ブラジリアン柔道）として後進の指導をしています。

▼韓国の土で慰霊碑を

現在、「関東大震災朝鮮人虐殺の国家責任を問う会」の在日代表ということをしていますが、これが今自分にとってのメインの活動となっています。意外かと思われるかも知れませんが、こういう活動のほとんどは日本人の方です。

わたし自身がなんでこの活動に関わっているのかといえば、父親の体験というのが大きいのですが、総連の仕事に携わってから在日の置かれた立場について考えるようになったことがあります。

総連の第一線から離れた後の二〇〇六年から勉強会というのを始めて、今も中断することなく続けています。自分自身も幅広い知識を得たいということで継続してきたわけです。そういう過程の中で韓国に行き始めました。向こうで知り合った人間にいろんなところを案内されて見てまわったり、またそれを日本人に案内したりする中でまたいい友人ができましたね。

先述した命の恩人の真田千秋さんにお礼を申し上げたいと、親はずっといっていました。「グループほうせんか」の西崎雅夫さんたち市民グループの日本人が毎年荒川土手で追悼の会をずっとやっているじゃないですか。追悼碑を建てて運動自体は引き続きやっている。彼らは二度、三度と墨田区の方に慰霊祭を区の責任の下でやってほしい、管理も区の責任の下でやってほしいという要請や陳情を行っています。ところがそれは門前払いになってたわけです。

陳情のとき、たまたまわたしがその区議会を傍聴したんですよ。二〇〇〇年だったと思います。そのときの区の回答が「区の方にはそういう公文書はない、殺した殺されたなんてことは残っていない。だからそれをもとにして区が慰霊祭をやったり、ましてや慰霊碑を管理するなんてことは区民の利益にならない。したがってそれはできない」という回答だったんです。それを聞いて、非常に憤りを感じたわけです。それで相談をしたのが韓国の陶芸家の金九漢（キム・グハン）さんです。彼の先輩が詩人の金芝河（キム・ジハ）氏ですよ。金九漢さんに紹介されて金芝河氏には二回、この問題で会っています。彼は何をいったかというと「必ず形として残さないといけない」――形として残すということは、そこで殺された人たちの霊を慰めることにもなるし、後世に歴史を詳しく知ってもらう、日本人にもこのことを知らしめることが大事なんだと。ぜひ慰霊碑を作りなさいと。

わたしは、真田さんの菩提寺である東向島の法泉寺に、碑を建立することにしました。それが二〇〇一年のこと。墨田区議会で傍聴した翌年の九月一日のことです。

金九漢さんは陶芸家だから、韓国の土でその碑を作ろうじゃないかということになったんです。碑の文字は在日の書芸家の申英愛（シン・ヨンエ。13ページ参照）さんにお願いしました。現在も機会あるごとに韓国の現地調査団の人々、日本各地から見学に来られる人がいます。

ライフワークだと思っているんです。関東大震災の朝鮮人虐殺については、真相究明も（汚名を着せられて殺された朝鮮人の）名誉回復も成し遂げられていないわけじゃないですか。植民地時代の過去の清算がいまだなされていないのだから、そのために自分ができることは引き続きやっていきたいと思っています。

8　囲碁で結ばれた同胞との絆（きずな）

洪希徳（ホン・ヒドク）　男

取材日／二〇一二年一二月二二日、二〇一三年一月一八日　**出生地**／東京都神田区（現・千代田区）　**現住所**／東京都中野区　**生年月日**／一九四三年八月六日　**略歴**／父・洪達潤（ホン・ダルユン）、母・洪初枝（ホン・チョジ）の二男二女の長男として生まれる。東京朝鮮第一初級学校、大田区立大森第六中学校、東京都立小山台高等学校、朝鮮大学校理学部卒業。愛知朝鮮中高級学校教員、朝鮮新報社営業部員等を務める。一九九一年に金沢市で開催された第一三回世界アマチュア囲碁選手権戦に朝鮮民主主義人民共和国代表として参加して九位。韓国棋院アマチュア六段。高麗棋道協会会長。　**取材**／羅基泰　**原稿執筆**／羅基泰

▼東京は神田の生まれ

植民地時代に神田で生まれ、神田で育ちました。在日二世としては珍しいと思いますよ。アボジ（父）は神田の呉服屋で働いていました。アボジは一九二六年、一四歳のときに渡日したとのことです。ハラボジ（祖父）が先に済州島（チェジュド）から日本に渡ってきていて、生活が落ち着いた

ので故郷から家族を呼び寄せたとのことです。

日本に来たアボジは神田の呉服屋に丁稚奉公に入りました。まじめに働いたのが認められて学校にも通うことができ、早稲田大学の夜間部を卒業することができたといいます。

戦争が終わり、朝鮮が解放されるとハラボジはすぐには故郷へ帰らず、朝連（在日本朝鮮人連盟）の活動家になったといいます。それでアボジは上野で不動産屋を始めました。一時期、パチンコ屋もしましたが、亡くなるまで不動産業を営んでいました。

わたしは一九五〇年に荒川区にあった東京都立第一朝鮮人小学校（一九四九年一〇月の朝鮮学校閉鎖令により東京都内の朝鮮学校は「都立朝鮮人学校」になる）に入学しました。木造平屋の校舎で学校にあったプールを見て驚いた記憶が残っています。教頭なのか校長なのかわからないが日本人の先生だったと思う。でも授業は同胞の先生だった。

学校ではいじめっ子がいてあまりよい記憶がないの。中学に入るころ、大田区に引っ越すことになり、それを機に日本の中学校に入学しました。高校は品川区にある都立小山台高等学校に通いました。

わたしは教員になりたかったので国公立の大学を目指してました。でも、朝鮮人は日本の教員にはなれないと知って断念することにしたの。アボジは早稲田大学を勧めました。希望校が決まればそのとき勉強するつもりでわたしは「社会科学研究会」のサークル活動に打ち込んでいました。そのころ（一九六〇年）は毛沢東思想がはやっていて友達と一緒によく議論をしたな。

高校三年のときに荒川区に引っ越すことになった。そこには在日朝鮮人が多く住んでいて、チョチョン（朝青：在日本朝鮮青年同盟）の人が朝鮮語を学ばないかと誘いに来た。それで学校が終わるとチョチョン荒川支部の事務所に行き朝鮮語を学び始めたの。小学校は朝鮮学校に通っていたんですが忘れてしまい、習うのに苦労しました。そのとき、東京に朝鮮大学校があることを初めて知った。進学するなら日本の大学ではなく、朝鮮の大学校に行こうと思った。アボジも反対しなかったので行くことにしました。

▼囲碁との出会い

朝鮮大学校に入ると囲碁を楽しむ先輩が何人かいました。興味があって何度か見ていると同じ理学部の四年の先輩がいろいろ手ほどきをしてくれたんです。囲碁を打つのはこのときが初めてでしたが、子どものころに何度か碁会所には行ったことがあったの。アボジが大の囲碁好きでよく夜遅くまで上野の碁会所に行っていました。それでオモニ（母）の使いでアボジを呼びに行ったものでした。

先輩が卒業してからは囲碁を教えてくれる人もいなくなり、いつの間にか打たなくなっていました。

碁石をまた握るようになったのは三年後の愛知県ででした。朝鮮大学校を卒業したわたしは愛知朝鮮中高級学校の数学教師に配置されました。学校から三〇分ほど離れた名鉄・堀田駅の近くで下宿していたわたしは、仕事帰りによく行く食堂で定番のトンチャン（ホルモン）ライスを食べていたの。その食堂でたまに見かける人もわたしと同じトンチャンライスを注文していた。ある日その人と目が合い話すようになって、聞いたらその人は関西棋院に所属するプロの棋士でした。だけど、囲碁では生活ができず運転手をしながら駅近くの碁会所で囲碁の指導をしていたの。

その人に誘われ碁会所で習うことになりました。東京の生活しか知らなかったわたしは地方での生活と一人暮らしの寂しさも手伝って、仕事帰りに週に三回は碁会所に通うことになったんです。

星目（九子局）から始めて二連勝したら一子減らすことになった。しかし何度打っても二連勝はできなかったな。七、八ヶ月経ってやっと二連勝して八子局になった。五子局になるまで三年かかったかな。そして二連勝したとき、彼は「君は日本全国どこに行ってもアマ初段で打てる」と喜んでくれ、記念に碁盤（二寸盤）と碁石をくれました。アボジの遺品であった五寸盤は友人に譲ったが、その記念品は四四年経った今も大切に使っていますよ。

▼同胞囲碁愛好家たちと知り合う

三年間の地方での教員生活を終え、わたしは東京に戻りました。当時、朝鮮大学校理学部の場合、三年間は地方で教員をすることになっていた。何人かは配置された学校になじみそのまま教員を続ける人もいましたが、わたしは東京に戻ったんです。教員は嫌ではなかったんですが一生続ける自信はなかった。

教員時代のわたしのあだ名は「コンピューター」でした。パソコンもない時代にコンピューターの将来性を語ったことから付けられた。「いい国（一一九二年）作ろう鎌倉幕府、火縄くすぶる（一七八九年）バスチーユフランス革命」など年代覚えやインド数式にも興味があったので、円周率を教えるとき、「産医師異国に向こう産後薬無く産婦宮代に虫散々闇に泣く（3.14159265358979323846264338327９）」と語呂合わせで三〇桁ほど教えたことが印象に残ったようでした。

総連（在日本朝鮮人総連合会）本部からの新たな配置があるまで自宅で待機することになりました。その間、わたしが住んでいた地域の総連支部で「成人学校」の講師として同胞に朝鮮語を教えました。

二年ほど経って総連系の商社に入社しました。一九七〇年代の初めは朝鮮民主主義人民共和国と日本の国交正常化問題がクローズアップされた時期でもあり、それと関連して朝鮮と日本との貿易が始まったころでした。

わたしは資料部に配置され、原材料とか工業製品の値段などの資料を整理していたの。一年ほど勤めたころだったかな、会社の縮小方針で退職することになった。次に紹介された総連傘下機関の中で印刷工場がある朝鮮新報社に興味を持ち、そこの営業部で働くことになりました。

一九七三年の初夏だったと思う。

ある日、高麗棋道協会の人が訪ねて来て「会則」の冊子の印刷を依頼されました。内容を聞くと、高麗棋道協会とは在日同胞の囲碁愛好家たちの会で、一九七二年七月四日の「南北共同声明」がきっかけで一九七三年三月に設立されたとのことでした。思想と信条、所属団体に捉われず祖国の自主的平和統一を支持する理念で囲碁愛好家の親睦を深めようとの会でした。総連系の人も民団（在日本大韓民国民団）系の人も加わっていました。

その冊子には会主催の囲碁大会の紹介とか同胞企業の広告などが載っていました。同胞たちの囲碁の会があることを初めて知ったわたしの驚きは計り知れなかったな。愛知県の碁会所で碁を習ったわたしは、囲碁は特殊な少数の世界と思い込んでいたからです。在日同胞の中に愛好家が多くいて、協会まであることに胸がときめくのを感じました。高麗（九一八～一三九二年）は朝鮮半島の統一国家で、協会の名称に「高麗」を使ったのは南北に分断された祖国の統一を願う囲碁愛好家たちの思いが込められていたからでした。また高麗といえば四代王の光宗大王も囲碁の布石の研究を熱心にしたといいます。

しばらくしてわたしは協会の月例会に参加するようになりました。会場は高田馬場にあった金さんという同胞が経営する碁会所でした。会長は方元俊（パン・ウォンジュン）さんといって民団系の人、副会長は具快萬（ク・ケマン）さんといって総連系の人でした。会では毎回入賞者にテレビ、電子レンジ、ラジカセ、トースターなどの電化製品の景品を出していました。

同胞たちと囲碁を楽しんでいたわたしはたまに上達法を聞かれることがありました。そんなとき、わたしは上達以前の原則として「着手が決まるまでは石を持たない。決まったら石を一つ持ってすぐ打つ。打った石ははがさない」を心がけることや、できるだけ一方的に考え込まず相手にも配慮することが大切だと答えました。

囲碁は相手の着手と同時にその手の対応を巡って頭はフル回転するんです。なので、はがされるごとに頭が疲れるんですよ。盤外勝負になってしまう。すぐ打たず石を持つ手が盤上をウロウロするのもだめなんです。

本は、良い手悪い手をはっきりいうプロの梶原武雄九段の解説がわかりやすかったので「囲碁春秋」を愛読しました。また、棋譜を見るときはプロとプロの対局よりプロとアマの置碁を多く並べたりした。そのうち、棋力も上がり同胞の中ではアマ高段クラスになっていました。

▼世界アマチュア囲碁選手権戦に代理出場

一九八九年に朝鮮に囲碁協会が結成されました。一九六〇年代に日本から朝鮮に帰国した同胞たちが中心になったといいます。それまで社会主義国の朝鮮では、「囲碁は両班（ヤンバン）の遊び」とのことで社会的に認知されていなかったんです。それが一九八〇年ころから「民俗遊び」の一つに指定されることになったの。それで日本にいるときに囲碁を楽しんでいた帰国者たちが打つようになったといいます。

一九九一年五月に金沢市で三九の国と地域から集まった棋士たちで第一三回世界アマチュア囲碁選手権戦が開催されました。そのとき、朝鮮囲碁協会は正式に国際囲碁連盟（IGF）に加盟することになり、代表選手が選手権戦に出場することになったんです。一九七九年から始まった選手権戦は囲碁アマチュア世界一を決める最初の本格的な世界大会で、当時は日本棋院と日本航空が主催し、国際囲碁連盟が主管していました。

余談ですがこの世界選手権戦は年々規模が大きくなっており、二〇一二年は五五ヶ国が参加しました。囲碁強豪国の韓国は過去五回優勝（二〇一六年現在七回）しています。

わたしは在日本朝鮮人囲碁協会の具快萬会長らと共に応援のため金沢に行っていました。ところが朝鮮の代表選手が急な病に倒れてしまったの。それで彼の代役として急遽（きゅうきょ）わたしが朝鮮代表選手として参加することになりました。

競技はスイス方式で一日二局、四日間で八局を打つ本格的な大会でした。メキシコ、アメリカ、ハンガリー、デンマーク、フィンランドに勝ち、韓国、日本、ソビエトに負け五勝三敗。九位になりました。その知らせが広がると同胞囲碁愛好家の中でわたしは一躍「有名人」になっていたの。

▼故具快萬さんの熱情

高麗棋道協会副会長の具快萬さんから、朝鮮の囲碁普及と発展に尽くしたいので協力してほしいと頼まれました。

世界のプロ囲碁界は韓国、中国、日本が飛びぬけて強かった。アマチュア囲碁界もこの三ヶ国が中心になっていた。囲碁は台湾、東南アジア諸国、アメリカ大陸、ヨーロッパの国々で急速な広がりを見せていました。

だけど、朝鮮では囲碁は一部の人たちの中で楽しまれていたに過ぎません。朝鮮囲碁協会が結成されたといっても碁盤と碁石が不足していたんです。

具快萬さんは朝鮮での囲碁普及と発展のために在日朝鮮人の囲碁協会を作りたいといっていました。それで総連系の人たちに呼び掛けて在日本朝鮮人囲碁協会を結成することになりました。一九九〇年の七月だったと思う。具快萬さんが会長でわたしが理事長を務めました。

親戚が平壌(ピョンヤン)に多く暮らす具快萬さんは、朝鮮を訪問するたびに碁石と碁盤を持っていき協会に寄贈していました。平壌、咸興(ハムフン)、沙里院(サリウォン)などで囲碁愛好家が増えていて具快萬さんの個人的な力では限界があったのです。

それでわたしは十九路盤の謄写版を作り、それを朝鮮に送り、朝鮮で碁盤をつくるようにしました。碁石も自前でつくるようにしました。

朝鮮囲碁協会では将来を見据えて青少年たちを中国に囲碁留学させていました。

具快萬さんは北京へも足を運びいろいろと支援を惜しまなかったんです。また、中国棋院のプロ棋士が平壌へ出向き朝鮮の青少年に囲碁の指導ができるように、財政的なサポートをしていました。

世界アマチュア囲碁選手権戦に朝鮮代表が参加できるように働きかけ、その費用を在日本朝鮮人囲碁協会で負担するようにもしました。一九九七年札幌で開催された第一九回世界アマチュア囲碁選手権戦で朝鮮代表の文栄三（ムン・ヨンサム）選手は見事三位に入賞し注目されました。

具快萬さんは韓国へも何度も行き韓国棋院との交流を深めました。一九九六年にはアメリカのロサンゼルスとサンフランシスコへも行き在米韓国人囲碁愛好家とも交流を深めました。囲碁を通しての「ワンコリア」に対する具快萬さんの思いは誰にも負けなかったと思う。

大阪では一九九〇年代から毎年「ワンコリア囲碁大会」が開催されています。これは総連系の大阪朝鮮囲碁協会と民団系のコリア大阪囲碁協会の共催です。

それにならい東京でも民団系の東京アリラン囲碁会〈趙福奎〈チョ・ボクキュ〉会長〉と在日本朝鮮人囲碁協会が共同で何度か「ワンコリア囲碁大会」を開催しました。二〇〇〇年八月には「六・一五共同宣言」を支持して東京・市ヶ谷の日本棋院で一二〇名が参加する盛大な大会を開催しました。この大会の実行委員長を具快萬さんが務めました。

このような同胞の囲碁大会を通じて在日のプロ棋士たちとも親交が深まったと思う。

日本棋院の川本昇九段をはじめ在日のプロ棋士は五、六名います。宋光復（ソン・グァンボク）九段（日本棋院）、梁川裕政七段（日本棋院関西総本部）、金秉民（キム・ビョンミン）七段（関西棋院）などは同胞の囲碁大会に来ては指導碁を打ち、愛好家たちの棋力向上に努めてくれました。また同胞たちは在日のプロ棋士たちを格別に応援し続けています。

具快萬さんは二〇〇七年に亡くなられました。朝鮮囲碁界の発展の礎を築き、また在日囲碁愛好家たちの親睦と絆を強めることに大きく寄与した人といえます。

▼四〇周年迎えた高麗棋道協会

七、八年前から会長が高齢で動けなくなり、実質的に中心的役割を担っていた副会長の具快萬さんが亡くなられてからは、高麗棋道協会に参加する人たちが少なくなり寂しくなっていました。これではいけないと二世の仲間たちで盛り上げることになりました。それでわたしが高麗棋道協会の会長に推薦されたんです。

四〇年前、祖国の統一を願う在日一世の囲碁愛好家たちが設立した協会は二世のわたしたちがバトンを受け継ぐことになったの。事務局長を引き継いだ禹富剛（ウ・ブガン）さんと力を合わせて協会を盛り上げています。

最近、協会では日本人との交流に力を入れています。三〇〇チームが参加した第三回全日本社会人囲碁団体戦の予選で協会の有段チーム（高麗囲碁会）は優勝して二〇一二年三月の決勝に進出したの。入賞は逃しました。でも二〇一二年一一月に行われた第四回全日本社会人囲碁団体戦の予選では高段チームが全勝で優勝し、有段チームは三位になり二チームが決勝に進出することができました。今回は決勝での入賞を目指しています（決勝大会団体戦において高段チームは高段クラスで三位に入賞）。

いずれは故郷に帰ることを夢見ていた一世たちと違い、二世、三世たちは日本に永住する。永住するからには民族的なアイデンティティをしっかり持ちながら日本での共生社会を築くことに寄与したいと思っている。そのために囲碁を通じての親善交流を広めるつもりです。

今年（二〇一三年）設立四〇周年を迎えた協会は毎月月例会をコツコツと運営してきたし、毎年、囲碁旅行（四〇回）を行って愛好家たちとの親睦を深めています。月例会、毎年の旅行会を一度も欠かさず続けることは大変なことだと思う。それは総連とか民団とかに捉われず、個人の思想信条に関わりなく同胞同士の親睦を深めるという一つの思いがあったから続いたのだと思う。

「芸は身を助ける」といいますが、わたしは囲碁のおかげで多くの同胞と出会い手談（しゅだん）（囲碁の別名）を楽しむことができました。これからも囲碁を通じて深まった同胞愛好家たちとの絆を大切にして生きていくつもりです。

▼家族のこと

わたしは一九七九年に三六歳で結婚しました。妻は在日二世の張（チャン）氏。当時は在日社会でも済州島と陸地（本土）の人が結婚するとなると、家族、親戚の猛反対を受けた時代でした。わたしたちも本籍地が済州島と慶尚北道ということで、四柱（サジュ：生年月日など運命や運勢を占うための四つの基本）をめぐって多少問題があったんですよ。お互いの弟、妹たちが「時代遅れ」といいながらも応援してくれました。また、わたしの本貫は忠清南道の南陽（ナミャン）洪氏で陸地出身だとのことで、お互い歩みより解決しました。

子どもは娘三人です。三人とも朝鮮学校に通わせました。日本では義務教育は九年なので、わたしたち夫婦は義務教育に当たる九年間は民族教育を受けさせることにしたのです。そのあとは本人たちの考えを尊重しました。日本学校へ行きたければそれも良いし、朝鮮高校、朝鮮大学校に進学するのも良しとしました。ただし、大学には必ず進学するように教育しました。

娘たちは小学校は阿佐ヶ谷にある東京朝鮮第九初級学校、中学校は品川区にあった東京朝鮮第七中級学校に通いました。その後、長女は私立高校を経て上智大学、早稲田大学大学院を卒業しました。今は公認会計士として同胞と結婚して暮らしています。次女は都立国際高校を経て一橋大学を卒業しました。ファッション関係の仕事をしたいとフランスに渡り希望をかなえています。フランス人のよい伴侶を見つけ結婚しました。おかげでわたしたち夫婦は何度もフランスへ行くことができました。三女は都立国際高校を経て早稲田大学を卒業しました。

三世の娘たちはそれぞれ社会人になり自分の道を歩んでいます。九年間の民族教育を受けたので、一世の祖父母たち、二世の父母たちの在日コリアンとしての歩みと思いは理解していると信じている。日本とフランスに暮らす娘たちが将来にわたって民族心を大切にして欲しい。

これが親の願いでもあります。

9 「東九条マダン」は、僕らの目指す社会像やねんね

朴実（パク・シル）　男

取材日／二〇一二年八月二〇日　**出生地**／京都府京都市　**現住所**／京都府京都市　**生年月日**／一九四四年一月一七日　**略歴**／両親は全羅道生まれ。一九七一年、「帰化」で日本国籍を取得し、戸籍名新井実となるが、家裁への氏変更申し立てにより、八七年、在日朝鮮人としては全国で初めて民族名を取り戻した。「帰化」時に強制採取された「一〇指指紋返還訴訟」では二二万五〇〇〇人の指紋廃棄で、九四年、和解（事実上の勝訴）。在日朝鮮人多住地域、京都市南区東九条で催されている「東九条マダン」では、初回（九三年）から四回まで事務局長。第五回から一六回まで実行委員長を務めた。京都・東九条CANフォーラム代表。　**取材**／中村一成　**執筆**／中村一成

▼貧しかった幼少時代

生まれたのは一九四四年、京都駅の南東側、今の東九条西山王町(ひがしくじょうにしさんのうちょう)でした。兄が三人、姉が二人、下に妹が一人いた。保育園に入る前くらいから記憶があるけど、八条通は元々、疎開道路でだだっ広くてね。近所は全羅道(チョルラド)出身の人が多かった。同郷で固まってたんやね。

物心ついたころには、アボジ（父）はほとんど仕事がなくて、残飯処理なんかしてた。解放後すぐ朝連（在日本朝鮮人連盟）の活動家になったらしくて、メーデーがあったときかな、血塗（ちまみ）れで帰ってきたのを覚えてる。ある程度の立場だったみたいやけど、オモニ（母）から聞いたのでは、何か会計のことであらぬ嫌疑を掛けられてリンチされたらしくて、活動を離れたみたい。辞めてから間もない一九五〇年に四七歳で亡くなった。死因はよくわからないけど内耳炎を悪化させてね、リンチの影響かも知れない。

オモニは買い出しをしてたので、僕は一緒に近江八幡（おうみはちまん）とか、今の琵琶湖（びわこ）線の方に買い出しに連れて行ってもらった。闇米を仕入れて、東山トンネルを抜けたら窓から捨てて後で鴨川（かもがわ）の河原に取りに行くねんけど、ドンゴロス（麻袋）が破けて石と交じったりしてね、それをより分けたのを覚えてる。列車から見た東九条は畑と田圃（たんぼ）ばっかりだったね、駅に近づくにつれてオモニはものすごく緊張して、あっちこっち様子を窺（うかが）ってね。僕もオモニの袖を必死に持ってたのは覚えてる。実際、何回か捕まったしね。

小さいときは貧しくて食べるもんがなくてね。残飯やら放ってる所に行って食べたりしてた。当時は事情がわからへんから、僕はアボジがね、働かへんでぶらぶらして、家には食べるもんもないのに、夕方になったら同胞がやってる飲み屋に行ってドブロク飲んで酔っ払って帰ってくるのがほんとに嫌でね……。だから小学一年でアボジが亡くなったときはね、食い扶持（くいぶち）が減ってちょっとは生活がましになんのかなとか思ったりもしてね。一方でオモニは働きづめやったし。

▼疎外されていくオモニ

アボジが亡くなった後は長男が家督を継ぐわけだけど、長兄は戦中の教育を受けた人で、元志願兵だった。朝鮮人でありながら朝鮮人を蔑む、そんな人。兄嫁は日本人で部落出身なんやけど、朝鮮人は部落民より低い、だから日本人化しないといけない、という人でね。僕が小学校に入ったころは、この辺の学校では全員、日本語読みだけど本名だった。だから僕は「ぼく・みのる」。それで長男は日本名がないと絶対にアカンと毎日学校に交渉に行くわけ。近所とか家では絶対にそんな名前使ったらアカンっていわれてたし、「ぼく・みのる」は学校でしか使えない名前と思ったね。

兄貴夫婦は事業が成功すると一九五三年くらいに帰化して近所に住んでね。学校の前でしょっちゅう出会うねんけど、向こうの家族は知らん顔するねん。兄貴は朝鮮人であることをひたすら隠して仕事やってて、バレるのをものすごく怖がるわけ。兄夫婦は家を次男夫婦に明け渡してね、家族の面倒を見させて、自分らは市内の中心部に移った。後でそれを長兄に聞いたら、アボジが亡くなって、死ぬか生きるかのどん底の中でこの家族、弟妹を支えていくときに、「朝鮮人とわかったら生きていけないんやっ」っていわれてね。そういう発想に弟妹が次第に染まっていった。自分たちは日本の教育受けて日本人になるんやって。

その中でオモニが家族から離れた存在になっていくわけ。オモニは自分が朝鮮人であることは隠すにも隠せない、身なりも仕草も、日本語もできひんしね。僕らの学校での教育もあるし、兄貴やらの方針もあって、オモニの異質さが何か低いもののような、卑しいっていうんかね、なんかそういうふうに見てしまう。今思うと、よくオモニはその中で黙って生きていたなって。それが結局、一人になったら時々、こう胸をパンパンって叩いて、慟哭してた。でもあのころは誰もそれをわからなかってね、どうすることもできなくて、せめて歴史とかを早く学べていたらこんなんにはならなかったと……。

▼音楽だけが支えだった

特に男きょうだいはみんな歌が好きでね、子どものころから音楽で生きたいと思ってた。覚えてるのは小学校二年のとき、メンデルスゾーンのヴァイオリンコンチェルトをレコード鑑賞で聴いたら涙が止まらなくなってね。なにしろ貧しくて、食べるもんもなくて、でも音楽があればという感じやったから。特にヴァイオリンに対する思い入れっていうのは強く、飲み屋やってた同級生の同胞の息子がいてね、小学校の音楽専門の先生がいつもその店に飲みに来ておられてね。特別にその息子は放課後ヴァイオリンを教えてもらってたてん。それを僕はいつも窓の外からじーっと見ててね、そのころ京都駅近くの百貨店の四階に楽器売り場があって、毎日そこに行ってずーっと眺めてた。欲しくて欲しくて。それであのコンチェルトを聴いたら涙が出てね、自分がもう、なんかもうひもじくて、そこから救われるような。なれそうにもない、でもできれば音楽家になりたいっていうのは夢のように思ってた。

　中学では新井。もう金輪際、「朴実（ぼく・みのる）」っていうのは使わないつもりでね。上の五人は金がなくて高校には行けなかったけど、僕は何とか行きたいと思って勉強して。でも貧乏でね。長男は事業で成功してたけど行き来がないし、家にはお金がない。そしたら担任の先生が日本育英会の奨学金を申し込んでくれた。当時、陶化中学（現・凌風中学）はまだ就職者が多くて、進学希望者には有料で補習をやってね。姉がお金を工面してくれた。ところが後で担任が来てね、朝鮮人は奨学金もらえないんやって。もう、腹が立って、姉にも申し訳なくて胸の持って行きようがなかったですよ。でも学費なんて出せない。もう勉強する気がなくなって、よく授業抜けて吹奏楽部の部室へ行って、ラッパを吹いたり我流でピアノを弾いたり、音楽ばかりしてた。

　みんな先が見えなかったんやね。中学は荒れ放題で、先生殴って補導されたり逮捕されたりね、中学一年で退学処分受けた七人はみんな朝鮮人やった。でも僕はなんとか定時制高校だけは行きたいと思って仕事を探した。就職では姉のことがあった。姉は成績がとても良くてね、でも朝鮮人やったら受からないということで、「現住所を本籍地に書いて、通名で受けなさい」いわれてね。それで大きな電機会社に受かったんやけど、後から学校で大問題になってね。学校が会社に伝えたみたいで取り消された。姉はそれで二回自殺未遂してね。命は取り留めて十数年生きたけど、精神が不安定で入退院繰り返してね……。

▼夢を阻んだ「国籍差別」

だから僕は最初から小さい会社を狙い、本名で書類をたくさん出したけど、なかなか決まらなかった。最終的に「定時制可」の小さな電機会社に就職が決まって、洛陽高校（現・洛陽工業高校）の定時制に通うことになったんだけど。会社はコンデンサーを造っててね、二四時間三交替制で電気炉を監視するから、昼間のシフト（一四時〜二二時）になると学校に行けへんわけ。僕ものすごく悩んでどうしようかって。冬はまだましだったけど、夏場は五〇度以上。塩舐めながら、しかも夜勤。もうガリガリになってね。で、もうこんな人生で死んでしまうんかなと思ってね。そのときに洗礼受けてん。で、このまま死ぬのも悔しいし、自分がやりたいことに賭けようと思ったんやね。それで会社に「定時制高校、行かして欲しい」というたら、ちょうど亀岡市に出来た新工場に転勤になって、行けるシフトになったんやね。

学校では消灯までどっかに隠れてて、人の気配なくなったらピアノ弾いてね。独学では限界があるから高校四年のときには専門家について、もう必死で練習してね、それで短期大学に受かったんよ。僕自身も夢のように思ってたことが現実になって。二年終わって、あと二年、専攻科で残れることになってね。それである高校で先生していた先輩が、僕を後釜に推薦してくれた。ところが正式な書類を出して僕が朝鮮人やとわかったら、もうえらい騒ぎになって、一年後には契約更新されなかった、首やね。後で聞いたら国籍が問題になったらしいわ。

音楽の先生というのは憧(あこが)れでね。やっぱり音楽が好きだったし……やっぱりものすごい暗い、こう、どん底の、食べるものすらない惨めな生活の中でも、音楽さえあればというものがあったから。僕が音楽の先生になったらそのことを子どもたちに伝えられるなっていう希望があったからね。まあ結局、音楽しか仕事がないから韓中（京都韓国中学校、現・京都国際学園）で一〇年程講師して、子どもの音楽教室で作曲を教えるようになったけど非常勤講師の扱いやね。年金も付かないし社会保険もない。

▼生き方を問い直し始めた一方で……

最初の外国人登録は中学二年、一四歳やね。僕がよーく覚えてるのは、高校二年のときに、初めての切り替えで南区役所に行ったら、あの、……朝鮮のおばさんが役所の人間に怒鳴られてんねんね。「あんたなぁ、自分の名前も書けへんのかっ、ひらがなでもいいから」って。で、「すいません、すいません」っていうてる声がうちのオモニに似てて、見たらオモニやってね。もうそのとき、僕はまたその、なんかオモニのことを恥ずかしいと思って、きっとそう思ったんやね、なんやよう訳わからんようになってそこを飛び出して、その日は切り替えしなくって、なんか恥ずかしいもん見たわと思たら……なんかオモニが何の理由もないのに役所の人間に罵倒されて……なんでねぇ、その、役所の人間に僕は抗議もできなかった。情けない。そういう、そんな意識でしか育ってなかったんやね、僕は。

契機は六〇年代後半やね。僕はそのころ、日本基督教団の教会活動に熱心でね。その当時、日本基督教団の戦争責任告白というのがあってん。日本基督教団は戦前、キリスト教伝道という形で朝鮮人に神社参拝を強制した。それで殉教した人もたくさんいたと。そのころから自分が依拠してた所というのはおかしいんとちゃうかなと思い始めた。そしたら次から次へと問題が出てきた。外国人登録法、出入国管理法、それから靖国(やすくに)……。戦争責任を感じるなら日本基督教団は闘うべきだと主張して、僕らは教会闘争というのを激しくやったわけ。

一方で日本人である清子との結婚の話が出てきた。彼女の家族に猛反対されてね、母親が抗議して自殺未遂をした。それで父親に、「帰化をして欲しい」と。今から思たらそんなことで帰化申請なんてするべきではないと思うし、駆け落ちしてでも結婚すべきやと思ってるんやけど、ただ僕は自分の生き方を疑問に思う一方、自分を根本的にひっくり返すことができずにいた。

申請は全部自分でやった。あれは嫌がらせやね。名前も「日本的氏名」を念押しされてね。近所や職場にも聞き込みされてね。最後の一〇指指紋は今でも覚えてる。今の京都地裁の裏側にあった法務局でね、書類見て「これで全部揃(そろ)いました」いうて、ハンコまで押したのにね、暗い部屋で指紋を採られた。A4版の半分くらいの紙が二つあって、一方に右、もう一方に左を押してくださいって。見たら紙に指の形があんねんね。「これ押すんかいな」ってじいっと見てたら、僕の左側に係官が立って、机の上の右前に黒いインクがあって、手を摑んで、しかも指だけじゃなくて、掌の部分まで全部強制的に。チリ紙で何回拭いてもペタペタしてね。そしたら「そちらに洗面所があるから石鹼で洗ったらいい」とドアを開けてくれた。それで両手を上げて部屋から出たら、職員も来てる人もばあっとこっち見るわけ。もうなんかこう、悔しくてね。なんでこんな目に遭わないかんのかって。電車は乗らんかったね、もう一目散に走って走って……あれは忘れられへん。ほんとに悔しい。屈辱やわ。そのとき、役所で罵倒されてたオモニを思い出してね。これは何か間違うてる。この仕返しをどっかで取りたいと思てね。それが一九九一年の指紋返還訴訟に繋がるわけ。

それで向こうの父親に電話して、今、申請終わりましたと。そしたら清子は戸籍から抜かれて、荷物を持たされてね。まだ結婚式もしてなかったけど、すぐに一緒に住み始めた。家はこの辺（東九条エリア）で探したんやけど、みんな断られて。「新井」やのに断られるのはさすが東九条やなって。悔しいけど妻の名義で南区の端に家を借りた。

結婚後、妻は自分の名前を、僕は「朴（パク）」を名乗ってた。ちょうどそのころ、教会闘争とか入管闘争とかでデモにも出てたんで、帰化は許可されないだろうと思ってたら一年後、七一年四月に許可通知が来た。先に帰化していた兄と姉が「模範的日本人」だったのが影響したみたい。初めての子は結婚翌年の七一年一一月に授かってね。妊娠がわかったときは嬉しかった。自分が変わるような気がして。反面、自分が親にしてきたこと考えたら怖なってね。小学校のときに、喧嘩して「チョーセン帰れ」っていわれて家に逃げ帰ったとき、親に「なんで産んだんや！」と食ってかかったことがあってね。同じこといわれたらどうしようかなとかね。そん時に、ほんとに僕はもう、ほんっとに腹を括ってね、朝鮮人で何が悪いんやと、お前の父親は朝鮮人だ。お前の母親は日本人だと、そういうしかないもんね。

▼「在日」として、「日本籍朝鮮人」として

それで今まで奪われてきたものを取り戻そうと思ってね。最初は民族団体に入ったんやけど、当時、帰化した者は裏切り者扱いでね。ある日、喫茶店に呼び出されて「外登証出せっ！」ってね。ほとんど警察の取り調べや。で「ない」っていったら、「裏切り者や、出て行けっ」て放り出された。行く場がないから「サークル・チェイル（在日）」をつくった。

僕は常々、在日は在日として本国とは違う独自の生き方があるんじゃないかと思ってた。民族性を取り戻しつつ、日本社会の差別と闘い、日本人との連帯を主張してね、勉強会を開いたり、通信を出した。民族団体からは「スパイや」とかいわれたりしたけど、「在日」を追求する場を欲する人は多かった。主要な民族団体の幹部とかも来てた。

その流れで民闘連（民族差別と闘う連絡協議会）と全朝教（全国在日朝鮮人教育研究協議会）運動に関わってね。大阪の芦原橋で一九八二年にあった全朝教準備会の研究集会で、何らかの教職に就いてる在日同胞の分科会があってね、そこで「僕は日本籍だけど、本名を取り戻そうと思

って本名を名乗ってる」ってゆうたら、二四人の分科会で、同胞出席者の三分の一が日本籍やった。他の分科会にも声かけて、結局、日本籍者ばっかり一〇人くらいで一晩語り合ってね。そのとき出てくるのは、日本人から受けた侮辱とか差別とかいうことよりも、同胞から受けた侮辱とか無視とか疎外とかだった。たとえば今でいうダブルの人が「お前の日本人の血を抜いたら仲間にしてやる」と民闘連の活動家からいわれたりね。

それで朝鮮人として生きるため、具体的に民族名を取り戻そうと、申し立てを始めた。僕も八四年に申し立てたけど軒並み却下された。翌年の一二月には「民族名を取り戻す会」を立ち上げて、マスコミも取り上げるようになってね、八七年の一月にもう一度申し立てたら、半年後の六月一七日付けで民族名を認める決定が出た。朝鮮人初だったんで新聞やテレビで大きく取り上げられてね。報じられると、縁を切ってきた親族が文句をいうてきたり。特に清子は大変だったと思うけど、「良かったね」っていってくれた。彼女の父もこのとき、謝罪してくれてね。やっぱり指紋押捺拒否闘争の盛り上がりが大きかった。

三人の子どもについては自分の属性をそれぞれ考えてるみたい。男の子二人は小学校低学年くらいから「自分は間人」っていうてたな。二人はアボジ、オモニというてたけど、娘の幸子(ヘンジャ)だけは僕をアボジ、清子をお母さんっていうねんね。妻が「朴(パク)」と名乗り出したのは幸子が小学校低学年のころ、名前を茶化されていじめられたのがきっかけやねん。当時、清子は旧姓を名乗ってて、幸子が「私もお母さんみたいに日本の名前つけてくれ」いうたらしい。もう胸が痛くてね。その幸子も小学校五、六年の担任の先生が「ヘンジャ」って素直に呼んでくれてね。クラスでもいい友達ができてその子らも「ヘンジャ」って。今も付き合ってるねんけど、それが大きかったね。やっぱり呼ばれることが大事やね。

▼「東九条マダン」にかける思い

昔はね、韓国籍に戻れるなら戻りたいと考えたけど、日本籍をやむなく取らざるを得なかった、あるいは生まれながらに日本籍となってるけど、それでも朝鮮人として生きていく人間の生き様を追求していこうと思った。やっぱりありのままで生きられる社会を実現せなと思うね。それを地域でやりたいというのが「東九条マダン（広場）」への思い。朝鮮人、日本人というより、人間の生き方として誰と一緒に何を目指して生きていくか、その人らしく、何も隠さずに生きていきたいっていう。部落産業の和太鼓と共演したり、障害のある人とマダン劇を創ったり、車いす体験コーナーを設けたり、沖縄のエイサー（沖縄の伝統芸能である盆踊り）と一緒にやってきたのは、皆の中にそんな思いがあったからやと思う。

大阪の同胞から「なぜ朝鮮人だけでやらない」って批判されたりもしたけど、僕はそういう考え方自体がおかしいと思うねん。民族なんていうのは相対的なもの。たとえばうちの子どもなんかどちらともいえないしね。メンバーの中にも部落出身で、子どももいるのに連れ合いさんの実家では結婚も認めてないとか、そういう人が一緒にいるわけなんやね。もちろん部落差別と民族差別は違うけど、人間の抱えてる問題として、特にこの地域は部落出身の人多いやん。それで朝鮮人と部落民が昔から対立したりしてね。僕も昔から目にしてきたけど、しょっちゅう罵り合って、ちょっと言葉には出せんようなことをいい合ってね。それが今も地域の問題として残ってる。だからこそそういう問題を克服したいという願いがあった。

「東九条マダン」の初回は一九九三年。練習場がなくてね。地元の公園で子どもらが練習したら近所の人から石投げられたりした。衣装は地元のハルモニ（おばぁさん）に教えて貰って作ってね。京都市も教育委員会も後援してくれない。でもまだバブルが弾け切ってない時期で、同胞たちがすごいカンパしてくれたのが嬉しかったね。

最初の呼びかけ趣旨文と四つの思いの文章は苦労したね。朝鮮人と日本人だけでなく、ここは部落出身の人も障害のある人もいる。高齢者も貧しい独居の人が多い。その人たちと一緒にどんな理念で祭りを創っていくか。朝鮮人と日本人が同じ立場でマダンを創り、それを通して今の自分たちに内在している矛盾を克服したいとの願いがあってね。特に実生活では朝鮮の田舎から出てきて、子どもたちの中で疎外されたうちのオモニと、マジョリティ側の人間だけど、マイノリティと一緒に生きようとする清子のことがあった。

当日は台風一過のいい天気でね、陶化中学の西門と東門の両方側からね、五〇人くらいずつ、計一〇〇人くらいのプンムル（伝統的な楽器を打ち鳴らしながら踊り、練り歩く農楽）隊が入ってきたときはね、もう、なんっともいえなかったね。涙が出るので上向いて必死で抑えてね。僕だけじゃなかったよ。みんな、いろいろ思い出したんやね。京都市と市教委の後援が付いた九六年の四回目では、和太鼓とサムルノリ（朝鮮の四種類の打楽器による現代音楽）の競演「ワダサム」を初めて演目にした。マダンは朝鮮の文化だし、植民地時代から奪われた物を取り戻す場という位置づけはあるわけね。でもやっぱり僕たちは日本人と共に生きていくわけで、今まではこうだったけども、これから自分たちが一緒に創っていく社会像としてのマダンが僕の中にあって、だからその中に日本の文化を入れようと。ワダサムは九九年の七回目が嬉しかったね。双方で一緒にやる曲をつくってね、若い人らが筋立てしてね。朝鮮人と日本人が初めて出会って、時に対立したり喧嘩したり、でも一緒に生きていきたい、そして最後に発展していくっていうストーリーで、もう涙がぽろぽろぽろぽろ出てね。

民族とか国籍とか意識しない、いわなくても普通に暮らせる社会であるべきだし、そうしていかないとあかんのとちゃうかなと。特にわれわれみたいな日本生まれ日本育ち、あるいは子どもや孫みたいに日本人と朝鮮人との間に生まれた人が「朴」を名乗って生きていく。それが当たり前に受け入れられる社会であるべきだし、マダンはその一つとして、一日のお祭りだけど、一緒に一つのものを創り上げていく、そういうことを続けていきたいね。

10　川崎・桜本に生きる

裵重度（ペ・ジュンド）　男

取材日／二〇一三年一月一六日、二月一四日　**出生地**／東京都世田谷区　**現住所**／神奈川県川崎市　**生年月日**／一九四四年七月二七日　**略歴**／二男四女の長子として、空襲下の東京で生まれる。働きながら定時制高校、夜間の大学で学ぶ。韓国ＹＭＣＡで韓国語を学ぶ中で妻と出会い、後に李仁夏牧師から洗礼を受ける。一九七四年「在日韓国人問題研究所」設立所員。八八年開設の川崎市ふれあい館の創設に携わり、九〇年から同館館長を務め二〇一〇年に退職。〇四年「神奈川文化賞」受賞。現在、保育や高齢者福祉、障がい者福祉などを手掛ける社会福祉法人・青丘社の理事長。　**取材**／樋口雄一　**原稿執筆**／樋口雄一

▼**幼かったときの暮らし向き**

父は裵鍾守（ペ・ジョンス）、母は金徳煕（キム・ドッキ）といい、両親ともに韓国の慶尚南道（キョンサンナムド）で咸安（ハマン）郡と昌原（チャンウォン）郡の出身です。父の渡日は一九三五年ごろで、東京大森区（現・大田区）の馬込（まごめ）にいたそうです。父は農家の五男で、すでに渡日していた兄たちを頼って来たとのことです。

母とは一九四二年に、母の郷里である昌原郡の鎮東で結婚しました。

　わたしは東京都世田谷区の下北沢で一九四四年に生まれました。一歳くらいのときに、両親は空襲が激しくなった東京から埼玉県秩父市に住む同胞の遠戚を頼って疎開しました。その後、下北沢に戻って、六畳一間のアパートに住み、弟妹が次々と生まれました。わたしは、二男四女の六人きょうだいの長子でした。家族八人が食べるものにも事欠く「赤貧洗うが如し」という言葉があてはまるような暮らし向きでした。栄養失調からくる「おでき」に悩まされました。

　父には定職がなく一攫千金を夢見てなけなしの金を博打に費やすという荒れた生活を送っていました。派手な夫婦喧嘩に怯えた日々を今でも覚えています。朝鮮戦争のさなか、くず鉄が売れるということで母と妹とともに何度もくず鉄拾いに行きました。わたしは小学五年のときから家計の足しになるようにと新聞配達をしました。小学校時代はあまり友達もなく仲間はずれにされていました。「裵重度（はい・しげのり）」という日本語読みの民族名で通っていましたが、「はい」という返事と同じ発音なものでよくからかわれました。「チョーセン帰れ」といわれ、毎日喧嘩していました。

▼仕事を探す

　中学時代は通名の「武本」で通いましたが喧嘩もよくしました。学校が荒れていた時代で、学校同士の喧嘩の助っ人に頼まれたりしていました。高校に進学したかったのですが貧しさは変わらず、泣く泣く断念せざるをえませんでした。学校斡旋で就職をしようとしたのですが、すべて二次の面接時に提出する書類で朝鮮人とわかったせいなのでしょう、「君も北朝鮮に帰るのか」と聞かれたりして、どこも受かりませんでした。一九六〇年代に入ったばかりのころで、中卒で就職する子が多い時代でした。それで同じアパートに住む電気工事の親方のところに職人見習いとして雇ってもらい、いろんな現場を渡り歩きました。

二年後、どうしても学校に行きたいと思い、母方の伯父の自宅兼町工場に居候として入り、定時制高校に通いました。一年後に弟が同じ高校の昼間部に入り卒業は一緒でした。わたしはその後大学の二部に入りましたが、弟は寿司職人として就職しました。

わたしが小学生のころ、父は当時「ニコヨン」と呼ばれていた失業対策事業の日雇い労働に出ていましたが、結核になって入院しました。その後、母親が代わりに失対に出るようになりました。妹たち三人は中学を卒業するとすぐに学校斡旋で就職し、それぞれ定時制の高校に通っていました。一番下の妹だけが昼間の女子高に通い、その後大手のデパートに就職したときは時代の変化に驚きました。

子どもたちがみな働き出してからは少しずつ暮らし向きも良くなり、狛江に小さな建て売りを買い求めて引っ越しました。そのための無理がたたったのか、父は結核が再発して再入院となってしまいました。

▼在日朝鮮人文学に出会い放浪生活・再就職・結婚

高校の夜間に通っていたころから小説・文学に興味を持つようになりました。学校が神田にありましたのでよく古本屋をほっつき歩きました。定時制高校時代は生徒会活動を一所懸命やったりして楽しく過ごしました。政治への関心も芽生えて日韓基本条約反対のデモにもよく参加していました。理工系の大学の二部に進学したのですが、本当は文系に行きたかったのです。就職のことを考えてそうしたのですが、行きづまりました。

自分が朝鮮人であることは幼いころから知ってはいましたが、それ故の葛藤が強くなり始めました。民族差別と貧困が仕事や家庭状況や生き方に反映して、混沌(こんとん)とした心理状況にありました。

現実から逃避するように家出をして放浪生活に入りましたが、自己確認を模索する旅でもあったように思います。文学誌を通して知った読書会に顔を出してある同人誌の会員になりました。その同人を訪ね歩いたりしながら旅をして、北海道、東京、静岡、大阪、福山と流れ歩き、電機会社の季節工、飯場労働者、工場建設労働者などを経験しました。

そうして一年が過ぎようとしていましたが、外国人登録証の切り替えもあって家に戻りました。父の弟が馬込でスクラップ回収の仕事をしていた関係で日本の小さな会社に世話してくれました。自分の民族性に向き合い始めましたが、日本名で働いてくれといわれました。食うためには働かねばなりませんので了承しました。休日にはあいかわらず古本屋漁(あさ)りを続けていました。

そんな中、水道橋にある韓国ＹＭＣＡに韓国語を習いに行くようになりました。今思い出すとそのころが一番の青春時代だったのではないかと思っています。同世代の在日と巡り会い、学習が終わったあと終電まで語り合ったことを覚えています。

▼李仁夏牧師から洗礼を受ける

このときＹＭＣＡに勤めていた鄭月順（チョン・ウォルスン）に出会いました。彼女とデートがしたくて彼女が通っていた在日大韓基督教会川崎教会に通うようになりました。結婚を意識して両親に話したところ、父親は反対しませんでしたが母は心配そうにしていました。彼女が川崎・桜本に住んでいることが気になったようでした。すでに川崎・桜本は同胞が多く住む地域として有名で、当時は柄が悪いという評判がありました。そんな母に彼女は教会に通っているんだと告げると安心したようにうなずいていました。彼女とは一九七二年に結婚しました。

古い小さな木造の川崎教会は信仰共同体でもあり民族共同体でもありました。教会の社会奉仕活動が熱心に語られていました。保育園の開設をめぐって激論が交わされていました。その一方で日立の就職差別問題に取り組む青年の姿がありました。そうした問題の指導的役割を果たしていたのが李仁夏（イ・イナ）牧師でした。後に李仁夏牧師から洗礼を受ける（一九七六年）

ことになるのですが、教会員の奉仕の姿に感動し、教会に惹かれていきました。そして教会青年の全国修養会に参加し、多くの刺激を受けました。同時に後に結婚する鄭月順から民族的な強い想いへの啓発を様々な局面で受けました。

昼間は日本の会社勤め、夜は韓国ＹＭＣＡに通い、休日は教会あるいは日立就職差別撤廃闘争支援の「朴君を囲む会」の例会出席と忙しくも楽しい日々を送っていました。

▼金大中のボディーガードとして

結婚して数ヶ月経った一九七三年の春ごろ、李仁夏牧師から韓国の政治家の金大中（キム・デジュン）氏が来日しているが秘書としてついてみないかと誘われました。そのころ鬱々として働いていましたので会社をやめたい思いで承諾しました。

当時彼は新橋の第一ホテルのスイートルームに宿泊していて、わたしも一緒に宿泊していました。『独裁と私の闘争――韓国野党前大統領候補の記録』という本の出版準備中で、マスコミ関係者の対応や日本の政治家との面談を繰り返していました。ほどなくして渡米してその年の夏に再渡日し、高田馬場にあった原田ビルに事務所を構えました。彼は日本語にも堪能で演説にも迫力がありました。韓国語のできないわたしとの会話は終始日本語でした。

あるとき、彼に「なぜわたしについたのか」と聞かれました。わたしが「在日韓国人問題を韓国の政治家に理解して欲しいからです」と答えると、黙って考え込んでいました。

再渡日した彼の身辺を極力警戒するように、との韓国からの情報にもとづきボディーガードの数が増やされ、在日韓国青年同盟から数人が加わりました。実は拉致事件当日（一九七三年八月八日）はわたしが当番だったのですが、集会の準備のため事務所にいました。さすがにわたしも恐怖を覚え、彼が解放されるまで事務所に泊まり込んでいました。

金大中先生救出委員会が組織されたり政治組織が立ち上げられたりして、わたしも誘われましたが、どの組織にも身を置くことはしませんでした。金大中氏とは八〇年代末に韓国で開催された在日韓国人問題のシンポジウムに出席した際に、東橋洞（トンギョドン）の私邸を訪問団と共に表敬訪問したときに再会を果たすことができました。その後、事件の原状回復を求めて再来日した際に当時の秘書団のみとで朝食会が持たれて会いました。また大統領に就任していたころの二〇〇二年には海外で韓国民主化闘争を支援者してきた人を招待するという記念事業で招かれ、青瓦台（チョンワデ）の大統領官邸で会いました。

▼在日韓国人問題研究所（ＲＡＩＫ・レイク）を始める

わたしは金大中拉致事件後もしばらくは原田ビルの事務所に一人勤めていました。その間、日立闘争の支援事務所によく通っていました。関東大震災朝鮮人虐殺五〇周年の大集会を計画していたからです。集会は一九七三年九月二日神田共立講堂で二〇〇〇人を集めて開催されました。

その後原田ビルの事務所が閉鎖されて就職先をどう探すかと悩んでいたところ、再び李仁夏牧師から声がかかりました。在日韓国人問題に関する資料を収集し情報を発信する文書センターをつくろうと考えているといわれました。一九七四年のことです。この年の六月に日立就職差別裁判の勝利判決が横浜地裁で出されました。その後も日立本社への直接糾弾闘争が展開されていきました。この闘争の支援グループが各地にできていましたが勝利解散するには惜しいとして「民族差別と闘う連絡協議会（民闘連）」として再組織化することになりました。そしてこの民闘連の連絡事務所としての機能をも担うものとして在日韓国人問題研究所（レイク）が新宿区西早稲田の日本キリスト教会館の一室に設立されたのです。民闘連ニュースの編集と発行の一方で在日韓国人問題に関する資料の収集と分類整理に明け暮れました。

七〇年代半ばから川崎に始まった行政差別撤廃の闘争が各地に広まり、その運動をオーガナイズするために各地を飛び歩くようになりました。在日の民族差別に特化して闘う民闘連運動は大きくなり、民団（在日本大韓民国民団）や総連（在日本朝鮮人総連合会）といった民族団体でもない第三の潮流だともいわれたりしました。在日韓国人の権利意識・人権意識も高まりゆく中で、やがて制度差別の頂点ともいわれた指紋押捺拒否運動が提起されました。各地で裁判闘争が起きる中、レイクは指紋拒否訴訟連絡協議会を組織しました。膨大な訴訟資料が集まりました。それもレイクの資料として集積されました。

▼レイクと川崎での活動

レイクでの仕事に忙殺されながらも、活動の拠点は川崎にありました。「地域実践としての民族運動」というスローガンを立てながら、いかに民族的に生きることができるのか議論が繰り返されていました。一九七三年に社会福祉法人青丘社の設立が認可され、翌年には桜本保育園が認可保育園となりました。

川崎教会を母体にして生まれた青丘社の活動実践は日立闘争を支えた青年たちによって担われました。そして民闘連運動の大きな拠点となりました。在日の子どもたちと向き合う実践がされる一方、日々の日常生活の中で起きている民族差別に取り組む活動が展開されました。やがて行政の制度差別撤廃運動に取り組み、指紋押捺拒否運動へと広がりました。

このころ「共に生きる社会を目指して」という言葉が多く発信されました。狭い教会の礼拝堂と夜の保育園舎を利用しての実践活動は困難をきわめていきました。そこで川崎市教育委員会に青少年のための会館を設立して欲しいとの要望書を一九八二年に出しました。同じころ「川崎在日韓国・朝鮮人教育をすすめる会」が立ち上げられました。「すすめる会」と市教委との交渉は三年に及びましたが、学校に民族差別が存在するか否かが攻防になりました。市教委は結局民族差別の存在を認め、一九八六年に「川崎市在日外国人教育基本方針――主として在日韓国・朝鮮人教育」を制定しました。青少年会館設立に向けた交渉は足かけ七年に及びました。第二次要望書まで出しましたが、担当局が決まるまで紆余曲折がありました。最終的には市行政を横断する形で設置構想委員会を立ち上げてもらいそこで交渉しました。

当時、市は桜本周辺をブラックホールみたいな所だと称していました。貧困と差別の中、在日韓国・朝鮮人が多住する問題の多い底知れぬ地域であるということです。周辺地域には公的施設として学校以外には社会的施設が何もありませんでした。わたしたちは桜本ふれあい社会館としてネーミングをしていましたが、結局「ふれあい」だけが残され、社会教育施設としての「ふれあい館」が設立されました。同時に「桜本子ども文化センター」が併設され統合施設として建設が始まりました。

委託先を青丘社としましたが、そこで地元からの反対運動が強力に展開されました。委託先の青丘社は韓国人が主体となっているところだから、われわれ日本人が使えなくなるから行政直営で設置しろということでした。行政も青丘社も粘り強く地元の説得を行いました。いろいろな困難状況がありましたが、外国人との共生を目指す全国で初めての公的施設として一九八八年六月にようやく開館しました。

わたしはレイクの仕事を継続するつもりでいましたが、ふれあい館の運営に携われと説得されレイクをやめることになりました。青丘社との関わりは長いものがありましたが、このとき初めて職員となりました。以来二〇一〇年までふれあい館の館長として仕事をしてきました。

▼これからも地域と共に

在日の民族差別と闘うことが民族運動になるのだという青丘社運動の一翼を担い、ふれあい館を立ち上げ、第二ふれあい館構想が紆余曲折を経て桜本保育園の移設新築という仕事を多くの仲間と共に成し遂げた今、わたしは青丘社のボランティア理事長という立場にいます。

現在も差別や人権の問題は本質的な課題として存在しますが、在日コリアンの姿が見えにくくなっているという印象を持っています。民族的な慣行などの保持も課題の一つですが、生活のあり方も変化していると思います。

一世たちの帰国建国型の民族意識、二世たちの反差別型の民族意識、三世以降の自己実現型の民族意識と生き方の意識も変化しています。

また、新しく日本に来たニューカマーといわれる人々の問題やブラジル、フィリピンから来ている人など地域の問題が変わってきていると思われます。在日コリアンと共通の問題を抱えながら地域で生活する人々と実践のあり方を考えていきたい。こうした現実の状況を踏まえながら、行政交渉などに新たに取り組む必要があると思います。

なお、これまでの運動経過に関する資料はレイクやふれあい館としても保存してきており、これらを再読しながら、これからを考えていきたいと思います。

11　全盲を超え研究と障害者差別是正に尽力

愼英弘（シン・ヨンホン）　男

取材日／二〇一四年八月一八日　**出生地**／東京都杉並区　**現住所**／大阪府大阪市　**生年月日**／一九四七年三月二一日　**略歴**／御幸森朝鮮小学校三年生のときに失明。大阪市立盲学校、龍谷大学卒業後、大阪市立大学大学院で博士号を取得した。五大学で非常勤講師をつとめたのち、花園大学助教授、教授となり、現在、四天王寺大学大学院教授。社会福祉学の研究とともに、国籍の違いを超えた障害者差別制度是正のための社会活動も積極的に推進している。大阪府盲ろう者福祉検討委員会委員長など歴任。青丘文化賞、点字毎日文化賞等受賞。著書に『定住外国人障害者がみた日本社会』他。　**取材**／高賛侑　**原稿執筆**／高賛侑

▼朝鮮初級学校三年生のとき失明

僕は一九四七年に東京で生まれて、五歳ぐらいで大阪市の生野（いくの）区に引っ越してきました。父親が経営していた工場が倒産したので都落ちしたんです。大阪ではミシンの仕事、革ジャンパーとかリュックサックを縫う仕事を二〇年間ぐらいしていましたけど、ものすごい貧乏で、六

畳一間、水道も便所も共同で使う状態でした。

小学校は、近くの御幸森朝鮮小学校が四九年の朝鮮学校閉鎖令のために閉鎖されていたので、田島の朝鮮学校に二年生まで通ってから、再建された御幸森朝鮮小学校（現・大阪朝鮮第四初級学校）に移りました。

三年のとき、身体検査で医者が目の検査をした時点からおかしくなりました。家に帰るとすごく見えにくいし、次の日に学校へ行っても教科書がボーっとして。僕と弟は伯父さん、伯母さんのところに住んでいたんですが、家で昼ご飯を食べようと思ったらしゃもじが見えない。伯母さんがびっくりして父親にいいに行って、病院を探し回りました。

国立病院に行ったら、有名な先生が網膜剝離やいうてね。手術したけど、結局回復しませんでした。よく「ショックだっただろう」と聞かれるんですけど、それほどショックじゃなかった。なぜかというと、もともと弱視やったんです。教室で一番前に座っても黒板の字が全然見えなかった。ただ、医者から「気を落とさんと頑張りや」といわれたときは泣きましたね。それで学校休んで、三年間家でブラブラしてました。

一九五八年に父親が、盲学校があるということを聞いてきて、大阪市立盲学校、いまの大阪市立視覚特別支援学校（二〇一六年に大阪府立大阪北視覚支援学校と改称）に行きました。本当だったら六年生からなんですけど、三年生からやり直しましょうということになりました。

朝鮮学校のときは、宿題出されてもわからないからしていくことができず、しょっちゅう立たされていましたが、「今度目が見えるようになったら一生懸命勉強しよう」と思ってたので、盲学校に入ってからはものすごく勉強しましたね。盲学校に編入するための面接に行ったとき、点字器と点字の一覧表をくれましたので、家で父親に読んでもらって一日で覚えました。

学校にはスクールバスで通って、家に帰るとほとんど外に出ることはありませんでしたね。盲学校は小学部が三年から六年まで。中学部が三年間。高等部は理療科と普通科と音楽科に分かれていて、僕が行ったのは理療科コース、三年間。その上に鍼灸師の資格を取る専攻科が二年間で、合計一二年間いました。

もともと中学のころから社会科学に興味がありましたが、点字の本がないし、当時はボランティアというのがほとんどいなかったから、読んでくれる人もいなくて、どうにもなりませんでした。それで、卒業したらあんま鍼灸の看板を上げようと思ってたんですけど、やっぱり大学に行って経済学を勉強したいと思って、一回だけ受験しようと決めました。

でも立命館大学を受験してみたら、すぐに不合格とわかりました。教科書に載っていない問題が半分以上だったからです。しょうがないから鍼灸の看板を上げたんですが、半年でお客さんは二人だけ。これではどうにもならないので、もう一回だけ大学に挑戦してみようと思って、龍谷大学を受験して、合格しました。

▼論文「近代朝鮮社会事業史研究」で博士号

入学してすぐに点訳サークルと歴史学研究会に入りました。点訳サークルには目の不自由な人が五人、見える人が三〇人ぐらいいて、数人が僕のために点訳してくれて、僕は新入生に点字を教えました。授業では、記号論理学や数学の教授は全然しゃべらず、黒板に何か書いて「こうだ」とかいうだけだったので、全然わからず単位を落としましたね。

僕はマルクスの『資本論』を読むために全部点訳しました。サークルのメンバーに下宿に来てもらって読んでもらいながら点訳します。点字が打てるタイプライターを使いますからわりと速く書けます。二時間で文庫本一〇ページぐらい。下宿の近くの看護学校生も三人が交代で来てくれました。一人見つかると、他の人を誘ってくれたりしてね。

ただ、点訳にものすごい時間がかかるので、せっかく点訳しても読む時間がないという矛盾にぶつかり、何のために大学に入ったのかわからなくなることもあって。それで大学院にでも行こうかなと思いました。

本当は大学院で経済学をやりたかったんですけど、諦めました。経済学をやろうと思ったら統計資料を読まなければならないのに、統計は点訳が不可能に近いからです。それで社会福祉の歴史をやろうと思い、大阪市立大学大学院に入学しました。

前期博士課程ではイギリスの救貧法を研究し、後期博士課程では植民地時代の朝鮮の社会福祉の歴史をやろうと思いましたが、まったく資料がないので困りました。ある日、朝鮮総督府の年報を見ると「社会事業」という項目があって、「方面委員」、いまでいう民生委員という言葉が出てきました。これをやろうと思って図書館に行くと、ずいぶん資料があったんです。植民地時代の朝鮮の社会事業史を研究する人は日本にも韓国にもほとんどいませんでした。市大の社会福祉の学生一〇人ぐらいに下宿に来てもらってずっと資料を読んでもらって点訳をして、「近代朝鮮社会事業史研究――京城における方面委員制度の歴史的展開」という論文を書いて、八四年の修了式で博士号を授与されました。

論文はあとに本になって出ました。僕は大学院に進んでから家からの援助がゼロになって、朝鮮奨学会と育英会の奨学金だけでやってましたから、大学院時代に結婚した連れ合いに出版の費用も全部出してもらいました。

▼二重の差別を超えて大学教員に

僕は大阪市大の社会福祉では博士号の第一号になったわけですが、就職先がなくて相当痛手でした。研究にとって一番重要なのは体力とお金ですから。それで一九八五年二月に龍谷大学の大物の先生に「非常勤講師の仕事はないでしょうか」と手紙を出したら、その先生も短期大学部の社会事業史の非常勤をされてたんですが、自分の授業の半分を僕に譲って下さいました。

授業はイギリスの救貧法をやりましたが、僕は黒板に字を書けないので九〇分間しゃべり続けで、ものすごいしんどかったですね。その年の三月に青丘文化賞をいただきました。これは関東の在日の人たちが作った賞で、まさかもらえるとは思ってなかったので嬉(うれ)しかったですね。

その後は、天理大学や神戸大学などにも行くようになって、多いときは五つの大学で一一講義を掛け持ちしました。日常生活はいつも論文を書くため図書館に通って本を読んでもらうという作業でした。趣味なんてありませんよ。見える人は電車の中でも本を読めますが、僕なんか読んでもらわないとどうにもならない。図書館に行けば、朗読者に図書館が手当を払ってくれて小さい部屋で点訳したりできます。でも一つの図書館で週に四時間までということもありました。

どこかの大学に就職するためいろいろ応募したけど、朝鮮籍で全盲でしょ。どっちかが引っ掛かってなかなか突破できない状況でした。例えば、ある有名短大から大阪市大に誰か良い非常勤はいませんかという問い合わせが来たので、教授が「非常に優秀な人がいる」と僕を紹介して下さったんですけど、向こうが難色を示したんです。学長直々の面接があったので行ってみたら、「うちは北朝鮮出身者を採用したことがないんです」。僕は北朝鮮の出身ではないといいました。「韓国」は国籍だけど「朝鮮」は国籍ではなく、朝鮮半島を示す名称なんだと説明しても理解できないんですよ。さらに全盲でしょ。あとで市大の教授に「他の人いないか」と電話があったらしいですが、教授が「愼さん以外は絶対紹介しない」と突っぱねたそうです。それで短大側もしょうがなく僕を採用したんです。

正規の就職は九七年に花園大学社会福祉学部助教授になったのが最初でした。五〇歳近くになってそろそろ応募しないと一生仕事ないなぁと思ってたころに、四国にある大学と花園大学で募集があって、両方面接に通りました。四国の大学は教授で花園は助教授でしたけど、花園に決めました。人からは教授と助教授では天と地ほど違うといわれましたが、僕にとっては四国に行ったら朗読のボランティアが見つかるかどうかわからないというのが決定的でした。就職が決まってから一ヶ月後に父親が病気で亡くなりました。

花園には六年間いて障害者福祉の研究をやっていましたが、四天王寺国際仏教大学、いまの四天王寺大学から「大学院を作るのでぜひ来てほしい」と話がありました。迷いに迷ったのは、花園大学でそのままいくと、次は学部長になり、その次は教務部長や学生部長になったりして研究できなくなる可能性があったからでした。その年は授業を一一コマとか一二コマとか担当するうえ学科長にもなっていて、家に帰ったら一時というのが何回もありました。このままでいくと倒れるかなと思っていたところに四天王寺大から話が来たので、二〇〇三年四月から行くことに決めたんです。社会事業史で担当は五コマでしたから体の疲れ具合が全然違いましたね。

▼差別制度を是正するための社会活動

社会活動をし始めたのは一九七九年からです。「視覚障害者の読書環境を良くする会」というのを数年やりました。当時は公共図書館で本を読んでくれる所が少なかったので、もっと充実させてほしいと、府の教育委員会や府立図書館に申し入れました。例えば、大阪府立図書館は週に一回二時間しか利用できなかったので、四時間利用させてほしいと要求して認められました。いまでは週に何時間利用しても良くなっています。

その次にやったのが盲ろう者支援。盲ろう者で大学に行きたいという青年がいたので支援を始めて、彼が卒業したあと「大阪盲ろう者友の会」を作って事務局長をやりました。盲ろう者は情報が入ってこないので、ボランティアが仕事を休んで通訳してくれていたんですが、大阪市に通訳・介助者の手当を出してくれるよう要望して、制度化されました。

それから一九九一年六月に「在日外国人の年金差別をなくす会」を大阪で結成して、その代表になりました。二〇歳前の傷病による障害者に対しては、日本国民だったら障害福祉年金、いまの障害基礎年金が出るんですけど、朝鮮籍や韓国籍の人など外国籍の人には支給されませんでした。その改善を当時の厚生省（現・厚生労働省）に要求する一方で、実現するまで暫定的に自治体で救済制度を作ってほしいと、大阪市に要求する団体です。大阪市は「国の制度だからできない」といってましたが、月三万六〇〇〇円の給付金が一九九二年四月から支給されるようになりました。この運動はその後各地に広がり、当時、三三〇〇ぐらいあった自治体の内、七〇〇ぐらいの自治体で救済制度ができました。

その後、一九九九年五月から自立生活支援センター・ピア大阪の運営委員長を二〇一二年三月までやり、四月から大阪市障がい者基幹相談支援センターの運営委員長、今年（二〇一四年）四月からは所長になりました。市内二四区に大阪市委託の区相談支援センターがあって、そこの後方支援をしています。

▼外国人の壁

京都では二〇〇〇年に在日外国人障害者の年金を求める訴訟が行われました。そちらは聴覚障害者の支援活動だったので、あまり関わりがありませんでした。僕は京都の裁判には関わりたくありませんでした。裁判そのものに反対だったからです。理由は簡単です。裁判をしている間は国が絶対に制度を改善しない。それに裁判はほぼ負けるだろうとわかっていましたが、負ければ負けたで、国は自分たちのやってきたことが正当だという。どっちに転んでも改善されないのがわかっていましたからね。それでも京都の人たちから、裁判をやる、在日の誰かが代表になるべきだといわれて、「在日外国人『障害者』年金訴訟を支える会」の共同代表の一人になりました。

年に一回、京都、大阪、名古屋、神戸、福岡、いろんな地方から集まって、厚生省に交渉に行きました。しかし向こうは同じことしかいわないし、平気で嘘をつきます。その嘘を見破るためにすごく法律の勉強しましたよ。

日本人の障害者無年金状態はその後、改善されましたが、外国人というのは大きな壁です。例えば、京都裁判でわたしたちは二〇〇三年八月に全面敗訴したんですけど、二〇〇四年三月には、対象者のほとんどが日本人の学生無年金障害者の裁判において東京地裁で立法不作為の判決が出たんですよ。同じ年の一〇月には新潟地裁でも立法不作為が出た。それで自民党と公明党があわてて法案を作ったんですけど、救済の対象者を二つに絞りました。学生と専業主婦の無年金障害者です。野党は外国人も対象にすべきだといったんですけど、与党は応じないで、「特定障害者に対する特別障害給付金の支給に関する法律」の附則第二条に、福祉的措置については今後検討し、必要があると認めたときには措置を講ずると規定しただけであり、実際はそれから一〇年間国は何もしてません。外国人はとことん排除されているんです。

▼障害者の地位向上のために

視覚障害者のための点字新聞としては毎日新聞社が発行している「点字毎日」があります。僕は非常勤講師をやりだしてから購読するようになりました。障害者福祉とか児童福祉とかを担当するようになったので、それらについての情報を入手するためです。そのうち時々原稿依頼が来るようになり、一九九〇年ぐらいから「『点字毎日』の校正のアルバイトに来てくれないか」といわれてするようになり、それから関わりが深くなったんですよ。

「点字毎日」はものすごく役に立ちますね。重要な情報はだいたい載りますから。『定住外国人障害者がみた日本社会』（明石書店）とか『盲ろう者の自立と社会参加』（新幹社）を出版したときの資料の三分の一は「点字毎日」です。週刊ですから情報が早いし。

二〇〇五年には毎日新聞社から点字毎日文化賞をいただきました。また二〇〇七年から全国盲学校弁論大会の審査員長をしています。各地区で盲学校の弁論大会があって、そこの優勝者が全国大会に来ます。毎年一時間程度の番組に縮小してEテレで放映されます。

二〇〇八年には東京の視覚障害者支援総合センターが募集した懸賞論文で一位に入選しました。タイトルは「点字選挙公報に関する一考察」でした。選挙のときは選挙公報が各家庭に送られてきますが、点字では正式には発行されていません。公職選挙法で、選挙公報は立候補者が作成した文章を「原文のまま」掲載するとなっていますが、漢字を点字にするのは仮名に直すことになるから公職選挙法に違反するという理屈なんです。

それでどうしているかというと、選挙の前に全国の点字出版施設二〇社ぐらいが集まって点字の選挙公報を作って、「選挙のお知らせ」という名前にして、「点字毎日」が発行する形で選挙管理委員会が買い取って配るんです。公職選挙法では点字の選挙公報は出せないとは書いていないのに。そういう変なことはいっぱいありますよ。

二〇一〇年に大阪市長賞をもらったのは、ピア大阪の運営委員長を一〇年以上やっていたから推薦されたようです。障害者の自立支援に貢献したとのことです。

▼まだ低い障害者への関心

今年六七歳になって、普通だったら引退しなければならない歳になったんですけど、在日も日本人も視覚障害者の後継者がそんなにはいないんです。だから後継者をどう育てたらいいかが課題ですね。例えば、僕は二〇〇一年に結成された「在日同胞福祉連絡会」で二〇一二年まで一〇年間代表をやりました。これは在日の障害者とその家族の集まりですけど、実際に活動しているのは親ばかりで、障害者は非常に少ない。自立して生活している同胞もいますけど、ほとんど来ないし、支援する健常者も少ないです。在日社会ではまだまだ障害者に対する関心が低いです。

統計的にいうと障害者は世界でだいたい一〇%、日本で六～七%ですから、在日社会では単純に考えても三万数千人ぐらいはいます。

社会保障については、一九八一年に日本が難民条約に加盟し、翌年、条約が発効して以後、国籍による差別がほとんどなくなりましたが、年金については過去の差別がいまだに引きずられています。いまの五二歳未満の障害者は障害基礎年金をもらえますが、五二歳以上の人は無年金です。

昔に比べていまは視覚障害者にとって便利な器具がいろいろできています。音の出る腕時計とか、画面の文字を読み上げるパソコンとか。でもウィンドウズなんて完璧には読み上げてくれないし、大変は大変です。

そういう器具を買うときは国や自治体の制度で補助金が出ますけど、自己負担があって、実際は働いて収入のある人はもらえません。

視覚障害のある研究者にとって一番切実な、文章を読んでもらうボランティアの問題はまだ解決していません。公共図書館に行って読んでもらったり、個人的にアルバイトを雇ったりしなければなりません。僕は非常勤時代はあちこちの大学に行きましたから、多いときは答案用紙一〇〇〇枚以上読んでもらいました。大変でしたね。

論文の方は、今年は障害者の歴史についてちょっと書いてみようかなと思っていますけど、とにかく忙しくて、家に一日中いられるのが一ヶ月に一回ぐらいしかないからなかなか時間がとれないんですよ。

12　バイオマテリアルの研究と応用への道

玄丞烋（ヒョン・スンヒュ）　男

取材日／二〇一四年九月一六日　**出生地**／大阪府大阪市　**現住所**／京都府宇治市　**生年月日**／一九四七年五月三日　**略歴**／朝鮮大学校卒業。京都大学化学研究所研修員として高分子の基礎研究に従事し工学博士号取得。医用高分子研究センター設立後、研修員となり応用研究へ方向転換。世界初の生体内吸収性骨固定材など様々な医療材料を開発した。一九八三年に㈱バイオマテリアルユニバース（現・㈱ＢＭＧ）設立。九一年京都大学生体医療工学研究センター非常勤講師、九五年同所助教授就任。九八年京都大学再生医科学研究所准教授。二〇一二年三月に京大を定年退職した後、五月に㈱ＢＭＧ代表取締役、六月に京都工芸繊維大学特任教授に就任。日本バイオマテリアル学会賞など受賞多数。著書に『実践バイオマテリアル　臨床応用への道』他、原著論文、総説、著書等、計四〇〇報以上。特許申請一二〇件以上。　**取材**／高賛侑　**原稿執筆**／高賛侑

▼物作り好きな少年

わたしは一九四七年、在日がそこそこいる大阪市東成区で六人きょうだいの末っ子として生まれました。アボジ（父）は一六歳のときに済州島（チェジュド）から単身で大阪に来て、戦時中はトラック

の運転手をしていた技術者でした。戦後は子ども服を作る家内企業をしていて、少し体の悪かった次女の姉以外はみな大学まで行きました。

わたしは日本の小学校に通っていましたが、三男の兄が一九六〇年大阪外国語大学（現・大阪大学）二年生のときに単身北朝鮮に帰国したこともあって、中学二年のときウリハッキョ（朝鮮学校）に編入しました。小さいころから物を作るのが好きだったので理科学部に入って、トランジスタラジオを組み立てたりしていましたね。また中学と大阪朝高（朝鮮高級学校）のときは、義兄の影響を受けブラスバンド部に入ってラッパを吹いていました。

ウリハッキョは各種学校扱いですから、われわれの時代は日本の大学を受験するためには大検（大学入学資格検定。現・高等学校卒業程度認定試験）を受けなければならなかったし、朝高から朝鮮大学校に行くというのが普通のルートでしたから、朝大の理学部（現・理工学部）生物化学科に進学しました。

朝大は全寮制でみんなが寝食を共にするので、勉強する環境としてはいい所でした。そのころは祖国に対する思い入れがあって。日本より経済的に劣っているので科学技術で社会主義建設に貢献したいという純粋な気持ちがありましたね。その時代は、理学部を卒業するとほとんどが朝鮮学校の先生になるんですが、わたしは科学技術の勉強を続けようと思いました。

▼京都大学で高分子の基礎研究

当時、京都大学化学研究所には先輩の朱炫暾（チュ・ヒョンドン）博士がいらっしゃいました。もともと京大の化学研究所は、昔、李升基（リ・スンギ）先生がビニロンを開発された研究室で、李博士の教え子だった日本の教授がおられました。そして朱炫暾博士から教授にご紹介いただいて、一九六九年に研修員として入ったんです。

李升基先生は戦後、ソウル大学教授になられた後、朝鮮戦争が始まってから北朝鮮に招聘されてビナロンの発展に尽くされ、科学院の副院長にまでなられました。李先生はわれわれにとっては雲の上のような存在でしたが、わたしは三〇年ほど前北朝鮮に行ったとき、お目にかかることができました。京都大学の化学研究所で在日のわたしが引き続きビニロンの研究をしているということで、非常に喜んでいただきましたね。

京大では高分子の基礎研究をやりました。当時は高度成長期の真っただ中で、繊維やプラスチックなどの工業材料を作る高分子化学は未来を築くという花形産業でした。京都大学工学部の高分子化学科というのは医者になるよりも難しいくらい人気のある学科でした。

入ってからは、やはり京都大学と朝鮮大学校では学力の差があったもんですから、二年間は聴講生として毎日のように講義を受けて、三年目くらいから研究を開始したという、そういう意味では相当頑張りましたね。周囲の大学院生は、論文を通常六報程度完成させ工学博士を取得するわけですが、わたしの場合は、その二倍の一二報完成させ学位を申請し、朝鮮大学校卒業生としては初めて七八年に京都大学工学博士号を取得しました。また、七九年に日本学術振興会奨励研究員に選ばれました。わたしは七六年に結婚していましたが、普通ドクターを取ってもすぐにポストは得られませんから、生活に困るということで、日本学術振興会という、文部科学省系の傘下団体が特別奨学金を付与するんです。日本人でももらえる確率は二、三割しかないんですけど、朝大卒のわたしが採択されて、二年間生活費の心配もなく研究に没頭できたのはありがたかったですね。

▼世界初の骨固定材を開発

しかし民族差別というと何ですけど、当時の指導教授の勧めで日本の大手企業数社へ履歴書を送ったところ、みな書類審査で落とされました。朝大卒で朝鮮籍（当時）というのが引っ掛かったのは明らかだと思います。

わたしは一〇年間基礎研究ばかりやってたんですけど、一九八〇年代には高分子学会の中でも医用高分子研究というものが盛んになってきていました。たまたま一九八〇年に京都大学医学部附属病院構内で外科系の先生方と工学部高分子化学科の先生方が一つの研究所で共同研究するという、世界でも珍しい医工連携の建物（医用高分子研究センター）ができて、わたしは無給の研修員として入りました。そのときから現在に至る自分のライフワークとしての研究を開始したということになります。

特に工学部の人は、研究の成果が実際に工業化されて初めて世の中の役に立ちますから、わたしもそれまでの基礎研究を生かして応用研究することで、実際に患者さんに使って、病気や怪我が治るということが非常に重要だという認識がありました。だからいろんなものを開発できたし、現在までに九つの製品が臨床応用されています。

例えば、国産で初の吸収性縫合糸ですね。手術で傷口を縫ったあと、身体の外の部分は抜糸できますが、身体の中はできません。かといって糸が残ると細菌の巣窟になりますから、われわれは溶けてなくなる糸を開発しました。それから吸収性骨固定材。骨折すれば金属で骨を止めますが、治ると取り出すために再手術しなくてはいけない。われわれは溶けてなくなるプラスチックを独自の技術で開発しました。高強度で高弾性率なネジ状の骨固定材というのは世界で初めてです。基礎研究から製品を作るまでには平均一〇年くらいかかります。研究はいくつか並行して行いますが、わたしたちは九つでしたから、一年に三つ四つくらいずつ同時並行で開発してきたわけですね。

京都大学の研究室のメリットは、優秀な学生がたくさん来ますし、医学部の先生方と一緒に動物実験したりできることです。ニーズとシーズがマッチングして優良なものが開発できます。そういう研究をしながら論文を年に一〇本ほど書いてきました。自分で書くものも多いですが、特に医学部の先生方と共同研究して、こちらが提供した材料で、その先生方が論文を書くことも多かった。その先生方が博士号を取って一人前の医者として社会に出て行くんですね。京大の医用高分子研究センターはその分野では世界のトップクラスだったと思います。

▼大学発ベンチャー企業の設立

研修員のころはほとんど無給状態が続いていたということもあって、一九八三年に株式会社バイオマテリアルユニバースという会社を設立して、八六年から操業しました。基礎研究は京大でやり、収入は会社で得て生活できたということです。でもそれまでは奨学金とアルバイトで生活していましたから大変でしたけど、短大の非常勤講師やいろんな会社の顧問もしていましたから、人並みの収入はありましたね。

会社を設立したとき、幸いだったのは、その前にメディカル材料研究会というのを作っていたことです。わたしが事務局長でした。大学で応用研究したものを臨床で使える製品にしようと思うと、企業と組まなければならない。そこで、東証一部上場企業の昭和高分子（株式会社。現・昭和電工株式会社）とグンゼ（株式会社）、その製品を販売するための株式会社ＪＭＳ、つまり京大と、原材料を作る会社、加工する会社、販売する会社が一緒になって研究会を作ったわけです。

ところが三年くらい経ったところ、昭和高分子の社長になった人がメディカル材料をやめるといったので、原材料を作る会社がないと困る、何とかしてくれということになって、「じゃ、わたしが会社作ります」といったんです。当時はまだ大学発ベンチャーというのはブームになっていませんでしたが、以前アメリカのユタ大学に行ったとき、在米コリアンの教授がプロフエッサーでありながら会社経営もされていることに強いインパクトを受けたということもありましたね。いまの大学発ベンチャーは、九割以上が研究費が切られるとつぶれていきますが、わたしの会社は三人からスタートして何とか経営できてきました。

初めは自宅の一階を改装して実験台を入れて、生活は二階でしました。その後、一九九五年にはす向かいにある一五〇坪くらいの土地を購入して建物を建てて、その後、会社の名前も株式会社ＢＭＧと変えました。

会社では最初、吸収性縫合糸の原材料を作り、グンゼが加工しました。糸まで作ろうとするとけっこう設備投資がいりますから。少なくとも数億円投資しなければならないので、大手と組んで、大手が製品化したというわけです。しかし原材料というのは利益率が高くありません。最終製品はものすごく高いのですが、原材料は最終製品の一割くらいにしかならないので、会社も発展できない。だから十数年前から最終製品を作ることにしました。入れ歯の材料を開発したりね。最終製品として厚生労働省から許認可を取っています。

いま力を入れているのは医療用の接着剤です。体の中を手術すると止血しなければなりませんが、そこに塗ったら血が止まる。また手術した後、必ず臓器同士がくっついたりするので、くっつかないようにする癒着防止剤とかですね。ＢＭＧが世界で初めて新たな接着剤を開発したということです。もう最終段階まで来ています。これは市場が非常に大きいです。接着剤だけでも日本で一八〇億円くらい、世界でその一〇倍、二〇〇〇億円くらい。ＢＭＧが大きく飛躍できるかは、この二、三年が勝負ですね。

これまでわたしが関係した特許の申請数は一二〇件くらい、共同出願で取ったりＢＭＧが単独で取った権利は五〇件くらいです。その内、四〇件ほどは海外特許も出願権利化できています。海外特許は、一件で主要国をカバーしようとするとだいたい一〇〇〇万円かかるんですね。それが四〇件ということは四億円くらい投資したということです。だけどその内の一件、人工関節の特許をアメリカの大会社が買いたいということで十数年前に交渉して、その後、毎年三〇〜四〇万ドルが入ってきていますから、四億円以上の投資はそれで十分カバーできています。

こういう特許は京大のセンターとして出したものもありますが、二〇〇四年に京都大学が法人化されて以後は、特許ポリシーというのが明文化されまして、わたしが教官として関与した発明であっても、大学ベンチャーは独自に特許を取ってもいいことになったので、ＢＭＧが大学関係なしにロイヤリティをもらえる制度になりました。

▼朝大卒業生初の助教授就任

一九九五年にいよいよ三階建ての新社屋を建てて大きくなっていこうというスタート地点に立ったとき、助教授のポストの公募があって応募しました。朝鮮大学校を出た人間が京大の助教授に、国家公務員になるということは考えられないということで大騒ぎになりましたが、最終的に認められました。当時は国家公務員は会社経営できなかった時代ですから、経営を他人に委ねるのは会社にとっては良くないことでしたが、在日が、特に朝大卒の在日が日本の国家公務員になるということは在日にとって大きなプラスになるということもあって、いろんな人に相談した末に教官職につくことにし、「朝日新聞」にも取り上げられました。

京都大学は昔から先生方は進歩的です。ところが文部科学省、当時の文部省は官僚が保守的で、日本を代表する国立大学の教官に在日コリアンがなるのは許さないという考え方だったので、事務系では大きな反対があったそうです。教授の先生方は、特に一九八二年に外国人教員任用法ができていたので、学歴も国籍も関係なしに最適な人を選ぶというベースがあって、最終的には教授会の意向が官僚を黙らせたというふうに聞いています。

実はもう一つ、裏をいいますと、他に五人ほどの候補に上がっていた人たちは、業績がわたしの半分以下でした。論文の数や業績からしてね。わたしは教授とかけ合ったとき、「わたしが選ばれなかったらここのポスト辞めます」と腹をくくって話し合ったんです。友人たちにいったことをいまも覚えていますが、「在日としての権利は絶対堂々と闘って獲得すべきだ」と。そういう意味では、わたしは国立大学の教官ポストを自分で闘って獲得したんだと思っています。それだけのことがいえたのは、やはりこれだけ頑張って業績を上げてきたという自負心があったからだと思います。

その後、一九九七年にはユタ大学の客員教授として招聘されて、三ヶ月間共同研究しながら講義も行いました。学術振興会の日米共同研究に採択されたので、旅費から滞在費まで文部省からお金が出ました。また韓国の延世大学には一九九八年から現在まで客員教授として、毎年数回訪問し共同研究したり講義をしたりしています。延世大学は韓国でトップクラスの大学ですから、優秀な学生が多いですね。韓国では国立釜山大学の客員教授として現在も年四、五回釜山を訪問し特別講義を行っています。

この間、いろんな賞をいただきましたが、特に日本バイオマテリアル学会賞は、科学の分野で年に一人、二人だけに与えられる賞を在日コリアンとして初めてもらったのですから非常に栄誉なことと思います。

わたしの研究室には学生が十数人いて、その中には在日コリアンもいましたが、中国や韓国、それから在中コリアンなどの留学生が多かったですね。そういう学生は本国に帰ってから、企業に就職したり大学の先生になったり、あるいはアメリカに行って研究所に入った人もいます。わたしの研究生活は、研究が七割、教育が三割ですが、研究者であると同時に大学の教員でもありますので、教育も非常に重要だと思っています。博士を育てて卒業させ、これまでに七〇名以上が博士として教育者や研究者として日本国のみでなく海外でも活躍しています。

研究者の成果は論文ですけど、わたしの場合は同時に応用研究も行っていますから、特許を申請して、最終的にはどこかの企業と組んで最終製品としての臨床まで行います。これまで多くの医療器具が臨床できたことは一般化されたということですから、研究者冥利に尽きます。自分の開発したものが世のため人のためになり、それがまた会社の利益にもなる。研究者がべンチャーを設立し運営するのは非常にやりがいのある仕事だと思いますね。特に医療の研究は人の健康と福祉に密接な関係があり、常に最先端のものを作らなければならないので、世界のいろんな人と共同開発し、特許も論文も共同で開発・執筆したものが多いです。わたしもドイツ、インド、フランス、アメリカや中国、韓国などの人とも共同開発しています。

▼研究とビジネスでの生涯現役を目指して

わたしは四三年間勤めた京都大学を二〇一二年三月に定年退職しました。そして五月に株式会社ＢＭＧの代表取締役になり、六月から京都工芸繊維大学繊維科学センターの特任教授になりました。当初、会社の方は何年かだけワイフが社長になったんですが、ＩＰＯ（株式公開）、新規上場を目指すと監査法人が一族による経営を嫌いますので、過去一五年ほどは日本の方に社長をお願いしてきました。企業経営は大変だという実感がありますが、他人任せにするわけにもいきませんので、午前中は会社でビジネス関係の勉強と経営をして、昼からは大学に来て研究をしています。

京都工芸繊維大学にはもともとバイオマテリアルの部門がなかったんですが、わたしが二〇一二年に移ってきた後、たまたま京都市が二〇一三年に京都市成長産業創造センターを建てたので、そこを大学が借りて、大学と企業がバイオマテリアルの共同研究を行うためのスペースを作ってもらいました。

京都大学のときもそうでしたけど、文科省の科学研究費とか、その他の公的な研究資金は普通の教授よりたくさんもらってきました。京都工繊大に移ってからも新たに大型の科学研究費を獲得でき、このことは非常にありがたく、生涯現役を目指していきたいです。

先ほどお話しした医療用接着剤は現在、ほとんどフィブリン糊というのが医療現場で使われているんですが、それは人の血液製剤なんです。ところが一九八〇年代にウィルス感染が生じてＣ型肝炎が起こりました。だからその当時から代替品が求められていたんですけど、いまだに良いものがありません。そこでわれわれは一二、三年前から安全なものを作る研究をしてきてようやく最終段階に来ています。五年くらいかけて安全性試験を行い、年内（二〇一四年）か来年早々に治験に入ります。

医療用材料というのは、人に使ってみて、安全で効能効果が高いと認められると厚労省に製造承認の許可を申請し、実際に製造販売できるようになります。二、三年後に製品が市場に出れば、日本からアメリカ、ヨーロッパ、中国、韓国へと展開したいと思っています。いまはＢＭＧの社員は二〇名ほどですが、数年後にＩＰＯすると、潤沢な資金が集まりますから、もっと大きな研究所を作ろうと、そういう目標に向かって邁進（まいしん）しています。

京都大学にいながら少し残念だったのは、教授にまでなれなかったことです。在日であっても、京大を卒業していたらわたしも早く教授になっていたと思いますが、文科省が認めていない、各種学校の朝鮮大学校卒というのが一番大きい理由だったんじゃないですかね。ですけど退職する前の五年くらいは玄研究室を直接運営できましたから、実質的には教授と変わらなかったし、好きな研究ができて世の中のためになる医療機器を開発できたのは、本当に良い環境に恵まれたのかなと思います。

われわれのときは大学院に入れなかった。だけどいまは違います。京大にも一人、朝大を出てから大学院に入った人がいましたね。だからいまは朝大を卒業しても、試験を受けて大学院に入れば教授までなれるんじゃないかなと思いますけどね。

わたしがなぜ引き続き研究して、会社まで経営しているかというとですね、若いころ苦労したけど、金萬有（キム・マニュ）財団（財団法人金萬有科学振興会。現・一般財団法人成和記念財団）とか朝鮮奨学会等から奨学金をいただいたりして、まだ環境が良かったと思います。でもいまは環境が悪くなって、勉強をしたくてもできない在日の青年もいます。わたしの気持ちとしてはね、できれば会社を成長させて、金萬有財団みたいなものを作って、どれほどの規模になるかわかりませんが、年間一〇人でも一〇〇人でも支援できたらいいなと。その思いは男のロマンとして持っていますね。

13 夢は哲学の立て直し

竹田青嗣（たけだ・せいじ） 男

取材日／二〇一二年一一月九日　**出生地**／大阪府大阪市城東区　**現住所**／東京都町田市　**生年月日**／一九四七年一〇月二九日　**略歴**／早稲田大学政治経済学部卒。フリーターをしながら和光大学「民族差別論」ゼミの非常勤講師を約一五年務め、明治学院大学国際学部教授を経て、現在早稲田大学国際教養学部教授。　**取材**／芦崎治　**原稿執筆**／芦崎治

父、姜錫鏞（カン・ソギョン）が慶尚南道（キヨンサンナムド）から日本に渡ったのは昭和の初めごろです。母は孔英熙（コン・ヨンヒ）といいます。母も同じ慶尚南道の出身です。

阪急梅田駅に近い大阪市城東区鶴見町（現・鶴見区鶴見）というところで、七人きょうだいの末っ子として生まれました。長男の兄以外はすべて姉です。生まれてしばらくして大阪市北区堂山町（どうやまちょう）に引っ越しました。物心ついたころ、母は小さな旅館を営んでいました。大阪駅近くの阪急東通商店街の裏通りです。

▼借金を払えず一家で夜逃げ

家では、両親、きょうだい、みな日本語で生活していました。大学に入ってから韓国語を少し勉強しましたが、結局身に付かず、残念ながらほとんどできません。小学校は、曽根崎署裏にあった大阪市立曽根崎小学校、中学は、大阪市立菅南中学校です（曽根崎小学校は一九八九年に閉校、菅南中学校は市立扇町中学校と統合され、市立天満中学校になる）。

父は日本に来てから、いろんな仕事に就いたようです。鉄工所で働いたり、くず鉄業をしたりしました。一九五三年に朝鮮戦争が休戦した後、少し儲けがあって堂山町に家屋敷を建てたということです。ところが、いろんな事情があって借金をした。手形の裏書き保証人になったためです。借財の利子を払わなければならないので、屋敷を旅館に建て替え、母が必死で切り盛りしていましたが、どうしても借金が払えなくなって、結局一家で夜逃げすることになりました。旅館は廃業。家族の半分は大阪市内に残り、わたしは母と姉とで東京の親戚に一年くらい預けられました。半年ほどで大阪に戻ってからも家族はなかなか住むところを見つけられず、大阪市内を転々としました。

父は、酒を飲むと暴力を振るうというタイプで、子どものころはひたすら怖かった。ただ、晩年は気持ちを改めてよく働きました。

旅館をやめて夜逃げしたのは、小学一、二年のころです。それまで母が、借金を返すためにひたすら働いていたわけですが、夜逃げの後さすがに父も働き出した。わたしが小学校五、六年のころから、父は自分で小さな鉄工所を始めました。寝るところとくっついたバラック住まいのほんとに小さな鉄工所です。それまでは、父は人のところで働いていたようです。

高校は大阪府立豊中高校です。高校のときにクラシック音楽が好きになって、音楽評論などを読み出し、なけなしの小遣いをためてクラシックレコードを集めました。ブラームスが特に好きでした。考えてみると、「ブラームスが好きだ」というのが自尊心をくすぐる感じがありましたね。わたしの場合、詩とか文学ではなく、ブラームスが、いわば自分のロマン主義の始まりでした。

誰でもそうみたいですが、クラシック好きは指揮者に憧れます。でももちろん音楽教育など受けていないので、音楽に関係する仕事に就きたいと思うようになった。大学に入るころは、NHKのFM放送のディレクターになって音楽番組を作りたい、などと思っていました。

▼強く印象に残ったキルケゴール

一九六六年四月、早稲田大学政経学部に入学します。酒乱気味で暴力的な父の反動で、「まっとうな優しい父親」になることが、なんとなく自分の人生の理想像としてあったと思います。ちゃんと就職して、普通のサラリーマンになって、優しい父親になる、みたいな。ところが大学に入ってみると、学園闘争などがあったりして、想像していたのとは大違いで、初めに抱いていたような希望は結局みなチャラになるんですが。

音楽関係志望だったので、高校からやっていた放送研究会というサークルに入ります。そのあと、在日の民族組織から誘いもありましたが、ちょっとした行き違いがあってこれには入りませんでした。このとき入っていたら、だいぶ人生の先行きが違っていたかもしれませんが。

そのころの大学生は、けっこう難しい本を競い合うようにして読んでいた。自意識が一番強くなるときだから、みな文学や哲学にはまり込む。わたしが初めに読んだ哲学書はキルケゴールです。「自己とは関係の関係のそのまた関係だ……」というような見たこともない難解な文章で、強い印象を受けました。でも哲学はそれからが大変で、何を読んでもおそろしく難しい。何度もトライしたけど、二〇代のうちは結局、何もわかりませんでした。

わたしの大学時代の「体験」の中心は、いわゆる左翼体験です。といってもいわゆる心情左翼ですね。もし民族組織に入っていたら民族青年になっていたかもしれない。ただ、自分の感度としては、それまで民族的な自覚とか、民族的感度というものがまったくなかった。ずっと日本人の中で生きていたからだと思います。むしろ、マルクスやレーニンなどを読んで、この資本主義の社会は間違っている、革命が正しい、といったようなことを人並みに考えていた。しかし、自分がどこまで革命のために献身できるかというと、すべてを投げ捨ててとまではとうていいかない。それは、当時たくさんの学生がぶつかった、共通のというか平均的な悩みだったと思います。自分の中にある理想と自分の現実というか現状の間で引き裂かれていたわけです。

中学一年のころ、わたしの家族は一番ひどい赤貧状態でした。あちこち転々としたあげく、行くところがなくなって困っていたら、ある人が助けてくれた。その人もバラックに住んでいて、自分のバラックの横にバラックを建てればいいといわれてそうしたんだそうです。そこは大阪の廃材置き場で、もちろん不法占拠です。家族九人で、雨が降ると雨漏りだらけになるトタンで囲ったバラックに住みつきました。しかし、このころ日本は高度成長期にあって、何か商売をしているとそれがなんであれ少しずつ経済が上向いて生活が楽になるというような時代でした。父親は猫の額くらいの場所で町工場を始めて、なんとか食べていけるようになった。その結果、一家に一人ぐらいは大学に入れようという話になって、ほかのきょうだいはみな中学高校止まりで家の鉄工所で働いていたのだけど、わたしだけがなんとか大学にひっかかったのです。そんなことで、まっとうな父親になりたいというぼんやりした目標とともに、どこかで、世の中のために何かできるような人間にならないといけない、というような感覚があったと思います。

当時の学生は、直接行動は起こせないけれど、「世の中は変わるべき」と考えている心情左派（「ノンセクト・ラジカル」ともいわれていた）の学生が多かった。わたしもその一人でした。友人の中には、セクトに入って徹底的に闘争しようという人もいた。そういう人はもちろん少数ですが、そこでは、セクト同士の内ゲバで闘って殺し合ったりする事件に巻き込まれる人間もいたわけです。わたしは平均的な心情左派で、マルクスやレーニンを読みながら、世の中を変えるために何か自分なりにできることはないだろうか、などと考えていました。ただ、さっきもいいましたが、いったいどの程度まで革命のために頑張れるのか、その明確な線引きというか基準をどこにも置けない。ほとんどの学生がそれで悩んでいたわけです。

▼内部に育ったもやもやした課題

左翼体験がある一方で、民族問題にもぶつかりました。民族的なアイデンティティの問題ですね。在日の同年代には大学に入って自分の民族性に目覚め、民族的生き方を選ぶ人が多くいました。わたしも、そういう問題を考えなければいけないとは思いつつ、自分の感覚としてはどうしても民族性ということにピンとこない感じがあった。朝鮮民族の一員として生きる、といわれても、どうしても切実にそう思えない。第一に、左翼体験が先にあったからだと思います。当時の左翼思想の中心はインターナショナリズムで、民族主義というのはむしろこれとは寄り添いません。自分の場合、日本人でないのは明らかなのに、朝鮮民族として生きたいわけでもない。この問題もどう決めるかの基準がどこにもない。そんなことで、大学時代、自分の内部に、はっきり決着をつけられない課題が解決できないまま残っていました。革命問題と民族問題ですね。

わたしの場合、文学がそういう問題を少しずつ考えていく手だてになったと思います。文学には、自我の問題も含めて、青年期の人間がぶつかるさまざまな問題がありありと書かれている。何か決定的な答えが示されているわけではないけれど、それを少しずつ考える手だてにはなるわけです。それでまず文学にはまりました。大学を卒業するころからです。小説をいくら読んでも、はっきりした生き方を決められるわけではない。それでも、少なくとも自分なりにそういう問題を考え続けることができたのです。

▼大学三年のとき学生運動がピークに

一九六七年、大学二年の春に父ががんで亡くなります。普通は、特に在日家庭の場合、息子と父親は生き方でぶつかることが多いのだけれど、それはないまま通過してしまった。母との関係だけが残りました。「大学を出たら大阪に戻って、兄と一緒に仕事をして欲しい」というのが母の強い希望でした。もう一つが「日本人とは結婚して欲しくない」です。結果的には母の望み通りにはいかなかったので、自分の中で母に対する罪の意識というか、後ろめたさが長く残りました。

父が亡くなった翌年、大学三年生のときに学生運動はピークを迎え、わたしも早稲田大学本部の建物に立てこもったりしました。しかしその後、学内で政治セクト同士が血で血を洗うような内ゲバが始まり、学生がリンチで死亡する事件も起こりました。それから仲間同士のリンチ殺人を起こした連合赤軍事件ですね。こういうことからマルクス主義に対する深刻な疑問が出てきた。これも大なり小なりわれわれの世代の共通の経験だと思います。

当時、マルクス主義がわたしたちの世界観の指針だったのだけど、その基準でいくと、一番立派なのは革命家になることですね。つぎが、卒業しても大企業に就職せず、労働運動に参加するというパターンです。ところがマルクス主義への疑問が出てくると、どう生きるかの目標がゆらいでくる。どう生きるか、自分の中で明確な像が少しも出てこない。

もう一つ、ひっかかっていたのは民族問題ですが、わたしの場合は、「民族的に生きるか、否か」ではなく、「民族性もなく、日本人でもない人間の生き方」というのをどう自分の内に位置づけたらいいのかがはっきりしない。それであれこれ悩んでいた。大学闘争などがあって一年留年したころです。

大学をなんとか卒業したあと、しばらくフリーターをしていましたが、だんだんメンタルがおかしくなって、死んだ父がいつも出て来る恐ろしい類型夢や、金縛りのような状態になるという症状が出てきた。ある日発作が起こって救急車で運ばれ、病院で自律神経失調症と診断されました。今でいうパニック障害のような症状です。日常的な不安と悪夢と金縛りの症状が二〇代の終わりまで続きました。自分の内側の問題に少しも決着がついていない。それが出て来たわけです。

▼ずっとアルバイト生活

少し戻ると、早稲田大学を卒業したのは一九七一年三月です。そのあとは、いわゆるフリーターで、長くアルバイト生活をしていました。銀行の床清掃のパートとか、棚板の組み立てとか、ボイラーマンとか、いろんなことをやりました。墓掘りの仕事もやりました。これはなかなかギャラがよかった。そのころ兄が家の鉄工所を引き継いでいましたが、ときどき大阪の家に戻って兄を手伝ったりもしました。

昼はボイラーマンで夜中は警備員というのを数年やりましたが、二四時間交代の勤務で、外に出る時間が極端に少なくほとんど穴蔵生活でした。

そのうち、金鶴泳（キム・ハギョン）さんの小説に大きな影響を受けます。そのころはまだ在日文学は、民族的自覚の覚醒というのが中心のテーマだったけれど、鶴泳さんの小説には、わたしのようなどっちつかずの人間の悩みがありありと書かれていた。それまで自分の位置が少しもはっきりしなかったのだけれど、鶴泳さんの小説を読んで、むしろ自分のような悩みが在日では本当は普遍的なんじゃないか、と気づかされた。それがとても大きかったと思います。もちろん問題が解決したわけではないけれど。

そんな感じであてもなく生きていたんですが、あるとき、高円寺駅の都丸書店でフッサールの『現象学の理念』に出会いました。三〇歳のころです。自分のアパートで寝転がってこの本を読んでみると、主題はヨーロッパ哲学の最大のテーマである認識問題だった。それまで哲学を何度読んでも、何が問題になっているのか難しくてわからなかったのが、この本で、認識論の意味とこの問題をどう解けばいいかというフッサールの方法が、自分では非常によくわかったと思えました。それから過去に読んだ哲学書を読み直してみると、これまで難しくて読めなかったのに、今度ははっきり理解できるんですね。

その理由は、これまで自分が悩んでいたことの中心点が、フッサール現象学の認識論の方法とはっきり重なるところがあったからです。もちろん現象学に、民族問題や革命の問題が書かれているわけではありません。ただ、簡単にいうと、認識問題の核心は「これが正しいか、それともあれが正しいのか」という認識（信念）の対立の問題です。民族問題は、「民族的に生きるか、同化的に生きるか」だし、マルクス主義の問題は「革命に身を投じるか、否か」あるいは「どの革命の道が最も正しいか」ということです。

近代哲学の認識問題は、もともとヨーロッパのキリスト教のカトリックの信仰が正しいか、それともプロテスタントが正しいかという信念の対立から出てきたものです。互いに自分が正しいという強固な信念を持って、激しく対立した。しかしその答えは原理的に出ないものです。こういう信念の対立ということは歴史の中で普遍的に生じています。そういうときどう考えるか、その考え方の原理を現象学は提示していた。自分の問題は、それほど大それた問題ではないけれど、しかしその核は同じです。そのことで自分の中で悩んでいたことにあるふんぎりがついたのです。といって、もちろんそれで将来がはっきりしたわけではないのですが。

▼和光大学ゼミがきっかけ

『現象学の理念』で哲学にはまってしばらくして、処女論文「在日朝鮮人二世――帰属への叛乱」を「流動」という月刊誌に発表しました。すると間もなく、和光大学の「民族差別論」というゼミから、論文が面白かったので話をしに来てくれ、というので参加するようになりました。非常勤の講師の名目で最低限のギャラをもらい、週に一回在日として講師役をやることになります。結局、和光大学のこのゼミで、一二年間非常勤講師を務めました。このゼミは、穴蔵にこもっていたわたしにとって世の中に繋がる窓になりました。

少しあと、ものを書き始めた若い人たちが集まる「批評研究会」という会に誘われます。今文芸評論をしている加藤典洋さん、川村湊さん、作家の三田誠広さん、笠井潔さんとかがいました。そこで小阪修平さんと知り合い、彼が主宰する「ヘーゲル研究会」に出るようになります。ここで、今東京医科大で哲学を教えている西研さんと出会った。そのころ彼は東大の哲学科の研究生だったと思います。わたしはフッサールにはまっていたけど、そのとき西さんはヘーゲル学徒でした。それでお互いに気が合って、和光大の学生も入ってみなで「哲学平らげ研究会」を始めます。途中で「現象学研究会」に変わるけれど、結局今に至るまで続いています。

一九八三年に、『〈在日〉という根拠』(国文社)を出版しました。「早稲田文学」に書いた金鶴泳論のほかに李恢成(イ・フェソン)論、金石範(キム・ソクポム)論を合わせて出したものです。そこから文芸雑誌で少しずつ文芸評論を書くようになります。「文藝」で初めて長編評論を書かせてもらえることになって井上陽水論をやりたいといったら、初めはあきれられたけど、結局載せてくれました。一〇〇枚ぐらいの原稿を二回書いて加筆し、一九八六年に『陽水の快楽――井上陽水論』（河出書房新社）として出しました。それからしばらく物書きとしてあれこれ書きながら生活するようになりました。そうしているうちに、一九九二年に明治学院大学から呼ばれて国際学部の教授として教えることになりました。人間論と現代思想というのを教えました。

明治学院大学に就職する少し前に今の妻と結婚しましたが、こちらが韓国人ということで妻の親は当初反対でした。「在日韓国人だといつか母国に帰るのでは」というような心配があったのだと思います。それで韓国に戻るつもりのないこと、自分の仕事を日本でずっと続けたいと思っていることなど、こちらの気持ちを書いて手紙を出しました。それで両親も理解を示してくれて、一度会ったあとは反対はなくなりました。

今大学生の娘が一人います。基本的に娘には両親のどちらかの国籍を選ぶ権利がありましたが、娘は日本国籍です。娘がどう生きて欲しいかということは、それほどは考えていません。哲学という学問に出会って、その仕事をできていることはとても幸運だったと思っているので、娘も自分のやりたい仕事が見つかるといいなと考えています。民族問題については、娘の場合、母親が日本人なので、それほどは大きくひっかからなかったと思います。ただ、大学で教えていると、今でも多くの在日にとって、民族問題は大なり小なりどこかでひっかかって考えたり悩んだりする問題だ、ということはよくわかります。

明治学院大学国際学部では、わたしの前になだいなださんが「人間論」をやっていた。この「人間論」を引き継いで講義して欲しいというのが大学側の意向でした。わたしの場合、文学、哲学に加えて陽水論のようなポップな評論もやっていたので、その辺りを横断的に教えられるのではないか、ということがあったのだと思います。結局、明治学院大学には一三年いました。

▼祖国、国籍、民族

在日は、民族的に生きるべし、というような考えは持っていませんが、自分の国籍(韓国)を変えようと思ったことはないです。人権保障上多少の不利はあるけれど、ほぼ日本人に準じて法的に守られているので、特に国籍を変える理由が自分の中にはなかった。物書きとして、在日であるということは、本にもホームページでも書いています。わたしの場合、今は民族性ということはほとんどひっかかりがないのです。

ほかでも書いたことがありますが、わたしの場合、これまでの経緯で三つ名前があります。大学までは親と家族がずっと使っている「中田」でした。そのあと、同胞と付き合うようになって「姜(カン)」になりました。和光大学時代は、ずっと「姜正秀(カン・ジョンス)」です。住んでいるところでも「姜」です。仕事関係はずっとペンネームの「竹田青嗣」です。在日ということがすぐわからないのが少し不便ですが、あまり気にはしていません。だから古い友達は「中田くん」とか、卒業してからあとは「姜さん」あるいは「竹田さん」で、人によって呼び方が違います。

「祖国はどこですか?」と聞かれたら、「日本」と答えるでしょうね。「国籍は?」といわれれば、「韓国」だし、「民族は?」というなら、「朝鮮民族」ということになります。

ともあれ、若いころあれこれ悩んだアイデンティティの問題は、わたしの中では今は決着がついています。ただ、在日の若い人たちにとっては、今でもどこかでぶつかって考えざるをえない大きな問題だと思います。でもいろんな考え方、生き方があって、一つではないというのが大事です。わたしのころは、生き方のモデルがとても少なかったので、ずいぶん困った。「あれか、これか」になったわけです。当時と比べると、今はいろんな考え、生き方のモデルがある。なんとなく投げ出したままにしていないで、ある時期、しっかり考えて、自分なりのアイデンティティを見つけて欲しいと思います。大事なのは納得です。はっきりした答えを出せないままでいると、どこかで傷が残る。納得して自分の生き方を選ぶことが大事です。

▼問題を新しく立て直す世代が必要

現代社会は、近代社会に固有のメリットとデメリットをそのまま抱えています。近代社会は人類にとって決定的な役割も果たしたけれども、大きな矛盾も持っている。万人の自由を解放し、個々人が自分の望む生き方を追求できるための一般条件を少しずつ改善していく、というのが近代社会の最大の長所です。しかしこの目標を実現してゆく途上で、現代社会は大きくつまずいています。近代社会は、民主主義的な政治形態と、自由市場、つまり資本主義という経済システムとが一つになって、人間の自由を実現しました。でも資本主義は基本的に富の格差を拡大してゆく性格を持っています。そこからさまざまな矛盾が出てくるのです。それを克服するのに、マルクス主義をはじめとしていろいろな考えが現れたけれど、まだ根本的にこれを解決するアイデアは出ていない。しかし、この問題を克服する考え方を作り出すことは、人間社会にとって絶対に必要なことだと思います。ヨーロッパではキリスト教に代わる根本的な倫理のアイデアが出てこなかったためにニヒリズムとシニシズムが現れてきた。資本主義の矛盾を克服する根本の社会的アイデアが現れなければ、二一世紀も同じことになって、世界的に、社会的なニヒリズムが蔓延してくると思います。

わたしはずっと哲学をやっているわけですが、このことは現代哲学の最も大きな課題だと考えています。しかし現代は、基本的に「反哲学」の時代です。マルクス主義もポストモダン思想も、反哲学が一つの旗印です。今や哲学は古い、それは形而上学だから、というのです。でもそれは大きな勘違いです。二〇〇五年から早稲田大学（国際教養学部）に移って哲学を教えていますが、わたしには、なんとか哲学を立て直したいという気持ちがあります。

二五〇年前、伝統的支配の社会の矛盾が飽和点に達して、新しい近代社会へ移り変わるとき、近代哲学がその基本原理を二〇〇年かけてリレーしてきました。現代の資本主義の矛盾を立て直すには、もう一度世界の歴史と社会の問題を一から考え直す必要があるけれど、その方法を持っているのは哲学の考え方だけだと思います。今のヨーロッパの哲学と思想は自分たちが資本主義の矛盾をつくり出したという大きなトラウマがあって、まだ根本的な立て直しをすることができないでいる。もう一度哲学の方法を立て直す必要があるのだけれど、そういう新しい世代も育てたい。それがわたしの夢です。

14　福島の同胞と共に生き、三・一一後に抱く思い

陸双卓（ユク・サンタク）　男

取材日／二〇一二年六月八日　**出生地**／福島県西白河郡　**現住所**／福島県郡山市　**生年月日**／一九四七年一二月一五日　**略歴**／福島県で生まれ育つ。朝鮮総連関東学院で本格的に朝鮮の言葉や歴史を学んだことを機に、総連の専従活動家として働く決心をする。在日本朝鮮青年同盟（朝青）福島県本部下支部専従としてスタートし、朝青福島県本部副委員長、その後総連支部委員長、総連本部専従、福島朝鮮初中級学校教育会会長、同胞結婚相談所所長など、福島県下で総連の役職を歴任。二〇〇七年に五九歳で退職。　**取材**／李英哲　**原稿執筆**／李英哲

▼両親、家族のこと

わたしのアボジ（父）は、一九三六年、一九歳で日本に渡ってきたと聞きました。故郷では食べていけず、生活苦のため日本へやってきたんです。ハラボジ（祖父）が先に日本へ渡り、あとで祖母や家族みなを呼び寄せました。

西郷（にしごう）（福島県西白河郡西郷村）の開拓地で、うちは農業をやっていました。自分たちで荒野を

開墾して田畑をつくるので、大変な苦労だったといいます。生活も苦しくてね。アボジは他に土木工事の飯場などでも働いていました。

五〇〇メートル行かないと隣家がないようなところで、電気もやっと引いてあるような、田舎の山奥でした。小さいころは、夏は川で泳いだり小魚を捕ったり、冬には孟宗竹を伐ってきて、折り曲げてスキー板に仕立てて、雪の上で遊んだりしていました。

山に行ってはアケビとかグミとか野イチゴとかを採ってね、そういうのをおやつにしてましたよ。甘いものなんてめったに食べられなかったからね。それに学校に上がってからは、学費とはいかずとも、自分で学用品くらい揃えなきゃならない。篠竹ってあるでしょ？　あれを三〇センチ束にすると一〇円くらいになる。小学校一、二年生のころまでかな、学校をずる休みして山で刈ってきては、売るんですよ。それでノートや鉛筆を買いました。

オモニ（母）は日本人です。今、九八歳になります。アボジとどうやって知り合い一緒になったのかはよく知りません。朝鮮人と暮らすんだからと、オモニはわたしのハンメ（祖母）から片言の朝鮮語を習ってね。オモニは朝鮮人との結婚を実家で猛反対されて、結婚後は一度も実家に帰ってないそうです。いわゆる勘当というのかな。お前はうちの娘じゃない、二度とこの家の敷居をまたぐな、とね。

わたしが朝鮮総連（在日本朝鮮人総連合会）の専従になった後、オモニは事務所の食母（まかない）をやって、若い青年同盟員たちに食事の世話をしてたんですよ。朝鮮語はそんなにわからなかったけれども、わたしの仕事を支持してくれました。

わたしが住んでた部落は、朝鮮人がいると徹底的に軽蔑の目で見ることがあったね。だから自ら日本人と打ち解けることもなかった。朝鮮人はいじめられっぱなしじゃない？「お前、朝鮮人、朝鮮人」って。日本人みたいなふりして、近くに住んでた従兄弟（いとこ）のことを、朝鮮人、といっていじめたこともありました。いかにも自分は日本人なんだと、日本人からそう思われたくて、従兄弟をいじめたんだ。民族虚無主義ですよ。子ども心にもね。

でも後に総連で仕事をして、郡山という大きな地区に来て、たくさんの朝鮮人と付き合いだしてから、逆にむしろ日本人を見る目が変わりました。昔、社会党や平和友好祭とかがうちらを呼んでくれて、一緒にオルグしたり、学習会や友好親善の行事なんかやるうちにね。ああ、こういう日本人もいるんだな、と。

▼アボジへの「アンニョンハシムニカ」

小学校三年生くらいのころかな？　アボジに、そのとき働いてた町のほうで、夏休みに朝鮮語を教えてくれる「ハギハッキョ（夏期学校）」というのをやってるから勉強しろといわれましてね。そこで初めて朝鮮の言葉を習ったんです。「アヤオヨ（아야어여）」から始めてね。朝鮮の簡単な歴史や地理、「金日成（キム・イルソン）将軍の歌」も教えてもらったり。

何年か夏期学校に行くのが続いたんです。その後は、白河の総連分会で青年学校が開講されてたんだけど、郡山から電車で一時間くらいかけて女性講師の先生が教えに来たんです。駅から、チマ・チョゴリ姿で降りてくるんだよ。当時のわたしらはね、朝鮮人と見られるのが恥ずかしいでしょ。ところがその先生は、堂々とチマ・チョゴリ着て、青年たちを集めて「アヤオヨ」を教えてくれる。それを見てね、何かこう、グッと感じるものがありました。

高校生のとき、当時は朝から夕方まで家の仕事手伝って、五時以降は定時制の高校に一年半だけ通っていたんだけど、交通事故に遭っちゃってね。ケガして運転免許も停止になってしまった。運転できないと家の仕事ができないんだ。

そこへちょうど総連の本部から「陸トンム（陸君）、関東学院（埼玉県大宮市〔現・さいたま市〕にあった教育研修機関。総連中央学院の分校）に行って勉強してきなさいよ」と勧められたんです。朝鮮語を少し覚えてきたら、といわれてね。そこでウリマル（母国語）をね、今度は本当のソンセンニム（先生）に基礎から教わったんですよ。

帰ってきてアボジに、「おはようございます」じゃなくて、「アンニョンハシムニカ」って、いつ挨拶しようかなとしばらく迷ってました。ある朝、アボジが植木に水をやってるときに、ウリマルで挨拶したんですよ。びっくりしていたね。何だ、この息子は、どうしたんだ？ というふうに。息子からすればアボジって、何か嫌じゃないですか。でもそこから何となくアボジと打ち解けた気がします。故郷の話を少しずつ自分にはしてくれるようになりました。話すのをいやがる人も多いんだよね。故郷にはつらい思いも多いから。

▼総連の「専任イルクン」に

総連の学院に行ったのが、一八歳の年。一九六七年三月から二ヶ月間行って、このときに組織の「専任イルクン」（専従活動家）になると決心しました。でも決心したからといったって、簡単にはいかない。まずアボジを説得しなきゃならない。家の働き手が減るからアボジはすぐには返事してくれませんでした。兄貴からは「お前はホワイトカラーになりたいのか」なんていわれてね。サラリーマンになるのかと、いちゃもんつけられました。

でも総連学院で、祖国や民族に対して知識を得て、在日同胞がなぜ日本に多くいるのかを学んで、自分も何かやらなきゃ、何かできないか、という意識が芽生えた。するとアボジは、お前がやりたいんだったらやればいいといってくれた。「アンニョンハシムニカ」と挨拶した自分のことを、家族の中で一人でもちゃんとした朝鮮人になれば、と思ったんじゃないかな。きょうだいは六人いたけど、朝鮮人らしい朝鮮人がいなくて、わたし一人だけですよ。アボジは、家も大変だけど、お前の力のある限りやってみろ、と許してくれたんです。

郡山の総連本部まで委員長に挨拶しに行くとね、「この仕事はそんな簡単じゃないよ。よく考えなさい。お金も出ないし、ボランティアと同じなんだから」というんですよ。でもわたしは「どうしても雇ってください！」といった。それで委員長も承諾してくれました。

朝青（在日本朝鮮青年同盟）の専従になって、それからは言葉、ウリマルを習得するのに苦労しました。周りの活動家はほとんど朝鮮学校卒で、朝鮮語でやりとりするでしょ。自分はずっと日本学校でしたからね。よくわからずに、初めのころはなんでも「イェー、イェー（はい、はい）」といってました。でも悔しいじゃないですか。独学で勉強しましたよ。抗日パルチザンの『回想記』や、「朝鮮新報」を読んでね。夜、人が寝た後に、ラジオで発音を特訓したんですよ。今でも発音が悪いといわれますけどね（笑）。

▼結婚

妻は大阪の人です。組織で働く前は、朝鮮人と結婚できるなんて夢にも思わなかった。そりゃ、頭の中がまったく日本人みたいで帰化したいとばかり思っていた人間が、そんなこと考えられますか？

一九七三年、祖国から万寿台（マンスデ）芸術団が訪日したとき、大阪まで見に行ったんです。そのときそこの総連支部の人から、彼女と会ってみなよと紹介されましてね。そのときはただ会っただけ。でも彼女のことがその後も心の中にあって、それで、大晦日（おおみそか）に除夜の鐘が響き始めたとき、思い立って電話したんですよ。正月、福島まで遊びに来なさいよ、って。

東京まで出迎えに行ったんだけど、大阪から東海道線で東京駅終着なのに、わたしはてっきり東北本線が終着する上野駅に着くと思ってたんだ。上野駅で待てど暮らせど来ない。時間を間違えたのかな、と思って。駅員にたずねて、やっとそのことを知って、えーっ!?　と、びっくりして。構内放送で呼んでもらって、三〇分くらいして上野駅に来ましたよ。冬だから彼女はモスグリーンのコート着てて、あのころはすらーっとして細かったし、まるで映画女優みたいだった。もうその人しか見えないんだよ。やったー！来たー！ってね。

その後三回しか会わないで結婚しました。好きだとも何もいわないまま、手も握らないままでね。向こうの親が結婚を承諾してくれた理由はよくわからないけど、どんぶり二杯食べたらチャンモ（義母）に気に入られた。こんなに飯を一杯食べる人なら、いいよって。

結婚式は大阪で。当時の第一初級学校の講堂でね。木造で、歩くとギシギシなって、あんなに人がたくさん集まって、床が抜けちゃうんじゃないかと思うくらいの建物だった。そこの総連支部や分会の人が、ほんとによくしてくれました。人生の新しい門出を、たくさんの同胞が祝ってくれたことが嬉しかったです。

▼同胞の中で

総連の専従としていろいろと異動を繰り返しながら、福島県内をぐるぐる回りました。思い返せば、同胞が喜んでくれることが一番嬉しかった。逆に同胞の悩みを解決してあげられないときが一番しんどかったです。金大中（キム・デジュン）、盧武鉉（ノ・ムヒョン）時代になってからは総連の同胞も南（韓国）に少しずつ行けるようにはなったけど、それ以前は高齢者の同胞が故郷訪問を希望するとき、政治的にいろいろと面倒な葛藤がありましたね。あとは、特に同胞の抱える経済的な困難、商売上の問題にぶつかったとき。組織ではアドバイスできても、実質的にどうにもできないことがあると、つらくて、自分はひ弱で力不足だと、無力感に襲われた。ウリハッキョ（朝鮮学校）も朝大（朝鮮大学校）も出てないからかなって、自分を恨めしく思ったね。

わたしが一番同胞の温かさを感じたのは、四三歳のとき、心臓病で手術して、ペースメーカーを入れることになったときです。当時いた浜通り支部の同胞たちが寄金運動をしてくれてね。莫大（ばくだい）な手術費用を県下の全同胞的な協力で工面してくれた。この温かい同胞の中で働いてきて良かったと思いました。本当に幸せですよ。ただ自分個人のことだけ考えて日本社会に生きてきたなら、考えもできないことでしょう。そのありがたさ、その喜び、同胞たちが自分を見ていてくれたという思いが、人生の支えです。

▼祖国への思い

祖国の地を初めて踏んだときのあの感動は忘れられません。一九八〇年に、支部活動家代表団で初めて共和国（朝鮮民主主義人民共和国）を訪問しました。ずっと思い描いていた祖国じゃないですか。北にも南にも思いは強いけど、でも金日成元帥がいる祖国だもの。元山（ウオンサン）港に到着してね、一歩目を踏み出したとき、胸に込み上げてきて、もう涙が溢（あふ）れてどうしようもなかった。

夢にまで見た金日成元帥を一目見たいという願いが叶ったのは、八九年に短期訪問団の団長で行ったとき。当時の万寿台議事堂で晩さん会が開かれて、そのときに謁見しました。もう映像そのままでね。背筋がゾクゾクしました。ものすごいオーラで、そのまま魂ごと吸い込まれそうな、そんな感じでした。

一九九四年に金日成主席が逝去したとき、日本の報道が信じられなかったです。以前から変な報道ばっかり流してたからね。事実と知っても、嘘だ、嘘であって欲しい、と。もう言葉にならなかった。去年（二〇一一年一二月）金正日（キム・ジョンイル）総書記が逝去したときも、最初は、嘘じゃないか、ありえないという思いでした。自分と歳も近くて、まだお若かったしね。なんで医療技術も発展してるのに、助けられなかったんだ、って。

またかよ、という思いでした。九四年は金日成主席とカーター（元米大統領）との統一の話がうまくいった直後だったし、今回も六者会談以降、国際的にも対米関係もどうにか動いていくというような、そんな時期に、どうしてまた、という思いでした。

金正恩（キム・ジョンウン）（国防委員会）第一委員長について、いろいろ憶測がありますけど、チュチェ思想（主体思想・共和国の指導思想）を受け継いでいくのは誰がふさわしいか。まだよく知らないけど、先代の指導者が後継者に指名したんだから、何を文句つけることがある、それでいいと思いますよ。

こんなことというとね、お前は変わりもんだ、時代遅れだなんていわれたりもしますよ。堅物ですかね？　でもいいんじゃないの。堅物でいいんだよ。そういうバカがいなきゃ。

まだ南には行ってません。行こうとはよくいわれるけどね。理由があるんだ。もっと民主化したら行ってもいい。甥っ子とかがあっちの人と結婚式を向こうであげたりしたんだけど、わたしは行かなかった。より民主的な社会になって、統一に向かうようになって、納得しない限りは行かない。いつになってもいい。韓国籍にも変えないよ。子どもたちにも国籍は変えて欲しくない。今後どうなるかわからないけどね。でも自分が死ぬ前には、認めない。

▼子どもたちに民族教育を

子どもたちは二人とも朝鮮学校へ送りました。朝鮮大学校も卒業させてね。娘は不動産会社に勤めている旦那と埼玉で生活してます。息子は朝青の専従を五年務めて、スポーツ・インストラクターの資格を取って、東京でジムを開業してます。

子どもたちには、自分の子を朝鮮学校に送る人と必ず一緒になれ、と。それが願いでした。だってウリハッキョが、民族を守っていく基礎じゃないですか。朝鮮学校に行けなかった人のほうがもっとそう感じると思うよ。自分がウリマルを苦労してやっと覚えたっていうのは、もう切実なんですよ。単純に言葉を勉強したってことじゃなくてね。

それで孫たちも、一番上と二番目が埼玉の朝鮮学校、三人目は朝鮮幼稚園へ通ってます。娘も子どもをウリハッキョに送るようになって、大人になったね。オモニ会の集まりとか、熱心に出てるみたい。こいつ、やっていけんのかな、なんて最初は思ってたけど。「アボジ、幸せでしょ。ちゃんとアボジのいうとおりにやってるから」なんていうんだよ。生意気にね（笑）。

生活は普通でいいんだ。凡人でいい。だけど、人に恥じないようにだけしなさい、といってきました。ついこないだ娘の誕生日にメールを送ってあげたら、「親の顔に泥を塗らないように、恥ずかしい人生を送らないように、頑張って生きていきます。何があっても明るく楽しく、家族仲良く、夫婦仲良く。陸双卓家族のように」って、手紙を返してきたんです。夫婦で読みながら、お金はなかったけど、ちゃんと朝鮮人に育てて良かったねと話し合いました。同世代でもっといい生活してる人はたくさんいますよ。でも金なんかより、子どもたちを残せた。それで孫までウリハッキョに送ってるんだから。もうこんなに嬉しいことはない。それが人生の一番の感動です。組織のおかげだと、つくづく思ってますよ。

▼福島での朝鮮人強制労働とその犠牲者

福島ではね、強制労働で朝鮮人が犠牲になったのは、磐城炭礦（いわきたんこう）が一番多くて、その次が猪苗代湖（いなわしろこ）の先にある沼ノ倉発電所。そのほか昭和電工とかいろいろあるけどね。磐城炭礦には遺骨が埋葬されてある。その他に名前も知られてないところが何ヶ所もある。八・一五には慰霊行事をやります。同胞と日本人の有志らが集まって、お香もあげて。

それはそれでいいことだけどね、中国人と比べても、朝鮮人は遺骨すら悲惨な待遇です。墓があるところでもそう。沼ノ倉に行ったらね、そこに墓碑があるんだ。朝鮮人殉難者慰霊碑って書いてね。中国人よりもはるかに朝鮮人の犠牲者は多いのに、ただの石一枚の朝鮮人の碑には、花さえ誰もあげない。少し離れたところには中国人の墓碑があって、屋根まであしらってきれいに作ってね。日本人もたくさん献花してる。そういう差別をね、なくさなきゃいけないでしょ。

▼東日本大震災・福島第一原発事故のあとで

東日本大震災と福島第一原発の爆発事故のせいで、被災した福島の同胞たちは本当に苦労しています。福島の米や野菜は売れないし、焼肉屋とか同胞の飲食店も本当に苦しんでいますよ。福島ナンバーの車は他県でガソリン入れるなという騒ぎまであったでしょ、同胞たちも動揺しますよ。浜辺の町に住んでる人はひどいセシウムでもっと苦労してます。

東京電力に電話かけていったんだ。あなた方、福島の野菜送ったら食べますか? 捨てるでしょって。郡山市なんか、一人当たり二万円の見舞金で終わらせようとしているけど、精神的被害やらすべてに対し慰謝料も出して、きちんと補償させなきゃ。

福島の朝鮮学校を全国の同胞たちが助けてくれて、本当にありがたかったです。全国津々浦々からハッキョの除染作業にも参加してくれて。京都から来た同胞なんか、ガソリンまで積んできてくれてね。ありがたかった。わたしらも阪神・淡路大震災のときは支援しましたけどね。とにかく、同胞たちはなんでこんなに熱いんだろうと、本当に勇気づけられますよ。こういうときこそ組織の力を実感します。同胞たちに感謝の気持ちでいっぱいです。

福島の朝鮮学校は、地震そのものよりも、放射能のせいで生徒数が決定的に減少しました。原発事故が根本原因ですよ。以前には少ないなりにも何とかやってきたのに。今も福島のハッキョに子どもを送る学父母（ハクブモ）（生徒の父母）は、本物の民族主義者だと思う。こんな困難な中でもね。

でも多くの同胞が、放射能が怖くて、行政が対処しない朝鮮学校から、日本の学校へと転校させてる。民族教育のために熱心だった若い同胞でもね。新潟や東京（の朝鮮学校）へと疎開させたり、転校させたりしています。これから福島に残るのは老人と貧乏人だけになりますよ。若くてほかでも生活できる人たちは、出ていくでしょう。

誰に責任がありますか。東京電力のせいで、組織も学校もバラバラになってしまった。極端な話ではないですよ。東電や日本政府は、外国人差別せずに当然の補償をしなきゃいけない。東電は朝鮮学校の学生数増やすための資金を出せとさえいいたくなる。

乳飲み子や幼い子どもたちは、二、三〇年後が心配。口だけで謝ってもしょうがないよ。今後出てくる病気のね、その補償もしなければだめだよ。何か物的証明をちゃんと残しとかなきゃ、過ぎ去ったことだとうやむやにされますよ。悔しくてしょうがない。

うちの孫たちも遊びに来られないんだ。ハルベ（祖父）、ハンメ（祖母）としての生きがいって、何ですか？　孫たちが休みに来て一緒にご飯食べたり遊びに行ったりすることじゃない？　孫から「福島行けないんでしょ？　放射線で空気汚いんでしょ？」なんていわれてごらんなさい。家族が自由に会えないというのはね、つらいよ。

▼次世代への思い

日本は今、「朝鮮」というと頭から否定して、朝鮮学校をつぶしにかかってる。その根本的な原因は、（二〇〇二年日朝首脳会談で）日本人拉致を認めたことで、それを日本政府に逆利用されたこと。小泉（元首相）に騙（だま）された思いが強いですよ。共同宣言発表して、リーダー同士、過去を清算しましょうと認め合ったのに、日本政府は何もやらないで、逆利用してね、共和国と総連を叩（たた）きつぶそうとするたくらみですよ。それが悔しい。

昔、日本が朝鮮人をどれくらい引っ張ってきたか、拉致してきたのか、声を大にしていいたい。それをいっちゃおしまいだよという人もいるけどね。在日の問題、強制連行など過去の問題、そのことは一つも清算も解決もしないでおいてね。

総連を経済的に破綻させて、同胞商工人も組織から引き離して、それで学校までなくしたら、もうおしまいですよ。新しい世代の同胞たちは、大変だけど、何とかしてもっと経済力もつけて欲しいです。

これから若い人たちには、（日本への）同化を何としても防いで欲しい。難題かもしれないけど。若い人たちも、一生懸命やってるんだけどね。同化が当たり前のようになってるでしょ。それを防ぐには、まず何よりウリハッキョを盛り上げない限り、だめですよ。

15　ニンニクの臭いが漂う街に生まれて

姜春根（カン・チュングン）　男

取材日／二〇一一年一二月一七日　**出生地**／愛知県名古屋市　**現住所**／愛知県名古屋市　**生年月日**／一九四八年三月一九日　**略歴**／名古屋「駅裏」に生まれる。小学校は朝鮮学校へ通い、中学からは日本学校へ。高校時代に弁論部に所属、詩作を始める。一九六六年に日本大学農獣医学部へ入学し、七一年からは同大大学院農学研究科に進学するも、就職差別などで挫折して名古屋へ帰り、家業に従事。在日同胞雑誌「まだん」の名古屋読書会にかかわる。七四年から民族運動に参加し、金大中先生救出対策愛知県委員会事務次長、東海地方韓国民主化促進協議会事務次長、七七年に在日韓国青年同盟愛知県本部委員長に就任。七九年、韓国民主回復統一促進国民会議東海本部事務次長、八九年に在日韓国民主統一連合東海本部代表委員、二〇〇五年から韓統連中央本部副議長。　**取材**／黄英治　**原稿執筆**／黄英治

▼「駅裏」の富者（ブジャ）

わたしが生まれ育った場所は名古屋駅の西、「駅裏」と呼ばれた街です。そこは国際マーケットと豊（ゆたか）マーケットがあるマヌルネムセ（ニンニクの臭い）が漂う闇市が起源の朝鮮人の街で、

警官が一人で歩けないといわれていました。

悲しい話ですが、朝鮮初級学校で同級生のオモニ（母）が、そこで夜の商売をしていました。面白半分にわたしらがその子をいじめました。ある日、彼女のオモニがリンゴを渡しながら「頼むから『パンパン』の子といわないでくれ」とおっしゃった。後に韓青（ハンチョン）の歴史学習会でその記憶が引き出され、ひと晩泣きました。

国際マーケットは食べ物屋、豊マーケットは朝鮮食材、チェサ（祭祀（さいし））の道具、民族服の店が並んでいる。その街を農楽隊が年に数度、踊り歩いてカンパを集めていく。それがチョーセンそのものですごく嫌でした。

わが家は「駅裏」ではかなり裕福でした。家業は鉄くず屋ですが、桁の違う鉄くず屋で、仕切り場は駅北方に大きなものが一つ、市内十数ヶ所に集積場がありました。事業を始めたのはハラボジ（祖父）で、三男か四男ですが一番勉強ができたので、一族はハラボジを釜山（プサン）第二公立商業学校に進学させ、日本大学に留学させます。日大は授業料が一番安かったからですが、結局お金が続かなくて中退します。

ハラボジの関東大震災の体験談ですけど、葛飾あたりで下宿していたそうですが、自警団が押しかけてきた。そしたら大家さんが、屋根裏に隠してくれて命拾いした。だから「日本人も悪い奴（やつ）ばかりじゃない」とおっしゃってました。

ハラボジは解放後、名古屋で新生事業団という戦災孤児の収容施設を始めた。市内十数ヶ所で彼らを収容して、食事を与え、学校へ通わせながら、鉄くずを集めさせる。それをちゃっかり会社化して新生興業としました。名前を変えたころアボジ（父）が引き継いで、約一〇〇〇坪のヤードをつくって近代化し、錫（すず）の電気溶解を始めました。静岡に社長が在日の大きな製缶会社があり、型抜きした板を安く買ってくる。それは錫メッキされているので、電気溶解して錫の延べ棒にして高く売る。メッキが取れた鉄は特級の鉄くずになる。ヤードには電気炉が一〇基ぐらいあって、社員が十数人いました。

「駅裏」が貧しい中で裕福だったので、うぬぼれがありました。でも朝鮮人差別は厳然としてある。アボジは近くの椿神社の秋の大祭に多額の寄付をしていましたが、町内会長どころか班長さえもやらせてもらえない。兄貴たちが名古屋まつりの神輿（みこし）や成人式の誘いからはずされて憤慨しているし、ときに差別を目撃する。だから朝鮮がいいとはとうてい思えませんでした。

▼アボジの方針で朝鮮学校へ

アボジは「何も恥じるものはない！」と確固としていましたが、それをわかるように説明してはくれない。だから朝鮮人であることに誇りなど、まったく持てませんでした。

わたしが通った小学校は、愛知朝鮮第一初級学校兼名古屋市立牧野小学校分教所で、名前が二つある学校です。朝鮮学校でもあり、学校閉鎖令の荒波を乗り越えて、市立小学校の分教所として認可されてもいた。学校には朝鮮総連（在日本朝鮮人総連合会）から来ている朝鮮人の校長と、教育委員会から来ている日本人の校長がいたんです。わたしは朝鮮学校付属の幼稚園にも通いました。その第一期生です。

アボジは朝鮮学校の創立に携わった数少ない民団（在日本大韓民国民団）系です。学校の土地は、途中まで日本人の大地主のもので、朝鮮人には貸してくれない。彼は「駅裏」のわが家の地主でもあったので、アボジが乗り出して頼み、「あなたなら信頼して貸します」ということになった。

わたしたちはそこに民団系で通った数少ないきょうだいでした。「駅裏」の日本人と民団系の子どもはみんな、牧野小学校本校に通います。本校は家から歩いて五分ぐらいのところにあった。でも朝鮮学校は三、四〇分ぐらいかかる。それも含めて、朝鮮学校は嫌だといつも思っていました。

アボジは小学校だけは民族教育を受けさせるという固い信念を持っていらっしゃったようです。国籍はかなり長い間「朝鮮」をひきずっていて、わたしが大学に入ったころ、アボジから「お前は反対かもしれんが、韓国に変えるぞ」と通告されたことを記憶しています。

わたしには朝鮮学校に通ったおかげで、パッチムの発音がスムーズにできるとか、民族に対する反発も含めた思いが、身体に沁み込みました。

▼中学から日本の学校へ

わたしも他の兄弟姉妹のように、中学から日本学校に通うことになり、心から喜びました。わが家は朝鮮初級学校を卒業すると、私立中学に行く慣例がありました。ところがわたしは試験に落ちてしまった。それでしかたなく、市立黄金中学校に通います。名古屋市で一番不良の多い学校で、番長はみんな朝鮮人でした。この中学には牧野小学校本校と米野小学校の児童が通います。だから朝鮮学校から来た奴だとわかり、ひどくいじめられました。でも、朝鮮人の番長が救ってくれる。また、現在も付き合っている日本人の親友たち——彼らは実に勉強ができた生徒たちでした——が、「人道的観点」でわたしをかばってくれた。

でも朝鮮人だといじめられているので、親への尊敬心なんか持てません。「なんで俺を日本に産んだ」と、オモニを泣かせたこともあります。

アボジにはそんなことといえませんよ。アボジはとことん怖い存在です。それは朝鮮人の道徳観念ですよ。わたしは男五人、女が二人の四男、子どもで五番目です。その中で、ただ一人反抗的でした。ところが、生意気なことをいい、態度に出すと、長男とか次男が、呼び出してガツンと殴るわけです。兄貴たちがアボジの威厳を守る。わたしはアボジと終生敬語で話しました。そういう雰囲気を兄貴たちがつくっていて、「親が白いものを黒といったら、それは黒なんだ」と。しかし、これが納得できない。欲求不満が高まり、朝鮮人がもっと嫌になるし、うっぷんが蓄積していくわけです。

▼本名―自作の通名―本名

名前は高校で「神農春根（じんのう・はるね）」といいました。でも中学校では「じんのう・しゅんこん」だった。朝鮮学校では「姜春根（カン・チュングン）」ですね。その「しゅんこん」が嫌でね。長兄と次兄には、「秀」がつく通名がありました。ところが、三兄からは本名しかない。朝鮮でも在日でも長男は別格ですよね。だから、「俺には朝鮮を隠す通名がない、差別されている」とね。中学生のわたしは、考えに考えて「明智光秀の『みつひで』に変えてくださいい」とアボジにお願いした。すると「ばか者！」と怒鳴られた。でもわたしは、「兄ちゃんたちには『秀』がついとるやん」と、反抗の叫びを上げました。それでアボジが珍しく説明を加えて、「戦争が終わったんや！」とおっしゃった。中学生にこの意味がわかるはずがありません。

それは韓青に入ってからわかりました。次兄までは解放前に生まれている。だから通名をつくった。けれども「戦争が終わった」――解放後に生まれた三兄からは、通名を作りたくも、つけたくもなかった。それがわかったとき、「わがアボジながら」と、心から感動しました。

でもそれは後の話で、アボジに内緒で高校の入学願書のふりがなを「はるね」にしちゃった。当時の愛知県知事は桑原幹根（みきね）さんで、「知事と同じ」と説明しやすい。こうして高校から「はるね」になるわけです。でも、高校を卒業するとき担任に「本名で卒業証書をくださ い」と、お願いして「姜春根」と記された卒業証書を受け取りました。ちなみにわたしは弁論で文部大臣賞をもらいまして、その賞状には「神農春根」と黒ぐろと書いてありました。一時期額に入れて飾っていましたが、韓青に入ってから、恥として焼き捨てました。大学からは「姜春根」と書いて、「きょう・はるね」と名乗りました。

▼弁論・詩作・同胞詩人との出会い

押さえつけられたものが、高校へ進んで解放されていきました。そこに弁論が介在しています。わたしは東邦高校へ進学しましたが、入学式のクラブ勧誘の弁論部という言葉に引かれ、「これこそ俺の道だ」と考えたんですね。

それはわたしの性分に合っていて、二年生から頭角を現して大会で優勝する弁士に育ちました。それにつれて理屈もついてきます。弁論部の友達と「日本人は、社会はどうあるべきか」を語り合うと、自分にはいびつなところがあると自覚し始めます。それで朝鮮と在日問題を少しずつ勉強し始めたんです。

高校二年の担任があるとき「お前にとっていい本だから」と、許南麒(ホ・ナムギ)の『火縄銃のうた』と金達寿(キム・ダルス)の『玄海灘』をくださった。先生は、わたしが詩らしきものを書いていることを知っており、弁論で朝鮮人差別問題を訴えていたからでしょう。わたしを捉えたのは『火縄銃のうた』でした。すると朝鮮史を知りたくなる。なぜ『火縄銃のうた』が書かれたのか？　これは在日朝鮮人史でもあるでしょ。渡航史などを渇者が水を求めるように読みました。

なぜ詩だったのか？　中学のときに夜中に眼覚めて何か走り書きをする。幼稚ですけど、明らかに「詩」でしたね。わたしがきょうだいで最後まで起きている子どもで、ずっと本を読んでいる。少年向けの世界文学全集とか、何でも読みましたが、中学のわたしにぴったりきたのが『偉大なる道』『中国の赤い星』の系統でした。高校時代は詩集ですね。宗左近が好きで『炎える母』は『火縄銃のうた』とともに耽溺しました。

▼日本脱出を夢見て大学院に進学

日本大学の農獣医学部拓殖学科に進学して卒業、同学部の農芸化学科に学士入学して卒業し、同大学農学研究科農芸化学専攻の大学院に入りました。当時問題になっていた、カドミウム汚染されたコメから、カドミウムを抜く研究をテーマにしました。

子どものときの夢は、弁護士か政治家になること。朝鮮人にないものへのあこがれですけど、制度的になれるわけがない。そこで編み出した方法が「博士になって日本を出る」。だから農学部。とにかく、こんな差別の国にいるのが嫌だった。でも、在日を搦め捕っているからくりがわかると、今度は絶望です。

大学院の指導教授が、入るときに「就職の責任持てないけど、いいか?」とおっしゃった。わたしは「いいですよ。韓国へ帰りますから」と強がりました。けれどその晩、当時、酒が一滴も飲めなかったんですが、ウイスキーを飲んで、下宿で泣きました。「自分よりも勉強していない、だらだらしている日本人が、たやすく人生を切り開いて行く。なのに、自分はなぜそういわれなければいけないのか」と。

▼詩の繋（つな）がりで訪れた転機

学部時代、新聞で見た同人誌「詩情」に参加しました。そこに同胞青年も参加していた。そのうち物足りなくなって、彼と何人かを集めて「語族」という同人誌をつくりました。わたしの命名で、由来はアルタイ語族です。なかなか粋な名前でしょ。わたしはそこに「姜思海（カン・サヘ）」の名前で、民族史や在日の差別問題をテーマに詩を書きました。

一年間、大学院でそれなりにやりましたけれども、指導教授に引導を渡されていたこともあって研究に身が入らず、失意のうちに、二五歳で名古屋へ帰りました。

帰ってもやることなどありません。アボジの会社で、アボジの秘書兼運転手をしながら、二年ほど過ごしました。わたしは一族の期待の星でしたが、途中で辞めて帰ったので、余計にひねくれて荒れました。親が嫌がり、家族が腫れ物にさわるような状況をつくって、悶々（もんもん）と暮らしました。

そんな日々の転機は、「語族」で知り合った同胞の友人からの電話です。彼は「『まだん』という雑誌の編集部に入る。おまえちょっと手伝えよ」というんですね。「何するの?」と聞くと、「文章書けよ」と。それで「まだん」に詩やエッセイを載せました。それから名古屋の「まだん読者会」の責任者になりました。

そしたら「まだん」発行人の名古屋在住の先生から「ぜひ会いたい」とお呼びがかかり、お宅を訪ねました。わたしは先生と二人だけで話すと思っていたのですが、通された広い座敷には一〇人ぐらいの方がいて、わたしを脇において会議が始まった。金大中(キム・デジュン)先生救出対策愛知県委員会(救対委)の会議で、それが終わり別室で先生と対面しました。先生は「今後も『まだん』でいろいろ頑張ってくれ。ついでに、救対委もやれよ」とおっしゃる。「事務次長にしとくから」と。こっちにしてみれば、「えっ」という感じでしたが、それ以上に「面白いな」と思いましたね。加えて、先生——京都大学哲学科で美学を専攻された——の、知性に惚(ほ)れました。

▼韓青活動にのめり込む

そうして半年ほど経つと、韓青(在日韓国青年同盟)愛知が反独裁民主化の全国路線に復帰するという話が伝えられます。当時の韓青愛知は、花郎会と名乗って全国路線から逃げていました。

救対委は、東京の韓民統（韓国民主回復統一促進国民会議）の指導下にありました。当時の韓民統は、金大中氏がつくった米州本部と、金大中氏と民団の民主人士がつくった日本本部があった。そんな構造と金大中氏の強い意向で、日本本部は下部組織をつくれない規定になっていたんです。でも日本は米国と違って、民団系民主人士がおられ、組織もある。そこで、大阪と京都は民団自主守護委員会、東京と神奈川は民団東京、民団神奈川、愛知と三重は東海地方韓国民主化促進協議会（韓民協）が下部組織になりました。

韓民協には、韓青三重県本部だけが加盟していました。そこに韓青愛知県本部が戻ってくるので、連絡要員を派遣しようということになり、「お前が行け」となった。わたしが独身の二六歳で、一番若かったからですが、それが韓青との運命的な出会いです。

韓青に行くとすぐに、金芝河（キム・ジハ）の『鎮悪鬼（チノギ）』（三つの化け物の話）公演運動が始まりました。韓国の民主化運動を演劇で伝える事業ですから、連帯勢力の動員が重要です。わたしは、韓青愛知に国際部設置を建議して認められ、部長になりました。

でも、韓青の青年らのわたしへのまなざしは最初、冷たいものでした。理由は「中央のスパイ」というもの。当時の韓青愛知の幹部は、韓青が民団から傘下団体の認定を取り消されたので、花郎会で生き残ろうとした人たちです。だから、中央への警戒心が強かった。

それと、労働青年の階級的な不信感ですね。初めて韓青に行くとき、礼儀として背広を着て、アボジの車──当時の高級車セドリックに乗って行きました。一〇トントラックの運転手で、岐阜県多治見市からそれを飛ばして支部にくる青年が、わたしを「スパイ」と嫌った。彼らにしたら、「何が背広で、セドリックで、大学院中退だ」となるわけですね。

でも『鎮悪鬼』公演運動が始まり、韓青愛知は三重と合同公演することを決定します。「아야어여（アヤオヨ）」さえ満足にできない青年が、ウリマル（母国語）で演劇をするので、指導してくださる先生を稽古場に送迎する役割をしました。韓青が反独裁闘争を先鋭化させる中で、運動にのめり込みます。労働青年もわたしにどんどんなじんできます。わたしは「社長秘書」でしたから、時間をやりくりして昼間でも動けるので、労働組合なんかに支援を要請する活動で実績を上げました。

『鎮悪鬼』公演をやって半年間くらいで韓青愛知の副委員長に就任しました。それから一年半後には委員長ですよ。

▼生涯の友、同志がそこにいた

韓青運動で生涯の友、同志と出会いました。委員長のわたしを支えてくれた副委員長たち、彼らは中卒です。一人は、九州佐世保の生まれで炭坑夫の息子。炭鉱が閉山になって関東へ流れ、中学を出て埼玉県の工場で働く。当時の彼の夢は、銀座でチョコレートパフェを食うことだったと話していた。一人は地元の青年で、四日市の自動車修理工場に入ってもらった給料が二万円。彼の夢は、オモニに給料の半分を渡すこと。オモニは、アボジに殴られ蹴られ苦しんでいた。給料の半分を夜中にこっそりオモニにあげたい。アボジに渡すと酒代になってしまうから、と話した。

わたしは悩みました。富者の息子には、彼らの血を吐くような夢が理解できない。そんなある晩、夜中に起きてこう思ったんです。「俺は彼らの一〇倍活動する。そのかわり絶対に甘やかすな」と。一〇倍できたかわかりませんけれど、それから二年間、全力で活動して佐世保出身の同志を委員長に指名して退任しました。

韓青がなんで好きでたまらないか？　韓青は、一人の人間を根底から揺さぶり、こんなに苦しませ、変えてしまう青年たちが集う場所であり、組織であり、運動だったからです。

▼祖国を愛すれば、愛するほど遠くなった

韓青委員長を退任して、韓民統東海本部の事務次長として、大人の運動に戻りました。そんなとき、ある人から「薬局をやってみないか」と勧められ、始めたんですが、実質八年で破産しました。資本主義は、どんなに汚いことをしてでも金儲け（かねもう）をすると思った人間が勝つんですよ。その意味で、わたしの動機は不純で、女房に薬局をやらせて、昼間活動できるようにするという考えでした。ただ致命傷になるほどの借財を負わず、きょうだいが肩代わりできる範囲内で辞められた。きょうだいには一〇年で返済しました。

でも、地獄はそこから始まるんです。きょうだいからは「そんなばかな運動やめろ」「お前

は商売に向いていない」といわれ、それを押し切って破産、借金です。すると、身内に運動の正当性を主張できなくなってしまう。それに妻が最悪の状態に陥るわけです。けれども、「借金を返すために運動を辞めます」なんて甘えた話です。そうすれば、きょうだい以上に信頼し、信頼されている同志たちを裏切ることになる。

だから、なおさら韓国へ行きたい思いが募りました。それまで自分にタブーとしていた小牧の名古屋空港へよく行きました。空港で大韓航空のマークを見ると、腹が立つやら涙が出るやらでしたが、だんだん心が落ち着いてくる。そうして、また仕事をして、運動もする日常に戻っていく。「韓国というものがなかったら、俺はもっと楽に生きていけるのに」という、複雑な思いですね。でも、一人で韓国に行く気はなかった。

▼祖国・韓国への凱旋（がいせん）

わたしは、韓民統─韓統連（在日韓国民主統一連合）の活動の中で、在日韓国人の知性であり、指導者である裵東湖（ペ・ドンホ）先生、郭東儀（カク・トンイ）先生、李佐永（イ・ジャヨン）先生に出会うわけです。先生方にとても愛してもらいました。そうしてほぼ四〇年、この運動を継続しています。

それはなぜか。一つは、この運動を通じ、わが民族がわたしにとってどんなに愛おしいかがわかった。だからこそ、「わが民族は必ず幸せをつかむべきだ。それは祖国統一だ」という思いです。

二つ目に、苦労すればするほど、逆に自分が問われ、批判されるわけです。韓民統―韓統連は常に逆境にあります。一九七八年にわが組織が朴（パク）政権から不当にも「反国家団体」とされてからの苦闘は、現在の李明博（イ・ミョンバク）政権（インタビュー時二〇一一年）のもとで再現されています。厳しい環境の中で、自己批判に応える自分をつくっていかなければならない。すると自分のあいまいなものがそぎ落とされて、「わが民族の生きる道は祖国統一だ」ということが、揺るぎないものになっていったからです。

二〇〇三年九月、海外民主人士としての故国訪問で、三〇年ぶりに同志らと韓国へ向かうとき、わたしはずっと泣いていました。一九七四年、金大中先生救出対策委員会に入ったばかりのとき、アボジの用事で韓国に行きました。帰ってくるとき「これで当分、韓国には戻れない」と考えました。ただ、それが三〇年になるとは思いませんでした。

仁川（インチョン）空港のロビーに出て、歓迎に来てくださった国内民主闘士の中で、真っ先に韓国労働運動の母・李小仙（イ・ソソン）オモニが眼に入りました。オモニがやさしく抱いてくださった。わが身の名誉を思いました。わたしが遅れた東京組を代弁して挨拶しました。「わが運動が認められた。この道は絶対に間違っていなかった」と、実感できた瞬間でした。

日本はわたしが生まれたふるさとですから、隣人を愛する、心の広い社会になって欲しいと願っています。けれども、現実は想像力と思いやりが失われた「荒れる日本」であって、危機感を覚えます。日本は過去清算をきっちり行って、アジアに真の友を持つ国になってもらいたいですね。

16　一世の暮らしを盛岡冷麺に込めて

邉龍雄（ピョン・ヨンウン）　男

取材日／二〇一三年五月二〇日、二七日　**出生地**／兵庫県神戸市　**現住所**／岩手県盛岡市　**生年月日**／一九四八年七月七日　**略歴**／父・邉致三（ピョン・チサム）、母・金奉三（キム・ボンサム）。五男二女の四男。高等学校卒業後、家業の鉄くず回収業を手伝う。二年後、奥州大学（現・富士大学）附属経理専門学校に入学（一九六九年）。その後、税理士を目指し上京。富士短期大学に入学。一九七六年に家庭の事情で盛岡に戻り、商銀信用組合に勤める。八〇年に税理士の夢を捨てられず、再び上京。しかし、父の入院に伴い家業を継ぐ。父亡き後に事業転換し、八七年「ぴょんぴょん舎」を開店。「盛岡冷麺」を看板メニューにして全国に広める。東京、神奈川、埼玉、宮城などでも店舗展開をしている。　**取材**／羅基泰　**原稿執筆**／羅基泰

▼黙々と働く父

植民地時代、ハラボジ（祖父）は神戸で働いていました。アボジ（父）は一二歳のとき祖父を頼って日本に来たとのことです。済州島（チェジュド）と大阪を結ぶ連絡船（「君が代丸」）に乗って来たと

いっていました。

　わたしが生まれたとき、アボジは長田区で小さな長靴工場を経営していました。四、五歳のころ、その工場が人手に渡ることになってしまいました。アボジは在庫の長靴を抱えて東北地方へ行商に行きました。岩手県でたくさん売れたそうです。それがきっかけとなって家族は岩手県北部の二戸(にのへ)市に引っ越すことになりました。農家から八畳一間の小さな家を借り、七人家族が寄り添うように暮らしました。

　初めは親戚から送ってもらうゴム長靴を売っていましたが、それだけでは生活ができなくて、煎餅(せんべい)やかりんとう、飴(あめ)などを作っていました。今も両親がお菓子を作る光景を覚えていますよ。アボジは作ったお菓子を盛岡のお菓子屋さんに卸していました。

　しばらくして家族は盛岡に引っ越しました。盛岡駅の近くの中川原という同胞がたくさん住むところでした。アボジはバラック小屋を建て、鉄くず回収業を始めました。朝早くから夜遅くまで黙々と働く人でした。一所懸命働き、一所懸命生きていました。

▼厳しかった母

　オモニ（母）は厳しい人でした。「勉強しな、勉強しな」と口癖のようにいっていました。子どもたちを大学にやって、日本社会できちんと暮らしていけるように願っていたんじゃないでしょうか。

学校へも行けず、字の読み書きもできず、いろいろと苦労したんだと思います。

わたしは勉強が苦手で、何かというと兄と比べられるのが嫌でした。その兄は東北大学医学部を卒業して医者になりました。

済州島で海女をしていたというオモニはたくましくもありました。昔はよく雫石川が増水すると上流から木々がたくさん流れてくるんです。薪を使っていた時代ですから流木はありがたいのです。それでみな川岸に流れ着いた流木を拾っていました。しかしオモニは違いました。泳ぎが達者でしたからね。増水した雫石川に飛び込んで大きな流木を摑んでいました。

わたしが高校のときに盛岡駅西口の路地でホルモン屋を始めました。アボジの鉄くず屋は儲かっていたと思いますが、子どもたちを大学で学ばすためにお金が必要だったのだと思います。

神戸で働いていたアボジは一度故郷へ戻ってオモニと結婚したんですよ。アボジが一八歳でオモニが一七歳のときと聞きました。そこで長男と長女が生まれました。アボジはまた神戸に戻りました。オモニは済州島に残りましたが、戦争が終わる少し前に長女の姉だけを連れて、アボジの様子を見に神戸に来たそうです。

仕事が忙しかったらしく、そのまま手伝うことになり、ずるずる神戸に滞在することになったそうです。解放を迎えたものの、混乱期でもあり両親は故郷へ帰ろうとしましたが、船がなくなり帰れなくなったとのことです。すぐ帰るつもりで長男を連れてこなかったので、ハルモニ（祖母）が故郷で育てることになりました。

アボジもオモニも済州島のこと、故郷でハルモニと暮らす長男のことをよく話して聞かせてくれました。

▼民族意識を目覚めさせてくれた日本人

小学校の三年か四年生のころ、さんざんいじめられました。このとき自分が日本人とは違う人間なんだと思い知らされましたよ。日本人がわたしの民族意識を目覚めさせてくれたということですね。

そんなこともあって中川原にあった「民族学校」に通いました。そこは正規の学校ではなく週に二日か三日、日本学校に通う同胞の子どもたちが夕方に集まり、祖国の言葉や歌、踊りなどを習うところでした（総連〔在日本朝鮮人総連合会〕が運営していた「午後夜間学校」）。「学校」には二つの部屋があって、一つは勉強をする部屋、もう一つの部屋には卓球台が置いてありました。みんなでよく卓球をしましたよ。

日本学校での「劣等感」と民族学校での「民族の誇り」が混在していました。

同年代の同胞の子どもたちでしたが、わたしはあまり溶け込めないでいました。中川原にはたくさんの同胞が住んでいましたが、ほとんどが総連の人たちでした。わたしの家は民団（在日本大韓民国民団）でした。家ではよくアボジ、オモニから故郷・済州島の話を聞きましたが、民族学校で聞く話は「南は乞食が多く貧しい。しかし、北は発展しているので生活が豊かだ」というものでした。溶鉱炉からはたくさんの鉄鋼が生産され国は発展しているとの話は今も記憶に残っています。ちょうど北への帰国事業が始まるころだったと思います。いつの間にか民族学校を遠ざけるようになりました。

▼韓学同で結ばれた仲間たち

すぐ上の兄（三男）が一七歳のとき、白血病で亡くなりました。それがきっかけで次兄は医者を目指すことになったんです。

それでわたしは高校を卒業すると家業の鉄くず屋を手伝うことになりました。しかし、どうしても勉学を諦めることができず、二年後に花巻市にある奥州大学附属経理専門学校に入りました。二〇歳からの再スタートでした。

専門学校を卒業した後、税理士になることを目指し、東京の富士短期大学企業経営学科に入学しました。一九七一年のことです。

その年の夏に民団では、日本の大学に通う韓国人学生を集め、韓国での「夏季学校」の開催を推し進めていました。アボジから参加するようにと連絡がありました。もともとアボジとオモニはわたしを韓国に留学させたかったようです。

当時は朴正熙（パク・チョンヒ）軍事政権の時代だったので迷いました。初めて祖国に行くなら自由な立場で行きたい、民団主催だとそうはいかないんではないかと。先生に相談すると「一人で行くのはいつでも行ける。両方体験できるのもいいではないか」といわれ、行くことにしました。

日本各地から数百人の同胞大学生が集まりました。同じような環境で育った同世代と一ヶ月間寝食を共にすることで、心が開かれ多くの友達を得ることができました。「夏季学校」が終わり、故郷の済州島に行き、長兄に会うこともできました。

日本に帰ってから「韓文研」（韓国文化研究会）に入り、在日青年としての生き方を学び始めました。一九七二年七月に発表された「七・四南北共同声明」がきっかけで祖国の統一問題にも関心を持つようになり、「韓学同」（在日韓国学生同盟）に加わりました。税理士を目指して上京しましたが、それでいいのか、在日青年として祖国のためにすることがあるのではないか、悩む日々が続きました。特に一九七三年八月に起きた「金大中（キム・デジュン）拉致事件」では朴正煕軍事政権を批判する活動もしました。そのとき共に過ごした韓学同の仲間は今でも付き合い続けているかけがえのない人たちです。

▼一〇年ぶりに家業を継ぐ

三二歳のとき（一九八〇年）、アボジが入院することになり盛岡に帰りました。一〇年ぶりに家業の鉄くず屋を手伝うことになりました。

四年後にアボジが亡くなり家業を継ぐことになりましたが、当時は円高による不況でなかなかうまくいきませんでした。

わたしは事業転換を考え、その準備にかかりました。在日二世の自分にできるのは飲食業しかないと思いました。一世の時代から在日コリアンは自営業で生計を立てることしかできなかったのです。ホルモン屋、鉄くず回収業が多いのはそんな事情からだと思いますね。アボジも長靴製造業が失敗した後に、ゴム長靴の行商、お菓子作り、そして鉄くず屋をせざるを得ませんでしたから。

一九八〇年代になって岩手県では冷麺がかなり知れ渡っていました。盛岡市内の焼肉店では一九五〇年代から「平壌冷麺（ピョンヤン）」の看板を掲げていましたし、根強いファンが付いていました。それが一九七九年にオープンした「焼肉ガーデンペコ&ペコ」がきっかけで岩手県では「冷麺」が広がりました。「ペコ&ペコ」の李さんが積極的にすすめたテレビ・ラジオなどメディア広告の宣伝でヒットしたのです。一世たちの「平壌冷麺」、「ペコ&ペコ」の「冷麺」の知名度が高かったときに、わたしも「冷麺」にこだわろうとしました。

妻の実家が焼肉店をしていたことも影響したかもしれません。妻も地元の在日二世です。わたしは同胞と結婚するのが「義務」と思い込んでいた節があったんです。

わたしは料理専門学校へ通い調理師の資格を取りました。

一九八六年一〇月に盛岡で「ニッポンめんサミット」が開催されることになりました。わたしはそこに「冷麺店」を出店することにしました。

独自の冷麺を作るため試行錯誤しながら、どうにか間に合いました。準備を終え、開催日に会場に行くと、わたしの店の前に「盛岡冷麺」という大きな看板が立っていました。主催者側で準備したのですが、わたしはひやっとしました。一世たちに何かいわれるなと思ったら案の定「故郷の味を売るのか。日本人はそうやって文化を奪っていくんだ」とある一世からいわれました。

一年後に「ぴょんぴょん舎」をオープンしましたが「盛岡冷麺」は名乗りませんでした。メニューはただの「冷麺」にしました。迷いがあったからです。「めんサミット」のときは主催者側の意向に沿って「盛岡冷麺」の看板を出しましたが、それでいいのか——一世たちが故郷の朝鮮半島と結び付け「平壌冷麺」の看板を掲げているのに、「平壌冷麺」にしないでよいのか、「盛岡冷麺」を名乗るならば盛岡で一世が始めた冷麺のルーツと歴史をしっかり知らなければならないのではないのか、名前以前に「これが本場の冷麺だ」と自信を持って出せるのか——、この答えを出さなければならないと思いました。

▼「盛岡冷麺」の誕生

開店して間もないころ、たまたま見たある雑誌で趙重玉（チョウ・ジュンオク）氏という韓国料理研究家のことを知りました。今でも覚えていますが、年の瀬が迫る一二月二八日に東京にお住いの先生を訪ねて行きました。それから毎週一回先生のところに通って韓国料理を学びました。それだけではなく何度も先生と韓国へ行き食べ歩きをしました。その中でいろんな種類の冷麺を食べながら自分が追求する冷麺を探し求めました。

盛岡での冷麺の始まりは一九五四年に開店した食道園です。店主は在日一世の青木輝人氏で故郷は咸興（ハムフン）、本名は「楊龍哲（ヤン・ヨンチョル）」とのことです。青木さんは子どものころよく食べた冷麺の味を思い出して店に出したとのことです。「平壌冷麺」としましたが本当は「咸興冷麺」なんです。青木さんは「咸興より平壌が街も大きいし、有名だから」といっていたそうです。

青木さんに何度も何度も連絡しましたが、なかなか会ってくれませんでした。青木さんの行きつけのスナックのママにお願いしてやっとお会いできたとき、いろいろお話を聞かせてくださいました。そのとき、「二世でも祖国を絶対忘れちゃいけないぞ」といわれました。ジーンと来ましたね。理由あって日本の方と結婚し、日本国籍を取得し、在日社会と距離を置いていた青木さんの言葉に、日本に渡ってきた一世の様々な苦労が詰まっているような気がしたからです。

そのとき、わたしは盛岡の名前を使う以上、ルーツ探しを必ずして納得のいく冷麺を作る、と自分にいい聞かせました。それでソウルへ通ったのです。

一般的に咸興冷麺はスープの無いピビン麺といわれています。でも青木さんの冷麺はスープがあります。

この謎を探るべくわたしはソウルの冷麺を食べ歩きました。そのうちに「トンチミ」（大根の水キムチ）の漬け汁の入った「平壌冷麺」と咸興の「ピビン冷麺」に出会いました。「トンチミ」の平壌冷麺は咸興冷麺の一種とのことでした。

そのとき「盛岡の冷麺は平壌冷麺とは別物だ。俺の故郷の咸興の冷麺を再現したものだよ」といっていた青木さんの言葉を思い出しました。

これだ、盛岡冷麺の原型は間違いなく「トンチミの冷麺だ！」と思いました。

盛岡の冷麺は朝鮮半島をルーツにし、植民地時代に日本に渡ってきて岩手県に住みついた在日一世たちが、解放後に生きるために始めた故郷の料理でした。それは一世から二世へと代が替わる中で、日本の自然の力と溶け合ってでき上がっていった貴重な食文化なのです。ここには韓国と日本の文化がうまく調和されているだけではなく、なぜ在日が存在するのかまでも含んでいる食文化なのです。

わたしは開店二年目からメニューに「盛岡冷麺」を使うことにしました。「盛岡冷麺」には異国での一世の暮らしと想いを込めることを忘れないようにしました。そして岩手県を発信地にして「盛岡冷麺」を日本各地に広めようと心に決めました。

一九八九年には盛岡一のデパート「川徳」で販売するようになりました。その後、各地のデパートでも販売されるようになり「盛岡冷麺」は全国に広がっていきました。

▼「中原」から「へん」、「へん」から「ぴょん」に

一九七一年に上京したときに「中原龍雄」から「邉龍雄（へん・たつお）」と本名を使いました。しかし読み方は日本語でした。

「ぴょんぴょん舎」の開店を機に、読み方を「へん」から「ぴょん」に変えました。屋号はわたしの苗字の「邉（ぴょん）」から取りました。「邉龍雄（ぴょん・たつお）」。しかし名前は日本語読みでした。

「ぴょん・よんうん」と名前まで韓国読みにしたのは一九九三年の夏からだったと思います。このときわたしはＭＩＣＳ（盛岡異文化コミュニケーション協会）と関わり始めます。

この出会いは在日の狭間で悩んでいたわたしにいろんな答えをくれました。

「虹が美しいのは一つ一つの色が混じり合っていないからだ。その国、その民族、その文化が独自に存在していること。これが共存、共生につながる」。ＭＩＣＳの仲間たちから得たものです。

悩んでいるとき、「純粋な韓国人になりたい。日本人にはなりたくない」と思い詰めたこともありました。そんなとき日本人の知人がアドバイスしてくれたんです。

「日本と韓国の二つの文化を体験している。それが『たっちゃん』の個性だと思うよ。僕の個性は車椅子だと思っている」

感動しましたね。すごい人だと思いました。

一世は日本に対し、あるときは優越感を持ったり、あるときは劣等感を抱いたりして、日本人とのコミュニケーションをする「言葉」を持たなかったと思います。しかし、二世のわたしには「言葉」がある、自分を持ちつつ日本社会と交流する、これが二世の役割と思いました。

ＭＩＣＳの企画委員になったとき、名刺の名前の下にローマ字で「Byon YongUng」を入れました。

わたしの呼ばれ方は今でも「中原さん」「へんさん」「ぴょんさん」とまちまちです。「へん」を名乗っていたころの知人は「へん」と呼びます。今のわたしは、呼ばれ方はどうでもいいと思っています。自分の生き方がきちんとしていればいいと思っています。いろいろ呼ばれるのも、それがわたしの歴史なんだなあと思うとかえって楽しくなります。

子どもたちには特に民族教育は受けさせませんでした。岩手県に民族学校がなかったこともありますが、日本の学校へ通わすのは仕方ないことだと思ったからです。

日本学校へは本名で通わせました。読みは日本語読みにしました。家庭でも特に民族教育をしませんでした。ただし、「アボジ」「オモニ」だけは使わせました。本名と親の呼び方だけが「民族」です。あと一つ大事なことがあります。アボジとオモニのお墓は済州島にあります。子どもたちにとっては祖父母の墓です。済州島で生まれた祖父母はなぜ日本に渡ってきて日本で暮らし亡くなったのか、そして墓はなぜ日本ではなく生まれ故郷にあるのか……。

在日コリアンとしてどのように生きていくのか、それは本人たちが考え決めていけばいいと思います。日本で生まれ育ち生きていく三世はそれでいいのではと思いますね。

▼東京・銀座への進出

盛岡で店舗数が増え事業が大きくなるにつれ、二つのことを考えました。一つは高齢化時代と地方の人口減少にどのように対応していくか。もう一つは「盛岡冷麺」を地域にもっと根ざすと同時に、在日二世として、一世が作った盛岡の冷麺を日本全国に広げていくことが大事ではないかと。

そんなとき、知人を通して銀座に小さい物件があることを知り、冷麺専門店を始めました。二〇〇六年のことです。一〇席しかない店だったのでいつも行列ができていました。そして二〇〇八年にギンザ・グラッセというビルができたとき、その一一階に「ぴょんぴょん舎　GINZA UNA」を開店しました。

この店のテーマは「ポジャギ（風呂敷）」です。母親が温かく包む店作りを目指しています。床も壁もいろんなところにポジャギの模様を入れています。かといって韓国文化を強調はしていません。

日本、韓国、中国大陸の食文化が長い歴史の中でいろいろ関わってきたこと、それを日本文化と韓国文化を知る在日二世がどのように調和させていくのか、どっちか一つを選ぶのではなく、二つをうまく生かしていくことを追求しています。

今、社員のほとんどが日本人です。その人たちに異文化の融合というわたしの理念をうまく伝えていくことが大切になっています。

盛岡を訪れる観光客のお目当ての一つは「盛岡冷麺を食べること」になっています。盛岡冷麺の知名度が日本各地に広がったことを誇りに思っています。

食道園で「平壌冷麺」として生まれた冷麺が「盛岡冷麺」として広がり、盛岡の街中の多くの店で食べられるようになりました。

アボジも鉄くず屋が大きくなってスクラップがリサイクルされていくことに誇りを持っていました。「日本の鉄鋼部門の末端を俺が担っているんだ」と。

わたしだけではなく盛岡で冷麺を出している食道園も、明月館も、盛楼閣も、三千里も、大同苑も、それぞれが一世の味を受け継ぎながら、また日本人の味覚に合ったものに変えていっていると思います。常に変えていかなければ食文化は伝わっていかないと思います。

冷麺の普及が認められ、二〇〇四年に地域社会貢献者賞（主催：日刊工業新聞社）を、二〇一二年にはグッドカンパニー大賞特別賞（主催：公益社団法人中小企業研究センター）を受賞しました。

地域の活性化と韓国食文化への貢献に役立ったと自負しています。初めは批判的だった一世の方から「よくやった」といわれるようになりました。一世の暮らしと想いを冷麺に込めるためこだわり続けて良かったと思いますよ。

17 同胞医療と共生社会創造のために

辺秀俊（ピョン・スジュン） 男

取材日／二〇一五年六月二五日　**出生地**／山口県美祢郡　**現住所**／大阪府大阪市　**生年月日**／一九四八年九月一一日　**略歴**／大阪市立大学医学部学生時代に民族的な自覚に目覚める。在日韓国・朝鮮人が多数居住する大阪市生野区で同胞のための医療機関として設立された共和病院に一九七八年から消化器外科医として勤務。地域同胞企業の環境改善や朝鮮学校における健康診断、韓国や在外コリアンの医師との学術交流など多彩な活動にも積極的に参加した。九三年に院長就任。医療を通じた日本人との共生社会の創造を目指し、医療から介護まで幅広い活動を推進している。　**取材**／高賛侑　**原稿執筆**／高賛侑

▼医者の道の選択

わたしは一九四八年に山口県の山間の農村だった美祢（みね）郡西厚保（にしあつ）村（現・美祢市西厚保町）で生まれ、高校卒業まで生活しておりました。アボジ（父）の家族は慶尚北道（キヨンサンブクト）で百姓をしていましたが、向こうでは食べられないので、四〇年代に下関にいた従兄弟（いとこ）を頼って日本に来たようで

す。一緒にハラボジ（祖父）、ハルモニ（祖母）、アボジの弟・妹の五人で来日し、下関市に隣接した西厚保村で田畑を借りて生活し始め、住みついたようです。

オモニは数年後結婚のために渡ってきて一緒に生活するようになりました。借りた田畑で米を作ったり野菜を作ったりしながら、ほぼ自給自足の生活で、ときには現金収入のため、あちこち出稼ぎに行っていましたが、ほとんど道路工事などの肉体労働をしていました。同胞の家は地域に一〇軒くらい散在していまして、お互い協力し合いながら生活していましたし、何かあると集まってワイワイガヤガヤとやっていましたね。

わたしが中学校に入ったころからは、農業だけでは暮らせないので、農閑期などアボジは大阪に行って鉄工所に勤めたりしていました。その後、アボジは大阪に住み着いて、わたしの上の兄も姉も中学校を卒業して大阪で就職するという状況になったので、わたしも高校を卒業し大学進学となると、経済的負担が少ないように大阪にある大学に入ることにしたわけです。

高校までは田舎暮らしですから、何かにつけて民族差別をひしひしと感じる日常でした。

一世たちは日本に定着するため相当の苦労をしていましたが、生活は貧しく、食べていくのにやっとで、生活習慣や食生活の違いからか、日本社会には差別意識も続いていました。

高校までは通名を使っていましたが、いつしか身に付いた劣等感から自分が朝鮮人であることを苦痛に思う日々でした。

学校では社会の時間に朝鮮のことが出るでしょ、これがもう一番つらかったですね。友人の視線を感じながらの授業です。「チョウセン」という言葉を聞くと、チャレンジの意味の「挑戦」なんだけども、ビクッとするというような感じでした。

高校三年のとき、進路は何を選択するかといろいろ考えました。当時の朝鮮人は理科系や文科系の大学を出ても相応の所に就職するのが難しいと感じておりましたので、医者になれば差別も少なく何とか家族を養っていけるのではないかということで医学部を目指したんです。そして一九六七年に大阪市立大学医学部に入学しました。

▼本名を名乗って開き直り

大学に入ると、当時は大学では本名で登録されていまして、本名を使わざるを得なくなりましたが、これは非常にショッキングなことでした。「ヘン」というふりがなをふりましたけれども、自分の出自を隠そうと思っていたのに隠せなくなったので、逆に開き直ったといいますか。

同胞学生サークルの朝鮮文化研究会や留学同（在日本朝鮮留学生同盟）にはまったく興味はありませんでした。先輩たちが朝鮮人として誇りを持っていることが驚きで、自分が朝鮮人として生きるなんて想像もつかなかったんです。

先輩たちがしょっちゅう訪ねて来ても、わたしは水泳部に入って水泳をやっていましたので、同胞の集まりには参加しませんでした。ただ月三〇〇〇円の奨学金を在日朝鮮人教育会からもらっていたのと先輩たちの熱心さに根負けして、二回生のときに留学同の勉強会に出たんですが、そこで祖国の歴史、ウリマル（母国語）を学び、特に分断されている祖国の状況を知って、かなりのショックを受け、自分なりに考えるようになったんです。

同じような悩みを抱える同胞学生と話し合いながら、自分がなぜ朝鮮人であることにコンプレックスを持っているのか考えました。日本に植民地にされた生活の中で植え付けられた根拠のないコンプレックスだということからスタートして、朝鮮について学ぶにつれ、だんだん自分の中で民族意識が芽生え、自分の人生を祖国と民族に結びつけて考えるようになったんです。

当時は学生運動の激しいときでして、大学二年のときに一年近く大学自体が休校になったことがあるんですけれども、留学同は日本の学生運動に参加しないというスタンスでしたから、わたしも参加せずに、留学同の活動と勉強を一生懸命しましたね。

六年間の学生生活で自分の中で朝鮮人として誇りが持てるようになりましたが、日本社会には朝鮮に対しては根強い差別意識がありますので、劣等感の克服はたやすいものではありません。しかしそれに打ち勝って朝鮮人として生きていこう、医師となって祖国と同胞に役立つ生き方をし、差別解消のためにも分断された祖国をなんとか統一していかねばならないとの強い思いが込み上げてきたんです。

▼共和病院の設立と入職

一九七三年に大学を卒業して七八年まで大阪市立大学附属病院第一外科の医局で消化器外科医の研修を受けましたが、自分ではいずれは共和病院で働こうと思っていました。当時、生野区新今里にあった共和病院に当直とか検診活動の手伝いで頻繁に出入りしていましたし、職員の多くは若い同世代でしたので一緒にいて楽しかったんです。

共和病院が開院したのは六七年です。事務所だった建物を改装して病院にしたんです。三階建てで、医者は初代院長の故兪順奉（ユ・スンボン）先生を中心に、あとは同胞のドクター三人ぐらいと、週一、二回来ていただく先生を含めてやっておられました。職員も患者も一〇〇％同胞という、同胞のための医療機関でした。

日本で国民皆保険がスタートしたのは六一年です。しかし同胞は日本の医療福祉制度から除外されていました。大阪市で外国人に対して国民健康保険が提供されたのが七二年ころからです。それまではかなりの現金を持って病院へ行かなければいけないような状況でした。

生野区の同胞はほとんどヘップサンダル作りとかレンズ磨きとかをして、隣の東成区内では洋服とか傘を作って生計を立てていました。その日の生活を維持するのがやっとでしたので、自分の体をいたわる余裕もなく手遅れになるということが多々あったんです。それで兪先生が同胞のための病院を作られたという経緯があります。

直接的なきっかけとしては、兪先生がよくいわれていたエピソードですが、あるハルモニ（おばあさん）が交通事故に遭われたとき、引き受ける病院がなくて、たらい回しにされ、結局亡くなりました。おそらく民族的な差別もあったでしょうし、またお金がなければ病院に行けない時代でしたから。当時、兪先生は大阪市大で整形外科の医師をされておられましたが、経済的な心配なしに治療ができる病院を作ろうという志を持って、生野区今里に共和病院を設立されました。多くの同胞からの資金協力もあり、開院式にはたくさんの同胞が集まり、ようやく〝ウリピョンウォン〟（わたしたちの病院）ができたと喜ばれたようです。

兪先生は「同胞医療」という言葉をよく使われ、わたしたち同胞医療人は同胞たちの生命を守り、健康を増進させ、祖国の統一をはじめ社会生活に積極的に参加できるように支援していくことを使命としているといわれていました。医療活動を通して祖国の医学・医療の発展に貢献し、祖国の統一にも寄与すること、さらには、日本との友好親善や同胞医療人を養成する拠点とするとの想いを描いて病院を創立されたんです。

▼共和病院職員に

わたしは研修期間中、週に一、二回、当直に行っていましたが、共和病院は七八年八月に現在の生野区勝山南に移転することになり、その準備のために四月から職員になりました。

それまでは内科と整形外科しかなかったけれど、新たに消化器外科をスタートさせることになり、留学同で二年先輩の医師から「共和病院に行くから手伝ってくれ」ということで、一緒に働くようになったんです。

新しい病院は一〇〇床で、以前より倍くらいの大きさになりました。竣工式(しゅんこうしき)にはたくさんの同胞が集まりました。資金に関しては苦労したと思いますが、多くの同胞や地域の人たちから土地収得や資金の協力を得て新しい病院を竣工することができたんです。

今里時代は同胞の医療人による同胞のための医療機関でしたが、ここに引っ越して来てからも一、二年ぐらいは同じでした。端的な話、院内放送もウリマルでやっていたんです。でもこれからの時代のことを考えれば、日本の方々にもたくさん来ていただく病院にしなければならないし、医師をはじめ職員にも日本人が徐々に増えていた時期でした。生野区は同胞が多く居住する地域ですから、分け隔てなく仲良くして地域に尽くしていく医療を実践して、友好的な共生社会を築いていかなければならないというように変わっていったんです。

新しい病院では患者も増え、そうしますと同じ世代の医師や職員も集まりだして、さらなる医療のレベルアップのため病院を拡張することになり、八五年に三〇〇床規模の病院に拡張しまして、新たに呼吸器科や人工透析などもするようになりました。

▼院長になり眠れない日も

生野区には一九の病院があります。生野区は高齢化率が高いですからね。現在大阪市の中で六五歳以上の人口がダントツに多いのは西成区で約三五％、続いて生野区が約二九％です。九〇年代から徐々に高齢者が増え、老人医療にも力を入れるようになりました。

わたしは一九九一年に副院長、九三年に前の兪院長が勇退されてから新たに院長になりました。当時は借金をたくさん抱えていましたので、やっていけるのか心配で眠れない日も多々ありました。しかし多くの職員に支えられ、医療情勢の変化に応じて皆で相談しながら乗り切ってきたように思います。

兪先生の時代は、同胞のための医療から地域医療へということで一生懸命頑張られ、病院の基礎から発展させてこられました。中規模ですが、ゼロからのスタートでよくもこれほどの病院を作られたものだと感心しています。病院は同胞の財産ですのでわたしたちの世代は継承し、さらに発展させていかねばなりません。日本の中で、同胞の多く住む生野区で医療活動をしていくのはそれ相応の意味があることだと考え、今後の超高齢社会の中でどのように発展させていくかがわたしたち世代の課題でした。

▼介護福祉分野の拡大

現在、日本と同じように同胞社会も徐々に超高齢社会になりましたので、医療だけではなく、介護福祉の分野にも力を入れるようにしました。

病気を克服されてもなかなか自宅には帰れず、病気を抱えながら療養を続けざるを得ない方々が増えてきましたので、病院内にも一部に長く療養できる病棟を作りました。

介護老人保健施設のハーモニー共和を開設したのは一九九八年です。国の介護保険制度は二〇〇〇年からスタートしましたが、将来的には絶対必要な施設だろうということで作ったわけです。施設に入っている方が九〇人近く、その他に自宅で療養しながら通っている方もおられます。病気を一応克服しても、まだ家に帰っては生活ができない方に「一生懸命リハビリに取り組んでから家に帰ってください」という施設なんです。

同胞の中には日本の施設でなく、やっぱり同胞だけで集まっていろんな話をしたり遊んだりしたいというふうな気持ちが強い方もおられるので、一日そこで過ごしながら、運動したり歌ったり踊ったりという生活を楽しんでいただきます。

それから一九九九年に訪問看護ステーションきょうわを開設しました。これは病院から退院して、自宅で生活されているお年寄りに対する日々の生活の支援です。きちんと薬を飲んで食事を摂っているかとか。また通院できない人には、自宅で点滴を行う、というようなことをやっています。身体は不自由だけども家で生活したいという患者さんの支援をするためのステーションです。

▼日本医療機能評価機構の認定病院に

共和病院は二〇〇六年に公益財団法人日本医療機能評価機構の認定病院になり、五年後も更新されました。職員全体で一致協力して取り組まねばできないことでした。

日本には病院が約八五〇〇ありますが、財団法人が医療内容をチェックするために一定の基準を設けているんです。何百項目のうちの非常に重要なポイントというのは、例えば病院の理念がどんなものであるかとか、患者の権利をどういうふうに守っているかとか、地域住民に貢献しているか、医療安全のためにどういうふうな活動を日常的にやっているかとかいった内容で、二日間の実地調査を受けるんです。

それから、二〇一一年には特別養護老人ホーム万寿苑を作りました。入っておられる方にとって、そこが終の住み家となるわけです。老人のための施設はいろいろありますが、お年寄りが人生の最終章において安心して生活をしていただくために作った施設です。

病院は一二年から一三年にかけて、全館の改修工事を行いました。今の場所に移転してから三〇年以上経ちましたので、リフレッシュし現在の医療の需要に応えるようにしました。例えば大部屋は六人床からベッドを減らして四人床と余裕があるようにし、現在の病床は二一一床となりました。

また病棟の機能を急性期とリハビリを中心に行う亜急性期の病床、さらには長く入院する療養病床に編成し直したんです。病気は治ったけれども、家では生活ができない、障害を抱えて残りの人生を過ごさなければいけないようなお年寄りがどんどん増えていく時代に応じて、病床機能を再編成したということです。

▼五〇周年に向けて

病院では医療活動を通じて創立時の理念を忘れることなく同胞医療、人材育成、祖国との連携、地域での日本人との友好に尽くしたいとの想いで事業を行ってきました。

病院は自ら人材の育成のためウリハッキョ（朝鮮学校）から多くの卒業生を受け入れてきました。以前は日本の高校の卒業資格がなければ看護師や技師などの資格試験を受けられないという差別的な扱いがありました。そのためウリハッキョの卒業生たちが働きながら専門学校と近くの桃谷（ももだに）高校の通信課程に通い、資格試験を受験できるように支援しました。みんな一日仕事して、夜は学校と頑張って資格を取ったんです。この過程で多くの人材が育ち、病院を動かすエネルギーとなり、病院のみならず、関連施設で中心的役割を果たし、ウリハッキョの検診や、保健教育、地域検診などでも活躍しています。病院や関連施設で現在四〇〇人を超える職員がいますが、多くはこうして育ったんです。

地域では三〇年近くゲートボール大会を年に二回催しています。地域の人々との交流を深めて、医療情報を発信しながら病院について理解していただく活動を行ってきました。

また、わたしをはじめ同僚医師も何回か共和国（朝鮮民主主義人民共和国）を訪問し、少しは祖国の医療活動に貢献できるようなこともしてきました。

年一回五月に在日本朝鮮人医学協会（医協）を通して平壌（ピョンヤン）医学科学討論会という形で医学交

流がされています。今年で一七回目ですが、最近は南北の関係が厳しいので韓国の医師は参加されず、在米の医師など海外から一〇人前後参加されています。以前は韓国からも参加しておられ、世界のコリアン医師が交流する場となっていました。

同胞の生活や健康状況を把握することも病院の使命の一つですが、八〇～九〇年代にかけて生野地域の同胞たちの生活実態調査や、日本や韓国の研究者と在日同胞の健康調査を行い、特に同胞に多かった肝炎、肝硬変、肝がんの調査を一緒に行いました。同胞に肝疾患が多い状況を解明し、その要因などを討論しながら論文として学会などに発表してきました。

病院の特徴の一つとして、職員の多くはウリハッキョ出身で、ウリマルができますので、ウリマルしかわからない患者さんが「ここに行けば言葉が通じる」と紹介されて来られます。特にお年寄りの場合は、ウリマルで話ができるとすごく安心感があるんだと思います。韓国から来た方がわざわざ探して来られることもけっこうあります。やはり診てもらうのに言葉が通じるかどうかというのは重要ですね。思うようにしゃべれないと自分の状況というのは相手に伝わりませんから。

共和病院は再来年（二〇一七年）に五〇周年という節目の年を迎えます。病院は同胞社会の貴重な財産ですから、一世たちが築いた同胞のための病院を、地域の発展と地域住民に貢献する病院として、次の世代へバトンタッチしたいと思っています。

とりあえず、これだけ在日同胞が集まって医療活動している病院というのは日本全国にもそんなにありませんから、同胞と地域の方々のための医療を中心にしつつ、日本の方々とも共生し、仲良くしていきながら、医療から介護まで幅広い活動を展開し、地域住民が安心して生活できますように支援していきたいと思います。

18　在日スパイ捏造事件を通じ民族運動の一翼を担う

李哲（イ・チョル）　男

取材日／二〇一四年九月一七日、二〇一六年一月一九日　**出生地**／熊本県球磨郡　**現住所**／大阪府大阪市生野区　**生年月日**／一九四八年一〇月七日　**略歴**／大学生時代に民族的自覚が高まり、一九七一年に韓国に語学留学した後、七三年に高麗大学校大学院に入学。七五年、捏造された「学園浸透スパイ団事件」で北朝鮮のスパイとされ、過酷な拷問を受けた後、死刑判決を宣告される。刑務所内で多数の民主人士と出会い、獄中闘争に参加。八一年に特赦で懲役二〇年に減刑。八八年に仮釈放で出所。日本に戻った後、九〇年に在日韓国良心囚同友会を結成し、韓国良心囚書画展を開催するなど、祖国統一運動を推進。二〇一三年、韓国で再審請求の裁判を起こし、一五年一一月、無罪確定。　**取材**／高賛侑　**原稿執筆**／高賛侑

▼アイデンティティを求めて祖国に留学

わたしは一九四八年に熊本県球磨(くま)郡、現在の錦町(にしきまち)で六人きょうだいの次男として生まれました。アボジ（父）は七歳のときにハラボジ（祖父）に連れられて日本に来て、一八歳のときに

一度国に帰って結婚してからまた日本に来ました。アボジは土建業を経営し、人吉(ひとよし)市の民団（在日本大韓民国民団）支部の団長をしていました。

学校では「キムチ臭い」とか「チョーセン」とかいわれたことはありました。それに幼いころは先生の口から「朝鮮」とか「韓国」とか出たら顔がほてりましたね。

大学は一九六七年に中央大学に入学しました。大学にはコリア文化研究会があって、朝文研（朝鮮文化研究会）や韓文研（韓国文化研究会）とは違って、どちらの立場の人も入れるように均衡のとれた形で運営されていたので入りました。そして自分のアイデンティティとか考えるようになると、祖国ってのはどういうものなのか、言葉や歴史や文化も知りたいという思いが湧いてきてね。また、当時盛んだった韓国の学生運動にも関心がありましたから、七一年に語学留学でソウル大学の在外国民教育研究所に行きました。

その年に、韓国に留学していた徐勝（ソ・スン）・俊植（ジュンシク）兄弟が陸軍保安司令部に逮捕される事件が起こりましたが、一抹の不安を感じただけで、まさか自分が同じ目に遭うことになるとは思いませんでした。

わたしは中央大学を卒業した後、七三年に高麗(コリョ)大学校大学院に留学しました。韓国では学生運動が非常に激しく、わたしも校門前で学生と機動隊が闘っているときによく行ってみたものですが、友人たちが「君は参加するな」といってたし、あまり参加はしませんでした。でも学生たちといろんな話をし、共鳴もしました。日本で生まれ育ったわたしたちにとって韓国の青年学生たちといろいろなことを話し合ったり、意見を交換し合うことは、わたしたちの失われたアイデンティティを取り戻し、今後韓国人として生きていくためには当然な行為でした。

夏休みで大阪に帰ったとき、京都出身の徐俊植さんが逮捕されたあと、獄中で思想転向させるために数々の拷問を受けたという記事が週刊誌に出ていたりして、怖くはありましたが、韓国から引き揚げようという思いはなかったです。閔香淑（ミン・ヒャンスク）と恋愛していたし。彼女は学生運動をやっている人ではなかったけど、大学では非常に人気者で、学生会長に立候補する人が彼女を運動員として引き入れたら必ず当選するといわれていたほどでした。

大阪にいた八月に、朴正煕（パク・チョンヒ）大統領が狙撃（そげき）され陸英修（ユク・ヨンス）夫人が死亡するという事件が起きて驚きました。わたしは犯人の文世光（ムン・セグァン）は何者かに利用されたんだろう、これは大変なことになると思いましたが、その後、在日のスパイでっち上げ事件が相次いで起こることになりました。

▼北のスパイとして死刑判決

一九七五年一一月、韓国中央情報部（ＫＣＩＡ）が学園浸透スパイ団事件（一一・二二事件）で在日留学生を二〇名くらい逮捕したと発表しました。あのころ、在日留学生は二〇〇人ぐらいいたのかな。みんな本当に怖かったと思いますよ。

そして一二月一一日、わたしの下宿に何人かの捜査官が来ました。思い出すのもつらいことですが、南山（ナムサン）にあったＫＣＩＡ本部に連れて行かれ、殴る、蹴る、脅すの拷問を受けました。殴る、蹴るも半端じゃない。樫（かし）のような木が折れるぐらい殴るんです。いろいろな拷問を受けました。彼らはわたしが何をやったかを知っているんじゃなくて、無理やり自白させようとするんです。わたしは恐怖のどん底に突き落とされました。

それで結局、生き残るために、「北に行ってきたんだろ」といわれて「はい」といい、いつの間にか二回行ったことにされてしまいました。北のことは何も知らないから、彼らは本を持ってきて書き写させるんです。典型的なでっち上げで約四〇日間そこにいて、送られた所がソウル拘置所でした。拘置所で検事の取調べを受けました。そのときは拷問こそありませんでしたが、検事も「認めなかったら南山に送り返す」と脅しました。

その後、裁判が始まりますが、たいがいの人は一審でも恐怖が続きます。裁判する間もＫＣＩＡ員が後ろで監視しているし、判事の前で否認しても連れ返されるだけだという思いもあって、「はい、はい」と起訴内容を認めてしまいました。そしてわたしは七六年五月に一審で死刑を宣告されました。

わたしたちが覚醒するのは、一審で懲役何年、あるいは死刑という判決を受けてからです。このまま二審、三審まで行ってしまうと、本当にスパイにされ、殺されてしまうと。だから本当のことを主張しなくてはならないと思ったのです。わたしも二審から「一切無実だ」と主張しました。

しかし結果は二審も三審も死刑でした。裁判が続いている間は死刑執行はありませんが、裁判が終わったあとはいつ執行されてもおかしくないし、死刑が実際に執行された人を何人も見ました。わたしもいつ殺されるかわからないから七七年三月に再審請求をしましたが、その結果は知らされませんでした。

その後、七九年の八月一五日に特赦で無期に減刑されて、九月に大田矯導所に移送されました。その一ヶ月後に朴正熙が部下に射殺されました。わたしは在日死刑囚たちに対して次々と減刑が行われるのではないかと思ったんですけど、一二・一二クーデターで実権を握った全斗煥（チョン・ドゥファン）らは国内問題で精一杯で、その後しばらくは他の在日死刑囚は誰も減刑されませんでした。わたしはようやく八一年八月一五日に特赦で二〇年刑に減刑されました。

ソウル拘置所では一審の裁判が終わるまでは書物も面会も何もかも禁止でした。ただお金とか差し入れだけは認められていたので、それが入ったら、「ああ誰か面会に来たんだな」とわかりました。一審が終わってからは月に一回面会が認められたんですけど、オモニ（母）が「高校の同級生たちが救援運動に頑張ってくれてるから、お前もしっかりせなあかんで」といってくれました。

それとね。本の差し入れができるようになったら、日本の救援会から来た本の裏表紙に青いスタンプが押してあって、よく見ると「李哲さんを助ける同窓生の会」とかいう文字がかすかに見えるんですよ。「ああ、救援会の人がこのスタンプに李哲が気づけばいいなっていう思いを持って入れてくれたのだ！」と思ったら、胸が熱くなってね、頑張らなくちゃと思いましたよ。

ハガキもときどき思い出したように入ってきました。当時、韓国の良心囚の中で金芝河（キム・ジハ）さんとわたしがアムネスティ・インターナショナルの良心囚として選ばれていました。わたしが出所した後、ソウルまで来てくれたアムネスティの女性に聞いたら、なんと「あなたのために手紙を一〇万通送った」というんですね。わたしが受け取ったのは二、三通だけでした。

▼政治犯との出会い

獄中ではいろんな民主化運動の闘士とか政治犯に出会いました。青年や学生たちだけでなく、金芝河氏、朴炯圭（パク・ヒョンギュ）牧師、李泳禧（イ・ヨンヒ）教授、文益煥（ムン・イクファン）牧師や咸世雄（ハム・セウン）神父など、実に多くの方々が入ってこられました。そういう人たちに会うと本当に力をもらいます。何で自分もこの先生たちのように何かをやって入れなかったのかって悔やまれましたね。やっぱり民主化、統一に対する思いがありますから。そういう活動を外でできず、スパイにでっち上げられたまま悶々（もんもん）と過ごしてるわけじゃないですか。まさに軍事独裁時代がひっくり返る曲がり角に来た歴史的な時期に、本当はそういう所に参加したかったのに、自分は一体何をしてるのだと思ったら悔しかったですね。

無期に減刑されたあと、朝鮮戦争のころに北から来て捕らわれた長期囚たちが入っている大田の特別舎棟の独房にいたときに、朴正煕射殺事件が起こったんですよ。所内放送があったとき、何人かが「万歳！」って大声を出し、わたしも小躍りしました。「こういう時代にどうして中で過ごさなくてはいけないのか」と思うとつらかったですよ。でもわたしは、外に出て直接民主化運動に走り回ったりはできないが、刑務所の中で耐えて暮らすことも自分に与えられたやり方なのだという思いがしたんです。そして何よりもね、拷問とでっち上げによって完全に粉々にされたわたし自身が、もう一度生きる勇気を持つことが自分の復活であり、彼らに対する復讐(ふくしゅう)であると思ったんです。

特に大田の五舎には青年学生、六舎には北から来た長期囚の先生方がいっぱい入っていました。わたしも六舎にいましたが、この大先輩たちが後見人もいない、お金もない、転向書を書けといって拷問を受ける、それでも転向を拒否して黙々と耐えているのを見て、これが分断なんだと、わたしも朝鮮民族の一人としてその分断の痛みの中に投げ込まれて、その分断の重みをおじいさんたちと一緒に両肩に担いで一歩一歩歩んでいく、それがわたしに与えられた闘争ではないだろうかと思ったんです。いまでもそのときのことを考えたら胸が熱くなります。その先生方にどれだけ励まされたか。獄中で民主勢力や統一勢力の人たちと出会えたのはわたしのかけがえのない財産です。

▼在日韓国良心囚同友会の発足

わたしは一九八八年一〇月に仮釈放で出所し、閔香淑と結婚しました。本当は日本に帰る意思はあまりなかったんです。でもアボジもオモニも亡くなったし、救援活動をやってくれた友達もたくさんいたので、両親の墓参りと友人たちへの挨拶に日本に行こうとしたんですが、なかなか旅券を出してくれなくて、通行証だけもらってやっと八九年五月に日本に来ました。ところが今度は韓国に行くためのパスポートを出してくれないのです。そのうち日本で子どもも生まれる、食べていかないといけないということで、チャヒョン（姉の夫）がやってた電気工事会社で働くようになりました。

そして元在日政治犯同士で何度か集まっているうちに、何か集まりを作ろうとなって、九〇年に発足したのが在日韓国良心囚同友会です。同友会の趣旨の一つ目は元政治犯同士の親睦と交流、二つ目はまだ獄中にいる良心囚の釈放、三つ目は韓国の民主化運動との連帯です。そして救援運動をやってくれた人たちと一緒にいろいろやりました。九二～九三年には韓国良心囚による書画展を大阪、神戸、京都、名古屋、東京で開催しました。九三年にはキム・ハギが書いた『完全なる再会』を翻訳出版しました。キム・ハギは捏造（ねつぞう）事件で特別舎棟に入れられたとき、長期囚の話をかなり聞いたんですね。その話を出所してから短編小説集として出したんですが、わたしが会ったときに「日本に帰ったら翻訳したい」といったら「大歓迎です」といったので影書房から出しました。九九年には文益煥牧師の『くすりの手』（新幹社）も翻訳出版しましたが、本が出たときには文牧師さんは残念ながら亡くなられていました。

在日韓国人政治犯が獄中に入った最初のころは、あとで入ってきた後輩の学生らに「みんな先輩たちのことを悪口いっていますよ。学生運動がそのために弾圧されたと」とかいわれたものでした。しかし三年経ち、五年経ちしている間に学生が訪ねてくるようになったんですよ。わたしたちが良心囚と一緒にハンストやったりすることで、だんだん真実を理解してきたんですね。

八五年七月にたくさんの政治犯が大邱矯導所に移送されたとき、暴行事件が起こりました。いわゆる大邱矯導所七・三一事件です。在日も含む一八名が地下室で八時間半にわたりボコボコにやられたんです。わたしはそのとき、二回気絶しました。

わたしは婚約していた閔香淑が面会に来たとき、その暴行事件を金寿煥（キム・スファン）枢機卿や文益煥牧師、外信の記者たちに暴露して訴えるようにいいました。するといろんな方が支援してくださり、新聞にも大きな記事が載りました。臨時国会で野党議員が追及した結果、所長、副所長らがクビになりました。大邱矯導所六〇年の歴史で初めて在所者が大勝利したんです。そういうことからだんだんわたしたちの存在が認められていきました。民主化運動と祖国統一運動は運動の両輪だという考え方になり、統一を願ったために捕まった在日とか南民戦事件（南朝鮮民族解放戦線準備委員会事件）の人とかに対する認識が変わっていきました。

閔香淑は三年六ヶ月の実刑を受けて中に入りましたが、出所してから民家協（民主化実践家族運動協議会）の女性三人柱の一人として頑張り、文益煥牧師はどこでも「わしの娘だ」といって可愛（かわい）がってくださいました。わたしは出所してすぐに延世（ヨンセ）大学学生会に呼ばれて行ったとき、中に残っている長期囚の先生方について、「朝鮮戦争のときから捕まっていまも中に入っている人たちがいる。マンデラが世界最長の長期囚ではない。統一を願って韓国で四十何年間も服役している人たちを忘れてはいけない」と話しました。

九五年には大阪で「『再会』の夕べコンサート」をやりました。政治犯の救援のために多くの曲を作ってくれて亡くなった許慶子（ホ・ギョンジャ）さんに感謝するため追悼音楽会をやることになり、よく救援運動の集会で歌ってくれた李政美（イ・ギョンミ。583ページ参照）さんに歌を歌ってくれるよう頼みました。東京まで会いに行って、「わたしたちのために歌ってくれ」と頼んだら、彼女は涙を流しながら「ぜひやらせてください」って引き受けてくれたのですよ。

九七年からは「北朝鮮住民に愛と食糧を！」というキャンペーンを四回やってカンパを集めました。お金は、カトリック系のカリタスジャパンという団体に送って、米や小麦を買ってもらいました。

わたしにとって特記すべきことは、二〇〇五年に南北、海外の代表者が平壌（ピョンヤン）に集まって開催された六・一五南北共同宣言五周年記念大会に参加したことです。汎民連（祖国統一汎民族連ある日本本部の代表の一人として行きました。そこで獄中で知り合った人たちと、「韓国で会えない人たちに平壌に来たら会えた」といって抱き合いながら素晴らしい再会を果たしました。

▼勝ち取った祖国往来の自由

一九八八年に出所したあと、旅券の発給を領事館に何度申請しても出してくれなかったのですが、金大中（キム・デジュン）大統領の時期に、たまたま金寿煥枢機卿が大阪の生野教会に来られたとき、「わたしに旅券を出すように力を貸してください」とお願いしました。すると一週間も経たないうちに領事館から電話がかかってきて、発給するには「条件がある」というのです。わたしは怒って「ふざけるな」といって電話を切りました。そしたら次の日にまた電話がかかってきて、丁寧な口調で「無条件で出します」といったのです。それで発給されました。

しかし実際は、旅券をもらったあとも長い間韓国に行けませんでした。一つは安企部（国家安全企画部）の方で同友会に対して色眼鏡をかけて見ていたため。もう一つは、キム・ハギの件のためです。彼は民族作家協会の一員として中国に行ったとき、酒に酔って浅い川を越えて北朝鮮に入っちゃった。それで「李哲が北に行けっていった」とかでっち上げられたんです。もちろん事実はまったく違いますよ。

わたしが韓国に何年も行けないでいるのを見て、金寿煥枢機卿が「わたしが李哲を招待するからカトリック人権委員会で手続きしなさい」とおっしゃってくださって、わたしはようやく二〇〇一年に行くことができ、その後は自由に行き来できるようになったんです。

▼再審の勝利に向かって

韓国では二〇〇五年、盧武鉉（ノ・ムヒョン）政権のときに「真実・和解のための過去事整理基本法」ができて、無念な思いをした人たちに対するやり直し裁判が始まりました。同友会では当初、それは韓国内のことだと思っていたのですが、二〇一二年に申し込むことにしました。ただ、わたしたちは個別的な申請ではなく、在日政治犯全体の事件としてやってほしいと要望書を書き、一応住所はわたしの所にして、その他、百何十人と書いて提出しました。

そしてその後わたしたちの再審裁判へと進展するのですが、わたしの裁判はなかなか始まらず、二〇一四年一一月にようやくソウル地裁公判が行われました。わたしが北に行ったとされた時期に日本にいたアリバイが認定され、無罪判決が下されました。そのときわたしは、「いまになって無罪だと一言で簡単に片づけられても困る」という思いがフツフツと込み上げましたね。婚約者まで逮捕され、そのショックでアボジが亡くなり、オモニは証人として裁判所に出たときに検事から侮辱されて、三年後に亡くなりました。この苦しみをどうしてくれるのか。いつかあの世でアボジ、オモニに会ったら、「親不孝な息子をお許しください」と謝りたい心境でした。

わたしは二審の結審後、韓国の金槿泰（キム・グンテ）記念治癒センターから同友会に対する感謝盃をいただきました。このセンターは拷問後遺症で亡くなられた民主人士・金槿泰先生を記念して設立された所ですが、わたしは、同友会と共に、日本での救援運動がもらったものだと思っています。

去年（二〇一五年）一一月二二日には大阪で「一一・二二市民集会」を開催しました。ちょうど事件から四〇周年、同友会結成二五周年を迎えて、日本の救援運動と共に四〇年前の在日同胞留学生スパイ事件とは一体何だったのかを問う集会を持ったのですが、韓国からも咸世雄神父をはじめ金槿泰さんの奥さん、労働運動や民主統一運動で投獄された方々など二〇人以上も参加されて、感激のうちに終えることができました。

わたしたち同友会のメンバーは、獄中に入るまではたいしたこともできなかったんですが、中で耐えることによって、またたくさんの人に出会うことによって、われわれも民主化と統一のための運動の一翼を担っているのだという思いが出てきました。そういう体験を通じて知り合った方たちはわたしたちの財産です。また日本や韓国で救援運動をしてくださった方たちが一堂に会した場で感謝の気持ちを伝えられたのが嬉（うれ）しかったです。

いままでに再審を通じて無罪が確定した人は二七名いますし、そのほかに裁判を進めている人も何人もいます。でも、在日韓国人で逮捕された人は一二〇人とか一六〇人とかいわれますが、釈放されたあと、事実を隠して過ごしている人も少なくありません。

わたしは今回の裁判が、祖国と民族に対して、わたしに与えられた最後の舞台だと思っていました。しかしいざ無罪判決を受けてみると、いまから第二の人生が始まるんだという思いを感じています。この体験を武器に、これからも祖国と民族のために与えられた課題に向かって進んでいこうと思っています。

19　痛みを分かち合いたいから差別される側に

鄭香均（チョン・ヒャンギュン）　女

取材日／二〇一二年七月三〇日　**出生地**／岩手県和賀郡黒沢尻町（現・北上市）　**現住所**／東京都稲城市　**生年月日**／一九五〇年二月二六日　**略歴**／小説家・鄭然圭（チョン・ヨンギュ）と日本人の母のもとに二男一女の末っ子として生まれる。父は一九六〇年の韓国四月革命後に帰国したが、妻・子どもたちは日本に残った。高校卒業後、六八年に上京。七〇年に准看護師資格、八六年に看護師資格、八八年に保健師資格を取得し、外国籍者として初めて東京都に保健師として採用。九二年には主任試験に合格し、地域の公衆衛生の拡充につとめた。九四年、東京都の管理職試験に応募するが、都は外国人は管理職になれないとの「当然の法理」を理由に受験を拒否した。同年、受験資格の確認などを求めて提訴。九六年の東京地裁判決では「制限は適法」とした。九七年の控訴審で東京高裁は「国籍による受験制限は違憲」との判断を示して逆転勝訴となったが、都が最高裁に上告。二〇〇五年、最高裁は高裁判決を破棄し請求を棄却した。一〇年三月、東京都を退職。　**取材**／黄英治

原稿執筆／黄英治

▼凍りついている記憶

記憶が始まるのは、北上の家ですけど、凍りついている感じです。美しい北上川の景色は思い出せますが、あとは思い出せない。

父は物書きで、母は雑誌社の編集者だったようです。父によると母は「原稿を待っている間に家のことをやってくれるいい女だった」そうです。母は「同胞のために闘っている。官憲が監視しているから朝鮮語を話してはいけない」といいました。だから家では日本語だけ。父は活動で東京にいて、ほとんど家にはいませんでした。

母と兄二人、わたしの暮らしは、母がニワトリの卵を売ったり、農作物をつくったりしていたんですけど、生活がおぼつかなくて、生活保護を受けていたんです。本当に貧しくてどん底でした。家に石を投げつけられるとか、泥をなすりつけられるとかいじめられっぱなしですよ。近所の子どもとたまに遊ぶのは、わたしに鬼ごっこの鬼をさせるため。

名前は小学一年から鄭香均と書いて「てい・こうきん」です。担任が「こんきん」と呼ぶので、毎日職員室へ行って、「わたしの名前は『こうきん』です」といって帰るのが日課でした。それでも直してくれませんでした。

四年の担任がとてもいい先生で、ちゃんと「こうきんさん」と呼んでくれたんです。「やっと通じ合える先生に会えた」と思ったら、分校に飛ばされちゃった。わたしが心を通わせたいと思う人は、この社会から疎外されるんだという思いを小学四年のときに植えつけられた思いでした。

「わたしたちは朝鮮人だよ」と教えてくれたのは母でした。いじめられていたからでしょうね。父が同胞のためにつくしている、「恥じることは何もない」と。いじめる誰かを恨むと、母は「その個人を恨むな」といっていましたね。でも何も考えられない、暗闇をさまよっていたような小学時代でした。

▼父の帰国と死、母の選択

父は六〇年の四月革命の後、韓国へ帰ることを決めますが、母は日本人ですし、帰っても生活の基盤もない。その焦燥感からか母への暴力が激しかった。母が耐え切れなくて逃げる場面もあって、そんな父についていけない。子ども三人は「韓国には帰らない！」「帰るの反対！」というプラカードをつくって、家の中をデモしました。わたしの最初のデモがこれです。

父が一人で帰り、「これで暴力から逃れ、静かな生活ができる」とほっとしました。父は一九七九年四月に韓国で亡くなっています。わたしが韓国に行ったとき会いましたが、それまでは父が日本に戻ってきたら「空港から追い返す。わたしたちの前に二度と現れるなよ」って思ってました。父は離れてもペンで家族を攻撃していました。亡くなったら泣けるか？　と思っていたけど涙が出たんです。「あんな父でも泣けちゃってるわ」って、そんな自分にほっとしました。

母に離婚話もありましたが、「子どもに、朝鮮人に加え、片親のマイナスをつけられない」といってました。日本人の母があの当時、朝鮮人と結婚して、名前も「鄭愛子」に変えて、戸籍を朝鮮のほうに入れて、わたしたちが一人前になるまでよく守ってくれたと思います。クリスチャンの母が父と一緒に墓に入りたいといったので、父の遺骨の一部をこちらに持ってきて、教会の墓地に入れました。

▼「斉藤香」のカミングアウト

中学の入学式の日に、担任が「あんたの名前読めないから明日から日本名にして」っていったんです。強い裏の力を感じました。それで母の姓の斉藤を使い、ヒャンギュンの「香」で「さいとう・かおり」にしたんです。

日本名にするといじめはまったくなくなりました。でも中学一年の夏休み明けにカミングアウトしたんです。お昼の学校放送に作文朗読があるんですよ。クラスの代表選びで全員が作文を読むので、みんなに「自分は朝鮮人で、本名は鄭香均＝てい・こうきんだ」と知らせようと書いたんです。それはいじめがなくなったことへの違和感です。朝鮮人だといじめられ、日本名だといじめを受けない。「本当のわたしを知ったら」と思うのは素直な感覚ですよね。それで友達に打ち明けると、みんなやさしく「あなたは日本人よ」「そんなこと関係ない」というんですよ。わたしは「朝鮮人だといってるのに、どうして日本人というのよ」って反発して、わかってもらえない気持ちで一杯になりました。そんなとき友達の一人が「他の人には話さないほうがいいよ」って、ささやいてくれたんです。「ありがとう」と同時に、「この子ばらさないか」と思うわけ。すると彼女が誰かと話してると「わたしのことしゃべってないか」と監視するようになって、どんどん自由じゃなくなる。それで夏休み中考えて「自分でばらしちゃえ」って。みんながわたしの作文を選んでくれたけど学校側がストップしました。

そのころからです。朝鮮人であることを真剣に考え始めたのは。秋に市民文化会館であった総連（在日本朝鮮人総連合会）の集まりで見た朝鮮の歌と踊りの絢爛さに感動して「なんてすばらしい文化を持っている国なんだろう」と、韓国の父に初めて手紙を書きました。父は「もっと学べ」みたいなことを書いてきましたね。

勉強は嫌いじゃなかったけどやった記憶はなくて、中学三年になって初めてやろうと思った。友達が家庭教師をつけているのを知って「金持ちに負けたくない」と。

わたしが中学のときに長兄は新聞配達しながら早稲田大学に入学し、韓国民族自主統一青年同盟（韓民自青）に入って朝鮮人として目覚め、朝鮮史を学ぶことの必要性などを三〇枚の手紙に書いてきた。わたしが『チボー家の人々』を読んでいるときでした。

同じころ日本国憲法も読みました。日本人を嫌うことは母を嫌うことに繋がる。「自分の中で日本と朝鮮の半分同士が喧嘩する」という葛藤があって、日本を知ろうと憲法を読み、前文に涙しました。国家と個人を分けられないジレンマがありましたね。

図書館の本を片っ端から読んで本の世界に逃げていました。夏休みにたくさん本を読みたい。『チボー家の人々』は長いから「これはいいや」と思ってね。ジャック・チボーから生き方を学びました。母も本が好きでした。小学生のときから図書室に通って『アンナ・カレーニナ』や『若草物語』を読んだのは、母が喜ぶ本を探したからです。わたしが読んだ本を母も読んで、感想をいい合ったりする一方で「なぜ朝鮮人と結婚したのか」と反発していました。

▼進学を諦め就職差別の末に

高校は県立の女子校へ進学しました。兄二人は共学の県立進学校に行ったんですけど、その高校に行くと生活保護が切られるとかいわれて。つまり「女は働け」ということです。高校で気づいたのは「朝鮮人が消えた」ことでした。中学に朝鮮人は結構多かったんです。でも進学したのはわたしともう一人だけ。一番貧乏なのに就職を考えなかったのは、母が進学は当たり前と考えていて、わたしもそう思っていたからです。生活保護を受けていると学費は免除されますが、給食費なんかは自費ですからバイトで稼ぎました。

高校入学のときは自己紹介で「わたしは斉藤香だけれど、本当は鄭香均です」っていっちゃいましたが反応はありません。「どこが朝鮮人なの」って感じかな。

大学に行こうとずっと勉強していたんですけど、あまりにも貧しくってね。兄らが東京へ出て母とわたしになったら、母の親戚が土地を奪おうとするんですよ。母は「勘当された身だし、土地に執着はしない」という考えで、母の生活の場も考えないといけないし、そのころの食べ物はわたしがバイト先でもらうつぶれたコロッケぐらいしかないんですよ。それでも「母は進学に反対はしない」と期待して「働こうか」と甘い言葉をいったら、「そうしてくれるか」って。初めてでした。母がわたしにお願いをしたのは。

翌日、担任に「働くことにしました」っていったら、「知らないよ」って逃げちゃう。職員室に突っ立ったままでいたら、クラブの先生とか倫理社会の先生が「どうしたんだ?」と集まってくれて、知り合いに連絡してくれたんです。でも仙台や北海道に広げても、どこも採用してくれない。先生方が朝鮮人差別に頭を抱えてしまいました。ストーブを囲んで「明日から冬休みなのに」と先生方が黙り込んでいると、一人が「白衣の天使っていうよな」って。東京へ出張する先生が看護雑誌を買ってきて、求人欄を頼りに一〇〇枚ぐらいはがきを書いたんです。たった一ヶ所、横浜市医師会の会長の先生から「採用してもいい」と返事がありました。

母に相談したら反対なんです。聖書では看護をした人は「善き人」なのに「看護師は汚い仕事だ」と。それを聞いてがっくりしましたね。でも、行くところはそこしかないんです。

▼横浜—川崎で始まった看護師生活

一九六八年に横浜の病院に就職します。初日に院長から「拾ってやったんだから骨をうずめろ」みたいなことをいわれました。そのとき「ここを逃げてやる」って決意したんです。ここでは「斉藤香」で、寮に住んで見習いしながら准看護師の学校に通いました。そうして七〇年、資格を取った当日に逃げ、川崎の同胞が経営するクリニックに行きました。朝鮮部落と隣接していて、この桜本（川崎区）で初めて朝鮮服を見、朝鮮語を聞き、朝鮮料理を食べました。

わたしが看護学校に行き始めたときに韓民自青の人が勧誘に来ました。兄たちがそこに所属していたので、たまに集会に出たりしました。そのころ朴鐘碩（パク・チョンソク。367ページ参照）さんの日立闘争が近くの教会で始まるわけです。その前から教会青年会に足を運んでいたので、日立闘争には最初から関わりました。

川崎の「民族運動としての地域運動」は学生中心で、働いていたのはわたしぐらい。だから具体的な活動はできず横から見ていた感じです。運動体にどっぷり入る怖さもあった。韓民自青も途中で突然「統一朝鮮新聞」が「統一日報」に偏向したでしょ。お金がないといっていたのに韓国政府の支援がついて、いきなり豪邸での合宿が始まった。そういうのを一方で見ていましたから。

▼東京へ飛び出し、正看護師から保健師へ

七八年に東京の目白へ飛び出します。川崎で本名を名乗っていても、川崎の外では朝鮮名で生活していない。活動では「朝鮮人として生きる」といいながらこの地域でアピールしてるだけ。日本にいながら日本で生活していないという違和感がありました。だから川崎を離れることにしたんです。「日本でより日本的なところは？」って聞いたら、誰かが「学習院がある目白」っていったんです。それで目白の病院に勤めようと。鄭香均（チョン・ヒャンギュン）で就職しました。あのクリニックがよく採用したと思いますね。

そこで人工透析という面白い世界を知るんです。決着が早いんですよ。体調変化がないように患者さんと相談しながらセッティングをする、その結果が四〜五時間後にわかる醍醐味ですね。「朝鮮人に針を刺されるのは嫌だ」という人もいました。わたしすごく注射がうまいんですよ。嫌だという人に「いいわよ。でもあなたの血管難しいから、いずれわたしのところにくると思うわ」ってね。「朝鮮人は嫌い」と意思表示する人とは話し合える。患者さんとは一日五時間ぐらい一緒にいて、互いに見合う関係でいろんな話をするから垣根はなかったです。でもそうなるまでには相当時間がかかってますけどね。

「チョン・ヒャンギュン」と名乗るでしょ。相手の「うん？」に差別があるかを瞬時に見抜いて身構えるのね。とっつきにくかったでしょうね。わたし自身が本名を呼ばれて、抵抗なく「はい」と答えられるようになったときに、自分自身にある壁——日本人を嫌いながら、日本人の眼で朝鮮人の自分をも嫌い、朝鮮人を隠そうとしていた自分がいることに気づいたんです。気づいてから周りを見たら、患者さんもスタッフも「やさしく受け入れてくれている」って思いましたね。

透析室の看護師は全員が正看護師で、正看と准看の知識の差を実感しました。それで正看にならなければと思うけど、もともと看護師はわたしが選択した職業ではなかったので躊躇していました。ただ経験を積まなければいけないので、大きな病院に行こうと考えたんです。でも大きな病院は朝鮮人を採用しない。その中で清瀬の結核研究所付属病院（現・複十字病院）が問題なく受け入れてくれたんです。そこはアジアの結核治療の中心として先駆的に留学生を受け入れていたからなんです。

同じ清瀬の多磨全生園の看護師長さんと親しくなり、いろいろ話す中で正看護師になろうと決めて都立の看護学校に入りました。仕事は前の透析室に戻って夜の透析のお手伝い。院長先生が「正看になって戻ってこい」という感じでした。でも保健師学科のほうに入っちゃったんです。

保健師になったのは看護師が医師のしもべでしかなかったからです。それが嫌でいつも反発してました。患者さんの容態をいうと真反対の薬が出されるときがあり、「なぜこの治療なんですか。必要と思うなら先生が実施してください」って医師の指示を拒否する。すると師長が医師に謝まり、師長が実施する。看護職でより自由裁量がある仕事が保健師なんです。東京都で外国籍者として最初の保健師になりました。

▼「当然の法理」による受験拒否と提訴

公衆衛生に従事したいと保健所に入りました。東京都の入都式後に、「親切心」で「通名使ったら」っていわれました。「また」って感じでしたね。

管理職試験の受験拒否は「当然の法理」を東京都の人事課も上司も知らなかったことから始まりました。上司からの勧めもあり該当者だけに渡す受験申し込み票がわたしにも配布されたんですから。

提訴は、仕事への支障、公務員社会の恐ろしさ、住民がわたしを拒否しないかと半年悩みました。踏み切ったのは、自分に嘘をつかないこと、それだけです。公務員になると差別されないと思っていたんですよ。住民にとってわたしは、「チョン」という保健師である前に保健所の保健師だったと思います。公務員職場はある意味、いってはいけないことがわきまえられている場です。わたしの近くで本音を出さないから「差別のない社会だ」と思い、「これなら日本国籍を取ってもいいかな」なんて考えていたんです。ひどい話ですよ。毎日、差別されている難病や精神障がい者の人と接しているのにね。「鄭さんならわかってくれるから」っていってくれてるのに、なぜ「差別のない社会だ」なんて思っちゃったのか。どれだけアンテナがゆがんでいたんだろうって情けなくて。

母がいつも「朝鮮人は壁の前でたじろいで闘わない」っていっていました。その言葉は、わたし自身が壁にぶつかったときどう動くかを試される言葉だと思っていました。母はよく闘っていた。長兄が高校で差別を受けたときでも、地元の教育委員会じゃだめだからって、仙台へ行って談判して。わたしはそんなときどうするんだろうって、母を見ながら思っていましたから。

▼「哀れな国」発言の真意

裁判結果はやはり残念です。東京都は裁判のときに自治省（現・総務省）に行ってからくるんですよ。都の意見なんかない。都の意見書を書いたのは一般職員で、書かされた人は「本意じゃない」って都を辞めて弁護士になったんです。それでわたしの集会に来て「あれわたしが書いたんです。すいませんでした」って。

最高裁で上告棄却されたあとの「憲法判断しない情けない判決。哀れな国。外国人は日本で働くな」の発言のことですか？　判決文を読んで、在日の存在を否定し、植民地主義を一顧だにせず、あわせて日本人を締めつける判決だと思ったんです。でも会見で記者たちは、外国籍者への判決で、自分たちのことじゃないと思っている。「なぜわからないのか！」と、とっさに「哀れな国ですね」って。そしたら弁護士が「言葉を間違えたみたい」なんてことをいうんです。わたしはそのあと「日本国は何を考えているんだ」って話し始めちゃったんですね。そのあとのバッシングは大変でした。文面はほぼ同じで、特定の団体が抗議文のひな型を流したんでしょうね。

最高裁で塩漬けになっている段階で、いい判決が出ないと思っていました。上告から判決までの八年間で日本が急激に右傾化していった。弁護士も記者も「悪い判決が出るはずがない。日本を信じてくれ」といっていましたけどね。「哀れな国」の中には「戦後につくられた差別を是正する機会だったのに」という「哀れさ」もわたしにはあった。

最高裁判決のあとも同じ職場で働くわけです。まず上司がわたしを呼んで「島へ行く人事はどうかな?」っていうんです。それで「本当に島流しですね。記者たちも構えていますよ」と答えました。本当に待機してたんですよ、記者が。「いま、まさに島流しになりましたと伝えたらどうなるでしょう」っていってやったら、焦ってその場で取り消しました。

住民たちは「応援してる」って方がほとんどでした。保健所の名前を「朝日新聞」が書いちゃったので、保健所にも抗議がくるかと身構えたんですけど、一件も入ってこなかったんです。

▼自分の言葉で闘うこと

「裁判では正義が行われる」と幻想を抱いたのが間違いでした。それと「もっと自分の言葉で闘うべきだった」と思いました。運動を担ってくれる人や弁護士の言葉を鵜呑(うの)みにして、裁判の勝敗を基準に自分の考えや言葉を十分に反映させずに法廷の駆け引きで引っ込めてしまっていた。「あれ?」って思ったときに、喧嘩をしてでも自分の言葉を出すべきだったと思いますね。

最後にしっぺ返しをくらいました。運動体の中心人物が「在日朝鮮人も安心して日本社会で暮らすには、公務員になるのもいいと思って闘ってきたのであって、国家と闘っている人を支援したつもりはない」っていったんです。でも「当然の法理」と闘うことは国家と闘うことじゃないですか。もう一人は「植民地支配っていうけど、もう時効だよ」って。このとき本当に思いましたね。「わたしは一体どんな人たちと一緒に闘ってきたんだろう！」と。植民地支配責任に時効なんてない。第一、日本は植民地支配の謝罪も補償も何もしていないじゃない。わたしの本（『正義なき国、「当然の法理」を問いつづけて』明石書店）に書いてくれた富永さとるさんだけが「当事者を支えない運動は考えられない」って発言をしてくれました。

提訴を決めて在日に相談したら、みんな「やめろ、勝てないよ」「公務員になれたからいいじゃないか」って。李仁夏（イ・イナ）牧師は「当然の法理」を知っていらして「それは日本人が朝鮮人を差別してもいいと思っている空気なんだ。空気と闘うことはできない」とおっしゃった。

労働組合は「管理職になりたい人は支援できない」と拒否。わたしは「試験が受けられないのは『管理職試験を受けたくありません』の意思表示もできないことで、これが差別だ」といっても、彼らには理解できない。よく「勝訴したら試験受けるんですか」と聞かれました。「勝って初めて拒否できます」っていっても、新聞記者もわからない人が多かったです。

▼在日へ、日本社会へ

わたしは自分を在日朝鮮人だといいます。日本国籍を取らないのは、差別の痛みに気づかないでいてしまう自分があるから。差別は相対的なもので、障がい者と向き合えば、わたしは加害者側なわけでしょ。痛みを分かち合いたいから差別される側にいたいと思っています。それと植民地支配の結果としての在日がすべき残された闘いがあるからです。

祖国はないですね。ふるさとに置きかえると郷愁で北上川が浮かんできますが、安住の地ではない。強いていうならわたしが在日朝鮮人として生まれ変わった、いまでもそこを基準に物事を考える川崎で知り合った仲間たちともいえます。

在日朝鮮人はいまだに通名を使っている人も多い。それは日本社会の差別が前提になるけど、若い在日は自分を打ち出せる矜持（きょうじ）を見つけて欲しいです。それがあれば差別に負けないで出自を出せますよ。自分を誇れるものが絶対にある。それを見つけ鍛えて欲しいと願います。

日本社会を原発も沖縄も含めて本当に根本から変えたいなら、戦後処理のところに立ち戻り、真の意味でのアジアへの反省と和解、そこから再出発するしかない、とわたしは思っています。

20 朝鮮人の父と日本人の母に生まれたからこそ朝鮮にこだわる

金治明（キム・チミョン） 男

取材日／二〇一四年九月七日　**出生地**／神奈川県横浜市　**現住所**／沖縄県名護市　**生年月日**／一九五〇年三月一七日　**略歴**／父が在日朝鮮人一世、母が日本人の日朝「混血」として生まれるが、父は二歳のときに病死し、母は残された六人の子どもを女手一つで育てた。和光大学生のときに「朝日混血児青年同盟」を結成。その後、労働現場での民族差別撤廃運動、在日朝鮮人労働者会議などの活動に参加。大学卒業後、し尿処理汲み取り作業や皮革工芸の仕事に就く。二〇〇〇年の解雇により解雇撤回裁判を闘う。佐久地区労働組合評議会の沖縄現地学習で四年間沖縄に通う。二〇〇四年から名護市の辺野古新基地ボーリング調査建設阻止行動に参加。カヌー教室も主宰している。　**取材**／川瀬俊治　**原稿執筆**／川瀬俊治

▼一五歳の外国人登録で朝鮮人であることを知る

アボジ（父）金甘用（キム・ガミョン）は朝鮮慶尚北道清道郡角南面（キョンサンプクトチヨンドガクナムミヨン）出身、オモニ（母）は秋田県生まれの日本人で、わたしは大学を卒業するまで横浜市で育ちました。六人きょうだい

の末っ子です。長男は一九三九年六月の誕生ですから一一歳違いで、ほぼ二年ごとにきょうだいが増え、一人は幼くして亡くなりました。

わたしが生まれたとき、アボジは五〇歳、オモニが三八歳でした。しかし、アボジは一九五二年に亡くなりました。がんで苦しんでいたと聞いています。わたしは二歳でしたからアボジのことは何も覚えていません。

アボジのことでわかることは、朝鮮から九州の炭鉱に来て働いていたこととか、横浜では協和会関連で何か役をしていたといいます。土木関係の仕事では労働者約一〇〇人を使っていたといいます。経営者だったのか、労働者の頭(かしら)をしていたのかはわかりません。土木関係の仕事で資産を蓄えたのでしょう。青果商を横浜市内で手広く営み、解放後、三軒の店を開いていたと聞いています。

アボジが亡くなったときには青果商は廃業していたということでした。あとに残ったオモニは女手一つで、上は一三、下は末っ子の二歳のわたしを抱えて、六人の子どもを育てたのです。大変な苦労をしたと思います。廃品回収など汗まみれになり、いろんな仕事に就き、懸命に働いてきました。

一九八五年の国籍法改正で父母両系血統主義となり、子どもが父母いずれかの国籍を取るようになりましたが、わたしが生まれたころはそうではなかった。朝鮮人が日本人と結婚するときには、婚姻届を出さないことがよくありました。婚姻届けを出すと、父親の国籍の朝鮮籍が子どもの国籍になるので、日本社会でいろいろ差別を受けると考え、法律上は未婚のままにして、母親の国籍である日本国籍として育てたケースが多かったのです。しかしわたしの父母は婚姻届を出しており、わたしの国籍はアボジの国籍を受け継いで「朝鮮」籍でした。

しかし、オモニはわたしを日本人として育てました。近くに住む朝鮮人の家に行ってはいけないと諭してもいました。また周辺では朝鮮人差別が強く、わたしも自然と朝鮮人に対する差別意識を持っていました。

一五歳になると外国人登録のために横浜市西区役所に行かねばならなくなり、ショックを受けました。当然でしょう。日本人として育てられてきたからです。両手一〇指の指紋を採られて、外国人登録証明書の常時携帯を義務付けられました。わたしには青天の霹靂(へきれき)でした。いままで朝鮮人を差別していたわたしが、差別される朝鮮人なんです。「なぜ朝鮮人として産んだ」と親を憎みました。兄貴らは中学校を卒業しても職がなく、わたしと同じくオモニといがみ合ったこともありました。きょうだいがなかなか就職できないことなども知って、朝鮮人としての誇りを持つまでに時間がかかりました。

▼港湾荷役の仕事で重傷を負う

中学卒業後は神奈川県立追浜(おっぱま)技術高等学校に入学しました。一年間は働いて、三年間は昼間一日と夜間二日の授業を受けるという変則的な授業を受け、これが単位として認定されたのです。

　自動車整備科ですから整備工場で働くわけです。しかし整備工場からは「就職だから戸籍謄本を提出しなさい」と求められました。朝鮮籍のわたしに戸籍謄本があるわけない。整備工場での就職は諦めざるを得なくなりました。しかし、わたしは教師になりたかったのです。だから中退するわけにはゆかなかった。

　戸籍謄本が必要ない仕事といえば限られていました。港湾荷役の仕事は学齢も国籍もばれなかった。当時は「人足」と呼ばれていた仕事で、人手不足ですぐ仕事につけました。船に荷物を積み込む船内荷役の仕事でした。きょうだいはみんな家から出ており、オモニと二人暮らしの生活でした。昼の仕事を終えても続けて「とんぼ」と呼ぶ徹夜の船内荷役の仕事をしました。二日徹夜してもこたえることなく、一万から二万の収入がありました。

　好景気だったので、港湾荷役の仕事は途切れることなく続き、二五歳くらいまで続けました。稼いだお金はオモニに渡しました。

　学校が求めていたのは自動車整備関連の仕事でしたが、港湾の仕事は大分違う。しかし先生は懸命に働いていたことを評価してくれて、単位として認めてくれました。

　仕事では何度か事故に遭いました。一八歳のときには、落ちてきた荷物と船の荷台にはさまれて救急車で運ばれたのですが、気を失い事故の状態は覚えていません。体がエビ型に曲がって気を失っていたと仲間から聞きました。頸椎のダメージが大きく三ヶ月ほど入院しました。

入院のときに大学進学への気持ちが強くなりました。教師になる夢を抱いていたからかもしれません。入院中に受験勉強のようなことをしていました。

▼「朝日混血児青年同盟」を結成して

二四歳になっていましたが、働きながら和光大学人文学部芸術学科に入学しデザインを専攻しました。大学では民族運動をしました。ただわたしは自分をダブルやハーフとかではない「混血児」「アイノ子」と規定していました。呼び方を変えても差別がなくなるわけではないからです。朝鮮人から見ると日本人と見られ、日本人から見ると朝鮮人と見られたのです。

大学には同じような境遇の在日朝鮮人と日本人の「混血」の学生が三、四人いて、彼らと勉強会をするようになりました。「朝日混血児青年同盟」と名付けた会にしました。同じ悩みを持つ仲間を探すため、大阪や奈良に行ったりしました。被差別部落に住む朝鮮人を訪ねていったこともあります。わたしが入学した一九七四年から二年ほど活動しましたが、東大や早稲田の学生なども参加していて少しは広がりがあったと思います。

活動を始めたときは南朝鮮（韓国）が軍事独裁の朴正煕（パク・チョンヒ）維新政権で、詩人金芝河（キム・ジハ）が反共法と国家保安法違反に問われて死刑判決を宣告されていたときです。救援活動が全国で展開されたのですが、東京では銀座の数寄屋橋で抗議のハンガーストが行われました。前方に文化人が座り込み、わたしらはその後方に座り込みました。「朝日混血児有志」と書いたプラカードを掲げて座っていたら、「朝日混血児有志とは何ですか」と尋ねられました。当時は近くに朝日新聞東京本社があり、「朝日新聞」と関係していると思ったようです。仲間と大笑いしたのを覚えています。

わたしのきょうだいを見ても、同じ朝鮮人なのに、日本国籍、韓国籍、朝鮮籍がいます。国籍は違いますが、民族は共通する。ところが国籍で分けられていく。いまは在日韓国・朝鮮人とか言っていますが、「朝日混血児青年同盟」の活動をしていたころは、「韓国籍朝鮮人」と呼んでいました。日本籍朝鮮人にしても韓国籍朝鮮人にしても朝鮮人に変わりないのです。

ところが、分断が固定化してきて、朝鮮は北朝鮮を意味すると誤解する人が多い。「金治明さんはなに人ですか」と問う人がいますが、「朝鮮人です」と答えると、「北朝鮮人ですか」と反応する。日本が三五年間植民地支配した朝鮮侵略の歴史に対する反省がまったくない。朝鮮民族を植民地支配で「大日本帝国臣民」とし、一九五二年四月二八日のサンフランシスコ講和条約発効で一方的に日本国籍離脱を強いました。朝鮮籍者を無国籍者状態に置きました。そして、いまは朝鮮を矮小化して朝鮮を北朝鮮だと受け止めてしまう。

だから奪われ矮小化されてしまった本来の統一した名前である朝鮮にこだわるのです。わたしは朝鮮人にこだわります。

▼金治明の名前に込めた願い

金治明の名前を名乗り出したのは、一九歳のころからです。一九六〇年代末から七〇年代初頭にかけて、出入国管理法案の国会上程をめぐる反対闘争が地域でも行われ、懸命に取り組む人たちと出会いました。「理解してくれる人たちがこんなにいる」と心が開かれた思いになり、初めて金治明を名乗りました。それまでは通名である水谷治夫の日本名でした。父母は婚姻届を出しています。だから外国人登録原票にはわたしの名前があるはずですが、一九九七年に大韓民国から取り寄せた戸籍謄本に記載されたきょうだいの名前は日本名であり、わたしの名前が載っていない。ですから朝鮮人でありながら朝鮮名はなかったんです。

朝鮮名を名乗るとき、アボジの金の姓の名前を取りました。通名の「治」の一字を取り、「治」のあとは「明」をつけて、「治明」としました。日本と朝鮮の善隣友好の歩みは明治以前までで、明治以降は天皇制の朝鮮侵略の歩みを続けてきたわけです。「治明」は明治を逆にした名前です。明治以前の善隣友好の歩みに戻りたい思いから名付けたんです。

しかし、いまわたしは朝鮮籍ではありません。なぜならわたしは二一歳のときに日本国籍者となったからです。二〇歳になると、日本国籍申請ができるので、母親が「日本国籍を取った方がいい」と手続きを進めました。これから生きていくのに「国籍差別で苦労させたくない」という親心だったのでしょう。しかし、自分の意志ではなかっただけに、苦しみました。それはそうでしょう。一五歳のときの外国人登録までは日本人と思い、外国人登録をしてからは朝鮮人であることを自覚して生きてきたのに、二一歳から日本人になったのですから。

わたしは日本人でいるのは嫌でしたから、日本国籍からどう「朝鮮」籍に戻るかを考えました。朝鮮籍の女性と結婚するなり、養子になれば可能ではないかと考えたのです。しかし、朝鮮籍になるためには、いったん韓国籍になってから朝鮮籍に変えなくてはならないことがわかりました。日本政府は「朝鮮」は記号で「韓国」は国籍を表すとして、朝鮮籍は認めていません。一九七〇年代の韓国は朴正煕の軍事独裁の時代です。とても同調できない。朝鮮籍に戻ることを本当に真剣に考えたのですが、韓国の政治的な状況から断念しました。

いまでは「帰化」した人に対して別に特別な目では見なくなりましたが、一九七〇年代のころは朝鮮民族の「裏切り者」のレッテルが張られたものです。わたしも民族を裏切った一人だと思っていました。だからこそ、逆に朝鮮の運動にのめり込んだと思います。

「朝日混血児青年同盟」の活動はやがて壁にぶちあたります。民族意識だけでは解決しないことがわかってきました。労働の問題を視野に入れた運動が必要だろうと考えるようになり、在日朝鮮人労働者会議の結成に参加しました。在日朝鮮人労働者のナショナルセンターがないから組合を作ろうと考えたわけです。

▼在日朝鮮人共闘を目指して

大学は六年かけて卒業しましたが、卒業後の四年間は研究生として残りました。研究生時代に労働組合に入りました。埼玉県委託労働者労働組合という組合です。学校の校務員が民間委託されたことを契機に結成し、一律労働、一律賃金を実践した組合です。一二〇人ほどの組合員がいました。民族団体の運動では限界を感じた人や、朝日混血の仲間もいました。

わたしは一二、三人ほどの組合執行部に入り組織部長として活動しました。課題は日本の労組にいる朝鮮人の権益をどう保障するかでした。労組内に独立分会を作るのか、彼らを引き抜いて朝鮮人だけの組合を作るのか。この二つが課題でしたが、在日朝鮮人共闘を結成しようという方向に走りました。朝鮮人一人一人が闘い繋（つな）がっていくやり方です。

運動は民族差別撤廃闘争です。同じく差別撤廃に取り組んだ運動では「民族差別と闘う連絡協議会（民闘連）」がありましたが、彼ら、彼女らの運動は主として韓国籍永住権所有者の権益運動でしょう。わたしらが闘ったのは朝日混血への差別をどう克服するか、あらゆる在日朝鮮人の民族差別撤廃の運動でした。ただ、横断的な組織を持たないから、長続きしなかった。

わたしらの運動は現在どういった成果を生んでいるのか。階級的に結集した朝鮮人組織もなくなってしまった。現在の運動の低迷はいろんな意味で敗北の結果だと思っています。

当時で思い出すのは、一九八〇年五月一八日の南朝鮮の光州（クアンジュ）での民衆蜂起です。大きな衝撃を受けました。南朝鮮の民衆と連帯するためには、在日朝鮮人労働者が組織されて決起すべきだと考えたのですが、民族団体にはそれがなかったんです。光州蜂起は、当時の在日朝鮮人青年にとって李承晩（イ・スンマン）を倒した四・一九学生革命（一九六〇年）に匹敵するほどの重みを持っていたと思います。

▼差別発言、テロ攻撃を跳ね返す

教師になるのが念願でした。一九八四年度は教職資格を取るためには教育実習だけが残っていました。いよいよ教育実習を迎える日に事件が起きました。わたしはノンセクト・ラジカルの立場で、「狭山・三里塚・反天皇」のスローガンのもと、神奈川県内五大学の学生一五〇人からなる五大学反戦共闘会議を結成していました。五大学とは、和光、横浜市立、横浜国立、東海、神奈川大二部です。革マル派はわたしを含む五人が住むアパートに押し入り生活用品すべてをごっそりと盗んだのです。和光大生など一人もいない外部勢力の、「狭山・三里塚・反天皇」闘争の高揚を恐れての暴挙でした。

わたしたちは和光大防衛闘争に突入したのですが、彼らはわたしに対して「お前は日本人の水谷だ。朝鮮人差別を利用して金治明と名乗っている差別者だ。お前の生活手段を奪ってやる」として、「殺人宣言」までもしました。その年の七月四日、五、六人でわたしを取り囲み左目失明寸前の重傷を負わせ、一一月八日にはわたしの左足を集中的に蹴りつけました。この傷の回復には三ヶ月間の入院が必要でした。テロ以外の何ものでもありません。わたしへの朝鮮人差別、揶揄、攻撃は絶対に許すことはできません。八五年二月五日には革マル派一〇〇人に対してわたしら三五人が防衛しましたが、わたしたちは五人の重傷者を出し、病院で逮捕者を出しながらも和光大を守り抜きました。

それから八ヶ月後に結婚して妻が住む長野市に移りましたが、完治せず再入院しました。元のような体になるためにはずいぶん時間がかかりました。妻は入院時にわたしを支えてくれました。「絶対に負けてはならない」と思ったのは、民族主義者と罵倒され、朝鮮人差別されたことに対する憤怒です。あの革マル派の武装襲撃がなければわたしの人生が大きく変わったと思います。念願の教師になっていたかもしれません。

体調が芳しくなく、運動の戦列からも離れざるを得ませんでした。少し回復してから長野市でし尿処理汲み取りの仕事につきました。労働災害で腰を痛めて三年ほどしか仕事ができず、結局はし尿の仕事を辞めざるを得なくなりました。

次についたのは皮革産業の仕事でした。高級ハンドバッグを製造する会社でした。皮革をハンドバッグに使えるように裁断し、縫製する。一連の工程をひととおり経験して、最後は製品全体のことがわかる商品管理の仕事に就くようになりました。勤務して一〇年経ったころ、会社側が就労規則の改正で賃金カットを朝礼の場で打ち出したことに、わたしは黙ってはいませんでした。「経営の失敗をわれわれ労働者に押し付けるのはおかしい」といったんです。すると会社側は発言停止命令を出した。それでもわたしは強引に発言しました。

仲間は支持してくれたのですが、職場の配置換えをさせられ、商品管理から現場の仕事に戻りました。そこで上司は難しい仕事を何秒以内でやれと命じました。ストップウォッチで計ってまで監視しました。「俺を辞めさせようとしている」と思っていましたが、挑発に乗ってしまった。「お前もできないじゃないか」と抗議した。「いかなる理由があろうとも上司に暴言を吐いたら解雇」という就業員規則違反を問われて解雇になりました。二〇〇〇年のことです。

解雇撤回闘争は佐久地区労働組合評議会傘下のユニオンに入り、五年に及ぶことになります。会社の労組も支援してくれましたが、地裁判決は敗訴でした。高裁まで闘いたかったのですが、東京高裁にまで通って闘うには経済的にも支援者に負担をかけることもあり、控訴は断念しました。一貫して支援をしてくれたユニオンの労組委員長が亡くなったこともショックでした。

▼沖縄・辺野古（へのこ）の在沖米軍新基地建設阻止の持つ意味

解雇裁判闘争渦中の二〇〇〇年に平和学習で沖縄に来ました。以降、沖縄には毎年来ることになり、二〇〇四年九月には労組と地域の市民運動が信州沖縄塾というグループを立ち上げ、そこで辺野古の「命を守る会」からカヌーを送ってほしいという要請を受けたのです。辺野古に通うようになり住み始めたきっかけです。

それから一〇年経ちました。よくいわれるのは「沖縄から安保が見える」ということですが、わたしにとっては「沖縄から朝鮮統一の窓が開けた」ということです。何をやるべきかがよくわかってきました。

沖縄はユイマール（助け合い）が生活の上でも息づいている。またユイマールが南朝鮮の米軍基地反対闘争との共闘に結びついています。沖縄、韓国の「米軍基地に反対する運動を通して沖縄と韓国の民衆の連帯をめざす会」、通称「沖韓民衆連帯」の存在を知りました。彼らと一緒に南朝鮮の在韓米軍反対闘争をしている平沢（ピョンテク）などの仲間と交流を深め、これまで三回訪韓しています。

朝鮮半島はアメリカ帝国主義による意図的な南北の緊張で戦争状態がいまも続いている。辺野古の米軍の新基地建設は朝鮮統一には障害物以外の何ものでもない。辺野古に新基地を作らせてはならないのです。沖縄県民の意思を無視した新基地建設のためのボーリング調査阻止のためカヌーを漕ぎ、海での抗議行動に出ています。

沖縄には在日朝鮮人がほとんどいない。戦前には在沖朝鮮人がいました。歴史的な原因は日本帝国主義の結果です。在沖を余儀なくされたのです。つまり日本の侵略の結果でした。アメリカが沖縄を占領したときに、住民は収容所に送られました。ウチナンチュウ（沖縄人）、皇軍兵士、それと解放国民である朝鮮人、中国人に分けられました。朝鮮人、中国人はいったんハワイに送られた後、祖国に送り届けられました。三〇〇〇人とする文献記録があります。再び戻ってきた朝鮮人とか、ハワイに送られずにそのまま沖縄に残った朝鮮人はあまりいません。

だから沖縄には朝鮮人は数少ない。同胞に出会うことがほとんどないことが寂しいといえば寂しいですね。

生活を支える収入は、修学旅行生にカヌー体験を指導することです。四年前からしています。妻からの送金もありましたが、いつまでも頼ってばかりではいけない。そこで始めました。ジュゴン保護運動をしている東恩納琢磨（ひがしおんなたくま）名護（なご）市議が好意的に部屋を貸してくれています。こういう理解者がいないと長く住み続けることはできません。全国の仲間から物品の寄付を受け、リサイクルの店「ジュゴンの海」も名護市内で開いています。

二〇〇四年にアボジの故郷を訪ねて、初めて一人で南朝鮮に行きました。朝鮮語ができないのですが、大韓民国の戸籍謄本に載るアボジの名前と家族の名前、生年月日が載った住民登録簿を持って一人で訪ねました。親族の方は誰も残っていなかったのですが、いとこの男性が大邱（テグ）に住んでいることがわかりました。いつかは訪ねたいと思っています。

新井英一さんの「清河（チョンハー）への道」という歌があります。南朝鮮でアボジの故郷を探すことをテーマにした歌ですが、アボジの故郷を訪ねたい思いは在日朝鮮人二世の共通した心情ではないでしょうか。

21　美しい音楽を奏でるだけでは存在の意味がない

丁讃宇（ジョン・チャヌ）　男

取材日／二〇一二年一〇月一〇日　**出生地**／岡山県倉敷市水島　**現住所**／東京都杉並区　**生年月日**／一九五〇年八月一一日　**略歴**／京都に移り住んだ五歳のときから左京区にあった音楽院に通い、ヴァイオリンを始める。一九六八年、桐朋学園大学に入学。一九六九年、パリ国立高等音楽院に入学。ミシェール・オークレールに師事。同音楽院を首席で卒業。現在は、ブレーメンアンサンブル代表。　**取材**／芦﨑治　**原稿執筆**／芦﨑治

▼両親とも民族学校の教師

四歳まで岡山県倉敷市の水島にいましたが、水島の記憶はほとんどありません。おぼろげながら女学生に囲まれて可愛（かわい）がってもらったことを覚えています。両親が岡山県の民族学校の教師をしていたからだと思います。母方の祖父、全相昱（チョン・サンウク）が民族学校の校長でした。そこで一世の父、丁萬吉（ジョン・マンギル）と二世の母、全鳳順（チョン・ボンスン）が知り合って教員同士で結婚したようです。父は母より七歳年長です。父が日本に渡るきっかけ

は、戦前から父方の祖父が商売をしていて日本によく来ていたようです。徴用ではありません。

丁氏の発祥の地は全羅南道の羅州ですが、父・丁萬吉の故郷は現在国際空港のある慶尚南道金海市郊外の農村です。母方の故郷は慶尚北道醴泉です。僕は教育一家に生まれました。三人きょうだいの長男です。下に妹が二人います。

僕らの親の世代は、「祖国に帰るか、日本で生きるか」という選択を迫られた時期の中で、次世代の子どもにどういう教育をするか悩んだと思います。日本がこれから国際化しても、民族差別は残っている。そういう社会環境の中で手に職をつけさせたいという強い気持ちがあった。ところが職業はたくさんあるのにヴァイオリンを与え、音楽家として生きる道を願った。僕は長男ですよ。しかも音楽家はつぶしが利かない。どういう発想からそこに至ったのか知る由もありません。

クラシック音楽家は、運と才能と財力がないと職業として成り立っていかない。そういう現実を両親はわかっていなかった。音楽家はグローバルな職業だから、どこの国に行っても自分をアピールできる。単純にそのように考えたのでしょう。

五歳のときに、京都に引っ越します。理由を深く尋ねたことはありませんでしたが、民族学校が立ち上がった初期のころですから、教員の給料だけで生活できなかったのかもしれません。倉敷市の水島にいたときは在日の同胞に囲まれて生活していたようです。京都では親戚以外、同胞との付き合いはほとんどなかった。日本名を使って日本人のような格好をしていれば、民族差別はあまり受けなかった。もう過去の通名に戻ることはないので、通名を口にしたくありません。

家庭の中では日本語でしゃべっていました。両親は子どもに聞かせたくないことだけ韓国語でしゃべっていましたね。きょうだいの会話も日本語です。京都の家は京都大学の裏にありました。住所は左京区吉田二本松町です。京大本部棟前を南北に走る東大路通と東西を横切る東一条通が交差します。その東側、京大総合人間学部や京大図書館が建っているところが吉田二本松町です。吉田神社の幼稚園に通っていましたから、僕にとって左京区百万遍の周辺や吉田山緑地は、故郷に近いイメージがあります。

近くに楽器店があってその二階に音楽院があった。週に一回ヴァイオリンを習いに通っていました。小学校は京都市立第四錦林小学校です。大阪に東儀祐二先生というヴァイオリンの指導者がいて、母に連れられ月に一回、習いに行くようになる。関西に毎日新聞社主催の学生音楽コンクールがあり、それには何回か入賞するようになっていました。

東儀祐二先生は、ヴァイオリンの指導者としては神様のような鷲見三郎先生の弟子筋に当たる方でした。東儀先生は月に一度、大御所の鷲見先生を大阪にお招きになり、才能ある子どもたちにレッスンを受けさせていた。関西圏で選抜された子どもだけが鷲見先生のレッスンを受けることができたのです。僕は国際コンクールの審査員を務める鷲見先生から、「東京に出てきて、ちゃんと音楽を勉強したらどうですか？」とすすめられたのです。

▼ヴァイオリン勉強のため一家で東京へ

親父とお袋は、僕に夢を託したのでしょうね。僕が東京でヴァイオリンを勉強するために一家で上京したのです。親父は教育とは縁を切って、不動産関係の仕事などいろんなことをしていたようです。東京に出たのは小学六年生のときです。中学は世田谷区立北沢中学に入学しました。中学に通いながら鷲見先生に三年間、ヴァイオリンを学びました。

中三になると音楽をやっている中学生は音楽専門の学校に行くか、あるいは普通の高校に通いながら音楽を続けるか岐路に立たされます。僕の場合は両親の意向もあったし、鷲見先生の強いすすめもあって桐朋学園大学の付属高校（男女共学の桐朋女子高等学校音楽科）に進みました。

鷲見先生は、桐朋学園大学付属高校の設立に関わった一人ですし、数々の音楽コンクールに入賞する人の中には鷲見先生のお弟子さんがたくさんいたのです。日本で考えられる最高の教育を受けることができました。

ところで、僕自身は小さいころから韓国人であることをわかっていたし、通名を名乗っていることに後ろめたい気持ちがありました。高校に入るときに、これから世界に出て行くんだ！と思い、韓国人の名前でやっていこうという心づもりで本名に切り替えました。それは僕の意志でもあるし、両親もそれを願っていました。

もう海外に出て行く意志がありましたから外国で通名を使うわけにいかない。日本の国内だけで音楽家をやっていこうという意識は全然なかった。というのは学園自体に欧米留学志向があり、教えてくれる先生は留学から帰って来た人がほとんどでした。桐朋学園大学附属高校のトップクラスは、欧米にみんな留学した。そのまま桐朋学園大学の四年まで居続けることは落ちこぼれみたいな雰囲気がありました。音楽家で生きていくのなら欧米に留学するのは当たり前だったのです。音楽家という漠然とした夢が、中学、高校と進むに連れて、形のある夢になっていきました。

▼出会いに恵まれて

中学に入るまでは朝鮮籍でした。韓国籍に変えると慶尚南道金海市の墓参りができるというので、僕が中学に進学したころに親父が丁一家を韓国籍に変えたのです。

一七歳のときに、親父と祖先の墓参りをすることになり初めて韓国を訪れました。金海市郊外の親父の実家に行くと、「どこからこんなにたくさん人が集まったの？」と驚くくらい父・丁萬吉に会うために親戚が集まった。日本には親戚がほとんどいなかったのに、百数十人の親族が集まった。劇的な対面です。慶尚南道の田舎には大家族主義が残っていて、人間関係の血の濃さを思い知らされました。

僕は人との出会いに恵まれました。一五歳のときに、大韓民国の「愛国歌」を作曲した安益泰（アン・イクテ）先生に会ったことがありました。僕の演奏を聴いてくださって、「米国のカーチス音楽院に行きなさい」とすすめられた。そのころ、米国に留学するならジュリアード音楽院かカーチス音楽院という時代です。安益泰先生はカーチス音楽院に知り合いがいるということですすめた。まだ一五歳でしたから一人で米国に行くのは不安もありました。迷っているうちに桐朋学園大学の附属高校で学ぼうという気持ちになっていました。

その後、一八歳のときに韓国・KBS交響楽団の指揮者で作曲家の林元植（イム・ウォンシク）先生に出会います。林元植先生は、指揮者の朝比奈隆（あさひなたかし）さんと親しい日本びいきで、日韓を往復されていました。誰かが「在日でヴァイオリンを弾いている高校三年生がいる」という話を林先生にされて繋（つな）がり、親父が世田谷区赤堤（あかづつみ）にあった家に招待した。そのときに、「あなたのヴァイオリンを聴きたい」といわれたので、林先生の前で弾いたんです。すると「自分がプロデュースするから、近いうちに韓国でコンサートをやりましょう」とおっしゃったのです。ラッキーでした。音楽家は出会いやチャンスがないと、なかなか浮上できないんですよ。

一九六八年四月に桐朋学園大学に進学しました。その年に韓国日報主催の「ジョン・チャヌ独奏会」がソウルの市民会館で開かれた。現在の世宗（セジョン）文化会館が建つ前にあった会館です。三〇〇〇人が入る大ホールでした。林先生は韓国・KBS交響楽団の音楽監督でもあったので、「協奏曲でデビューしないか？」といわれ、メンデルスゾーンの「ヴァイオリン協奏曲ホ短調作品六四」とヴュータンの「ヴァイオリン協奏曲第五番イ短調作品三七」の二曲でデビューしました。一九歳で祖国のＫＢＳ交響楽団と共演して、演奏会が終わって両親は泣いていました。ソウルでの独奏会のデビューは日本人も在日の人も知らなかったと思います。

桐朋学園大学で一年を終えて一九六九年にパリ国立高等音楽院に留学します。ミシェール・オークレール女史に師事します。

ヴァイオリンの世界には流派があります。ミシェール・オークレール先生はロシアンスクールでも学び、アメリカンスクールの有名な先生にも教えを乞うた。フレンチスクールの先生にも学んだ経験がある。それぞれの流派の長所をご存じの方で技巧的な面を教えていただきました。

パリ国立高等音楽院は首席で卒業しました。音楽院三年間に、林先生がパリに何回も訪ねて来られて僕がどのように勉強しているかをつぶさにご覧になっていました。

その後、パリ国立高等音楽院の大学院に進学します。五年間、学び終わったあとに林先生のプロデュースで帰国演奏会というコンサートを韓国で開きました。当時、在日コリアンで留学までして音楽家になった人はいなかった。欧州で学んで韓国で演奏会をやったのは、僕が最初だと思います。裕福な家ではなかったけれど、両親が僕を中心に生活を設計してくれたからできたことでした。

その帰国演奏会に韓国の音楽界の人がたくさん聴きに来てくれた。その中に韓国国立交響楽団のコンサートマスターがいたのです。その方は当時六十数歳で引退直前だった。経験のまったくない二六歳の僕に、「なんとかコンサートマスターをやってくれないか」と頼まれたわけです。僕なんか、ぺーぺーの音楽家なのに、韓国の一流の音楽家の中でできるかどうか不安でしたが、二七歳でコンサートマスターをやらしてもらいました。

韓国での演奏会のあと、日本国内でツアーをやりました。東京でＮＨＫ交響楽団、大阪で大阪フィルハーモニー交響楽団。福岡は九州交響楽団、北海道は札幌交響楽団。愛知は名古屋フィルハーモニー交響楽団。五大都市で地元の交響楽団と共演をした。僕の存在はそれから知られるようになります。在日の人々も、僕の存在を知るようになるのはこのころ。一九七六年ぐらいです。

▼韓国国立交響楽団のコンサートマスターに

そして一九七七年から二年間、韓国国立交響楽団のコンサートマスターを務めます。僕には在日を代表して祖国に打って出よう！　という気負いが当然ありました。韓国語ができなかったから、他の外国で演奏するよりもっとつらい思いをするかもしれない。厳しいかもしれない。それは皆目見当がつかなかった。ただ、僕自身が楽天的なところがあって、当たって砕けろみたいな性格なので。楽団員の中には「こんな若造をなんでコンサートマスターにするんだ」という人もいたけど、韓国語ができなくても日本語でやっちゃおう！　というところがあって、明るく一生懸命やっていたので意外にも好意的に受け入れられました。

韓国国立交響楽団の中には、まだ日本語をしゃべる世代が三分の一ぐらいいたんです。当時の五〇代なら植民地時代に日本語教育を受けている。困ったときに日本語をしゃべる世代の団員に相談に行くと、なにか融和ができたんです。ベテラン楽団員も久しぶりに日本語を話すので懐かしがってくれました。しかし、心中は複雑でした。自分が韓国人なのに、韓国国立交響楽団のコンサートマスターとして日本語をしゃべっていること自体がね。

僕自身は韓国語を学ぶ気持ちはあった。でも忙しくてなかなか勉強できなかった。ブロークンの片言の韓国語で通しました。音楽は言葉ではないので、言葉に詰まったら楽器を弾いて指導したのです。

一九七九年から四年間、現在川崎市にある東京交響楽団に入った。ここで韓国の交響楽団との違いをはっきり知りました。例えば日本の会社組織の場合、会議があっても事前に根回しがあって会議はセレモニーみたいに合意する場所になる。それはオーケストラの本番と練習にもいえるんです。日本のオーケストラは練習の段階でほとんど完成に近いところまで練り上げていく。ところが韓国は演奏会が近づくまで乗る気がしない。前日ぐらいからお尻に火がついたようにやり出す。それでも本番はけっこう巧(うま)くいく。火事場の馬鹿力じゃないけど、即興性がある。日本の音楽家はまじめに練習をしているけれど、本番に緊張して実力を発揮できないような傾向は昔からありました。

気質が違う。韓国人は一発勝負的なところがあるんです。また音楽に対する歌心がもっともっと濃厚です。日本人でも歌心のある人はもちろんいます。それは控えめな内に秘めた歌心です。大人っぽくて渋いといえば渋い。韓国人の場合は、歌心が外に出る。そうしないと表現者として認められない。それはパリにいたときから感じていました。欧米の音楽家は韓国人音楽家に対して、そういう尺度で見ています。韓国の音楽家は即興性に富んでいて、面白い。日本の音楽家はまじめでいい音色を出すけれども型にはまってスケールが小さいと見られます。

じゃあ、僕はどういう評価をされているか。国籍は韓国人なんだけどマインドは日本人なんです。留学に行ったけれど、一九歳まで日本にいたので日本は母国なんです。これは韓国の音楽批評家からいわれたことですが、僕には韓国人の大胆さと日本人の気まじめさが混ざり合っているというのです。それが自分の個性なら、こういう部分を伸ばせばいいんじゃないかな、と思ったんです。

▼在日はプラスアルファーの良さ

これまで日韓両国の文化を、音楽を通して経験しました。それぞれの文化の良い面を学んだのです。これは在日の文化人、アーティストにとって特徴的ないい素質でもある。在日の文学者もそうですね。韓国人にも日本人にもない独自の貴重な切り口があります。

在日韓国人の若い人たちは韓国人にはない、日本人にもない、プラスアルファーの良さを持って生まれてきている。それを活かすようなことを考えてもいいんじゃないかと思います。

結婚は一九七九年四月に貿易会社で働いていた韓国人女性としました。僕の演奏会によく来てくれていた女性で、張恵淑（チャン・ヘスク）といいます。彼女は慶尚南道晋州出身です。僕は子どものころから「韓国人と結婚しなさい」と親からいわれ続けてきました。日本人に対する恨みとか、反日意識は強かったと思います。僕には親の世代が持つ反日意識はないですけど、祖国が植民地支配を受け渡日せざるを得なかった世代の心の葛藤は、大変なものがあると思います。

一時期日本人女性ともお付き合いしたことがありました。でも日本人女性との結婚は親が絶対に許さないだろうなと思っていた。韓国にいる間にいい人が現れたらいいなと思っていたときに出会いました。

同じ民族同士だから、お互いに通じ合えると思って結婚したのですが、現実は違う文化を持った者同士の国際結婚でした。僕のマインドは日本人なので、文化的な溝はありました。はじめはお互いに恋愛感情があるからいいんだけど、子どもが生まれ、教育観が出るころからディスカッションしても感性的に合わなくなった。価値観の違いが出るようになる。どっちがいいとかの問題でなく、文化の溝がある難しい国際結婚でした。

韓国人女性は自分の考えをはっきり言葉に表現します。例えば日本人なら遠まわしに婉曲に表現するとか、相手が黙っていても察するとかします。しかし韓国人はお金が欲しいときは、はっきり欲しいと言う。そういう直接的な表現がある一方で、家族関係は濃厚で情もありますね。妻が韓国人である以上、僕が韓国の価値観に慣れるしかなかった。衝突はありましたけど、二〇年近くソウルで生活の基盤を築けたのは妻のお陰だと感謝しています。

妻も日本にいたときは日本語を学ぶ努力をしていました。朝から晩までテレビを凝視していた。それで六ヶ月ぐらいで、日本語がしゃべれるようになったのには驚きました。韓国人の海外の環境に慣れる才能はすごいです。ユダヤ人とよく比較されますけど、渡ったところで適応する能力がありますね。

一九八〇年代に入って、韓国国立交響楽団が韓国KBSの所属になる。新しい船出のときに、「もう一度来てほしい」という要請がありました。僕はどちらかというと日本で演奏活動を続けたかったのですが、一九八三年から八六年まで韓国KBS交響楽団のコンサートマスターに就任します。また一九八八年からソウルの延世（ヨンセ）大学校音楽大学でヴァイオリンの講義を始め、一〇年間務めて副教授で退職しました。週に四日大学に行って、個人授業が中心でした。オーケストラの指導もしていました。大学からは一〇年の勤続賞をいただきました。

音楽家でも在日という特殊な立場にありますから、美しい音楽を奏でるだけでは僕の存在の意味がない。僕にしかできない社会と繋がった音楽活動はできないかと模索していました。僕にとって南北統一が大きな柱の一つなので、「命・愛・平和」三つのキャッチフレーズを作り、それを二〇〇〇年から実践するようになった。それが同年六月八日に開いた南北首脳会談を記念するユニティコンサートであり、二〇〇一年三月二日に開いたJR新大久保駅の転落事故の追悼コンサートです。そのあと、サッカーワールドカップ日韓共同開催があり、二〇〇四年には韓流ブームがやって来て、僕が思い描いていたような民衆レベルの日韓文化交流が興ったので良かったです。領土問題で緊迫したところもありますが、一旦火がついたものは簡単には消えないものです。

子どもは二人います。長男は公認会計士で、会計法律事務所で働いています。長女は東京藝術大学を卒業してヴァイオリニストです。ジャズ・ロックみたいなジャンルでテイセナ（丁世那）という名でCDデビューしています。

子どもたちは一般の日本人のような生活は送れないだろうから、僕の親父がそうだったように手に職をつけて社会に貢献してほしいと願ってきました。今も僕の国籍は韓国です。少なくとも両親が生きている間はこのままにしておきたい。あえて日本国籍に変える必要性も感じていないです。子どもたちが日本国籍に変えたいというならよく考えてやればいい。在日の故郷は日本なんです。日本なのに韓国籍であり続けることは大きな問題なんです。海外に出るにしろ、実際は日本国籍のほうが楽なんですよね。僕たちも面倒なことはいろいろあったけれど、ここまで来たのだから韓国籍は維持すると思います。

自分のアイデンティティは何かと問われたら、「生みの親は韓国、育ての親は日本」と人に理解してもらっています。祖国は二つ。日本と韓国です。日本と韓国が仲良くしてもらわないと僕の存在が危うくなる。日韓友好が、僕の一つの目標です。そのために僕は生を享けたんじゃないかなとそう思っています。

子どものころから在日に対しマイナスのイメージがありましたが、在日は1プラス1が3になる可能性があるほど二つの文化をあわせもっています。在日はもっと豊かな発想ができると思います。発想を変え、プラスに転換したらいい。若い在日の世代にそれを強調したいです。祖国はどこだと限定しないで、日本も祖国だし、韓国も祖国だと思います。ひいてはアジアを祖国だと思えば、全世界に必要な人間になれるんじゃないかと思いたい。

僕の若いころは、アイデンティティは重要な問題だった。でも、あんまり真剣に考える必要はないのでは。在日、日韓のことを考えるのは出発点だろうけれど、世界に視野を向けて欧米に限らず、これから中国、インドといったアジア諸国と接触していかなければならない。日本だ、韓国だ、という狭い地域でアイデンティティを結論づけないほうがいいと考えています。

自分の中では京都が出身地みたいなものです。伝統があって保守的に見られがちで、日本人の考え方、日本人の感性、日本の死生観が詰まっている街です。僕は京都が大好きなんですね。日本の人に何かをして欲しいとは思わない。ただ、日本は尖閣諸島、竹島問題で揺れていますが、近隣諸国と上手にやっていく方法だけは考えてほしい。大ごとにならないようにしてもらいたい。領土問題は棚上げすればいいんです。日本人の素晴らしさを人一倍知っているつもりです。韓国人の素晴らしさも知っています。日本のマインド、韓国のマインド、両方のマインドを潰さない社会になって欲しいです。

22　朝鮮人の尊厳回復し、過去を繰り返させないために

洪祥進（ホン・サンジン）　男

取材日／二〇一四年八月八日　**出生地**／兵庫県尼崎市　**現住所**／兵庫県尼崎市　**生年月日**／一九五〇年九月一六日　**略歴**／両親は戦前、済州島から渡日。一九七三年、朝鮮大学校旧師範教育学部に入学。七五年から東神戸朝鮮初中級学校、尼崎朝鮮初中級学校等で一五年間、教員を務める。七八年から五年間、京都大学教育学部比較教育学講座所属。九〇年、朝鮮人強制連行真相調査団朝鮮人側中央本部事務局長に就任。九二年以降、過去の日本植民地支配下で朝鮮人に加えられた抑圧・差別を重大な人権侵害として位置づけ、国連人権委員会などに一七回参加し、日本軍「慰安婦」問題や強制労働に関する決議を引き出す。二〇〇三年、強制連行者名簿を南北朝鮮で公開。〇七年から「在日朝鮮人歴史・人権週間」（のち月間）を推進。　**取材**／金静媛　**原稿執筆**／金静媛

▼戦中、母は軍需工場で強制労働

わたしの両親は済州島(チェジュド)の出身で、父は一九二三年に済州島と大阪の定期航路の連絡船で渡日し、大阪で丁稚(でっち)奉公して働きました。母は島で海に潜って海産物を採る海女(あま)の仕事をしていま

したが、三〇年代に日本に渡ってきました。

その後、母は兵庫県尼崎市にあった麻袋を製造する工場、大阪製麻で働くようになりました。工場内は麻の繊維くずが飛び散る不衛生な環境だったのですが、過酷な労働条件の職場でも朝鮮人の誇りを持って、日本人に引けを取らぬようにと一生懸命に働いたそうです。

四五年に解放を迎え両親は故郷に帰る機会を待ちながら、尼崎市内でほうきや生活雑貨などを売る荒物屋・雑貨総合卸売業を営んで生計を立て子どもたちを育てました。わたしは五〇年に次男として生まれました。五五年に在日本朝鮮人総連合会（総連）が結成されると組織を中心に地域の同胞社会が活性化され、父も地域の同胞とともに活動に力を注ぎました。そうするうちに尼崎東支部の非専従の副委員長に任命されることになりました。自営業を営みながらも祖国の復興を願い昼夜、同胞の家を戸別訪問するなど権益擁護に奔走していた父にとって、副委員長に任ぜられたことはこの上もない栄誉だったのです。故郷をあとにし異国の地での身の上を思うと、人間としての尊厳、尊い政治的生命を授かったことが身に余る光栄でした。その後も父は財政部長の任務に就き懸命に支部の活動に励みました。

四九年に発令された朝鮮学校閉鎖令によって学校が閉鎖されましたが、五五年の総連結成以降、各地で学校が創立されました。わたしが小学校に入学するときは居住地域の事情のために日本の公立小学校に入学しましたが、四年生になって朝鮮学校に転入することができました。

▼朝鮮文化との出合いが出発点

五、六年生のころ、同胞青年向けの雑誌「新しい世代」に「日本の中の朝鮮文化」という記事が連載され興味を持ちました。日本の各地域に朝鮮に由来する事物があることを初めて知り、実際に自分の足で現地を訪れて目で確かめたい衝動に駆られました。ちょうどそのころ、父が自転車を買ってくれわたしは大喜びしていました。今になって振り返ってみると、そのことがわたしにとって「これが自分の出発点だ」と思うきっかけを作ってくれることになりました。最初は朝鮮から伝来した百済（くだら）観音を見にいこうと同級生らを誘い、三人で自転車に乗って奈良の法隆寺に行きました。兵庫県から奈良までは何度もヒッチハイクをし、トラックの荷台に自転車ごと乗せてもらうなどの手段で往復することができたのです。

奈良をきっかけに各地を回り、朝鮮の文化はなんと素晴らしいものかと、自分の五感で確認し感動しました。日本文化の発展に朝鮮の文化がどれほど貢献したのかを知り、民族的な自負を確立することができたのでしょう。その体験はわたしの心の出発点です。神戸朝鮮中高級学校に入学すると吹奏楽部に入り活動に専念しました。

一九七三年に朝鮮大学校旧師範教育学部に入学。七五年に卒業して地元の東神戸朝鮮初中級学校、それから東大阪朝鮮初級学校、尼崎朝鮮初中級学校で一五年間教員生活を送りました。そのころ、地元の元朝鮮学校教員や、同胞の先輩研究者、主婦らで構成される「兵庫朝鮮関係研究会」（兵朝研）に入って、県と在日朝鮮人の歴史、強制連行や四八年の「四・二四阪神教育闘争」の歴史などを体験者の証言収集や資料調査をもとに掘り起こし、記録する作業を行いました。県内で炭鉱、鉱山、特に戦中には軍需工場に多くの朝鮮人が強制連行され強制労働に就かされていた実態が調査を通して浮き彫りになりました。また、民族教育への差別の実態も課題として取り上げました。そして報告書『兵庫と朝鮮人』がまとめられました。八〇年代の半ば、尼崎朝鮮初中級学校の生徒が近くの池で遊んでいると警察官に「お前、朝鮮人か！」といって警察署に連行される事件が起きたのですが、当時、その不当な警察の対応を取材してくれた記者が、朝日新聞襲撃事件で犠牲になられた朝日新聞阪神支局の故小尻知博記者でした。

▼二五都道府県に朝・日合同真相調査団結成

「兵朝研」のメンバーとともに地元の強制連行の調査に取り組んでいた時期のことです。一九九〇年に朝鮮人強制連行真相調査団の中央本部が結成されました。わたしは専従の朝鮮人側事務局長に就くことになりました。その当時わたしは四〇歳で、三人の娘がいました。子どもたちはまだ幼く朝鮮学校の初級部や幼稚班に通っていたころです。中央本部は東京にあるので単身赴任になりました。一ヶ月から三ヶ月の予定だったのが以降、二〇年が経ちました。

真相調査団は七二年八月一五日、沖縄において日本の学者、文化人、法律家らと総連とで結成されました。続いて北海道、九州、東北、広島、長崎と日本各地で調査活動が行われるようになりました。目的は、過去の日本による朝鮮植民地統治下の強制連行（日本軍「慰安婦」・強制労働・軍人軍属など）の事実を文献・現地調査・証言収集などにより明らかにし、日本と南北朝鮮との友好と和解を実現することです。

九〇年代に入って朝・日関係改善のため朝鮮労働党、日本社会党、自由民主党との三党共同宣言が発表されました。また南では長く続いた軍事独裁政権から民主化運動が広がり、個人に対する補償の見直し、強制連行を行った日本の企業に対する訴訟が相次ぎました。九五年の戦後五〇周年を控え、朝・日の間でも植民地支配の清算と戦後補償についての見直しが焦点となりました。

七〇年代の活動を引き継ぎ、新たな段階へと活動を展開させようと、九〇年に朝鮮人側の中央本部が発足しました。日本人側は全国協議会という体系で組織されました。以降、日本各地の二五都道府県に朝・日合同真相調査団が結成され、日本人側調査団は学者、弁護士、教員、市民など、朝鮮人側は総連各都道府県本部が中心となって活動を展開しました。

活動は日本の過去の清算を主眼に据え、日本軍性奴隷「慰安婦」問題をはじめとする朝鮮人強制連行問題を提起し、その実態を国内外に幅広く知らしめることが課題でした。主な成果は、第一に各地で二五の朝・日合同調査団の結成。第二に強制連行は重大な人権侵害であるという視点で、国連の各委員会での提起を行ったこと。第三に資料調査と名簿公開をしたことです。

また二〇〇〇年に入ってからは戦争末期に朝鮮半島北部から連行された被害者の遺骨と遺族の調査、証言収集などに力を入れました。そして過去の歴史から在日朝鮮人の人権の問題点を明らかにし、戦後も続いてきた日本国内での差別、民族性抹殺が重大な人権侵害であるという認識をより深める人権運動を推し進めました。

日本当局が現在も朝鮮学校に対する「高校無償化」除外を行い差別や排外主義を助長しているように、在日朝鮮人差別が子孫の代にまで及んでいること、在日朝鮮人の歴史の発生原因である強制連行の調査研究と過去の歴史を、人権問題として日本社会に知らしめ啓発を推し進める運動へと展開させました。

日本軍「慰安婦」問題では、いち早く七二年に沖縄の裵奉奇（ペ・ポンギ）さんの証言収集を行いました。一方、貴重な資料も発見しました。一九三二年に日本人女性を「女給になる」と騙して中国・上海の日本海軍「慰安所」に連行した事件で、業者が「国外移送、国外誘拐罪」で有罪になった判決に関する資料です。当時の最高裁である大審院が、旧憲法下でも違法という判決（すなわち強制連行の「強制」は肉体的および精神的強制を含む）を下していたのです。これらの調査は河野談話（一九九三年）の発表にも繋がりました。

調査の手がかりを得るために、まず日本政府の各省庁が保管している公文書の調査から手掛けました。外務省、厚生省（当時）、文部省（当時）、防衛庁（当時）などにあった目ぼしいものは情報公開請求の申請をして入手しました。中でも「米国戦略爆撃調査団報告書」は、米軍機が空中から日本の軍関連施設の防空壕などを爆撃し破壊した実態を記録する目的で作成され、各地の防空壕や地下壕の所在や規模などが記録されています。防空壕などの地下施設の建設工事には多くの朝鮮人が動員されていたことがのちの現地調査で明らかになりました。

　調査の手始めはまず防空壕関連の資料をもとに、四国から取り組みました。四国四県の強制連行の実態はほとんど知られていませんでした。愛媛県の道後温泉の近くの洞窟を訪ねると、地元の日本人からは「工事はみな、朝鮮人がやった」という証言が得られ、洞窟は戦中に掘られた川西航空機の地下工場であることが判明しました。

また、高知県では地元の同胞からも「強制連行はない」と聞いていましたが、太平洋沿岸には米軍機の襲来に備えた特攻艇「人間魚雷」の壕があり、壕の建設作業に朝鮮人が動員されていたという証言を得ました。この調査をきっかけに一番目に四国調査団が結成され、幸先が良く兵庫、大阪、神奈川、京都、北海道、山口、福岡などと一気に広がっていったのです。

　神奈川県では地下壕の資料をもとに横須賀の現地を探し歩いていると、付近の学校近くで遊んでいた子どもたちから思いがけない情報が得られました。その壕で子どもたちは「いつも遊んでいるよ」といって場所を教えてくれたのです。ようやく見つけたのですが、壕の入口は崩落などの危険のためブロックでふさがれていました。どうやって中に入ろうかと思案して近所の人に相談すると、関係者らに問い合わせてくれ、ブロックの除去もしてくれました。中に入ると飛行機がそのまま入るほどの巨大な地下壕で、日本最長とも推察される地下壕も確認しました。

　一般的に地下壕といえば長野県の松代大本営が知られていましたが、それ以外にも各地にたくさんあったこと、資料と現地確認、聞き取り調査によって、地下壕と朝鮮人強制連行の実態を明らかにしました。また戦前の寄留簿、除籍簿といった行政資料とともに、お寺に往復はがきを出して過去帳に朝鮮人の有無を問い合わせ、炭鉱、ダム、軍需工場と朝鮮人強制連行の関わりを探し出しました。

そのころ、朝鮮人側団長の後押しを受けて米国の国立公文書館で資料調査を行い、戦後米国に接収されていた資料、またその後日本に返還されていた資料など、今後の調査の手掛かりとなる貴重な資料を発見することができました。

資料調査の過程での教訓は、調査団関係者と各専門分野の研究者らが、資料を突き合わせ、意見交換し情報交換する機会を持つことで調査の幅が広がり、成果が上がったことです。被害調査は朝鮮人が日本人を攻撃するとか、責任を追及することが目的ではありません。しかし関係者が減っていったことは残念でした。この時期、真実を知らせることが大切。体験者は年々減っていく。早くやらなければという思いに駆られました。

▼国連に問題提起

調査団活動の大きな成果の一つは日本国内にとどまらず国連での活動へと展開したことです。地方でやることは大体できてきたあと、真相調査団結成時から活動していた柳光守（リュ・グァンス）先生の協力により、一九九二年八月に国連人権委員会の各小委員会などに参加し、日本軍「慰安婦」問題や強制労働について、日本が過去の国家犯罪に対して、真の謝罪も補償も行っていないことを告発し様々な決議採択を引き出しました。

メンバーとともに会期の二週間前に開催地のジュネーブに行って、各国のNGOに資料を渡し、ロビー活動を行いました。その過程で、資料を読んだNGOがまた別の関係者を紹介してくれるなどの効果を生みました。資料作成や報告は弁護士の戸塚悦朗先生が貴重な役割を果たしてこられました。

当初、海外での経験は苦労が多かったのですが、三度目から要領がわかるようになりました。滞在期間はウィークリーマンションを借りて、皆で自炊をし、現地ではアムネスティなどとの信頼関係が築かれていきました。

現地の朝鮮民主主義人民共和国の国連代表部からも毎回、多くの協力を得ながら民族教育に対する差別についても提議を行いました。日本が過去の清算を怠り、その被害者の子孫に差別が受け継がれているという視点で、朝鮮学校のJR通学定期券問題（当時は朝鮮学校生徒は大人料金、のち学割適用）、チマ・チョゴリ暴行事件、大学受験資格などの差別を報告しました。チマ・チョゴリの女子生徒への暴行などの実態をまとめビデオを上映すると各国のNGOからは日本政府への非難が集中し、日本が国際的に孤立していることを目の当たりにしました。以降、国連では、日本は経済では先進国、しかし人権では後進国だという認識です。

中でも九四年に国連人権委員会が採択した「人権と基本的自由の重大な侵害を受けた被害者

の原状回復、賠償および更正を求める権利についての研究」と題するファン・ボーベン国連最終報告書は大きな意義があります。

活動の成果の二つ目は強制連行者の名簿の収集と公開です。日本政府が名簿を公開しないので、各都道府県の調査団が自治体や企業の社史、お寺の過去帳に至る調査によって収集した名簿をまとめました。水豊（スプン）発電所など朝鮮国内へ連行されて働かされていた人数は四〇〇万人以上という統計数字があります。朝鮮半島から海外への強制連行は最小から最大まで幅があり、一番少ない数が厚生労働省の約六六万八〇〇〇人、次が外務省の報告書にある約七二万人、そして日本の一部研究者の数字は約一〇〇万人。わたしたち調査団は少なくとも一五〇万人と考えています。二〇〇三年三月、収集した四三万人分の名簿をソウルで公開しました。九月には平壌（ピョンヤン）で公開し南北朝鮮双方の支持を得ることができました。名簿から家族の消息を確認した遺族たちは「どうしてこれまで死亡通知も遺骨もなかったのか」「消息がわからず法事もできず墓もない」などと日本に対する怒りをあらわにするなど、名簿公開は大きな反響がありました。強制連行されて死亡した多くの遺族には、日本政府から死亡届も送られていません。だから戸籍の処理もできないため、相続問題が解決しない人たちもいます。遺族の苦痛はどれほどであったでしょうか。

六〇年間も放置されてきた南北数十万人の遺族の気持ちを理解せず、「拉致」のみを強調するのでは、日本に対する怒りが高まるのは当然です。「拉致」はあってはいけません。被害者や家族への補償も必要でしょう。しかしこのことを理由に強制連行の責任を回避するのは許されません。

▼南北朝鮮、日本での遺骨調査

約一五〇万人の強制連行者のうち、死亡者は約六万人、日本国内に残る遺骨は五万人と推測されます。二〇〇四年一二月に行われた韓日首脳会談で盧武鉉（ノ・ムヒョン）大統領が日本政府に遺骨調査を依頼しました。日本政府は実態調査を実施する考えを明らかにしましたが、調査対象の民間企業は一〇〇社だけで形式的な調査にとどまりました。その後、南で発足した政府による「真相糾明委員会」と共和国の調査委員会が連携を取り、遺骨の調査に取り組みました。東京の祐天寺（ゆうてんじ）には朝鮮人軍人・軍属と民間人（浮島丸事件犠牲者）一一三五人の遺骨が保管されており、調査により北半部出身者・四三〇人中七人の遺族を見つけ出しました。〇六年には遺骨問題の解決に向け「緊急集会——今強制連行犠牲者の遺骨は」というテーマで南北の遺族を招請し集会を開きました。北海道から九州に至る各地に放置された遺骨の実態と、何よりも多くの人に遺族の思いを聞いてもらうことが最も重要な目的でした。

▼「在日朝鮮人歴史・人権週間」で幅広がる

これまでの活動を通して、強制連行を人権問題としてとらえることを提議し、〇六年には調査団活動の幅が大きく広がりました。一九〇五年条約（乙巳保護条約）と強制連行犠牲者の遺骨問題、日本も批准（ひじゅん）している人種差別撤廃条約から見た在日朝鮮人に対する日本政府の抑圧政策の問題点を取り上げ、国際的観点からの改善を目的とし「在日朝鮮人歴史・人権週間」を定めることになりました。

日本人側の朝・日関係の研究者、関心を持っている人、組織的には教職員組合、自治労や社民党からなる平和運動フォーラムなどの全国組織と総連各県本部が共同で、各地で啓発運動に取り組む体系を作り上げました。この新たな取り組みが組織を拡大するきっかけとなりました。それぞれが全国に支部などの下部組織があるので、案内を送るなどの仕事がやりやすくなりました。お亡くなりになった清水澄子さんや日本人側団長の鈴木二郎先生の奮闘と元参議院議員の本岡昭次（もとおかしょうじ）先生や弁護士の空野佳弘（そらのよしひろ）先生たちの尽力は特記しなければなりません。

これらの調査の内容と記録は各地域調査団ごとに『朝鮮人強制連行の記録』（柏書房）としてシリーズで出版され、全国の図書館に蔵書として置かれています。

今後の課題は収集した資料や証言などを整理し、統計学的に分析しなければなりません。この間、在日本朝鮮留学生同盟の学生たちが積極的に取り組みました。兵庫留学同は被害死亡者の名簿である「殉職産業人名簿」を本籍地、死亡年月日、企業名に分類し、分析してデータ化する膨大かつ貴重な作業をしてくれました。

また、これまでやってきた調査のノウハウや経験、たとえば情報公開の方法などをまとめた手引書を作らねばなりません。やればできるという自信に繋がります。

長年の活動は朝鮮人の民族の尊厳を回復し、不幸な過去を繰り返させないためにやってきました。正しい未来を築くために朝鮮人と日本人が議論を積み重ねること、その過程で信頼関係を築くことが重要です。大きな課題は朝・日関係の改善です。何よりも加害と被害の歴史を政治的にだけ見るのではなく、相手の歴史を知ることが大切だと思います。

23　朝鮮人であることを隠し続けたアボジ

中孝信（シン・ヒョシン）　男

取材日／二〇一二年一月一四日　**出生地**／宮城県亘理郡　**現住所**／宮城県仙台市　**生年月日**／一九五〇年一一月一二日　**略歴**／父は済州島から密航で日本へ。母は日本人。三男二女の末子として出生。父が朝鮮人であることを知らずに成長。山元町から仙台に移る一九五七年、父と子どもたちが日本に帰化。六九年に東北学院大学に進学、入管法反対闘争など学生運動に積極的に参加。七二年に学内紛争の中で令状逮捕され、大学を退学に。七六年から在日韓国青年同盟に参加し、宮城県本部の責任者として活動。八三年に鍼灸師の資格を取得して翌年開業。八六〜八七年にニカラグアの鍼灸治療ボランティアに参加。九〇年、板門店北側地域で開かれた汎民族大会に参加し、在日韓国民主統一連合の会員となる。二〇一一年三月の東日本大震災後、「まげんdeネット・みやぎ」を立ち上げ、被災した「女川町立女川第2中学校全生徒13名の支援プロジェクト」と「山元町鍼灸プロジェクト」を継続中。　**取材**／黄英治　**原稿執筆**／黄英治

▼父は朝鮮人、母は日本人

父の出身地は済州島（チェジュド）大静面（テジョンミョン）で、一〇代に兄と密航で大阪に渡り、日本を流れ歩いていたら

しい。日本の敗色が濃くなるころは旋盤工で、埼玉県朝霞の軍需工場で働いていた。母は勤労動員で工場の食堂を手伝っていて、二人はそこで出会ったそうで、長兄は朝霞生まれです。母は父が朝鮮人であることを承知で結婚した。母の実家は強く反対したけど、同棲して子どもが生まれるので、認めてもらった。父は一〇年前に八四歳で亡くなりました。母は今年八八歳でまだ元気に暮らしています。

母の出身地が宮城県亘理郡山元町で、こちらに疎開してきた。わたしはここで三男二女の末っ子として生まれました。

戦後はパーマ屋がいいというので、母が半年ほど東京へ修業に行き、山元町でパーマ屋を開業したけど食えるまでいかず、「仙台に出てやり直そう」ということになった。父は美容院や床屋で使う材料の卸問屋で、バイクに荷物をつんで配達していた記憶があります。母がパーマ屋、アボジ（父）は材料販売で小さな会社をつくっていたから、仙台ではちょっといい暮らしだったのかな？　テレビも近所よりは早めに入ったからね。

父は無茶苦茶じゃなかったけど、すぐ手を出すし怖かったね。母にも結構やっていたようで、家父長制にどっぷりとつかった男だった。

▼小学一年のとき、父と子どもたちが帰化

仙台に移った一九五七年秋、わたしが小学一年のときに父と子どもたちが帰化した。その時

代だから許可してもらうためにいろんなことをしたんじゃないかな。まあ配偶者が日本人だから、在日同士の帰化よりも規制がゆるかったかもしれない。

父の言葉には、今思うと一世独特のなまりがあった。でも毎日聞いているから違和感ないですよ。でも食い物はちょっと違ってた。ホルモン＝「とんちゃん」をどこかで買ってきて、朝鮮風に味付けして食べていた。調理は母もアボジもした。それと豚足。これは年に二回か三回のごちそうだったけど、朝鮮料理と思わず食べていた。友達の家でごちそうになると、そんなものは出てこない。母親はそんな料理やキムチも上手につくっていた。母には日本人が普通に持っている差別意識はなかったみたい。ただ親父が自分の出自を隠そうとしていたから、何もいわなかったけど。

アボジが朝鮮人であることは全然わからなかった。日本に朝鮮人がいることさえ知らず、意識にもなかった。アボジがチラシの裏に懸命に漢字の書き取りをしているんだよ。「勉強好きな人やなぁ」と思ったけど、商売上、漢字が書けるようにと、なまった発音を直そうと、頑張っていたんだね。アボジが済州島で学校に通ったかはわからない。でも、朝鮮語も日本語も読み書きができた。

小学校の入学式で、子どもの名前を呼んで「はい！」と起立する儀式があった。一緒に遊ぶ近所の友達が呼ばれて立つ。でもわたしは呼ばれない。緊張して待っているけど素通りする。不安になって父親を見たらね、悲しそうな、苦笑いのような、なんともいえない顔でわたしを見ていた。最後に呼ばれて、「なんでかな」と首をかしげた記憶が、いまでも鮮明に残っている。理由は朝鮮籍だったからだね。帰化の許可は仙台に移る秋だから、山元町の小学校に入学したときは、まだ朝鮮籍だったはず。

後知恵だけど、近所はアボジが朝鮮人だと知っていて、子どもたちも親から聞かされて結構わかっていた。ただそれでいじめはなかった。多分、差別はあったんだろうけど、記憶にないね。学校の先生には、今考えると差別していた人が何人かいるけどね。

▼大きな会社に就職させようと私立中学へ

東北学院というミッション系の私立中学に入った。アボジが「東北学院に行かしてやるからちょっと勉強しろ」というわけね。高度成長期になって余裕もでき、中学に入れば大学まで行けるから、大きな会社に就職できると夢見たようです。で、ちょっと勉強したら受かっちゃった。中学はクラブを転々としたけど、高校は写真に熱中した。それで日大（日本大学）芸術学部の写真学科を受験したけど失敗して、東北学院大学に入学した。

高校時代、キリスト教会に通っていて洗礼を受けた。ベ平連（ベトナムに平和を！市民連合）とか靖国（やすくに）神社法案反対運動に関心があって、ベ平連の集会に出て初めて仙台市内をデモした。それを教師が目撃したようで、翌日呼び出し。生徒指導が「高校卒業してからやれよ」というんで、「じゃあ、そうします」といった覚えがある。学校には社会に眼を開かせてくれる教師はおらず、教会の先生方の影響でボランティア＝「奉仕」活動に自然と入っていった。東北学院で良かったことは、学校の方針が「地の塩、世の光となれ」で、わたしがそれを教会で実践したことかな。

▼学生運動で令状逮捕—退学処分

大学入学は一九六九年、全共闘運動が盛んで騒然としていた。大学で入ったサークルがキリスト教青年会（SCA）で、日共系の民青（日本民主青年同盟）の巣だった。初めは民青に動員されて、東北大でバリケードはさんで「暴力学生帰れ！」と反日共系と対峙するわけだよ。だけど、民青も黄色いヘルメットかぶってゲバ棒持ってたからね。SCAは民青が強かったけど、わたしはいつも少数派のほうへ行く癖がある。そっちへ行ったら、好きに考えて行動できる。毎年夏休みにハンセン病の療養所に入っているワークキャンプ実行委員会というSCA内の反日共系のサークルで活動した。当時の雰囲気は「やらないのは日和見・小市民」だから、自然に運動に参加していて、確たる思想があるわけじゃなかったね。

六九年から七〇年ごろになると入管法問題が出てきて、「入管法—入管体制粉砕」「日・朝・中人民連帯」を日本人学生の立場でシュプレヒコールして、デモしていた。いま考えるとちゃんちゃらおかしいんだけどね。そこから在日問題も考えるようになっていった。

七一、七二年ごろになると学費値上げ反対紛争が盛り上がって、気づいたら運動の中心にいた。七二年二月に後期試験をめぐる攻防があって、学生集会でスト権を確立した。ストライキと学園占拠に対して機動隊が導入されるという混乱があったとき、指導的な立場にいた日共系と反日共系の学生一〇人ぐらいに逮捕令状が出た。でっち上げですよ。バリケードを築いた、ドアを壊して事務室に乱入した、重要掲示物を引きはがした、それを指揮したとかの「罪状」で令状逮捕。でっち上げだから起訴できず、起訴猶予の二泊三日で釈放されたけど、それで退学処分になった。

▼「親父さんは朝鮮人だよなぁ」

仙台中央署に連行されて、取調室で刑事が「おめぇの親父さんは朝鮮人だよなぁ」といったのが始まり。そのときわたしは「何バカなこといってんだよ」という感じだった。完全黙秘してたから、じろっとにらんで、にやっと笑って、終わり。「動揺させて何かしゃべらそうとしているんだろ」と思っていた。

大学を追い出されたときアボジは口も聞いてくれなかった。ただ一言「だから警察嫌いなんだ」といった。「だから」がついているんだよ。若いころ、きっと警察に泣かされたんじゃないのかなぁ。

釈放されて一年ぐらいすると、刑事の言葉が思い出されるんだよ。そうすると、「韓国から手紙が来ていたようだ」とか、「日本語しゃべれないおばちゃんが家に来てたな」という記憶がよみがえってくる。当時はフリーターしながら大学で運動を指導していた。

そのうちに刑事の言葉が大きくなってきて、「放っておけねえよなぁ」となってきた。日中友好運動にも関係してたから、華僑会館に住んで事務局長していた中国人青年に相談した。彼は、「きちんとルーツ調べて、どうするかを決めたらいい」と、戸籍の追いかけ方を教えてくれた。

それから戸籍謄本を追いかけたんですね。親父は四、五回も本籍を変えている。本籍変えると前が見えなくなるから、それをたどった。山元町の役場で一番古い戸籍謄本をとったとき、済州島の本籍地が載っていた。きょうだいの名前も全部載っているわけね。それで「ああ、そうなんだ」と確信が持てた。そのとき、ありきたりだけど「自分は何者なんだろう」という思いと、「なんで俺は日本人になっちゃったのかな」という不思議な感覚を味わった。

あとで聞くと、長兄は外国人登録証を持っていたし「朝鮮人のガキめ」といじめられたと話していた。

▼アボジに怒鳴り込む

「それでどうするか」を整理するのに、また一年ぐらいかかったね。入管法反対闘争や日中友好協会との関係とか、日本人の立場であってもやってきたわけだから「朝鮮人から逃げちゃいかんな」という思いはあった。でも日本人の友達にいわせると「それって、バカなんじゃゃない」となる。「せっかく日本人になったのに」ということだね、本音は。一番選んじゃいけない道を選んだような気もするんだけど、決して後悔していませんよ。

アボジにはいまだに「申し訳ないことしたなぁ」ということがある。ルーツがはっきりした正月の二日だったかな。夜、アボジのところへ酒の勢いで怒鳴り込んだんだ。戸籍謄本を持って。アボジは寝てたけど、「こんな大事なことをなんではっきりと教えてくんねえんだよ！」と怒鳴ったら、真っ青になってぶるぶる震えて「子どものためにそうしたんだ」とだけいった。

その晩、わたしは荒れたね。行きつけの焼肉屋で酒は飲むは、泣きじゃくるは。どうしようもないから、親しい奴を呼び出して、また飲んで泣いた。気づいたらそいつの部屋で寝ていた。

それからアボジがちょっと変わったかな。運動に対して「いつまでバカなことやってんだ」と対極にいたからね。後に韓青（在日韓国青年同盟）に入って民族運動をやっているときには、黙って認めてくれていた。

怒鳴り込んだ後、渡航や済州島のことを聞いたりした。でも聞いても喜んで話してはくれないし、「羽振りが良かった」「美男子でもてた」と自慢話しかしない。在日一世の例にもれず、泥水飲むような生活をしてきたんだろうと思うけど、死ぬまではっきりいわなかったね。

▼宙ぶらりんの苦しさ

自分を持ちきれなくなったから怒鳴り込んだように思う。いまだに国籍のことで整理できない部分があるからね。ときたま「どっちかにしちゃえば楽だな」という気が起こる。そんな宙ぶらりんの苦しさがある。

具体的にいうと、女川町（おながわちょう）に住んでいた元日本軍「慰安婦」の宋神道（ソン・シンド）さんの問題で領事館とか民団県本部に行くとき、どんな顔して行けばいいのかすごく悩んで、結局行けない。宋さんには「アボジは済州島生まれで、お母ちゃんは日本人の在日です」と自己紹介した。そしたら、「そうか、おめぇ半分か」てなもんで、ばあさんは全然問題にはしなかったけどね。

韓青の中でも正直、日本国籍に負い目というか、「申し訳ないな」という気持ちがあった。みんなは外国人登録証を常時携帯し、指紋押捺（おうなつ）しなければならない。そんな抑圧と自分は無関係だった、ということね。警官の職務質問に「俺は日本人だよ」といえてしまう。一時期、「韓国国籍取ろうか」と考えたこともあったんだけど、軍事政権時代だったんで、そのままになった。あと、ウリマル（母国語）ができないという問題は小さくないよね。意識はあっても、仙台で日常的に話せる相手がいないでしょ。なかなか難しかった。

▼韓青との出会いは結婚式

そうこうしているうちに、民主派が掌握していた民団（在日本大韓民国民団）神奈川県本部の建物が、維新民団を名乗る暴力団に占拠される事件が起こって、韓青神奈川県本部の郭昌鎬

（カク・チャンホ）氏が東北大学の講演会に来た。一九七六年のことです。彼を紹介してくれる人がいて、悩んでいることを話したのね。彼は「もうすぐ俺の結婚式があるからおいでよ」と誘ってくれた。「初めて会ったばかりなのに」と迷ったけど行って、韓青のメンバーに紹介された。みんな気さくで、わたしの悩みにまじめに向き合ってくれて、安心できた。「韓青と付き合ってもいいかなぁ」と思って、集会に顔を出すようになって、あっという間に中央執行委員会にも参加するようになった。県本部の大会をするとか手順を踏んでいないから、いいかげんというか、大らかというか、で、韓青宮城の責任者になった。

あとで聞くと、日本国籍の青年をどうするか議論になったようだけど、前例もあって迎えてくれた。それからほぼ毎月、東京での会議や集会に参加した。一九七七年の「ソウルへの道フェスティバル」の公演が、仙台での韓青宮城のデビューになる。活動はしばらく一人でやっていて、日本人の活動家が助けてくれた。そのうち地元の同胞青年や東北大の同胞学生四、五人と知り合って五、六人で活動をしたけど、学生は卒業しちゃうからね。その次がなくて、いつのまにかしょぼくれてしまった。それが一九八〇年前後かな。そのころちゃんとした会社にもぐり込めたんで、経済的にはなんとかやっていたから、韓青活動にのめり込んだ。

それと、在日韓国人政治犯の救援運動を東北大の同胞学生を責任者にして「在日韓国人政治犯を救援する家族・僑胞（きょうほう）の会」の看板で組織し、人権問題として労組を回って支援を訴えて、デモもよくやったね。仙台の韓国民主化、日韓連帯、政治犯救援運動でわたしが関わらなかったものはなかったといえるかなぁ。

一九八〇年の光州(クアンジュ)民衆抗争と金大中(キム・デジュン)救出運動はすごかった。毎週東京に行っていた。仙台では宮城県警の外事警察がわたしにまとわりつくし。あのころが、不謹慎ない い方になるけど、楽しくて充実していた。韓青との出会いは自分を大きく、じわっと、根本的に変えたように思う。

▼鍼灸師(しんきゅうし)になってニカラグアでボランティア

なぜ鍼灸師かというと、華僑の友人の影響がある。鍼(はり)麻酔が当時ブームになっていた。それと毛沢東の鍼一本で農村に入って行く「裸足の医者」運動が、かっこいいなと思った。やってみると結構面白くて、自分の性にあってる。

一九八六年から八七年にかけて、反米左派サンディニスタ政権時代のニカラグアへ鍼灸ボランティアとして行きました。「朝日新聞」で日本人鍼灸師がそこで治療活動をやっている記事を読んで、連絡して話すうちに「ぜひ来てよ」ということになって、「じゃあ、行かせていただきます」というノリだったのね。

レオン市というニカラグアで学生が一番多いところに一年いて、ボランティアとして一般市民宅で暮らした。米国に支援された反政府勢力コントラとの内戦は、山岳地帯の国境とカリブ海側の国境で激しかった。

治療相手はほとんどが市民で、あとは退役サンディニスタ軍兵士、それと地雷を踏んで負傷した人の痛みをやわらげる治療だね。ストレスによる頭痛、不眠、心身不安定の患者が多く、外科手術以外は何でもやった。勘を働かせて体をさわって、片言のスペイン語で意思疎通して、という手探りの治療だった。

ニカラグアで人生観が変わりましたね。出自を話すと「なんでそんなことで悩むの?」みたいなことをいわれて、「ああ、そうなんだ」と納得できた。「肩肘はらないで自然に受け入れりゃいいんじゃないの」という考え方ね。それと人間は人種、民族、国家、国籍にかかわらず、みんな同じだということも、ニカラグアで得た確信だね。

ニカラグアは最初に一年行ってからは、短期で二〇〇四年まで一〇回近く行ったかな。今でも来て欲しいという話はあるんだけど、こちらの経済的な事情が許さなくてね。今でも資材とかは細々と送っています。

▼平壌(ピョンヤン)を経由して板門店(パンムンジョム)へ

九〇年に板門店で開かれた「祖国の平和と統一のための汎民族大会」に平壌を経由して参加することで、民族組織との関係が復活します。組織にいた先輩から「一緒に行こうよ」と誘われてね。「ずっと距離をおいていたし、行ってもいいの」と聞いたら、「そんなの関係ない」といってくれた。それが組織との関係が復活するきっかけ。

平壌に行ったとき、ずっと権力から迫害されてきた韓統連（在日韓国民主統一連合）や韓青を、国をあげて歓迎してくれる経験をして「やっぱり祖国統一を実現しないと」と思いましたね。「自分たちがやってきた運動が間違いではなかった」と確信した。それと中米の社会主義と平壌の社会主義の違いが面白かったね。ニカラグアのはいいかげんというかね。ソ連が崩壊する前で、北朝鮮はまだ食糧事情も経済状態もひどくはなかったしね。

行ってみて、平壌の人たちも同じ人間だと実感した。ただ、案内人は本音をいっていないと思ったね。それは、そこで暮らしていく一つの知恵だとも感じたけど、嫌な印象はなかった。日本人がよく「平壌は人工的で、温かみがない」という。表面的にはそうかもしれないけど、自由時間のときにあちこちのぞくと、そこには確かに人の営みがあったね。

▼被災者支援のボランティア活動に

三・一一東日本大震災のあと、「まげんｄｅネット・みやぎ」を立ち上げて活動しています。これは宮城の方言で「負げんでねえっど（負けんじゃないよ）」と「ネットワーク」を合わせた造語。生まれ故郷での「山元町鍼灸プロジェクト」と、女川町の離島・出島（いずしま）の「女川町立女川第２中学校全生徒13名の支援プロジェクト」をやっている。

三・一一の地震と津波で生まれ故郷としてあった記憶の場所が壊滅し、ひと月ぐらいは何もやる気が起きなくてぼう然としていた。だけど四月初めに韓統連から慰問に来てくれて、炊き出しもしたいという話があって背中を押された。炊き出しをどこでやろうかと考えながら、子どものときの遊び場で、母方のいとこ夫婦が流されて亡くなった山元町を見に行ったとき、「ここで何かしなきゃ」と思い立ったのは、自然なことだったね。それで五月に山下中学校の避難所で韓統連の炊き出しをした。そして、八月から毎週日曜日に避難所、仮設住宅で「山元町鍼灸プロジェクト」をやってきた。

出島のほうだけど、女川町は宋神道さんが住んでいたところ。宋さんは東京へ避難したけど、女川とは深い縁があるからね。宋さんには一五年近く、毎月二回、三回と会いに行ったこともあった。宋さんが東京へ行っちゃって、毎月の電話もかかってこなくなった。月末になると「こんど金いつ来るんだ」って。生活のためにお金を少しずつ送っていたんでね。

事態は継続中で、今後のこともまだ見えていない。短期的には、山元町は三・一一の一年を契機に整理して、出島に集中しようと考えている。出島の人たちは復興するという姿勢が強いんで、手伝えることがあればと、いろいろ考えている。地場産業の水産物加工品の販売の手伝いができればいいかなぁと。三月にNPO法人にして、それを軸にネットワークを整備して販売ルートをつくろうと思っている。

▼わたしの祖国は二つ

「祖国はどこ?」と問われたら、一つは、やっぱり済州島。韓統連のメンバーと二〇〇七年、

○八年に行ってるけど「ここはやっぱり故郷だなぁ」という実感があった。○七年にアボジの故郷にある旧日本軍の飛行場跡に初めて立ったとき、懐かしく不思議な感覚に襲われた。「ここで、親父は遊んだのか」と。ここでつくられた記憶や意識や血や骨が、自分に凝縮された感覚で、違和感はなかった。そして、日本もやっぱりそうだ。津波で国土がダメージを受けて、「なんとかしなきゃ」と支援を始めて、国籍は壁にならなかったからね。

次世代の在日が生きる環境は、韓流(ハン)ブームの一方で嫌韓が渦巻いて、排外的な民族主義が広がっている。その中で自分が何者なのかをきちんと持つことは、大きな支えになると思う。そうじゃないと浮き草になる。ハスの花みたいに、泥のなかに根っこを張って、きれいな花を咲かせるためには、民族の根っこをきちんと持たないといけないと思うな。

震災前は、時代小説を書きたいと思っていた。福島県の白河(しらかわ)から山元町のあたりまでが、会津藩や仙台藩の戊辰(ぼしん)戦争の舞台になっているんで、それに巻き込まれていく農民を書く。導入部は書いて、調べたりしていたけど、震災でどこかに飛んじゃった。落ち着いたら、また取材しながらまとめてみたいね。

24 「和諍（わじょう）」の精神で仏の道に励む

崔無碍（チェ・ムエ、本名：崔憲蔵「チェ・ホンジャン」）　男

取材日／二〇一四年八月一日　**出生地**／北海道奈井江町　**現住所**／大阪府大阪市　**生年月日**／一九五一年四月一八日　**略歴**／黄海北道鳳山出身で戦前、強制連行により北海道の炭鉱に来た父と、北海道生まれの在日二世の母の間に、四人きょうだいの三番目として生まれる。兵庫県宝塚市に転居し、初級部三年から民族学校で学ぶ。朝鮮大学校政治経済学部卒。朝鮮高校教師などを経て、一九九四年から和気山統国寺第四代住職。　**取材**／九条護　**原稿執筆**／九条護

▼父は強制連行で北海道へ

わたしは夕張炭鉱のある北海道の奈井江町（ないえちょう）で一九五一年に生まれました。父は黄海北道鳳山（ファンヘブクドボンサン）の出身で、戦時中の強制連行で日本に連れてこられ、夕張炭鉱で辛酸（しんさん）をなめました。母は北海道生まれの在日二世です。

戦後、父は「闇市」でゴム靴などを売ったり、パチンコ屋で働いたり、当時の在日同胞がみ

んなそうだったように、貧困の中で生き抜くため、様々な仕事をしてきました。北海道を転々としたあと、家族はわたしが小学生のときに兵庫県宝塚市に引っ越し、父が山で採石業を営むようになりましたが、晩年は長年の苦労がたたって体を壊しました。

　わたしが北海道の小学校で低学年だったころは、日本人から「チョーセンジン」などといじめられたこともありますが、兵庫県に移ってからは初級・中級・高級学校と民族学校で学び、民族的な誇りをしっかりと身に付けることができました。スポーツはなんでも好きで、得意なのは空手です。音楽はトロンボーンをやっていました。朝鮮大学校の政治経済学部を卒業してからは、京都と大阪の朝鮮高校で主に社会科の教師を務めました。

▼統国寺の由来

統国寺は大阪市天王寺区の茶臼山史跡や天王寺公園に隣接する、大阪の名勝地にあります。自然樹林がうっそうと生い茂り、池をながめる光景は、大都会の中のオアシスともいえる〝聖域〟です。

　この寺は聖徳太子が創建され、百済からの渡来僧である観勒が開山住職として招かれたといい伝えられています。元和元（一六一五）年の「大坂夏の陣」のときに真田幸村軍によって焼かれましたが、元禄二（一六八九）年に再興され、その後、黄檗宗（禅宗の一派）別格寺院の「邦福寺」になりました。多くの雲水（修行僧）が厳しい修行に励んでいたので「雲水寺」とも呼ばれていました。また古くから文化人たちに愛された名勝で、斎藤茂吉らのアララギ派の大阪歌会もここで催されていました。墓地には儒学者で漢詩人の広瀬旭荘や藤井藍田、天文学者の間長涯、歌舞伎作家の河竹能進ら著名な文人たちの墓もあります。

一九六九年に「在日本朝鮮仏教徒協会」の傘下に入り、単一寺院「和気山・統国寺」となり、主に在日同胞がこの寺を守ってきました。現在は朝鮮・韓国の仏教儀礼と伝統儀式を行い、新羅の高僧・元暁大師の「和諍の精神」のもとに、朝鮮・韓国・日本などの相違を超えて仏教儀式や布教を幅広く行っています。

▼「百済念仏寺」の謎に挑む

わたしが三〇歳のときに父が亡くなり、統国寺で葬儀をしていただいた縁で、この寺の三代目住職だった徐泰植（ソ・テシク）さんと親しくなりました。徐さんは、在日同胞の民族教育にも貢献されてきた大先輩です。

あるとき、わたしは徐さんに「この寺は古くは『百済念仏寺』『百済古念仏寺』などと呼ばれていたそうで、江戸時代に黄檗宗邦福寺になってからも、檀家たちから『ひゃくさい（百済）さん』の通称で親しまれていた。昔から『百済』の名前を持つこの寺が、在日朝鮮人の手で守られているという不思議な縁について、君が歴史的にきちんと調べてみてくれないか」と頼まれました。

そのとき徐さんが一通の古文書を見せてくれました。その文書は元禄一〇（一六九七）年に、寺の有力な檀家だった「浪速雅士西山氏」が寺に「大几（つくえ）」（法事の際などに使う机や台）を寄進したときの寄進文を刻んだ木製の額です。ところが、なぜかそれに抹消された跡が三ヶ所あり、しかも、そのうち二ヶ所は西山氏の元姓、つまり出自をめぐる文字が書かれていたと思われる箇所でした。そこは「元出○姓西山氏」「興起○姓出西山氏」となっていたのです。それでわたしは、やはり民族の血が騒いだのでしょうか、「ここには何か民族差別の問題が潜んでいるのではないか」と直感し、さっそく「百済念仏寺」についての史料集めに着手しました。それまで歴史にはほとんど門外漢だったわたしは、それから二年ほど苦心して調査しました。「万葉集」研究の第一人者である朴炳植（パク・ピョンシク）先生の仲介で、帝塚山（てづかやま）大学考古学研究所（奈良市）の赤外線装置で寄進文を分析してもらった結果、抹消された「○」の部分に浮かび出たのは「金」という文字で、西山氏の姓は「金」だったとわかったのです。つまり西山氏は江戸時代には、渡来系であることを名乗っていたのに、寄進文の額が作られた以降に、誰かがそこを抹消して隠したのでした。

この寺の一帯が古代に百済郡と呼ばれていたこととも考え合わせると、この寺はもともと百済の渡来系氏族をまつるための寺であったか、少なくとも江戸時代には渡来系氏族が有力檀家におり、檀家の人たちは渡来系寺院だと信じていたのです。誰が、どのような理由で○の部分を抹消したのか、詳しいことは今となってはわかりませんが、抹消された時期は朝鮮人差別が厳しくなった日本の朝鮮植民地支配時代だろうと思われます。西山氏（金氏）のルーツを抹消したのはまさに民族差別のあらわれでしょう。

享保七（一七二二）年に檀家がお寺に寄進した梵鐘の銘文に書かれている寺伝には「この寺は聖徳太子が創建され、百済の僧・観勒が住持に招かれた。推古天皇がここで念仏を唱えられると、阿弥陀・観音・勢至の三菩薩のお姿が現れたので、それ以来、この寺を『念仏寺』と呼ぶ。また、この寺にいた百済の僧・義覚が夜中に般若心経を唱えていると、口から光が出ているので、みなが驚嘆した」などとあり、この寺と渡来僧の深い因縁をうかがわせます。

観勒は六〇二年に百済から日本に暦法・天文学・地理学・方術（忍術のようなものといわれる）などを伝えた渡来僧で、飛鳥寺にも住み僧正となった高僧です。また檀家が元禄時代に寺に寄進した石盥盤には「和気山百済古念仏禅寺」と書かれており、黄檗宗四世の独湛和尚直筆の扁額にも「浪花掲播来朝百済参同念仏度人」と書かれています。さらに、聖徳太子が創建された四天王寺も寺の近くにありますが、四天王寺を建てた金剛重光ら技術者たちも百済から招かれた渡来人で、その流れを汲む「金剛組」が約一四〇〇年余りたったいまも、社寺建築の伝統を受け継いでいます。

これらを総合すると、かつて「百済念仏寺」「百済古念仏寺」「ひゃくさいさん」などと呼ばれていたこの寺は、古代の「難波の百済寺」「難波百済大別王寺」の流れを汲む百済式寺院で、渡来系の人々の氏寺であったと思われます。この調査はまだ不十分ですが、一九九〇年に『百済古念佛寺の謎を解く』（統国寺刊）として出版することができました。

▼仏弟子を目指して

その後、徐さんから「この寺は歴史のある素晴らしい寺だが、残念ながら後継者がいない。だからぜひ君が跡を継いでくれ」と再三頼まれ、仏弟子になろうと決断したんです。六年間ほど修行を積み、一九九四年に四代目の統国寺住職に就任しました。民族学校教師から僧侶への一八〇度ともいえる人生の大転換で、迷いや悩みもありました。しかし、仏弟子の僧伽の生き方は素晴らしく、また渡来系のルーツを持つお寺であり、初代の金星海（キム・ソンヘ）師、二代目の張泰成（チャン・テソン）師、三代目の徐泰植師と代々、在日同胞の住職によって守られてきた統国寺の法灯を受け継がせていただくのは非常に光栄だと思い、決断しました。そして、新羅の元暁大師の唱えた「和諍の精神」のもとに、朝鮮の北・南（ニューカマーの方も含む）・日本の差異を超えて、仏教・伝統儀式や布教に努めることで、統国寺を和合実現の寺院にしていこうと日々精進しています。

ここで元暁大師とその教えについて、かいつまんでお話ししましょう。元暁（六一七～六八六年）は新羅の高僧で、中国・宋の太宗の命で作られた『宋高僧伝』の中にも伝記があるほど尊敬された方で、『金剛三昧経論』『十門和諍論』など一〇〇種にものぼる著作を書かれています。元暁は民衆の救済を目指し、戒律を超え妻帯して村々をめぐり、「無碍」と名付けた瓢箪を打ち鳴らし、歌いかつ踊りながら仏の教えを広めました。瓢箪に「無碍」と名付けたのは、『華厳経』の「すべての無碍なる人（仏）は、一道より迷いの生死を離れる」という言葉にちなんだもので、彼の布教により新羅の人々は「みなが仏陀の号を知り、誰もが南無（阿弥陀仏）を称えた」といいます。わたしの「無碍（ムエ）」という名前も、ここからいただいたものなのです。

元暁大師の教えの核心は「一心から出た心が、和諍の川にそそぎ込み、それが集まって大海の無碍になる」という「和諍の精神」です。「和」という漢字は「禾」に「口」と書きますが、一緒にご飯を食べれば楽しくなごやかだということです。「和諍の精神」をわかりやすくいうと、一人一人の人間は性格、生い立ち、民族、立場……など様々な違いがありますが、それを絶対的なものとは考えず、それを超えてともに生きていくことが幸せの道だという教えです。

わたしは各地で法話会なども開き、こうした元暁の教えを広めています。京都・高山寺に元暁の影幀（肖像画）があり、元暁の教えは日本の浄土宗や浄土真宗など浄土系仏教にも影響を与えています。また、わたしたちは「元暁会」を作り、日本の浄土系の僧侶や学者らとともに元暁思想の研究や、法然や親鸞の思想との関連などについても解明を進めています。

▼いまなおさまよう朝鮮人殉難者

日本は戦時中、多くの朝鮮人を日本の炭鉱、軍需工場、土木工事現場などに強制連行し、過酷な労働に従事させせました。その一人であったわたしの父は、幸い生き延びることができましたが、少なくとも数万人以上の朝鮮人が事故や病気、飢えなどで死んでいます。また軍人・軍属として駆り出された朝鮮人も数多くおり、うち数万人が中国や南方の戦線で戦死しました。サハリンに強制連行され置き去りにされた同胞の問題、広島・長崎の朝鮮人被爆者……などの問題もあります。

戦後七〇年近く経ちましたが、われわれ朝鮮人には戦争や侵略の傷跡がいまなお深く残っています。戦死したり、強制連行のため事故や病気で死に、「無縁仏」となって各地のお寺にひっそり預けられたり、土中に埋められたままの遺骨は一万柱近いともいわれ、本当に心が痛みます。

それらの「無縁仏」の本格的な遺族探しや遺骨返還が、近年ようやく始まりましたが、統国寺にはまだ七〇体余りの無縁仏が安置されています。戦後、岡山県仏教会が中心となり、県内の工場や鉱山などで働いていて亡くなった同胞の遺骨を調査・収集しました。そして身元がわからない方々の遺骨を岡山市・吉備津の真城寺の大隅実山住職が引き取り、お寺に「朝鮮人殉難者慰霊塔」も造ってくださいました。

大隅さんは戦前、仏教界の革新を目指す新興仏教青年同盟に加盟し、一九三七年に治安維持法違反で検挙されて服役しました。そのとき、特高警察の拷問を受けて号泣する朝鮮人を目撃したり、朝鮮人のみじめな暮らしを知っていたので、朝鮮人犠牲者の境遇を見捨てておけず、遺骨を引き取ってくださったのだそうです。そして大隅さんらは毎年慰霊法要を営んできましたが、大隅さんは病気のために住職を続けられなくなりました。そこで一九七四年に身元不明の遺骨七八柱を統国寺で預かり供養を続けています。

一方、岡山では倉敷中央高校の生徒たちが一九八七年から、戦時中の米軍による水島空襲について調査する中で、地元の亀島山（かめじまやま）に地下工場があったことを知り、強制連行でその建設に従事させられた朝鮮人の聞き取り調査を進めてきました。生徒たちは大隅さんと出会い、統国寺で預かっている身元不明の朝鮮人殉難者の遺骨のことを知り、リウマチで手足の不自由な大隅さんの文字通り手足となって、遺骨の遺族探しに奔走しました。そして、ついに韓国の二遺族の身元がわかったので、同校の生徒二人が韓国を訪れて遺族に遺骨を届けました。

父親の遺骨を受け取った遺族は「父はわたしが三歳のときに日本に渡ったと母から聞かされてきたが、遺骨が見つかるとは夢にも思わなかった。これでようやく墓に遺骨を納めることができます」と、生徒に感謝の言葉を伝えたそうです。また二四歳のときに別れたまま、二度と再会できなかった夫の遺骨を受け取った妻は「夫の遺骨がようやく帰ってきて嬉（うれ）しいが、生きて再会できず、こんな姿になってしまい胸が痛い」と泣きながら話されたそうです。

遺骨返還のため訪韓した生徒たちは、韓国の高校生たちともなごやかに交流し、帰国後の報告集には「（殉難者や遺族に）これから私たちが償うといっても、償いきれないかもしれないが、日本人が昔犯した過ちを事実としてしっかり受け止め、日本の戦争責任を感じ、これを繰り返さないようにすることが、一番の償いだと思う」と書いています。

大隅さんや倉敷の高校生たちのような、心ある日本人の人道的なご尽力には本当に感謝しています。それだけに、異国で無残にも侵略や戦争の犠牲となり、現在も無縁仏としてさまよう多くの朝鮮人殉難者の遺骨返還問題に、日本政府が全力を挙げてほしいですね。

そして、戦後の混乱期に朝鮮半島北部で亡くなり、現地で埋葬されたままの日本人の遺骨返還問題もあります。父の故郷が朝鮮半島北部のため親類も多くいるので、わたしは朝鮮民主主義人民共和国（北朝鮮）に行く機会もあります。日朝交渉が再開され、日本に残る朝鮮人の遺骨や、北朝鮮に残る日本人の遺骨返還問題も大きな懸案となっています。わたしも北朝鮮に行き、宗教者の立場で遺骨の慰霊儀式についてアドバイスするなどの協力をしています。

▼朝鮮と日本の真の理解と協力を

「統国寺」という寺の名前には、南北に分断された祖国が一日も早く統一してほしいという、朝鮮民族の熱い願いも込められています。一九九八年に信徒の方が巨大な「ベルリンの壁」（高さ三・五メートル、横一・二メートル、厚さ二五センチ）の実物を寺に寄進してくださったので、それを祖国統一の悲願達成に向けたシンボルとして、境内に据えています。戦後の厳しい東西冷戦が一九八九年についに終結し、東西ドイツを遮っていたベルリンの壁が崩壊して、翌年に悲願のドイツ統一が実現されました。多くの人を不幸に陥れた象徴だった「ベルリンの壁」も、ドイツが統一されればただのコンクリートにすぎません。この壁は、南北に分断された朝鮮の統一と、日本と朝鮮との和解を願う象徴なのです。

統国寺の源流が観勒ら渡来系僧侶によって開かれたように、日本と朝鮮半島は地理的にも歴史的にも深い繋(つな)がりを持つ隣国ですから、日本と朝鮮の真の理解と協力がますます重要になっています。日本が朝鮮半島の南北を問わず、両国と真剣に対話し協力し合っていけば、世界に与えるインパクトは計り知れません。日本と朝鮮・韓国が真に協力し合いながら東アジアの「地域共同体」を造っていくために、まず解決しなければならないのは、日本人の中に根強く残っている朝鮮人に対する蔑視や差別であり、朝鮮人の中にも残っている反日感情です。わたしは在日宗教者として「和諍の精神」に基づき、日本と朝鮮・韓国との友好親善や、お互いのこうした意識克服のためにも〝懸け橋〟の役割も担っていきたいと思います。

25　この社会はいまだに国、国家というものにとらわれ過ぎてる

金成日（キム・ソンイル）　男

取材日／二〇一四年九月三日　**出生地**／島根県邇摩郡温泉津町　**現住所**／兵庫県尼崎市　**生年月日**／一九五一年七月二三日　**略歴**／両親は慶尚道生まれ。指紋押捺拒否で逮捕された際、強制具を使って指紋を強制採取される。三一人分の外国人登録原票をアート作品にした「『在日――反乱する肖像』展」（一九九六～九八年）や、法務大臣への外国人登録証返上運動などの運動を展開。二〇一〇年にはドキュメンタリー映画『1985年　花であること』を発表した。尼崎市で喫茶店「どるめん」を経営。　**取材**／中村一成　**原稿執筆**／中村一成

▼いつの間にか出自を隠すように

生まれは島根県の温泉津町（ゆのつまち）にある村（現・大田市）で、父親は石積み職人やった。両親は一三、四歳で日本に渡って来て、二人とも朝鮮では学校を出ていない。母親はかなり年いってから近所の習字教室で勉強して、漢字で自分の名前を書けるくらいにはなった。父親は夜間で勉強して普通に漢字も読み書きできる。父親は最初、ロープ工場や鉄工所で働いてたみたい。二

〇代前半で零細ながら親方になって、石積み職人と土建屋さんを始めてた。島根時代の記憶はほとんどない。

自分が在日なのは、小学校一年くらいで意識したと思う。何となく余所（よそ）と違うなと。同居していたばあさんが朝鮮語しゃべってたしね。何年のときか忘れたけど、クラスで級長になれんかったのは僕が朝鮮人やからって思ったことはあったな。五年生で宝塚に移って来てからは、朝鮮人なのを隠したい意識は明確にあったね。僕のとこは一番上が姉で、兄貴がいて、僕、弟二人で一女四男。弟二人は小さいから、親は宝塚にあった朝鮮学校に入れた。僕はもう大きくなりすぎてるから、民族教育するには遅いと思ったんやろな。

それまで民族団体と関係のない一家だったけど、学校を通じて総連（在日本朝鮮人総連合会）と関わりを持ってね、そのころは家に金日成（キム・イルソン）の写真があったし、母親も女性同盟（在日本朝鮮民主女性同盟）に顔出したりしてた。家には活動家が出入りしてたけど、僕は明確に否定はしないけどシンパシーも持たない感じ。弟二人は朝鮮学校に通い、自分は通名で日本の学校に通ってた。中学校のときにはハギハッキョ（夏期学校）に行ったこともあるし。朝鮮人であることを否定してたわけじゃないけど、対日本人、学校内では朝鮮人だとばれたら困るとの思いは強烈にあった。朝鮮人だとばれるっていうのは怖いっていうか。何か劣等感が根づいちゃってたというか。弁当を食べるときにもね、朝鮮風のおかずが入ってるから、恥ずかしくて、新聞紙とかで衝立（ついたて）して食べたりね。母親は日本風の弁当を達者に作る人じゃなかったから、ニンニクを入れた煮物とかも入ってた。小学校五年くらいのときに「ニンニク臭い」っていわれて、泣いて先生に慰められたことを覚えてる。ある時期から弁当持っていく前に事前にチェックして、ヤバイおかずを外したりもした。

▼初めての外国人登録、見えない展望

将来何になりたいとかは考えてなかったけど、中学時代くらいにはもう、自分は朝鮮人だからサラリーマンにはなれないと思ってた。中二で最初の外国人登録をしたんだけど、指紋を押すこと自体にそれほど抵抗はなかったと思う。でも自分だけ授業抜け出して、そういうことをせなあかんことが、なんていうか惨めなというか。朝鮮人としてのアイデンティティが明確にある人が登録させられるんじゃなくて、ぼやーっとした朝鮮人である中学生がやってるわけで、冷静に客観的にどうとかじゃなくて、とりあえずこういうことをせんとアカン存在である自分について、なんとなく暗い気分というか悲しい気分になって。帰り道で涙ぐんでしまった。

貧乏な家なので大学行くより、就職に有利やろと思って高専（高等専門学校）に進学したけど、二年のときに担任の先生にね、「朝鮮人の場合、募集してる会社がないわけではないけどかなり少ないよ」といわれて、ガーンと来てね。それでめげてしまって、だんだん勉強しなくなって、授業中にどんな商売ができるかなみたいなことをよく考えてたな。三年のときにジャズ喫茶へ行くようになって、喫茶店はできるなとか思って、開業のノウハウ本とか読んだりし

てた。いずれにせよ自分でなんかやるしかないとはっきり思ってた。工業高校に行ってた兄貴も「就職に幻想は持つな」といってたしね。

▼政治の季節、一六歳での出頭体験

そのころベトナム戦争があって、政治の季節だった。朝鮮人に関わることでいうと外国人学校法案や入管法案が出てきてね。べ平連（ベトナムに平和を！市民連合）の関係でやってた新宿西口地下広場でのフォークゲリラ集会に行ったときは機動隊のかまぼこ（警備車）が何十台か来ていて、広場から追い出されるときに、あの靴でお尻ボコーンって蹴られたの覚えてる。それと日本人との立場の違いを明確に意識させられたエピソードだけど、三里塚に行くという新左翼党派に属していた学校の友達が身元のわかる物は全部を置いて行くっていうわけ。パクられたときにはそれで完黙ってね。でも僕は外登証持ってないと刑事罰やろ、アカンわけ（笑）。「ああそういうことなんや」って思たわ。

外登法に関しては、高一で強烈な体験をしてる。一九六五年、中二で最初の外国人登録をしたんやけど、そのときに写真を忘れて行って、二日期限遅れで登録した。それが違反といわれて警察から二年後に呼び出された。一六歳で警察に呼ばれて取調室で刑事に調べられたらそらビビるよ。それまで常時携帯もしなかったけど、以降は絶対忘れへんようになってね。その強烈な遵法体験が後々、逆に法を破る抵抗に繋がるわけだけど。それがなかったら僕が外登法の

問題でこれだけ頑張れたかわからんよ。抽象的じゃなく具体的に呼び出された、しかも理不尽だった。明らかな形式上の問題で被疑者にされたことへの怒りがすごく大きい。だから高専時代に入管法案が出たときも、身体で感じる危機感があった。

一方ではどんどん授業についていけなくなって、学校に行かずに公園で寝転がったりしてた。そのころ、入管法の関係でデモ行ったときやと思うけど、担任に母親を呼び出されて怒られた。一緒にデモに行った学校の友達二人は逮捕されて退学になった。さらに学校の体制に幻滅してね。あのころの雰囲気って、今でもたまに夢で出てくる。実際、テストを白紙で出したこともあんねんけど、それでズルズルいって中退せざるをえなくなった。退学届を出したかどうかも覚えてへん。

▼通名と民族名の間で

通名の「金山秀雄」を止めたのも高専時代やった。中三まで通名で、高専に行くときに変えた。たまたま春休みの入学前のとき、担任になる先生が電話くれはった。受験のときに本名と日本名を併記してたんで、高専ではどちらを使うのかって。傍らの兄貴に「どうしよか?」って訊いてね。そのときに「本名で行きます」っていってしまったんやね。普通は通名か本名かは大きな問題やけど、一旦置いて熟考とかもせずその場であっさりと。自分でも不思議やけど、それまで自分が日本名で生きてるっていうことについて、生き難さというか、何とかしたいっていう思いが、潜在的にあったんやと思うねん。

学校では「キン・セイジツ」と呼ばれたけど、なんせ無茶苦茶に解放感があったな。要するに自分は、正体隠して生きることにしんどかったのが、もうほんとにスコーンって楽になっちゃったっていうか。ほんまに良かったなっていう感じ。小さいときは弁当の中身をチェックしたりしたけど、本名で行きだしたら全然関係ないわけ。「ニンニク臭い」といわれても、「あっ！ ゴメーン」で済むようになった。そりゃ臭いっていうのは迷惑かけてるかもしれんけどね（笑）。

でも高専中退後に就職したとき、また通名になった。日本の会社でね。最初は本名で面接行って採ってくれたんやけど、配属先の神戸支店では「日本名にしてくれ」って。まあ僕も仕事したかったからしかたないなと。とはいえ僕は「金山」にはすごい嫌悪感があって、それ使いたくないなと思ってた。それでたまたま兄貴がアルバイト先で「中原」を名乗っていたから「俺も中原でいくわ」って。会社内だけで使う通称名やね。今でも「金山」っていう名前は嫌悪感があって使いたくないねん。かつて日本名を名乗ってた慚愧が蘇るっていうかね。中原もそうなんやけどね。営業やから名刺を配るのが仕事やんか。人と会う度に嘘ついてるわけよね。ある種割り切りはあったけど、やっぱり根っこのとこにしんどさはある。もうこんなことしたくないってね。

▼本国志向から在日志向の運動へ

そのころ、宝塚に住んでいた在日二世の申京煥（シン・ギョンファン）さんの強制送還に反対する「申京煥君を支える会」の事務局メンバーになり、神戸学生青年センターの飛田雄一さんたちと一緒に動き始めるんだけど、その事務局の中に在日韓国青年同盟（韓青同）の人がいてね。僕も韓青同で活動するようになった。仕事では三宮や元町界隈がエリアなんやけど、営業でその界隈を回るときは日本名の名刺を配り回って、同じエリアで韓青同の活動家として顔を晒し、韓国民主化とかのビラ配りをしてた。我ながらそんなことようやったなって思うねんけど。あのころは反独裁民主化闘争がメインテーマで本国志向の運動だった。弟も朝鮮学校行ってるし、家はいわゆる総連系だけど、当時、僕はすでに、総連、北朝鮮にはクールを通り越してかなり批判的な立場になってた。

女房は韓青同の先輩で、結婚したあと、しばらくして喫茶店を始めた。具体的にそれしか思いつかなかった。しかし単純に商売をするということでなくて、喫茶店という客商売をすることで、僕は地域社会で、名前をちゃんと晒して朝鮮人として何かを成したかったし、それから一人の市民として、市民運動の拠点になるような場を作りたかった。

僕が韓青同をやり始めたころ、「民族差別と闘う連絡協議会」（民闘連）ができたんだけど、「申京煥君を支える会」の事務局仲間に民闘連の中心的なメンバーだった梁泰昊（ヤン・テホ）

さんがいた。それで民闘連が公営住宅の入居運動とか、在日の暮らしに根差した要求で運動を始める。身近な人間がガンガンそういうことをやってるわけ。反独裁民主化闘争はもちろんOKなんやけど、在日の暮らしの場面で見たらそれはかなり空中戦なんやね。

▼指紋押捺(おうなつ)を拒否し、逮捕される

店を開けたのはちょうど指紋押捺拒否の運動が始まったころの一九八一年やった。その後、拒否運動が燃え上がるわけやけど、こっちの方でも押捺拒否者がポツポツ出てきてね。僕は八五年に拒否した。一〇〇人目くらいでね。すでに裁判を起こしてる人もけっこういたから後ろからついていく感じ。その年が外登証の大量切り替え期で拒否者のピークやった。そのころたまたま姉の息子が家出してきて、家に居候してたんよ。拒否するときは支援者と一緒に役所に行く人たちもいたけど、僕は別にそんなに闘う気もなかったから、甥(おい)っ子(こ)に見せとこと思って、連れて行って、拒否した。

拒否した翌年の夏ごろから、刑事が家や店にたびたびやって来たけど、任意出頭の要請を毎回拒否し続けた。五回くらい呼び出されて拒否したら逮捕されるって聞いてたんで、覚悟して、緊張した日々を過ごしてたけど、まあ突然やって来たね。

一九八六年一一月五日の朝七時半くらいやった。呼ばれて出たら家の前には私服が四、五人くらいいて。車乗せられて手錠かけられてね。女房と子どもが家から出てきてね。小学生の子

どもが、お父ちゃんが警察に連行されてるのを目の当たりにしてるわけやんか。そしたら女房が大きな声で、「警察はこんなことしよるんやで。アンタ！　ちゃんと覚えときや！」って子どもにいってた。息子は捕まったからといってオヤジのことを恥ずかしいとは思ってなかったやろうけど、けっこう衝撃やったやろね、そら。

前日の夜、たまたま「朝日新聞」の小尻（知博）記者が店に来てね。確か「（尼崎）北署、何となくきな臭いですよ」とかいってくれた。「ああそうですか？」とかいって聞き流してしまったんだけど、まさかの翌朝に来た。「ああ小尻さんはサツ回りで何となくわかったんちゃうかな。直接にはいえないけど、匂わしてくれたんやな」って。

署に着いたら上階に連れていかれてね。形式的な調べの後、「指紋採ります」ってガガガーッ！　って何人かに抑えつけられた。それだけでも「おぉっ！」という感じやんか。そこに強制具が出てきたわけ。僕はもう、「お前ら一生忘れへんからなっ！」とかとにかく喚いてね。無理やり採取されることは予想内やったけど、「そこまでやるか」的な感じはあった。

あの道具がその後、大問題になるわけだけど、それは小尻さんが記事にしたから。逮捕されて神戸の検察庁から出てきたときね、「酷いことしやがって」みたいなのはあったけど、道具そのものに対しての認識があのとき僕にあったかというと、そのときはまだそうでもなかったと思う。わざわざ兵庫県警が強制具を開発して、僕に使うために持って来たことも含めてね。小尻さんにそれを詳しく聴かせてっていわれて、イラストで描いてっていわれてね、夕刊にそのイラスト入りで出た。「それ問題やろ?」って周りにいわれて「ああそうか」って。それで国会で問題になって、社会党の議員が調査に来たりね。それが違法に逮捕されたことに対する賠償請求をする民事訴訟を最高裁まで一二年も闘うことにも繋がった。道具まで使って力ずくで支配するやり方は、在日の強いられた歴史を象徴してると思った。

▼朝日新聞阪神支局襲撃事件と昭和天皇死去

ところが僕の逮捕翌年の五月三日、憲法記念日に朝日新聞阪神支局の襲撃事件が起きた。そのときは店にいてたね。共同通信の記者から電話かかってきて、「小尻さんが撃たれたけど何か心当たりはないか」って。あのときはなんていうのかな、お腹がぶるぶる震えて、自分で自分の身体の反応に「えーっ」と思ったけど。その時点では何もわからへんわけやんか。「指紋絡みではないやろ」と頭では思っていても、気持ち悪さというか、犯人も捕まってないわけやから、はっきりいって夜道歩くのも怖かったし、店に居ても入口に背中向けてるときは、ひょっとしたらというのは何ヶ月も続いたからね。

その後、昭和天皇が死んで、皮肉にも指紋押捺拒否者の刑事事件の裁判が天皇の恩赦で消されてしまうわけ。僕の場合は略式起訴で三万円の罰金刑だったけど、一日だけ収監されるつもりでその一部の一九一〇円(韓国併合の年との語呂合わせ)を未払いにして、督促も来てた、「差し押さえします」とか赤で線引いたやつが。それが結局、免訴になって払わんでいいとなって、余分の九〇円まで返してくれたんよ。

基本的に一人一人が自分の意志で良心的拒否して、逮捕されるかもしれん中で闘いが広がった指紋押捺拒否運動のような例は、多分日本の歴史の中でもほぼないんとちゃうかな。しかも限定的だったにしても、いわゆる法律を変えさせた成果を勝ち得たということでは画期的な運動やったと思う。

▼法を破って抗議する

その後、在日には押捺制度が適用されなくなった。そのとたんに、とりあえず良かったね、みたいになったけど、僕の問題意識としては外登証の常時携帯が日常的には一番問題だし、検挙件数も八〇年には約四〇〇〇件余りに上った。マスメディアは取り上げてくれないから問題提起したいと思ってね。押捺拒否と同様、法を犯して抗議しようと思った。この発想はアメリカの黒人解放運動の影響もあると思う。それで取り組んだ一つが法務省への外登証返上運動だった。最終的には二〇人近くが返上した。逮捕されれば受けて立つと。でも外登法廃止まで誰にもお咎(とが)めはなかった。常時携帯の問題を焦点化させたくないと政府は考えたと思う。横の広がりはなかったけど、公然とやっても国は手出しできなかったんよ。

逮捕覚悟で運動できるのは、一度、逮捕された開き直りもあるのかもしれないけど、日本の運動って生ぬるいっていうか、外登証返上というレベルでも世界での抵抗運動の困難さから見たらそんなに大そうなことやないとの思いがあるねんね。

僕の場合、店が開店してしばらくしてアムネスティのグループを作って店の常連さんと活動を始めた。世界の様子を伝えるニュースレターが毎月、送られてきて。その中で僕らのグループは東ティモールにこだわって、亡命した人のスピーキングツアーも店で何回もやった。世界のレベルでいったら日本では全然困難じゃない。日本では合法的にやれる運動が海外では最悪、失踪や暗殺に繋がるような国がたくさんある。それが全然珍しくない中で闘ってる人たちはすごいと思う。日本で、たとえば指紋拒否すれば拷問は？　ないわな。

世界に目を向ける契機は、最初の会社にいたとき。職場の同僚のつてで、アジア・アフリカ・ラテンアメリカ文学の会に顔を出すようになって、「ＡＡＬＡ」という機関誌にガッサン・カナファーニの詩が載ってたりね。それだけが契機ではないけど、パレスチナ問題にも関心を持って、今にも繋がってる。パレスチナ人の境遇が在日と重なる部分でのシンパシーっていうのはすごくある。イスラエルに支配されている在り様とか。パレスチナの人たちは身分証を持たされてて、不携帯だといろいろとやられてしまう。僕らの外登証と重なってんね。

二〇〇〇年にやっと廃止になった指紋押捺やけど、アメリカの九・一一の後、ＵＳ－ＶＩＳＩＴっていう生体認証制度が始まって、それを日本も導入することになった。日本国民と僕たち特別永住者などを除く、一般永住者も含めた外国人は指紋を押さないと再入国できない。指紋押捺拒否で僕と同じ年に逮捕されて、返上運動も一緒にやった仲間で中国籍の徐翠珍(じょすいちん)さんはその対象だった。親の代から日本に渡って来て、彼女はここで生まれ育っているにもかかわらず、僕らと違う。だけどその違いを僕らは意識していなかった。見えてなかった。従来とは違うけど、押捺が復活した問題と、入管法が変わって特別永住者と、それ以外の徐さんのような一般永住資格の人たちを含む、その他の在留外国人の処遇が大幅に変わる問題を何とかしたいと徐さんから話が来た。ビラまきや街頭情宣をやったんだけど、何か広く訴える手はと模索した結果、自分でドキュメンタリー映画(『1985年 花であること』)を作った。

▼五〇代半ばで「国民」になる

国籍は数年前、朝鮮籍から韓国籍に切り替えた。僕は朝鮮総連や北を支持したことはないけど、統一されたときは何がしかに決まるから、そのときまで変えなくていいというスタンスやった。でも朝鮮籍の息子がアメリカの大学院にいたとき、一時日本に戻って来てアメリカに戻ろうとしたときになぜかビザが出ないとかあって、ものすごく気を揉(も)んだりね。こちらも肝心なときに行き来できんと困るから、結果的に韓国籍に変えた。もうこだわりがなくなってたんやね。韓国が独裁政権なら絶対変更せえへんかったけど、民主化して、かつて死刑判決受けた金大中(キム・デジュン)さんが大統領になってね。その意味ではとても嬉(うれ)しいんだけど、北の民主化についてはあてが外れたね。僕は南が民主化されたら北の体制も、民主化に向けて動き出すのではないかと期待していた。だから南の民主化が先決やと。でも南が変わっても北の体制は相変わらずという。

ただ韓国のパスポートをもらうときは複雑やったね。日本の外登法に基づく韓国籍への切り替えということだけではなくてパスポートをもらうための切り替えだから韓国の国民登録をする。それまではほぼ無国籍状態で、所属は大枠で「朝鮮半島」みたいな話だったのが、大韓民国になる。五〇代半ばで初めて国民になったけど、公的に帰属することへの違和感があった。フリーであった方が気持ち的には良かったんちゃうかって。深く、何がこうだから、ではなく、そういう気分にとらわれた。まあ再入国許可証をパスポート代わりに海外に出てた時に比べたら安心感はあるけど、一方では縛られる感じ。気分やけどね。

▼個としての繋がりを求めて

今後の社会は心配やね。僕らは日本の中でマイノリティの立場で運動せざるをえない中でやってきたんやけど、それこそ在特会（在日特権を許さない市民の会）みたいなのがはびこるし、現政権の閣僚見ても反吐（へど）出そうな面々が入ってるみたいな。日本の人らからしたら僕らは見えてへん存在やねんなと改めて思う。気にしてくれてるのは在特会の人ら（笑）。たぶん僕も日本人やったらなかなかわからんかったと思うねんけど、日本の場合、特に単一民族意識が強くて、マイノリティの存在については居ても居てへんがごとくみたいな。とにかく「国民」ばかり。たとえば憲法九条は世界に自信を持って発信すべき内容を持ってるけど、「日本国民は」

で始まる。この社会はいまだに国、国家というものにとらわれ過ぎてる。一人一人で付き合えば戦争という発想って出てこないと思う。

26 日立闘争後の「続日立闘争」

朴鐘碩（パク・チョンソク） 男

取材日／二〇一二年五月二六日　**出生地**／愛知県西尾市　**現住所**／神奈川県横浜市　**生年月日**／一九五一年一一月二四日　**略歴**／九人きょうだいの末っ子として出生。日本の商業高校卒業後、日本名で日立製作所の採用試験に合格。その後、国籍を理由に採用を取り消された。一九七〇年一二月、横浜地裁に提訴、日立就職差別裁判闘争が始まる。一九七四年六月、在日朝鮮人の歴史的背景と民族差別の実態を明らかにした判決は、大企業の就職差別を断罪し完全勝利。九月コンピューターソフトウェア員として日立に入社。社内で使われている朝鮮人差別に繋がる言葉に疑問を感じ問題提起。職場環境の改善を求め、二〇〇〇年から二〇一〇年組合役員に立候補するが落選。二〇一一年一一月定年退職。一二月から日立製作所に再雇用。共著に『日本における多文化共生とは何か』。「外国人への差別を許すな・川崎連絡会議－コミュニケーション－掲示板」http://homepage3.nifty.com/hrv/krk/index2.html　**取材**／高秀美、黄英治　**原稿執筆**／黄英治

▼とにかく貧しいという記憶

四人の姉と四人の兄、九人きょうだいの末っ子です。一世のアボジ（父）とオモニ（母）は

感情が高ぶると朝鮮語を使いました。日本人の友達が来ると親に向かって「朝鮮語使うな！」とか、「なんで朝鮮人に産んだ」と反発しました。植民地時代にアボジは一八、オモニは一六ぐらいで両親と日本に渡ってきたそうです。

わたしの記憶は「とにかく貧しい」ことだった。みすぼらしい家に両親と九人の子どもがいる。アボジは鋳物工場で働いたけど子だくさんで生活は苦しい。働いた金はほとんどがどぶろくに変わり、物心ついたころにアボジの姿はなかった。数年後、ボロを着て十円玉を家の中に放り投げて再び姿を消しました。親子、きょうだい喧嘩は、時にナイフや包丁で「お前殺す」ってやるから障子は吹っ飛び、ガラスは割れ、家の中は無茶苦茶。

就職できないから姉たちは水商売で稼ぐしかない。長男だけが家に残った。小遣いは貰えません。小遣い欲しさに家の金をくすねて、給食費で買い食いをしたこともありました。ばれて殴られ、家から追い出された。

近所には数軒寄り添うように朝鮮人が住んでいて、みんな貧しかった。民団（在日本大韓民国民団）、総連（在日本朝鮮人総連合会）の支部もあったけど、民族団体は金のある家は優遇して貧しい朝鮮人は無視する感じだった。

激しいきょうだい喧嘩で何回も警察が来ました。警察は兄二人が事件を起こしているから、うちの事情をよく知っている。食うために兄たちには悪い友達がいました。

うちより貧しいハルモニ（おばあさん）が家に上がってきて、オモニに「メシ食わしてくれ」

というんです。オモニはご飯を出す。ハルモニはそれに水をかけて食べる。よくそんな場面を見ました。

▼「新井」で日本人学校へ

「新井鐘司（あらい・しょうじ）」で小学生活が始まります。喧嘩すると「チョーセンジン」といわれ、違うことをすると「チョーセンジンのくせに」とやられる。日常茶飯事で殴らなかったけど、反発したりしゅんとなったり。

学校近くの田んぼに鋳物工場のくずが捨ててある。そこへ近所のハルモニが磁石を持って拾いに行くわけです。わたしも五年生ぐらいからそれをやると小遣い稼ぎになる。四、五年生ごろから新聞配達をやっていました。店主にピンハネされて月に五〇〇円ぐらいもらっていたのかな？

中学時代は勉強に精を出しました。勉強すれば日本人と同じような生活ができると思ってね。成績が良くて級長にもなりました。勉強したのは家より学校にいた方が楽しいから。家にいたら何か手伝わされるか、殴られるか。後頭部に生まれつき禿（は）げた大きな瘤（こぶ）があり、よく友達にからかわれた。その劣等感も強くありました。勉強してると「もったいない」と電気切られちゃう。「勉強して何になるんだ」と兄から叱られたこともあります。

中学二年の夏の終わりに、新聞配達の貯金をおろして、教科書だけを風呂敷に包んで家出した。大垣発東京行きの夜行列車は満員でした。品川駅で降りて、真っ先に買ったのがスポーツ紙です。新聞・牛乳配達の求人広告を見ながら、「今年中学を卒業した。採用してくれ」と、かたっぱしから電話してね。坊主頭で明らかに家出少年という貧しい格好でした。大森の新聞店に九月、一〇月の二ヶ月住み込みました。寂しくなって帰って行ったら、オモニが「どこへ行っとっただ」と泣き出しました。

▼作文「朝鮮人は損だ」を書いて

高校進学前に「自分で働いて行け」といわれたので、また家出しました。横浜にいた姉さんに泣きついたら「毎月いくらか送るから勉強だけはしろ」と。兄にはバイトで食費を入れる約束で許されました。入学試験は上位の成績で級長にも選ばれました。

兄との約束を守るためにバイトに精を出します。名鉄三河線の枕木を上げる仕事。学校が終わって夜一〇時に家を出て終電から始発まで働きます。だから、とても授業に集中できない。学校行ったらすぐ寝るという生活で成績も悪くなりました。

一年のとき美しい女性教師が国語の担当で、有島武郎(ありしまたけお)の『生れ出(うまれい)づる悩み』をやった。「いま考えていること」という課題が出た。わたしは「朝鮮人は損だ」という題で、高校や大学を出ても思うように就職できない、何のために高校へ来ているのかと書きました。教師は日教組(日本教職員組合)に入って問題意識があったのかな、わたしを職員室に呼び、「気持ちはわかるが、いま必要なのは勉強じゃないか」といった。教師に何かを期待していたわけじゃない。朝鮮人はこんな状況を生きているとぶちまけたかったんです。

高校二年から「問題生徒」になります。授業料のためにバイトに明け暮れました。事件を起こした兄が釈放され、名古屋で八百屋を開店し、そこに引きずり込まれました。売り上げは伸びず仕入れの借金だけが増え、生活は苦しいまま。土・日は一番電車で笹島（ささしま）へ行って日雇い労働。稼いだ金で授業料を払いましたが、そのうち高校の悪（わる）が集まり、金稼いでスナックに行ったりしました。

後頭部の大きな瘤は、高校生のわたしに朝鮮人であることと同時に最大の悩みでした。手術費用を出してくれたのはプロ野球選手を夢見た三男の兄でした。野球を断念したあとタクシー運転手となりましたが、胃がんを患い三二歳で亡くなりました。手術し余命を悟った兄は、横浜地裁で日立就職差別裁判の勝利判決を聞きました。

▼就職でぶつかった壁

高校卒業が近づいて就職問題が出てきます。朝鮮人は職につけないのはわかっていましたが、大企業で働く夢を諦めきれずに新聞の求人を見ていました。

一九七〇年の高度成長期、求人は溢（あふ）れていた。でも「要戸籍謄本」で朝鮮人を排除していました。その中に「要戸籍謄本」じゃないＩＢＭの求人がありました。わたしは「問題生徒」でしたが、就職担当教師に「ＩＢＭに申し込めないか」と聞くと「お前なんか受かるわけねえ」と。「受けてみるか」と冗談でもいって欲しかった。

教師の紹介でトヨタ関連の末端の鈑金工場にプレス工として就職します。単純作業に我慢できず一ヶ月程で辞めました。その後、同年のいとこが勤める会社で経理の仕事をしましたが、しばらくして人員不足の現場に行くことになった。寮で受験参考書を読みながら、毎日、新聞の求人を見ていました。

▼日立による就職差別

こんな状況で日立製作所ソフトウェア戸塚工場の求人広告を見つけた。「これだ！」と思いました。日本名と出生地を書き応募しました。「能力があれば絶対受かる。間違って採用されるかも」とね。筆記試験後の面接で試験官はとても友好的でした。そのときの会話で筆記の成績が良かったことがわかりました。

しばらくして日立から「採用通知は届いているか」と職場に電話がありました。寮に帰ってみると速達が届いていました。本当に嬉しかった。朝鮮人を隠している心配を「日立なら調査してわかっている」と前向きに考えようとした。でも、どうしても不安なので日立に電話して「韓国人なので戸籍謄本が取れない。外国人登録済証明書を持参したい」と告げたんです。すると態度が一変して「採用は保留にする。後日連絡する」と冷たい返事。でも連絡がなかった。

また日立に電話すると担当者は「一般外国人は採用しない。履歴書に本当のことを書かなかったからだ」と採用取消通告です。一九七〇年九月のことです。そのときの気持ちは「試験に合格した人間がなぜ国籍で拒否されるのか。日本人と変わらないのに」ですね。喜びは一瞬にして消え、崖から落とされました。これが日立就職差別裁判・糾弾闘争の発端です。

▼同化から「民族」主体性の確立へと

裁判を始めて韓国人と日本人でつくる「朴君を囲む会」が結成されました。「日本人と変わらないのに」という「同化裁判」から、「朝鮮人を差別するな」と日立製作所本社への「民族差別糾弾」へと繋(つな)がり、九州から東北にまで広がった。そうなるには紆余(うよ)曲折がありました。訴状をつくったとき、国際基督(キリスト)教大学の学生だった崔勝久（チェ・スング）さんが「日本人と変わらない、はおかしい。朝鮮人は差別されてもいいのか」と指摘した。それは「差別がいやなら帰化しろ」の同化論理になるといわれたとき、深くはわからなかったけど、そうだと思いました。それで「解雇は民族差別だ」と訴状を書き変えたんです。それでわたしの生き方が厳しく問われる。

「新井鐘司」で生きてきて「朴鐘碩」を日常生活に浸透させるのは大変でした。生活するために日本名でトラック運転手をしていました。崔さんら同胞から「何のために裁判やってるんだ」と糾弾された。裁判を始めたころ作家の李恢成（イ・フェソン）氏が「こんなものは同化裁判だ」と日立の広告が掲載されている雑誌に書いた。打ちのめされました。「囲む会」の集会で日本人に「お前たちが差別してる！」と怒鳴ったりしました。

わたしは一体何者か、「民族の主体性」を確立するために本を読みました。主体性は「言葉と歴史」を学ぶこと、当時はそういう風潮でした。新宿に下宿していましたが、川崎・桜本に移りました。「朝鮮人としてあるがままに生きよう」と自覚しました。そこにはわたしと同じ体験をし、悩み、生きる子ども、青年がいました。在日大韓基督教会川崎教会が活動の拠点でした。シーツをクリーニングする日本人の個人商店で「パク・チョンソク」で働き「これで生きるしかない」と決断しました。そうさせたのは名古屋と大阪の出張裁判で大阪・兵庫の高校教師や生徒たちの証言を聞いたからです。差別に屈せず、民族的な自覚を持って堂々と生きている姿を見て衝撃を受けました。彼らの生きざまが自分に重なって、同じように悩み生きている青年が多くいると思ったからです。

▼民族運動としての地域活動

崔勝久さんが韓国に留学したのは一九七三年かな。彼がソウル大学で知り合った学生に日立裁判のことを話した。その学生が七四年一月に発表した「反日救国闘争宣言」に、「日立で起こった就職差別問題など、日本国内での韓国人同胞に対する差別待遇を即刻中止せよ！」が入りました。それが民青学連（全国民主青年学生総連盟）に繋がるんです。直接、朴正熙（パク・チヨンヒ）独裁政権打倒をいえないので「反日、日立の民族差別」を掲げたようです。民青学連は弾圧され、教会の運動がそれを引き継ぎます。韓日基督教会、世界教会協議会（ＷＣＣ）へ支援の輪が広がりました。日本の民族団体は、日立闘争に沈黙・批判していましたが無視できなくなった。

ここから「民族運動としての地域運動」が出てきます。判決前の川崎教会の集会で、地域のアボジが「税金払っているのに児童手当をもらえないのはおかしい」と問題提起した。その後国籍条項が撤廃され、公営住宅入居、住宅金融公庫適用、弁護士・教師・地方公務員への道が開かれていった。

地域の子どもの状態は、わたしの子ども時代と変わらない。これを変えて生きる自信をあたえる地域活動ですね。希望に燃えて関わります。川崎教会、子どもらを通じて、地域のアボジ、オモニと繋がっていきました。地域に入ると具体的な問題が見え、自分が育ってきた環境が自覚できる。地域の青年、日本人学生ボランティアらが活動に参加してくるのが驚きでしたね。

活動を通じて自分の肉親の生きざまが徐々に理解できました。オモニに裁判や地域のことを書いて、感謝の手紙を送ったんですよ。オモニは家を捨て、好き勝手なことをした末っ子に複雑な感情を抱いていたから、許せなかったんじゃないかな。字が読めないから誰かに読んでもらったと思うのですが。

▼日立への入社

裁判所は日立の民族差別を認定して解雇無効判決を出し、企業は国籍差別してはならないとの判例になりました。糾弾闘争で「日立は在日韓国人・朝鮮人を差別し続けてきたことを認め深く謝罪する。民族差別を二度とくり返さないよう、責任ある具体的な措置を取る」との確認書をとっていました。勝訴は嬉しかったけど「これからどうなるのか」と複雑でしたね。運動体は入社か否か、議論していました。運動としてやってきたから自分では決められない。在日同胞の人権のためにどうすべきか、相当揺れましたね。

糾弾闘争で合意書に「日立に入社した在日韓国人・朝鮮人に関し、話合いの必要が生じた場合、相互の要請により、随時話合いを行ない、誠意をもって問題の解決にあたる」との了解事項に調印します。わたしは入社を決断しました。弁護士と「囲む会」関係者の意見を聞き決めました。「これからは職場の中で、何が起ころうと自分で切り開くしかない」と覚悟しました。それが後の「個の確立」に繋がります。

▼職場という別世界

裁判までして日立に入った朴鐘碩が職場で何をしていたか、何を考えていたか、『日本における多文化共生とは何か』（新曜社）の中で書きましたが、これから話すことにも重なります。

「外国人への差別を許すな・川崎連絡会議」のＨＰにも書いています。

入社して職場は、差別・人権とは別世界なのがわかった。入社後、地域は地域、職場は職場と割り切り、組合も念頭になく春闘は日本人労働者がやるものだと考えていた。

ソフトウェアはまったく畑違いで、コンピューターなんか知らない。教育を受けながら仕事を覚えて、民族差別の「み」の字もいわず黙って働きました。確認書の実行なんてできる状態じゃなかった。

入社五年目に胃潰瘍で入院しました。原因は「バカでもチョンでも」という差別発言が日常的に行き交うことや組合のやり方がおかしいと感じていたからですね。ユニオンショップですから会社に入ったら組合員です。職場集会で春闘や一時金のことを話しますが、上意下達で組合員は沈黙です。「何かおかしい。なぜ裁判までして日立に入ったのか。仕事だけしていればいいのか」と考えるようになった。それで職場の会議で、入社の経過を話した。「バカでもチョンでもという言葉は使わないでくれ」といったとたん、目の前が真っ暗になった。その後腹が痛くなりメシが食えなくなった。病院へ行ったら胃潰瘍だと診断されて入院です。二八歳でした。

▼胃潰瘍で入院を契機に

入院中に聖書関連の書物を読みました。病床で「こんなはずじゃなかった」と考え、日立を解雇されたときのようなみじめな気持ちで「こんな状況はおかしい」と思うようになっていきます。

退院して職場集会で発言し始めます。組合役員にも立候補します。しだいに組合・労働者の問題と矛盾が見えてきて、組合規約や会社規定を読んで、会社と組合に抗議文、公開質問状を出しました。

何が問題か？　組合員にものをいわせないこと、沈黙です。それが民族差別と繋がっている。製品事故が起きると処理に追われ一週間も家に帰れない。労働者は徹夜、徹夜です。神経を侵され入院する、職場で倒れる労働者もいる。それでも沈黙することで他者への関心を封鎖してしまう。同僚にすれば、わたしが民族差別のことをいってても関係ないんですよ。「自分がものをいえないのに何で人権研修か。時間の無駄だ」となる。それが排外主義に繋がっていく。

▼勤続二五年論文と組合委員長への挑戦

一九九五年の勤続二五年記念論文で、民族差別と労働者に自由にものをいわせない経営体質を問う「二一世紀への提言」を会社と組合に提出しました。この論文を「東亜日報」と「朝日新聞」の「戦後五〇年記念・日韓交流―過去を踏まえて未来への提言」に「続日立闘争」として応募しました。それを告げたら、勤労課長と会議室で一週間ほど話し合いが続いた。「論文を取り戻せ。会社の問題は会社の中で解決すべきだ」と責められました。「いいたいことは論文に書いた」とわたしは抵抗した。結局「本社から気持ちはわかったといってきた、職場で日の丸と君が代もやめる」ということになった。入院しませんでしたが胃潰瘍が再発しました。

組合の評議員に立候補するようになり、支部委員長にも立候補した。公正な選挙、組合費の使途公開、ものがいえない春闘・一時金闘争などの問題を提起。二〇〇〇年には三〇%近い支持がありました。職場を回ると、支持する組合員は声を出せないから目と表情でエールを送ってくれた。こんな職場でも支持してくれる労働者がいると驚きました。二年ごとの支部委員長選挙に六回立候補して、あとは一〇%前後の支持。実は結ばなかったけど、人間らしく生きるために沈黙しないことが大切だと思うようになった。

企業社会で人間らしく生きることは、批判され、嫌われ、無視されることです。耐えることも必要です。これが日立闘争後の「続日立闘争」でした。

▼日本人女性と結婚

八一年に日本人女性と結婚しました。裁判後、大阪・猪飼野（いかいの）の地域活動に参加し、大学生だった彼女に出会いました。日本人との恋愛と民族差別の問題をどう考えればいいか悩みましたが、卒業後養護施設で働いていた彼女と結婚した。国籍・民族にとらわれることなく、彼女に支えられて職場・企業社会の問題と向き合うことになります。

子ども三人は地域の日本の学校に入れました。国籍は韓国で、「朴」で通いました。差別、いじめに直面しても乗り越えて欲しいと願った。彼らが通った小・中・高の入学式・卒業式の「日の丸・君が代」に抗議文を出して、妻と二人で校長にやめるよう申し入れた。長男は、高校の卒業式前に校長に自分の思いを訴えた。大学の父母会の集まりで学長に訴えたこともあります。学長は拒否し、一部の父母から「関係ない！」という声。冷たい視線を浴びました。何度も壁にぶち当たり、悩みながら成長した息子たちは、いまは社会人となりました。

次世代の在日にいいたいことは、「民族」概念に固執するのでなく、人間としてどう生きるかだ、ということです。どの世界で生きても、人間としての生き方が突きつけられる。だから個の解放をどうつくっていくか考えて行動することが大切だと思います。

▼「共生」論の問題点

日本は開かれた地域社会をつくるべきです。日本の社会は外国人の排除が前提になっています。その象徴が公務員採用に日本国籍が必要だとする「当然の法理」ですね。多くの自治体で国籍条項は撤廃されましたが、管理職に就かせない「当然の法理」は排外主義の根拠になっている。これは「共生」論と矛盾します。「当然の法理」を廃棄して、地域社会をどうするべきかを、日本人・外国人がともに考えていくことが必要です。

「共生」論は、行政の下請けを外国人にやらせる権力の支配イデオロギーになっています。「共生」は、閉ざされた社会であり植民地主義です。しかし、川崎の国籍条項撤廃は英断だと評価された。「当然の法理」で外国籍公務員が二級市民扱いされていても、自治体の労働組合や地元運動体は、沈黙しています。採用した人を許認可権、決裁権ある職務に就かせないのは労働基準法違反です。

日本の戦争責任をきちんと果たさせることがなによりも大切です。「当然の法理」は自治体首長の判断で廃棄できます。これは、わたしが勤める原発メーカーの日立製作所に原発事業からの撤退と海外輸出中止を求める反原発運動にも繫がっています。具体的に植民地主義と向き合うことになります。

27 「行く道がどんなに険しくともわれらは明るく進む」

李英鉄（リ・ヨンス）　男

取材日／二〇一四年八月一八日、一一月一八日、二〇一五年三月三日　**生年月日**／一九五二年五月二六日　**出生地**／兵庫県揖保郡　**現住所**／東京都練馬区　**略歴**／兵庫県で生まれる。男だけの四人きょうだいの二番目。父親は当時兵庫県内にあった民族学校の校長を務めていたが病気で退職。以後北海道に移り事業を営むようになる。朝鮮大学校にいたるまでずっと民族学校で学ぶ。同大卒業後、朝鮮通信社に就職。退職後、会社を設立して今にいたる。現在、在日本朝鮮東京都練馬商工会会長。東京・練馬区在住の総連・民団商工人たちの集まり「一二日会」のメンバーの一人。　**取材**／高秀美　**原稿執筆**／高秀美

▼受け付けられなかった願書

アボジ（父）の名は李在郁（リ・ジェウク）といいます。オモニ（母）は二世で全花子（チョン・ファジャ）といいます。慶尚南道宜寧郡柳谷面松山里（キョンサンナムドウィリョンリュゴンミョンソンザンリ）五三四、これがコヒャン（故郷）です。きょうだいでいえるのは僕だけでしょうね。大雑把なところもありますが、記者をしたという

のもあるからかもしれないけれど。お金の計算はダメかな。

アボジは二〇〇二年に亡くなりました。日本に来たのは……話すと長くなりますね。実はアボジは自分で文書を書いて残しています。それによるとアボジが生まれたのは一九二七年。ハラボジ（祖父）は小さな工場を営んでいたのですが、しだいにそれも立ち行かなくなり、借金を抱えて結局は家も工場もすべて失ってしまったそうです。その後、家族は大邱（テグ）で間借り生活するようになったといいます。アボジの兄さんは日本に渡って土木関係の仕事に就き、家族に送金してくれるようになりました。このアボジの兄さん――僕にはクナボジ（伯父。父の長兄）にあたる人ですが、季節の変わり目ごとにアボジに学生服を送ってくれたそうです。

一九四〇年、アボジは大邱の海星（ヘソン）小学校（現・大邱暁星（ヒョソン）初等学校）を卒業しました。勉強もよくできたんだと思いますが、一二歳では働くところもないし中学校に進学しようと思ったそうです。ところが「資格がない」からと、受験すらできなかったのです。「受験資格」というのは家や土地財産を持っているという証明書があるかどうか、ということだったそうです。勉強ができるから中学へ進学できるということではないのか、と抗議したそうですが、願書そのものすら受け付けてもらえなかった。本当に悔しかったことと思います。アボジが後年、教育者となって在日朝鮮人の民族教育に心血を注いだことの根底にはこのときの体験や記憶も深く関わっているのかもしれません。

アボジは途方に暮れましたが、結局日本にいる兄さんを頼って行くことを決心しました。これがアボジが日本に来るきっかけです。アボジは日本に来てからもすごく勉強したんだと思います。兵庫県姫路国民学校、加古川中学に入学、そして中途退学。一二、三歳で一人で日本に来て、相当苦労して働きながら勉強したと思いますよ。子どものころ、クゴ（国語＝朝鮮語）でわからないのがあると僕はまずアボジに聞くんです。するとこれはこうこう、こういうことだ、と答えてくれました、すぐにその場で。朝鮮語辞典という大きな辞典があるんですが、あとで調べてみると、アボジの説明してくれたほぼその通りのことが書いてあるんですね。これには何度も驚かされましたね。

本当にどこで勉強したのか、大学には行ってはいないと思うのですが。

▼アボジと出会えて幸せだったオモニ

両親は同郷の人の紹介で親に決められて結婚したそうです。当時のことですから好きも嫌いもないわけですね。でもオモニはアボジが亡くなった今でも「あんなにいい人はいない。大当たりだったよ」と人に聞かれて答えてますから、アボジと出会えて幸せだったのだと思います。

一九四八年当時、オモニは網干（あぼし）朝鮮初級学校で教員をしていました。民族教育に対する弾圧が強まっていく渦中の四月五日に結婚式を挙げています。二〇日には学校閉鎖、そして二四日には阪神教育闘争へと弾圧の嵐が吹き荒れていきます。同時にこれに対抗する運動も高まっていきました。当時アボジは朝連（在日本朝鮮人連盟）の兵庫県相生（あいおい）支部や民戦（在日朝鮮統一民主戦線）飾磨委員会などで活動をしていたそうです。四・二四教育闘争の現場にもいて拘束され、神戸の留置所にも三ヶ月ほど入れられました。両親の新婚生活は民族学校を守る闘いとともにあったといえます。

僕が小学校一年のとき、兵庫県の外れに相生朝鮮初級学校というところがあったんです。今はもうありません。当時は生徒が一三〇人ほどいました。アボジは姫路朝鮮初級学校、相生朝鮮初級学校そして東神戸朝鮮初級学校の校長をやったんですね。その前は西播朝鮮中級学校で教員をしていました。ところが東神戸の校長だったとき、健康診断があって、結核にかかっていたのがわかったんです。結局、四年間須磨の病院で療養生活をすることになりました。もちろん教員は続けられません。この病気がなければきっとその後もずっと教育に関わり、生涯教育者として生きた人だったと思います。

僕は今日まで自分の世界観や人生観を形成することにおいてアボジ、オモニの影響をあまりにも多く受けましたね。アボジが入院中、小学生だったわたしに書いてくれた手紙が三、四〇通もあって、今も手元にあります。アボジはわたしの品行や考え方で間違ったことや正さなければいけないことを手紙に細かく書いて指南し、勉学やサークル活動で励むよう勇気と希望を与えてくれました。そんな人ですからアボジから改まって「話がある」といわれると、こん棒で叩かれるより緊張し、恐れをなしたものです。

▼経済的な地盤を築いたアボジ

その後、アボジは総連（在日本朝鮮人総連合会）相生支部の仕事を少ししたんですが、一家で北海道に引っ越したんです。一九六六年七月です。そのときはすでにクナボジが北海道の札幌で事業を興していましたから、そこを頼ってです。

クナボジはパチンコ屋をやってました。最初アボジはその一店舗を手伝う仕事をしていたのですが、何年かしてから独立したわけです。一時は三店舗やっていたんですが、今は二店舗です。経済的な地盤はアボジが築きましたね。現在、兄と弟二人は向こうで事業を見ています。僕だけ一人独立して東京にいるんですよ。

北海道に行ったのは僕が中学二年の二学期のときです。きょうだいは四人。全員男の二番目です。三番目までは朝鮮大学校を出て、四番目は日本の大学です。兄は朝鮮大学を卒業して、東京朝鮮第五初級学校の教員を何年かやってから、その後北海道に帰り先生をやりました。下の弟も朝鮮大学を卒業してから川崎の学校で五年間先生をやって、それでやはり北海道の教員をやりました。一番下の弟も東京の大学出て、北海道に帰りました。

▼日本の学生とは毎日のように喧嘩

日本人の友達とかは、ほとんどいなかったですね。ずっと民族教育でしたから、そういう意味では偏っていますね。

　子どものときになりたかったのは政治家です。総理大臣になりたかった……（笑）。まあ政治家ですね。これは一般的な意味での政治家ということです。現実には分断している中で北だとか、南だとか、そういう状況の中での政治家ということではなくて。参政権があったら日本の議員でもなりたいですね。練馬区議会議員とか、数千票取ったらなれるんですよ。

　学生時代、得意だったのは陸上ですね。走り幅跳びとか、フィールド競技です。兄がやはり陸上をやっていて。中学、高校生のときは結構燃えてましたね。

　中学二年の二学期から北海道に行くじゃないですか。北海道の学生というのはちょっと内向的なんですね。北海道では本心がわかるまでけっこう時間がかかるというか、そういうふうなところがありました。関西とかだとなんでもよくしゃべる。僕もそういうふうに振る舞っていたら、一つ上の先輩から「生意気だ」と呼ばれて、殴られたことがありましたね。北海道の学校には番長がいて、寮では下級生を袋叩き（ふくろだた）きしたり。僕は家から通う「通学生」でした。それで通学生は中学生の通学生同士でグループを組んで、日本の高校生と喧嘩してました。だから自信がつくじゃないですか、どんどん。それで自分の力を試したくてけっこうやってましたよ。日本の学生とは毎日のように喧嘩していたんです。

▼組織の混乱の中にいて

僕は親の元には中学生までしかいなかったんですよね。高校から茨城朝高（朝鮮高級学校）で、寮です。それからずっと、四〇年以上親元離れて生活してきているんですが、ある面ではそれが自分を強くしたんじゃないかと感じています。

朝高委員会というのがあるんですが、あの当時は僕も一六、七歳で、茨城でその活動にはまっていたまっさかりの時代でしたね。先輩でもなんでも不正を見たら全部注意したり、そんな感じでしたね。

高三のときに東北朝高に移りました。というのはちょうどその時期、仙台に東北朝高ができたからです。新しい校舎も建って。全校生で一〇〇〇人ぐらいの規模でしたね。

なんで東北に転校するようになったかというと北海道と東北地方に居住する学生らは東北朝高へ、茨城に来るのは新潟・群馬・栃木・茨城の地域の学生、とかそういう学区制ができてそうなったんです。

でもそんなふうにいろんな地域の学生らが集まるわけですから、その学生らの中でドンパチいろいろあるわけです。一種の縄張り争いみたいなものですかね。

高三の時期は、今から振り返ってみると、恋とか愛とか、そんなもの考えたことなんか一切なかったですね。親きょうだいでも組織の路線とかで違うことがあったら批判しなければならないというのがあって、ちょうど同じ時期にあった中国の文化大革命のような、そんなものですかね。

僕も一回親を批判したことがあるんです。アボジに対してじゃなかったと思う。オモニだったか。でもそのとき逆に僕はやられましたよ、「お前、バカじゃないか」って。

高校卒業する直前に名古屋で世界卓球選手権があったんです。一九七一年。そのとき全国から若いの集めて共和国の選手をボディーガードとかするんです。そういうのやるとなんか栄えある事業に参加しているというのか、活動だと思って行くじゃないですか。そのときに「あなたは朝高委員会に行きなさい」とか、いろいろ「配置」というのがあったわけです。それで高校卒業後は二年間、朝高委員会に行くことになりました。そこでは学生委員会の委員長をやりました。朝高委員会というのは学生たちを指導するところです。学生の指導員みたいなものですね。

七二年から七三年にかけて、組織の中は混乱していましたね。七二年は僕がちょうど二〇歳のころです。組織の活動に燃えてましたから、その混乱の中にあって精神的には今まで経験したこともないような、ショック状態でしたね。今まで信じてやってきたことがひっくり返るわけですから。このことで組織を離れた人もいましたが、大部分は残ったと思います。ウリナラ（わが国＝朝鮮民主主義人民共和国）への思いそのものが揺らいだわけではないですから。

一九七三年、僕が朝大（朝鮮大学校）へ行ったときは、まだ混乱が残っていた時期でしたね。

それ以前は朝大に行きたくても行けなかった人たちが急に集まってきて、新入生だけでも四〇〇人超えてましたね。全校生が一五〇〇人ぐらいの中で。それまでは組織の要求で朝青（在日本朝鮮青年同盟）へ行くようにとか、どこどこに行くようにとか、そういうのがあったんです。でもそういうのがなくなって大学行きたい人は行けるようになった。だからそういう人たちが一気に朝大に行きたいということでパーッと集まったわけです。寄宿舎も不足して、だからどんどん建設してましたよ。僕がいたときに八号館が完成したんだと思います。

学部は政治経済です。卒業後は基本組織――総連の支部とか本部、中央、そういうところに行きます。入学したときは卒業後のことは考えてませんでした。日本の学校とかに行こうと思ったことはありませんね、まったく。苦楽を共にした大学の同窓生は七〇人余りいますが、生涯、家族・きょうだいのごとく親しく付き合っていける友人たちですね。

▼組織の論理、会社の論理

大学を出てから行ったのは、朝鮮通信社です。通信社での仕事は取材です。日本で取材した記事をウリナラに送るんです。一三年勤めました。

結婚は通信社に入って四年目です。兵庫の人です。取材で全国回ってましたからね。それで出会ったんです。彼女は当時、東神戸朝鮮初級学校の先生やってました。

通信社を辞めたのは、三八歳ぐらいのときですね。ずっと通信社でやろうと思ってたわけですよ。でも四〇歳近くになると、いろいろ考えるじゃないですか。先のことは何も考えずにいきなり辞めてしまったわけです。辞めて二、三週間は真っ暗でしたね。妻は当時専業主婦でした。子どもは三人です。

アボジは戻ってきて欲しいというのがきっとあったと思う。北海道でアボジはパチンコ店やってましたから。弟と一緒にパチンコ店の物件を物色したりもしたんですが、北海道に引っ込んだらもう東京には出てこれないというのがあったんですね。ビジネスにしろ組織にしろ、何をするにしても東京というのは日本の首都だし情報も豊富だし、やはり自分が住むのは東京だと。当時はそんなふうに考えてましたね、今はだいぶ変わってきてはいるけれど。

結局、うちの妻がママさんバレーをやっていた関係でそこの知り合いに紹介してもらって金融会社で働くことにしたんです。収入は通信社のときより良かったですね。

組織の中にいると、外の世界のことがわからない場合がありますね。僕もそうだったけれど、組織にいると世の中が組織の論理で回っているように見えるわけですよ。実際はそういうわけにはいかない。外に出て会社で働けば会社の論理に合わせて生活しなければならないというのがあるし、そのズレをただすのにけっこう時間がかかりましたね。

今度は全部一から自分でやっていかなくてはならないから、金融会社で二年やって、今の業界——パチンコの設備関係の会社で三年働きました。その五年間というのは非常に人生において鍛えられました。当時はパチンコ業界も景気が良くて、猛烈に働きましたね。

畑違いの仕事ですが、組織の世界しか知らなかったわたしにはまったく新しい社会勉強でした。法務局や役所まわりが多く、社会の法的仕組みを現実の問題を通して非常に多く学ばせていただきました。

また、この期間、韓民統（韓国民主回復統一促進国民会議）系の人たちとも交流を重ね、在日の裾野の広さや奥深さに感じることが多かったです。

四四歳のとき、会社を興しました。パチンコの設備関係の仕事です。最初、何もわからないじゃないですか、人脈も何もない。種を蒔くのも育てるのも自分。来年で二〇年になるんですが、なんとかここまでやってきました。

▼練馬の商工人の集まり「一二日会」に誘われて

練馬の会の名は「一二日会」といいます。在日の総連・民団（在日本大韓民国民団）に所属する商工人たちの集まりです。ほぼ毎月一二日にやるので「一二日会」、二一年続いてます。僕たちは当時まだ若かったから、同胞のオルシン（年配の方）から「来い」といわれて行ったわけです。「はい、わかりました」と。あのときこちら側（総連系商工人）が五人ですね。年配の方が二人と、「慶尚」（練馬区貫井にある焼肉店）の李（リ）さんと、あと朴（パク）さんという僕より五歳上の人。

年配の人たちは昔から知っているわけですよ、お互いに。総連・民団関係なく、ゴルフに行ったり。そういう付き合いはあったみたいです。トンポ（同胞）ですから、親戚関係とか、何かとあるじゃないですか、繋（つな）がりが。

そういうので、オルシンたちが定期的に集まりみたいなものを持ったらどうだろうか、ということで始めたんだと思います。何か正式に発表してやったというわけではありません。とりあえず、食事会でもしましょうという軽い気持ちでやりながら、だんだんビジョンを考えていくようになったんだと思います。

民団、総連と対立するんじゃなくて、同じ地域で仲良くやろうということは悪いことじゃない。特に僕なんかは総連の枠しか知らないじゃないですか。日本人も民団の人もあまり知らない。ほとんど付き合ったことがなかった。民団の人って、われわれとは異なる人だと思ってましたからね。

実際に付き合ったら、最初の三、四年間はいつも、いい争い、喧嘩です。まず向こうは北（朝鮮民主主義人民共和国）を非難するでしょ、総連をボロクソにいうでしょ。うちらはそういうのあまりいわないですけれどもね。それで「（韓国に）故郷訪問行こう」って、誘いがすごいんです。向こうは向こうでそういうふうなのを感じていたのかわからないですけれども、一時はもう解散しようか、というような場面もあったんです。

あるときなんか、民団の人が北や総連に対して、厳しい言葉で批判したりするもんですから、ついにたまりかねて総連側の金（キム）さん（故人）が身震いしながら立ち上がり「このような会は解散した方がいい」と大声を張り上げて退席したことがありましたね。そのときのことをよく覚えています。でももう今はほとんどぶつかるということはないですね。お互いに融和し合って。二一年もよく続いたと思います。

先輩の朴さんもかつて「一二日会の解散は時間の問題だ」といっていましたね。今は解散しようという言葉は出ないです。話題は統一問題はもちろん、北、南の情勢、総連、民団の話、健康、ビジネス、多岐にわたりますね。メンバーは少し入れ替えもありましたが、現在は総連側六人、民団側五人でほとんど欠席者がいないですね。メンバーは発足当時はわたしは四〇代、オルシンたちは六〇代でしたが、現在高齢化が進んで八〇代前後が占めています。しかし、メンバーらは「一二日会」を本当に楽しみにしているようです。今は練馬区貫井の焼肉店「慶尚」で毎月一二日に会を開いていますが、いつも笑いが絶えません。お互い、家族、親戚のようです。以前は民団側の安（アン）顧問もいつも厳しい「マルスム（お言葉）」を発していましたが、今はやさしいアボジ、ハラボジです。

民団の人はどちらかというと民族的な雰囲気というのか、そういうのが薄いような気がしますね。子どもたちも日本人と結婚する人が多いですね。冠婚葬祭でお互い行ったりきたりするもんですからわかるんですが。ちょっとうちらと感覚が違う気がします。中には地域の町会長をやっている人もいるんですが、そういうのを大事にする人もいて。

総連というのはやはり愛国心だとか、団結心とか、そういうので人を集めて来たりするじゃないですか。向こうはそうじゃない。お金とか事務的な手続きとか、そういうので繋がりがあるというのか、どちらかというと日本の団体に近いような気がします。

この会に参加して、自分自身が何か変わったことがあったかと振り返ってみて――変わったとは思わない。ただ民団の人も同じ同胞だな、と。それまでずっと民団の人というのはすべて反対勢力というのか、われわれとは異なる人ばかりだと思っていたんだけれど、同じトンポだなと思いましたよ。

「一二日会」が続いたのは、対立がありながらも、人間というのは月に一回ずつ会っていくと、冠婚葬祭にも出たりだんだん情が移っていくというのがあったからだと思います。

▼人生の第三コーナーに

名前は仕事では通称名使ってます。使わなくても別に困るとかいうことはないんですが、業界では通称名ですね。本名の李でもまずいっていうことはないです、全然。この業界は同胞が多いから。同胞のオーナーや業者にはちゃんと本名の名刺を渡してます。

「行く道がどんなに険しくともわれらは明るく進む」というのは、アボジが座右の銘としていた言葉です。生前、机の前にこの言葉を書いて貼っていました。アボジはまさにこのように生きました。同時に、わたしたち子ども、孫たちにも、このように生きよと今も語りかけ、教えているのだと思います。アボジは二〇〇二年六月二二日に亡くなりましたが、二五日の葬儀の際、喪主で長男の兄が「ウリヌン　アボジチョロム　サルゲッスムニダ（わたしたちは、父のように生きていきます）」と涙ぐんで力強く語ったのが今もわたしの脳裏に焼きついています。

子どもたちはみんな民族学校を出て、今はみんな働いています。誰もうちの仕事を継いではいません。親の影響というのか、一人は組織の仕事をしてます。朝鮮新報社の記者です。

わたしは二〇〇三年から登山、山登りにはまりました。健康と精神鍛錬など、やりだしたきっかけはありますが、山の頂に達するとあらゆる雑念が取り払われ、新たな勇気と希望が湧き出るんですよ。兵庫の崔（チエ）さんが「登山は人生の最高哲学」と説いています。生涯山には登り続けるでしょう。

人生、第三コーナーにさしかかりました。祖国統一のため、豊かな同胞社会のため、家族・孫の幸せのため、この身を粉にして邁進（まいしん）するのみですね。

28　人情ホルモン「梅田屋」
南栄淑（ナム・ヨンスク）　女

取材日／二〇一一年五月一〇日　**出生地**／愛知県名古屋市　**現住所**／名古屋市　**生年月日**／一九五二年六月二九日　**略歴**／名古屋市で生まれ育つ。五人きょうだいの三女。母親から継いだホルモン焼屋「梅田屋」の二代目名物「オモニ」。薬学博士の夫・鄭大基（チョン・テギ）は薬局を営む。娘・未玲（ミリョン）は薬剤師、息子・栄哲（ヨンチョル）は東京医療センターに勤める外科医。
取材／木村元彦　**原稿執筆**／木村元彦

わたしは生まれも育ちもこの名古屋の今池（いまいけ）です。繁華街ですが、昔からこの近所には朝鮮の方が多かったんですね。隣も隣のそのまた隣も、最初はみんなドブロクを作って売っていました。みんな商売しているから生活レベルがちょっと高い朝鮮部落っていう感じですね。今の梅田屋はわたしが一歳のときに建ったんですよ、二階建てでね。わたしが昭和二七（一九五二）年生まれですから、昭和二八年。昔は通名があって、それがなぜか梅田だったんです。それで「梅田屋」という屋号でした。

▼喧嘩は負けるが勝ち

お店はわたしのオモニ（母）が一代目で、二〇歳過ぎから切り盛りしてました。オモニは慶尚南道の出身です。うちのオモニは一世にしては珍しく、あまり日本の人と敵対しない人だったんです。日本人も朝鮮人も、良い人もいれば悪い人もいる、人間はみな平等だっていう感覚の人でした。

当時の朝鮮人は、日本人には負けるなっていう人が多かった中で、「喧嘩なんかで勝たなくていい、行いで勝てばいい」っていつもいっていました。わたしらは「喧嘩は負けるが勝ち」っていわれて育てられましたから、ちょっと変わってますよね。その代わりしっかりと日本の人に尊敬される人になりなさい、そういう教育でした。アボジ（父）も喧嘩が嫌いで、なんでも「あんばいを大事に」っていう人でした。名古屋弁の「あんばいよう」、つまり塩梅よく塩加減する、バランスのことですね。だからね、あんまり闘う姿勢がないんですよ、わたしには。オモニはいつも「人間は子孫も含めて千年、万年も生きられないから、だから朝鮮人も日本人もみんな仲良くして生きなくちゃいけない」っていってましたね。

家庭の中では日本語で話をしていました。物心がつくようになって、最初は母のことを「お母ちゃん」っていってたと思います。でもあるときから「オモニ」っていうようになって、そうしたら梅田屋のバイトの人たちもオモニ、オモニ、お客さんもオモニ、オモニっていうようになって。それからはもうずっとオモニですね。わたしも二代目で「オモニ」と日本の方からも呼ばれています。

　むかし名古屋工業大学の学生だった人で、今は富士フイルムに勤めてる日本人のお客さんが五、六年前にうちに来たんですよ。わたしのオモニに以前すごく世話になったっていうのね。どういうふうに世話になったかって聞いたら、その人は当時名工大の苦学生で、お金がない、でもお酒は飲みたい、それで毎日梅田屋に来てたらしい。まず最初にホルモンのトンチャンを一つだけ頼むんだそうです。すると「ビール」が出てくる。当時は瓶ビールだったから、お客さんが瓶に少しずつ飲み残すんです。オモニは飲み残しのビールを一本分溜めておいてくれて、それを飲ましてくれたっていうんです。わたしそれ聞いたときに、ああオモニはえらいなあと思いました。よくいわれたんです、梅田屋は「人情ホルモン」だって。ほんとにそうですよね。

▼本名に対するこだわり

　学校は小学校一年からウリハッキョ（朝鮮学校）です。この今池から電車で通っていました。うちは五人きょうだいでわたしは三女なんです。兄と弟は日本の学校、女三人だけがウリハッキョなんですよ、そういう教育方針で。

　兄は早稲田を出て、今は小さな旅行会社をやっています。弟は関西医科大学で、すぐそこの向かいでクリニックをやってます。

弟はね、小学校からずっと朝鮮学校に行きたかったんですよ。「なんで自分は朝鮮人なのに日本の学校に行かなくちゃいけないんだ」っていってね。でもうちの母親は、まず良い大学に行かなくちゃいけないっていって、東海中学、東海高校と日本の進学校に行かせたんですよ。

そしたら弟は、高校二年のときに教室でいきなり本名宣言をしたんです。弟の本名は「ナム・ヤンイ」だけど、それまでずっと「梅田ヨウジ」で通ってました。でもやっぱり民族心というのは消せないんですね。「みんな今日から、自分のことはナム・ヤンイと呼んでくれ」って宣言したんです。弟は学校でちょっと人気者だったので、周りもナム・ヤンイ、ナム・ヤンイって、それからいってくれたようです。でも先生たちには本名は大学から名乗りなさいって反対されたんです。意外とめんどくさいんですよね。

でもね、わたしは名前にはこだわります。結婚する前、NHKでアルバイトをしたことがあったんです。NHKのディレクターの人がお店に来ててアルバイト探してるっていうから、わたしでもいいかな？　って。そのとき「どうしても」っていって、アルバイトの条件を一つ出したの。それが本名を名乗ること。ええ、結局本名で行きました。それで台本にひらがなで、「なむ・よんすく」って書くんですよ。当時はあえて民族名らしいのを名乗っていました。

そうするとNHKの人が「なんでそんなにこだわるの」っていうのね。それはこだわるでしょう。だって一つ嘘(うそ)をつくと、自分の出身校も嘘をつかなくちゃいけなくなりますもんね。

昭和五六（一九八一）年でしたか、夏の甲子園に出場した京都商業（現・京都学園）の在日選手で本名で出ていた子がいたんです。韓裕（ハン・ユウ。643ページ参照）君と鄭昭相（チョン・ソサン）君。決勝戦まで進んでスコアボードにその名前が毎試合出るんですね、涙が出るくらい嬉しくてね。わたしは「朝日新聞」に投書したんです。「韓君、鄭君、ありがとう。あなたの甲子園での堂々とした姿は、きっと多くの同胞青年たちに、希望と勇気を与えたことと思います」ってね。

▼子ども会を作って日本の子どもたちと交流

子どものころはウリハッキョの先生になりたかったんです。それで東京小平の朝鮮大学校の師範科に行ったんですけどね……でもほんの三ヶ月か四ヶ月ぐらいで辞めて帰って来ました。肉体的にも精神的にもついていけなかったんですよ。朝大は全寮制でしたし、厳しい時代でした。わたしもちょっとアマチャンだったから。

朝大を途中で辞めて夢が叶わなくなったので、一度名古屋に戻って今池で子ども会を作ったんです。名前は「今池子ども会」だったかな。子どもたちは日本人ばかりですよ。日本人だからといって抵抗は全然なかったですよ。うちらは、なんというか、みんなで共生してるという感じだったから。お客さんもみんな協力してくれたし、うちのオモニも日本の人を応援したりしてね。オモニは偏見とかそういうものは全然なかったんで。

わたしはその子らを一〇人ぐらい連れて遠足に行ったり、廃品回収をしたり、クリスマス会をやったりしたんです。

そしたらアボジは怒るんです。すごく慎重派の人なんで、万が一子どもたちに事故とかがあったらどうするんだっていってね。でも、わたしは大丈夫、大丈夫っていいながらやってましたよ。結局皆さん商売をしていて、お母さんたちも忙しいから「お姉ちゃんと一緒にどっか行っておいで」ってね、子どもを預かってもらって助かっていたんでしょう。

わたしは当時二〇歳くらいだったんですけど、そのとき思ったんです。この子たちが大人になったとき、ああ近所に朝鮮のお姉さんがいたなって思い出したら、きっとそれは悪いイメージではないだろうなって。今でもその子どもたちやお母さんたちがお姉さん、お姉さんって慕ってくれるんですよ。

今池の実業家の息子三きょうだいをとても可愛がっていたんです。すごい優秀な三きょうだいなんだけど、後年、その子たちがお祭りでうちの息子に会ったとき、昔は君のお母さんにすごくお世話になったんだよっていって息子にごちそうをしてくれたんですよ。自分がお世話になったから、わたしの息子や娘を可愛がってくれて、今度はまたうちの娘や息子がその子どもたちを可愛がって……。そうやって繋いでいくんですよね。

子ども会の活動は何年ぐらいしてたかな……。結婚する前に町内の、内山小学校の運動会があったんです。そこでみんなで優勝してお姉さんを送り出そうっていってくれて、実際すごく頑張って優勝したんですよ。

▼子どもたちはのびのびと

結婚は昭和五四（一九七九）年です。娘が昭和五五年生まれで、息子が六〇年。生まれたときはもう子どもはウリハッキョに行かせると決めていました。ウリハッキョに行かす、行かせないということは結婚する前に主人にちゃんと確認しました。主人はわたしよりもそういう意識の強い人でしたしね。自分は日本の学校で小さくなって育ったから、やっぱり子どもにはのびのびとした環境で、もう勉強なんか二の次で育ってほしいということで意見が一致しました。

主人がここで薬局を始めて、そうやね、一八年目ぐらいですね。それまでは病院の研究室にいました。夫は大学の先生になりたかったんですけど、なかなかね。だからその、ちょっと路線を変えたわけですよ。

わたしの国籍は朝鮮籍です。今後も変える予定はないですね。でも息子は韓国籍なんですよ。うちは主人が韓国に国民登録をしていないけど外登（外国人登録証明書）上は韓国。でも、わたしたちの想いは一緒です。

わたしは絶対に国際結婚は認められないっていうことを、小さいときから子どもらにいうてるんですよ。長男のヨンチョルの彼女も朝鮮の子、長女ミリョンの彼もそうです。

やっぱり同じ民族でもちょっと在日と本国の人っていうと違うこだわりはあるかもしれない。まあ文化が違いますからね。できたらやっぱり同じ在日の人がいい。チェサ（法事）とかね、何かと在日の文化っていうのがあるからね、ええ。

▼男の子はスポーツをやらせるのが一番

子どもは二人ともウリハッキョから日本の大学に行かせました。娘のミリョンは薬剤師です。朝鮮高校から名城大学の薬学部に行きました。NHK学園の通信で大検のようなもの（高校の卒業資格）を取ってから受験したんです。

息子のヨンチョルは通信制のクラーク高校に行ってました。娘は高校から河合塾に行ったりしてけっこう優秀だったのに、ヨンチョルは中学、高校とちょっとグレてあまり勉強しなかったんです。小学校のときは優秀だったんですけどね。

でもなんとかサッカーはやってました。高三のとき、李太鏞（リ・テヨン）先生が小学校五年のときのヨンチョルのプレーを思い出してレギュラーにしてくれたんです。パス出しのセンスがちょっとあったもんですから。それがなかったら、ほんとに……。

ヨンチョルの高校時代、うちの娘は河合塾のチューターをやってたんです。娘は「オモニ、今のヨンチョルは勉強しろっていったって無駄だよ。自分がやる気にならないと、勉強は絶対にできないよ」っていってね。いろんな子どもたちを見てるからわかるんですよね。それでヨンチョルはそのまま高校を卒業して……そのときの偏差値は三〇ですよ、高校を出ているのにbe動詞も因数分解も何もわからない状態でした。

そこから浪人して藤田保健衛生大学に行くんですが、今思えばよく行けましたよね。まあポテンシャルはあったのかな。最後はやっぱりやる気ですよ、やる気。息子はずーっと炎天下でサッカーをやってきたでしょ。だから勉強なんて涼しいところでやればいいから、屁のカッパだっていうんですよ。浪人しても、しんどくないって。だからいうの、子どもは、特に男の子はやっぱりスポーツをやらせるのが一番だよって。勉強させるよりもまずね。

うちの息子は最初、薬学部志望だったんですよ。まあ、家が薬局やってるから薬学部ぐらいかなって。それで浪人一年目に新潟薬科大学に受かったんです。アボジはそのまま行くと思ったんですけど、わたしは全然行かせる気がなくて。なぜなら本人が「もう一度浪人したい、もっと勉強したい」っていったんです。

そしたら娘がね、そのとき名市大（名古屋市立大学）の薬局に勤めてたんですけど、こういうんですよ。「オモニ、男の子はやっぱり薬学部より医学部だよ。でも今のままだと国公立は無理だね、目指すだけで終わる。けど私立だったら可能性はあるよ。私立は学費が高いから大変だけど、わたしも協力するから私立に行かせてやって」ってね。

それからヨンチョルは猛勉強して、三浪で藤田に行ったんです。大学に入って日本人の友達もいっぱいできましたよ。それまでは、やっぱり日本の人と距離があったりしたんですけど。サッカーやると、みんな評価してくれたし、最初は壁があってもボール蹴ったら、あっという間にそんなのなくなるっていうか……。

▼良い思い出になって、繋がってくれたらいい

うちの息子は今、大学六年生なんですけどね、今回医学部のサッカー大会（西日本医科学生総合体育大会）で藤田の医学部が優勝したんですよ。大阪府堺市の日本サッカー協会のトレーニングセンターであった大会でね。もう本当にみんなで勝ち取った優勝でした。

部員が五一人いたんですけど、二〇人しかベンチに入れない。でも残りの部員がすごく応援してくれたんですね。メガホンやら太鼓やら用意して、歌まで作って。そしたら盛り上がって、盛り上がって。本当にみんなで一勝一勝、勝利を勝ち取りました。サッカーは日本人も朝鮮人も心を一つにできますね。味方がミスをしてもそれを怒るんじゃなくて、ヨンチョルなんかは「仲間を信じて切り替えよう」とよくいっています。

大会の最後はわたしが忙しかったんですよ。一日目、二日目はキムチとチャンジャ（鱈の塩辛）を送っといたんですけどね。勝っちゃったから三日目にはもうキムチがなくて、ヨンチョルの同級生と一緒に堺のお肉屋さんに行って四〇人前の肉買って、それを焼いて、キムチの盛り合わせと一緒に持って行ったんです。焼くのが大変で、ものすごく時間がかかっちゃった。

四日目は、そのキムチの盛り合わせを残しておいたから大丈夫だったんだけど、五日目また勝っちゃった。だから今度は鶴橋に行って豚肉を六キロ買ってホテルで切って、チョジャン（唐辛子酢味噌）つけて食べられるようにして、五〇人みんなに食べさせたの。

四日目のときにはわたしも選手に胴上げしてもらったんですよ。最初は断ったんですけど、でもこういう機会はもう二度とないと思うと、やっぱりしてもらった方がいいかなって。胴上げしてもらってると「オモニ、オモニ、サンキュー、オモニ！」ってグラウンドで選手のみんなが合唱してくれるんですよ。そうすると他の日本の大学の人までが「オモニ、オモニ」っていってね。もうすごくて、みんなびっくりしてるんですよ。

あの子たちがドクターになってどこかの病院に行っても、大学時代のサッカーの大会で在日のチョン（鄭）先輩とあのオモニがいたなーっていうのがね……。そういうのが良い思い出になって、繋がってくれたらいいかなと思います。

わたしは息子が小学校四年のときからずーっと息子の追っかけをしてるんです。本当にねえ、みんながあきれるぐらい。なんていうかその、オモニの趣味ですね、追っかけは。

大世（鄭大世：チョン・デセ）のオモニともそのころからずっと一緒です。ヨンチョルは大世の一つ下なんですけど四年生からレギュラーになって。四年のときはヨンチョルが左ウイングで、大世がトップでしたね。二世（鄭二世：チョン・イセ。大世の兄）は、そのときゴールキーパーで。

ヨンチョルが五年生のときは、大世の学年の人数が少なくて、ヨンチョルがセンターハーフだったんです。大世のオモニの車に乗せてもらって、いろんなとこに行きましたよ、ええ。大世が六年生のときの清水カップは、ヨンチョルが出なくても一緒に行きましたからね。

今回の大会は六日間ずっと追っかけました。これがもう最後なんですけどね。でも優勝という最高の形で終わることができたと思ってます。

▼グランパスの優勝

梅田屋からは毎年名古屋グランパスに、キムチとチャンジャを送っているんです。在日Jリーガーの安英学（アン・ヨンハク）君がかつて選手をよく連れて来てくれたんです。それでいろんな日本人選手や外国人選手との交流が生まれました。本田圭佑（けいすけ）選手、杉本恵太選手、フローデ・ヨンセン選手の誕生会を梅田屋でやったり。本田圭佑君なんかはすごく慕ってくれてオランダのチームへ移籍した後も、「オモニにはお世話になったから、アボジと一緒にオランダに遊びに来てください」といってくれました。だから今もグランパスの子はみんな来ますよ。日本代表のGK川島永嗣（えいじ）君もよく来てました。「ヨボセヨー（こんにちは）」っていってね。

だからグランパスの優勝が決まったとき（二〇一〇年）はすぐなんかしてあげなくっちゃと思って、「優勝おめでとう」と熨斗（のし）をした赤飯饅頭（まんじゅう）を五〇個持って祝賀会場のウェスティンナゴヤキャッスルに運びました。わたしの名前を書かないから誰からかわからないけど、そんなのは問題じゃありませんからね。

そしたらちょうど選手バスが着いたんです。移籍して来たばかりの闘莉王（トゥーリオ）選手は知らなかったんだけど、あとの一五人ぐらいはみんなわたしを知ってるから、「オモニ、オモニ」って呼んでくれたんです。わたしはわたしで「良かった！　おめでとう！」って。みんなで「チャンジャパワー！　チャンジャパワー！」といって「ワーッ」と盛り上がっていたら、もうホテルの人はびっくりですよ。誰だこの人はと思ったんじゃないでしょうか。みんなはオモニ、オモニ、わたしはおめでとう、おめでとうってずっといい続けていました……。

これから日本の社会には、民族、文化、習慣、違うことに対してお互いに認め合う、尊重し合うようになってほしいですね。違うもの同士が存在してるんだから、「そんなの関係ない」と見ないようにするんじゃなくて……。認め合って尊重し合うというふうになっていってほしいですね。

29　三〇代で医者を目指す

金武英（キム・ムヨン）　男

取材日／二〇一二年一月二五日、一二月一二日　**出生地**／東京都中野区　**現住所**／東京都世田谷区　**生年月日**／一九五二年一二月二五日　**略歴**／父・金時浹（キム・シヒョプ）、母・黄淑香（ファン・スクヒャン）。五男一女の四番目。東京朝鮮第九初級学校、東京朝鮮第七初中級学校中級部、東京朝鮮中高級学校高級部、東京理科大学理学部第二部物理学科、東京理科大学大学院修士課程（素粒子理論）、北里大学医学部卒業。現在、梅丘内科院長。テレビ東京で二〇〇六年から始まった「主治医が見つかる診療所」のレギュラー出演者として注目を集めた。　**取材**／羅基泰　**原稿執筆**／羅基泰

▼アボジは一四歳で渡日

アボジ（父）は両班（ヤンバン）の家柄で子どものころから漢文が得意だったとのことです。村では神童と呼ばれていたといいます。十年一日のごとくの田舎の古い因襲に嫌気がさして、アボジは長男でしたが家を捨て勉強するために一四歳のときに一人で日本に渡ってきました。

最初に住んだのは東京の田端（たばた）で、仕事は土方だったといっていました。よく無学な人たちの手紙の代筆をしたといっていました。

中央大学夜間部に通学したこともあるといっていました。東京市役所とか帝国生命（現・朝日生命）とかいろんな仕事に就いたとのことです。植民地時代に日本共産党に入党し、労働運動だけではなく朝鮮の独立運動にも関わり何度も監獄に入ったといっていました。

一九四五年の解放（日本敗戦）後は朝連（在日本朝鮮人連盟）の渋谷・世田谷支部の委員長を務めました。

当時の家には軍服姿の金日成（キム・イルソン）首相と呂運亨（ヨ・ウニョン：著名な独立運動家）の肖像画を飾っていたとのことです。

一九四九年九月の朝連解散後は民戦（在日朝鮮統一民主戦線）結成（一九五一年一月）に加わり、祖国復旧建設委員会委員長を務めました。

印刷工場を経営していたアボジは朝鮮戦争が始まる（一九五〇年六月二五日）と米軍に反対するビラなどを印刷してGHQ（連合国軍最高司令官総司令部）ににらまれたといいます。印刷工場は間もなく銀行取引停止を受けたとのことです。

アボジは一九五五年五月の総連（在日本朝鮮人総連合会）結成時の政治的立場の関係で総連から除名されました。そのとき、二人が除名されたとのことで、その内の一人がアボジでした。

その後、総連組織に加わることはなく、随分とつらい目に遭っていました。

▼六人の子どもに民族教育を

アボジのすごいところはそのような状況に置かれているにもかかわらず、子どもたちを朝鮮学校で学ばせたことかな。

総連の肩書きを持って風を切っていた活動家の中には組織を離れると子どもを日本学校へ編入させる人も少なくはなかったと聞きます。しかし、アボジはどんな状況下でもわたしたちきょうだい六人を朝鮮学校で学ばせた。これはたやすいことではなかったと思う。総連から「村八分」にされていてもアボジは筋の通った芯(しん)のある人だったと自負しています。

総連組織からは締め出されていましたが、家には多くの同胞たちがアボジを訪ねて来ていました。みんなアボジのことを「ソンセンニム(先生)」と呼んでいました。後に総連中央本部の副議長になった尹鳳求(ユン・ボング)先生もよく訪ねて来ていました。

▼執拗(しつよう)に「批判」され

一九七〇年前後、総連では第一副議長の金炳植(キム・ビョンシク)が権勢を振りまいていた。彼は部下たちに命じ、気に食わない老幹部に「総括」させ、精神的な苦痛を与えていたという。そして金炳植に従わない幹部を「非組織的策動分子」とか「宗派分子」というレッテルを貼って攻撃していた。

アボジは総連活動とはいっさい関わっていなかったにもかかわらず、やり玉に挙げられていました。それは金炳植からの「批判」の矛先の一つにあった、一九五五年五月の路線転換と関連していました。そのとき、アボジは韓徳銖（ハン・ドクス：総連中央本部議長）氏のやり方に批判的だったからでした。

その影響は当時、高校生であったわたしにも及びました。わたしは小学生の時から成績が良く、ずっと最優等生でしたが、一九七一年三月、東京朝鮮中高級学校を卒業するときに「一二年間最優等」の賞状をもらえなかったんです。当時の朝鮮高級学校で「一二年間最優等」は最高の栄誉なの。毎年数百名いた卒業生の中から数名しかいなかったんです。でもアボジのことでもらうことができなかった。

わたしは日本の大学の理系に進学することを希望していました。他にも勉強が好きな人が何人かいて、彼らは日本の大学を目指していた。学校側は日本の大学への進学を好まず、朝鮮大学校に行かせるという原則でした。わたしはアボジのことがあったので、進路を「日本の大学進学希望」にしたんですが、担任の先生は「助かった」という表情をしていたね。わたしは結局大学浪人になったけど。

その年の秋、アボジは突然、「四人組」の一人としてまた総連から攻撃されました。当時、金炳植を批判する怪文書が在日同胞社会に出回ったんです。その首謀者が四人だったというの。総連中央本部の元幹部であった人物らとアボジが共謀して怪文書を書いたという。しかし、アボジは総連の活動家でもなければ幹部でもない。なぜ自分と結びつけるのか理解できないといっていました。後にアボジが関わっていないことが判明しました。

わたしは一浪後、東京理科大学に入学（一九七二年）しました。大学に入学したら勉強に励もうと期待に胸を膨らませていました。でも、大学にも留学同（在日本朝鮮留学生同盟）という総連傘下の学生組織があり、そこから呼び出されてはアボジのことで批判を受けることになりました。

▼スーパーオモニ

一九四二年、オモニ（母）は一七歳のときにアボジと結婚しました。二〇歳も離れています。田舎の旅館の娘で小学校を卒業しました。町には女学校がなかったので進学はしなかったと聞きました。

達筆で本をたくさん読んでいました。料理が得意で家事は何でもこなしていました。

アボジは何の仕事をしていたのか幼いわたしはよくはわからなかったな。わたしが子どものころ何度も引っ越しをした記憶があります。でも「貧しい」と思ったことはなかったと思う。かといってお金持ちでもなかった。とにかくアボジはプライドが高かった。

そんな状況でオモニはいろんなところへ出かけては生活の糧を得ていたようでした。「いつ寝ているのだろう」と、思うほどよく働いていました。

わたしたちは「スーパーオモニ」と呼んだりもしていました。

わたしの兄二人（長男と三男）は一九六〇年代に帰国事業で朝鮮に行きました。長男は一九六一年、東京朝鮮中高級学校高級部三年生のとき、三男は一九六七年、一年生のときに帰国したの。二人とも現在平壌（ピョンヤン）に住んでいます。長男は医者になり三男は労働者をしています。

オモニはお金をためては息子たちに会いに何度も平壌に行っていました。ほとんど口には出しませんでしたが、帰国した息子たちが不憫（ふびん）でならなかったからだと思います。

▼三一歳の決断

三一歳のとき、東京理科大学で知り合った在日朝鮮人の女性、李恵美（イ・ヘミ）と結婚しました。それを機に安定した職業は何かを考えたんです。

それまでのわたしは職を転々としていて生活が安定していたとはいえませんでした。大学院修士課程を卒業し、出版社に就職したものの、一年で辞めてしまった。

その後朝鮮高校の講師をしたり、予備校講師もしました。二八歳のときは出版社を立ち上げた。しかし、成功はしなかったんだ。

わたしの心の奥底に勉強を続けたかったという気持ちがまだ残っていたからだと思う。本当は博士課程へ進みたかったんですが、断念したんです。

わたしが朝鮮学校に通っていた当時（一九六〇年代）の外国語は英語かロシア語の選択でし

た。わたしは中学から高校卒業までロシア語を学んだの。だから英語は卒業後の独学なので英語の実力不足には後々まで苦労させられましたわ。

職を転々としていた状況の中で結婚。わたしは子どもが生まれると知ったとき、しっかりした職に就きたいと思ったんです。いろいろ考えた末、わたしのとりえは勉強することだと思い、医者を目指すことにした。薬剤師だった妻も賛成してくれました。

貯金は無く、借金もあり、まったくお金をかけずに医者になろうという、いま思えば途方もない計画だったな。

二年間勝負をかけ、受験勉強だけに打ち込んだ。妻の収入に頼り生活を切りつめました。後半の半年間は一日二〇時間勉強したかな。

共通一次試験の結果、地方の国立大学なら合格圏内だったの。だけど、地方の生活は子どもの教育や、生活費と収入などを考えると諦めざるをえなかった。子どもは将来、朝鮮学校に通わせたかったので東京を離れたくなかった。横浜市立大学は学科では合格したが面接で落ちました。事情通は三四歳という年齢ではないかと伝えてくれたが、本当のことはわからないですね。

実は国公立と同時に特待生を目指して一校だけ私立も受験した。それが一番で合格、特待生として北里大学医学部に入学しました。

▼ひたすら勉強に集中

医学部では勉強だけに集中しました。妻の働きに頼るギリギリの生活状態だったので、妻のためにも勉強に明け暮れ、成績は常に首席でしたよ。時間があれば先輩とか先生と論争に明け暮れもしました。

卒業後は六つの研究室から大学に残らないかと誘われました。しかし、わたしは家族を養わなければならないので勤務医になることにしました。

北里大学医学部で研修医を一年勤めた後に東京の上野にある永寿総合病院に出向しましたが、一年後には町田市にある民間病院に移りました。

七年間、内科医として勤務した後、世田谷区に「梅丘内科」を開業したの。四九歳のときでした。

キャリアが浅い、在日朝鮮人、名のある大学でもない、病院が多い地域での開業等々不安でいっぱいだったな。患者が一人も来ない日もありましたよ。わたしは患者の目線に立つというポリシーを貫いたの。一つの例ですがわたしの椅子より患者の椅子のほうが豪華ですよ。

わたしは患者の話をよく聞き、またよく語る医者として知られています。患者の評判は良いらしい。開業一〇周年（二〇一二年八月）を迎えることができ、スタッフ三人は開業当初から同じ人たちで、それがわたしの自慢なんだ。

在日朝鮮人の医者たちの団体で医協（在日本朝鮮人医学協会）がありますが距離を置いている

の。

なぜかというと、元々物理学を専攻していたわたしは二〇代のとき、科協（在日本朝鮮人科学者協会）に入っていたんです。自然科学者の集まりなのに、政治的には金日成（キム・イルソン）主義のイデオロギーで染まっていた。科学者が盲目的に万歳を叫んでいいのか、ここは朝鮮ではなく日本ではないか。いつも先輩とか幹部と喧嘩していました。そんな苦い体験があったので医協とは距離を置いていました。ちなみにわたしは愛国者と自負しているの。組織に従順な人たちは逆に祖国を損ねていると感じるから。

▼「主治医が見つかる診療所」のレギュラー出演者に

テレビ東京が始めた「主治医が見つかる診療所」という番組のレギュラーとして二〇〇六年四月から二年ほどの間出演したことがあります。

町の小さな開業医のわたしに、なぜ出演依頼があったのかは担当ディレクターが替わったのでわからないですね。当時テレビ東京では、日本テレビの人気番組「行列のできる法律相談所」の医療版を考えていたらしい。つまり「レギュラー」として使える医師を探していたようでした。あとで聞いたところ医者の中から四〇〇人をリストアップしたという。その中にわたしがいた。本も出版していない無名なわたしがそのリストの中に入ったのは今でも不思議だな。

テレビ局からの電話を受けて最初は出演を断ったんです。

「テレビメディアは考えが正確に伝わらない。文章ならば四〇〇字あればどうにか自分の考えを伝えることができる。しかし、テレビはワンフレーズだ。長くてスリーフレーズじゃないか。編集者の都合のいいところだけ使い、その他は切られる。それでは自分の考えが伝わらない。それにテレビ製作側の意図と違う意見はカットされるし、ハウツー本を書いているインチキ医者の仲間入りはしたくない」

わたしのこの断り方が気に入ったのか、担当者は何度も連絡してきたんです。

いいたいことをいって良いという約束で、とりあえず特番を一回するというので出演しました。なかなか評判だったので特番が続いたの。四回目の特番が終了したときだったかな。ディレクターが「金先生を中心に毎週のレギュラー番組にしたい」と。それでやることになりました。

わたしがレギュラー医師団の真ん中にいて話の中心になった。わたしは医療批判も臆することなく語りました。

あるとき、医師免許の更新制度は是か非か、とのテーマで議論がされていた。わたしは「いらない」といった。医師国家試験すらマークシートだ。ただのマークシート。口頭試験もなく、実技もなく記述試験すらない。国家試験がクソ試験なのに、どうせそれと似たり寄ったりの試験になるに決まっている「医師免許更新試験」なんか必要ないといったんだ。反対したのはわたしと南淵（なぶち）（明宏（あきひろ））先生だけだったかな。南淵先生は「この俺を誰が試験するというのか」と怒っていました。

番組はなかなかの評判を得ていたようでした。担当ディレクターは「金先生のおかげです」と持ち上げていました。

わたしの歯に衣着せぬ話し方が受けたと思う。わたしは「薬は食後ではなくいつでも飲める」「スポーツは体に悪い」「入浴と健康は関係ない。毎日入る必要はない」「日本の医療費は安い」「メタボリックシンドロームという疾患はない」「タバコと肺がんは関係ない」「血液サラサラ、ドロドロは手品である」などなど物議を醸す話をしました。

二年数ヶ月出演して番組を終えました。

▼子どもは朝鮮学校へ

子どもは一人娘で、町田市にある朝鮮学校（西東京朝鮮第二初中級学校）に通わせました。

わたしは朝鮮学校の教育を非常に高く評価しているんだ。日本学校で学んだ妻も理解をしていましたよ。

わたしは朝鮮学校で一二年間学んだことは本当に良かったと思っている。アボジのことで学校関係者から嫌がらせを受けたことはありましたが、それは今では小さなことだったと思っている。

わたしは一九五九年に阿佐ヶ谷にある東京朝鮮第九初級学校に入学しました。学校では朝鮮民族の言葉、歴史、文化を教え、民族的な誇りを持てるようにきちんと教育していたと思う。「一人はみんなのために、みんなは一人のために」というスローガンは今も鮮明に記憶しています。

中学校は品川区にあった東京朝鮮第七初中級学校に通いました。

この学校には阿佐ヶ谷の第九初級学校と、三軒茶屋にあった東京朝鮮第八初級学校からの卒業生が通ったの。学年一クラスだったのが、中学では三クラスになったでしょう。クラスメートが増えた分、視野が広くなり得るものも多かった。自宅があった高円寺から学校所在地の目蒲線（現・東急目黒線）「不動前」まで通学時間も長くなったので、それだけいろいろ見て刺激を受けることが増えました。

そんなわたしたちに先生たちは「君たちは『民間大使』だ。外に出れば多くの日本人が君たちの行動を見ている」とよくいっていました。

「民間大使」という言葉はわたしの人生に大きな影響を与えたと思う。わたしは「金」という本名を使ってきたの。本名を使うということは、日本の社会で生きるにあたって不利なことでしたが、あえて本名を使ってきたのは朝鮮人としての自覚を忘れないためだったと思う。もし朝鮮学校に通わなかったならば、このような考えを持たなかったと思うな。

もう一つ、朝鮮学校が良かった点は、バイリンガルだったことかな。朝鮮語と日本語。学校では朝鮮語。社会、家では日本語。この二ヶ国語を使うことによって言葉だけではなく、ものの見方、考え方も深まっていったと思う。学校で教えるのは社会主義教育。朝鮮民主主義人民共和国を祖国として教育し、その海外公民としての生き方を教える。しかし、現実は日本社会。常に、一つではなく、二つのことを考え、比べ、その中で生きてきた。

その結果、社会人になったとき、少しはたくましく生きることができたのではないかと思う。そう思うと、総連から村八分にされていたにもかかわらず、わたしたち六人をみんな朝鮮学校に通わせたアボジはすごく立派だったと思う。

植民地時代を生き抜き、解放後は民族運動に関わったアボジは日本に暮らしていても子どもたちには朝鮮人としての自覚と誇りを抱かせたかったのだと思う。

今は父兄ではないので朝鮮学校の状況はよくわからないが、三世、四世、五世へと在日同胞の世代が交替していっても民族学校として存続して欲しい。

▼日本社会に恩返ししたい

アボジはがんで亡くなりました。亡くなるまでの二年間は国立病院に入院し大変お世話になりました。

戦後、五〇年代、六〇年代はもちろん七〇年代の半ばまでは在日朝鮮人は健康保険すら入ることができなかった。民族差別を受けながら生きてきたでしょう。

今は状況が変わった。アボジはほぼ無料で最新医療の恩恵を受けることができました。

わたしも日本の社会に恩を受けたと思っています。わたしは二つの日本の大学で学び、多くの日本の先生たちにとても良くしてもらいました。今こうして医師にもなった。わたしは医療に携わる在日朝鮮人の一人として日本社会に貢献したいと思っています。

二世のわたしは在日一世の歴史を背負っていると同時に日本社会の一員としても生きている。このことは「在日を生きる」上で大切なことではないだろうか。

30　次世代に在日同胞のバトンを託して

金信鏞（キム・シニョン）　男

取材日／二〇一四年九月一九日　**出生地**／山口県下関市　**現住所**／兵庫県神戸市　**生年月日**／一九五三年一月一九日　**略歴**／子どもが学校で民族差別を受けたのを機に教育啓発に乗り出す。在日コリアンの子どもを持つ親をサポートする「神戸在日コリアン保護者の会」を結成し、公立小学校内の民族教室「オリニソダン」の開設を実現した。また「四・二四阪神教育闘争記念碑を建てる会」の活動や「在日コリアン家族・生活写真展」の開催にも力を注ぎ、「在日韓国人本国参政権連絡会議」の運動をサポートした。現在、「神戸コリア教育文化センター」代表理事。　**取材**／今西富幸　**原稿執筆**／今西富幸

▼小学担任から受けた民族差別

両親はともに韓国・巨済島（コジェド）の出身です。アボジ（父）はもともと農業をしていたそうですが、米の供出など植民地支配下で生活が苦しくなり、結婚してすぐ仕事を求めて日本へ行くことになったとオモニ（母）から聞きました。最初に島根、それから九州の炭鉱で働いたりしながら

山口県下関市の東大坪という所に来て、一九五三年一月一九日、わたしが生まれました。大阪の生野（いくの）や神戸の長田のような、戦前に朝鮮半島から渡ってきた同胞が多く住む所でした。

職を求めて家族で神戸に移ったのは、わたしが小学二年の三学期のころ。当時から長田はケミカルシューズ産業で全国的にも大きなシェアを占めていたからです。アボジと一番上の兄が居を構える準備でひと足早く神戸に向かい、その約一年後、オモニと次男、三男、そして四男のわたしが一緒に後を追いました。

下関時代のことはあまり記憶にありません。ただ、強烈に覚えているのは、神戸に向かう夜汽車の窓ガラスに映ったオモニの顔。なんとも暗い表情をしていたんですよ。もう一つは下関から転校する日、クラス全員の前で担任の先生からいわれたひと言です。「金君はこれから神戸に行きますが、大きな都会に行っても朝鮮人は所詮、どうしようもない存在なんです」。わたしはその言葉に顔が真っ赤になり、思わずうつむいてしまいました。

▼日本名が欲しかった

わたしたち家族が最初に住んだのは長田区の大橋地区です。新湊川（しんみなとがわ）沿いにバラックが建てられ、戦後の神戸では最も大きな在日朝鮮人の集落で、一番多いときは一五〇〇人ほどの同胞が暮らしていたそうです。わたしは家の近くの真陽（しんよう）小学校に編入しました。

両親はゴム靴工場で働き、アボジはわたしが神戸に来たその年、小学三年の夏に病気で亡くなりました。その日のことはいまでもよく覚えています。新湊川が流れる橋の下の集落の真っ暗な部屋の奥でオモニがずっと泣いているんですよ。ところが、わたしは涙も出ず、オモニから「この子は親が死んだのに」といわれました。仕事一途でいつも外に出てばかりの父親とはほとんど触れ合った機会がなく、死の実感が湧いてこなかったからでしょう。アボジの記憶といえば、入院するお金もなく、薬だけをわたしがいつも近所の病院にもらいに行っていたこと以外、まったくといっていいほどありません。

真陽小学校は在日コリアンの児童も多く、一学年で四七人学級が五クラスもありました。それなのに本名で通っていたのはわたし一人。転校の日の教師のひと言が胸に突き刺さったまま、自分だけ「金」を名乗る孤立感を味わいました。周りを見ても本名の子はいないし、朝鮮人ということで後ろ指をさされないように、掃除はサボらない、宿題はちゃんとしてくることを心がけ、つねに優等生的にふるまっていた気がします。

そんな卑屈さが膨らんでいったからでしょう。とにかく日本名がほしくて、中学に入るときは、オモニに「日本の名前で学校に行かせてほしい」と頼み込んでいました。小学校の卒業アルバムの名簿に載った自分の名前に「村」の一文字をわざわざ鉛筆で書き加え、親が生活のために使っていた通名の「金村」にしたほどです。

ちょうどそのころ、住んでいた家が立ち退きを求められ、小学校とは違う学区の公立中学校に行くことになりました。子ども心にそこなら自分の出自を知っている生徒もいない。いま日本名にしたら、朝鮮人ということを隠せると思ったのも通名に変えた理由でした。

▼朝鮮人を隠すため通名に

中学に入学してから小学校の同窓会で久しぶりに友達と会ったとき、「俺な。日本の名前に変えてん」というと、「ほんまか。よかったな」とみんなが喜んでくれるんですよ。そのときはわたし自身も嬉しかった。でも、これってなんだろうと考えたら、小沢有作さんの『在日朝鮮人教育論』(亜紀書房)という本に出てくる、植民地支配下で創氏改名が実施されていく教室の光景とまったく同じなんですね。戦後日本の教育は、在日朝鮮人にとっては民族教育の保障として出発しなければいけなかったのに、同化教育の体制と風土は変わらないまま、深く染み込んでいったのです。

みじめな体験があります。中学二年のとき、同級生と学校帰りの道を歩いていたら、ゴム靴工場で働く母親が前から歩いて来たんです。すれ違いざま、「いま帰りか」と声をかけられ、わたしは「うん」と答えて通り過ぎたのですが、そのとき、同級生から「いまの人誰や」って聞かれ、思わず出てきた言葉が「近所のおばちゃんや」。母親は仕事で汚れたエプロンをつけ、髪型から歩き方まで民族そのものを体現しているんですよ。「母親」といってしまったら、自分が朝鮮人であることがばれてしまう。そう思ったんですね。

そのころのオモニはまだ四〇歳ちょっと。朝早く家を出て、夜遅くまでゴム屋で働いていました。靴を一足仕上げてなんぼの世界です。接着剤やベンジンの強烈な臭い、粉塵が漂う労働環境のため、貧血で何度も倒れていました。漢方薬を飲みながら、四人の男の子を女手一つで必死に育てていた。そんな生活でも家では大きなタライに白菜キムチを漬け、愛情たっぷりの料理を作ってくれる。冷や飯にそのキムチをのせて食べたら、どれほどおいしかったか。そんな尊敬できる大好きなオモニなのに、一歩家の外に出たら、母親であるといえない自分がとってもみじめでした。

▼大学で初めて本名を名乗る

高校時代も通名を通しました。ちょうど学生運動が盛んなころ。高二、高三くらいになると、わたしも社会意識がどんどん芽生えてきて、反入管法デモや制服・丸刈り反対などを訴えていました。そして立命館大学法学部に入学すると同時に、もう一度本名の「キム・シニョン」を名乗るようになりました。法科を選んだのは弁護士になろうと思ったからです。

一回生のとき、憲法学の教授にそのことを話すと、「金君。申し訳ないが、朝鮮人は弁護士にはなれないんや」といわれました。当時は司法試験を受けることはできたものの、合格者が実務を学ぶ司法研修所に国籍条項があったのです。教授は「君が本気なら、法学部をあげて弁護団を組織する」とまでいってくれましたが、もっとダイレクトに社会を変えたいという気持ちが強く、弁護士の夢は簡単に諦めてしまいました。

大学では朝鮮文化研究会に入りましたが、朝鮮総連（在日本朝鮮人総連合会）の傘下団体である留学同（在日本朝鮮留学生同盟）の影響が強く、最初からどこか距離を置いていたのも事実です。だからわたしが部長になったときは北の学習最優先ではなく、南の民主化闘争を支援したり、在日としての生き方などもっと足元の問題を見つめたりしようと主張したので、先輩たちには煙たがられたと思います。

就職は最初からあまり頭になく、大学院進学を漠然と考えていました。その一方で、在日朝鮮人運動に飛び込んでみたいという気持ちもあり、特に一世がどのように生き、民族や同胞社会のために闘ってきたのか、その思いに触れてみたいという気持ちがどんどん強まっていきました。自分自身、一世の父親を早くに亡くした渇望感がそうさせたのかもしれません。

そうして、組織や指導理念への違和感を抱えながらも、大学を卒業した一九七五年、総連傘下の在日本朝鮮人科学者協会中央本部の専従として働くことになりました。わたしのように留学同の活動に消極的で朝鮮語もまともにできない日本の大学出が、いきなり東京に呼ばれるのは極めて異例だったと思います。

科学者協会は東京都文京区の朝鮮出版会館の中にあって、共和国（朝鮮民主主義人民共和国）から送られてくる社会科学論文などを日本語に翻訳して「朝鮮学術通報」にまとめ、日本の大学や研究機関に寄贈するのがわたしの主な仕事でした。当然、朝鮮語の勉強も猛烈にやりましたが、日増しに自分の考えるありようや求める方向と現実との乖離（かいり）に耐えられなくなって、専従生活はわずか三年で終わりました。それでも、そうそうたる一世の活動家や、著名な作家、映画人、ジャーナリストなど才能と情熱に溢れた在日群像を目の当たりにして、刺激を受けることも多かったし、自分の人生の中で大切なものをたくさん吸収した時期でした。

▼息子への民族差別で教育啓発運動へ

それから神戸に戻り、とりあえず何か資格を持たないと生活できないと考え、税理士になろうと簿記学校に通ったこともありましたが、性に合わず、結局、兄たちがやっていた車の板金塗装工場で働くことになりました。結婚したのは一九八二年二月、二九歳のときです。妻は在日三世で大学の後輩の結婚式で出会いました。翌八三年に長男、八八年には次男が生まれました。民族学校か、インターナショナルスクールか、いろいろ悩みましたが、親が家庭でしっかり民族教育をすればいいと考え、二人とも地域の公立小学校に本名で通わせることにしたのですが、入学すると、毎日のように他の児童から「キムキムチョーセン」「韓国人は韓国の学校へ行け」などといわれて帰ってくる。

先生は「すいませんでした。ちゃんと指導します」というんですが、その指導というのが「人の嫌がることはいったらダメ」で終わるわけです。問題の土壌に手を付けないから、次の日はまた、別の子どもの口から差別的な言葉が出てくる。約三〇年前、担任からいわれた言葉に真っ赤な顔をしてうつむいていた自分の子ども時代といったい何が変わったのか。そう思うと、悔しくて腹が立って夜も眠れなかったです。

それで先生に何度も家に来てもらい、チヂミやキムチを一緒に食べながら、いろんな話をしました。在日がたくさん住んでいる神戸で長いこと教師をしていても、在日コリアンについて知らない。そこでまず自分の子どもの学校から何かできないかなと、活動が始まりました。

▼公立小学校に民族教室を開講

ちょうど、一九九二年に学校週五日制が導入され、毎月第二土曜日が休みになりました。共働きの家庭も多く、子どもたちに意義のある時間を過ごしてもらうためには何をすればいいか。学校と地域が連携しながら、その受け皿作りをすることになり、お茶やお花、バレーボールなどいろんな教室と並んで、わたしもしめたとばかりに韓国・朝鮮語教室をやりたいと申し出たのです。きちんと知らないことが差別や偏見に繋(つな)がっていると思いましたから。

そうして一九九四年に悩みや思いを同じくする在日の親たちとともに「神戸在日韓国・朝鮮人児童生徒保護者の会」(二〇〇五年に「神戸在日コリアン保護者の会」に改称)を発足させ、もう二〇年ですね。この間、多いときには年間一〇〇校以上の小中学校で韓国・朝鮮・在日理解の授業や講演をしながら、神戸市教育委員会などの在日外国人教育の教材作りにも参画しました。

なぜ小学生の口から「キムキムチョーセン」といった言葉が出てくるのか。親の意識や社会の反映なわけです。わたしたち在日がこれだけ長く地域で生きてきても、日本人の側がその歴史を知らない。だけど知らないことをそのままにしておかず、積極的に自分たちの側から発信していこう、そう思いました。また在日の子があたりまえに自分のことを話せないのは、差別意識を温存し、助長してしまう日本の学校風土、教育環境に原因があることは確かですが、一方で「韓国人」「朝鮮人」といわれたときにはねかえせない自分がいる。なぜか。自分の中身がないからです。韓国人、朝鮮人として生まれ育ってきたのに名前は通名、朝鮮語は話せない。民族的特性がほとんどないわけですね。肯定的な民族意識を育む機会を奪われたまま骨抜きにされてきたんですね。その力をつけてあげるのが、まさに在日コリアンの民族教育なんです。

公立学校の中でも在日コリアンの子どもに民族教育の場を保障することは、皇国臣民化教育の反省からも、国際人権諸条約からしても保障されるべき当然の権利ですよ。ところが、いわゆる民族学級の取り組みは「四・二四阪神教育闘争」を原点とする大阪などでは活発に展開されていたものの、ほとんどが日本の学校に通っているのにもかかわらず、他の地域ではあまり取り組まれてこなかった。

それでわたしたちはまず何よりも、そうした民族学級の設置を教育行政に求めました。なかなか理解してもらえず、その間にも子どもたちはどんどん育っていきますから、とりあえず親たちの自主開講として「オリニソダン（子どもの書堂）」と名づけ、スタートさせました。そしてようやく二〇〇四年、神戸市教育委員会と学校側と保護者の会の一〇年間にわたる話し合いの末、ついに念願だった公立学校内の民族教室が長田区の蓮池（はすいけ）小学校にできました。二〇一〇年には隣接する須磨（すま）区のだいち小学校にも誕生します。大阪と比べ、開設経緯も違い、制度的位置づけもまだ弱く、課題も山積していますが、蓮池小が毎週土曜日の午前中、だいち小は毎週水曜日の放課後、現在、両校合わせて四〇人ほどのコリアにルーツを持つ児童が学んでいます。

また、毎年一回、「神戸オリニマダン（子どもの広場）」を開催してきました。今年（二〇一四年）で一七回目になります。ソダンの子どもたちの伝統楽器や民族舞踊の発表の場であると同時に、参加した子どもたちがコリア文化に触れる集いで、たくさんの子どもたちが参加します。準備段階から神戸の先生方がずっと関わってくれています。思いのある教師たちもたくさんいますよ。

▼阪神教育闘争の記念碑を建立

二〇〇六年には「四・二四阪神教育闘争記念碑を建てる会」の活動も始めました。戦後間もない一九四八年、ＧＨＱ（連合国軍最高司令官総司令部）と日本政府による朝鮮人学校閉鎖の通達が出されたことに対し、四月に兵庫と大阪で起きた大規模な反対運動で多数の逮捕者と負傷者を出しました。一六歳の少年が警察の発砲により亡くなりもしました。民族教育の原点ともいわれています。当時、神戸市立神楽（かぐら）小学校（一九九八年に志里池（しりいけ）小学校と統合され、現在は長田南小学校）の中に「朝鮮建国国民学校」と「西神戸朝連初等学院」の二つの朝鮮人学校がありました。その歴史を記念碑に残し、その意味を考え、語り継いでいこうという取り組みで、五年間に及ぶ活動の結果、二〇一〇年、校庭に校名を刻んだ碑を建立することができたのです。

一方、二〇〇七年に韓国憲法裁判所が韓国の国政選挙権を在外韓国人に認める判決を出したのを受け、この運動の先駆者であり、日本では孤立無援で闘ってきた在日二世の故・李健雨（リ・コヌ）さんと「在日韓国人本国参政権連絡会議」を結成し、啓発活動を続けてきました。二〇一二年の韓国総選挙や大統領選挙に日本から初めてわたしたちは一票を投じることができたんですよ。

▼在日コリアンの写真展開催

わたし自身、個人的にも過酷な体験をしました。一つは一九九五年の阪神・淡路大震災。幸い、家族には人的被害はありませんでしたが、二〇〇五年に血液がんの一種である悪性リンパ腫を発症し、いまも治療を続けています。毎年、神戸オリニマダンが近づいてくると、準備に追われるせいか体調が悪化し、何度も再発を繰り返していたので、二〇一一年二月に自分の幹細胞を取り出して体内に戻す治療を受けました。通常の一〇倍近い大量の抗がん剤を併用するため、身の置き所もないほどの副作用で、ただただ無菌室の壁を叩（たた）くしかなかったです。もともとやせ形で六〇キロもなかった体重がさらに一〇キロ近くも減りました。体力はなんとか回復しましたが、万全ではありません。でも、やりたいことがいっぱいあります。特に、どう在日社会の次世代を担う三世、四世にバトンを繋いでいけるのかということ。

その思いを一つの形にしたのが、二〇一〇年と二〇一二年に長田区で開催した「在日コリアン家族・生活写真展」です。実はオモニが亡くなった翌年の二〇〇五年の春、兄二人と両親の故郷、巨済島を初めて訪れ、祖先のお墓参りをしたのですが、その際、叔父の家から三枚の写真が出てきたんです。一枚は白いチマ・チョゴリを着た一七、八歳ごろのオモニの写真。日本に来る直前だったのか、とても不安そうな目をしています。二枚目はわたしたち六人の家族写真。家族全員を写した写真はこれ一枚しかありません。おそらく日本から送ったものだと思います。そして三枚目はアボジが背広姿で写っている写真。

すぐにデジタルカメラで接写して持ち帰ってきましたが、これを見ると、いまでも胸が熱くなります。オモニがどんな気持ちで日本に渡ってきたのか。神戸に来て間もない幼い自分の姿を見て、家族の歴史というものを改めて感じ取りました。それで自分たちの歩んできた道を家族写真から振り返ってもらおうと、在日コリアンのいろんな世代の方々に写真の提供を呼びかけたのです。

▼次世代にバトンを繋ぐ場

震災の被害が甚大な地域だったのでどれだけ集まるか心配でしたが、学徒動員や伝統的な結婚式、戦後すぐの民族教育風景、チマ・チョゴリを着た女性たちだけの楽しげなスナップ写真など、生活のいろんな場面や人生の節目で撮ったたくさんの写真が寄せられました。そしてそれらをスキャンしてA3に拡大して展示したところ、大反響を呼んだんです。会場のあちこちで、一枚の写真を前にして親子の対話があり、祖父母と孫の会話の花が咲く。写真が世代を超えて世代を繋ぐ、とてもいい教材になったんです。一週間の期間中、在日コリアンだけでなく、日本人もたくさん見に来ました。写真に写る町並みの懐かしさとともに、同時代をこの町で生きてきた、すぐそばの隣人としての在日コリアンに改めて気づかされるんですよ。来年の春にも三回目の写真展をやりたいと思っています。

二〇一四年四月、活動拠点をJR新長田駅前に移し、これまでの集大成として「神戸コリア教育文化センター」を設立しました。一階にはコミュニティカフェ「ナドゥリ」も併設しています。朝鮮語の「（気持ちを新たにして）出かける」という意味で、国籍を問わず、多様な人々が暮らすこの街の「出会いと繋ぎの場」になってくれたらと思っています。

いずれはこの長田の地に「在日コリアン生活・文化資料館」を作るのがわたしの夢です。写真だけでなく、キムチを漬けるタライなどの生活用具であったり、ケミカルシューズ工場で使っていた仕事道具であったり、ハルモニ（おばあさん）たちの着ていたチマ・チョゴリや、あるいは一世へのインタビュー映像とか、自分たちの歩んできた道をいろんな形で伝えていきたい、歴史を繋いでいきたいのです。このセンターが、次世代にバトンを繋ぐ中継拠点になってくれたらいいですね。求め望む者がいる限り、バトンは繋がると信じています。

31

師匠はいない、アウトローが居心地いい

李末竜（リ・マルリョン）　男

取材日／二〇一一年一二月三日　出生地／岐阜県加茂郡　現住所／愛知県瀬戸市　生年月日／一九五三年三月一九日　略歴／一九七一年、瀬戸窯業高校を卒業して大阪のガラス工場に勤務。大阪工芸展協会賞を受賞。七六年、瀬戸市に戻り、ガラス窯を築いて独立し、窯の試作、テストを重ねる。同時期、在日韓国青年同盟に参加して活動。八二年から「グラススタジオ　バルト」をスタートさせ、手吹きガラス講座を始める。八八年から九〇年まで英国留学した後、工房を建て替え再スタート。九一年、旭硝子コンペ佳作、九四年に同コンペ入選。九六年、日本現代ガラス展入選。九九年、日本現代ガラス展・能登島入選、国際ガラス展・金沢入選。二〇〇一年、韓国ソウル世宗文化会館で開かれた「二一世紀と人権展」招待出品。個展を精力的に開催しながら瀬戸市活性化のための商店街ギャラリー「かわらばん家」企画・運営、古民家再生プロジェクトを展開。現在、愛知中小企業家同友会理事、瀬戸市「陶のあかり路」運営委員、特定非営利活動法人Ａｒｔ-Ｓｅｔ ０（ゼロ）理事長、愛知県立芸術大学非常勤講師。　取材／黄英治　原稿執筆／黄英治

▼ダム工事の飯場、ブタの糞尿（ふんにょう）の臭い

生まれたのは岐阜県加茂（かも）郡の八百津町（やおつちょう）という片田舎。両親は一世で、故郷は慶尚北道盈徳（キョンサンプクトヨンドク）郡。アボジ（父）は日本に来て食うために転々としていたらしい。そうこうしているうちに同郷の人からオモニ（母）を紹介されて朝鮮から呼んで結婚した。アボジは、わたしが七歳のときに他界しとるもんで、日本で何しとったのか、ほとんど知らんね。わたしは九人きょうだいの末っ子で、そのうち三人は早世、残ったのは姉二人、兄三人とわたし。最初の子の姉とは、二〇歳以上も離れとるで、一九三〇年代の初めには日本で生活しとったろうね。

わたしが八百津で生まれたのは、両親が木曽川の丸山（まるやま）ダム工事の飯場を開いたから。あのころの在日は、「ええ仕事がある」と聞くと、すぐ引っ越しで、八百津に来たのもそういう流れ。きょうだいはみんな、生まれた場所が違う。

ダム工事が一九五四年に終わって、どうするか考えているとき、アボジが犬山（いぬやま）にブタ小屋つきの一軒家、岐阜の駅前に土地が売りに出とる話を聞いてきた。「ブタ小屋ついとるほうが食える」ということで、わたしが二歳のときに愛知県の城下町、犬山市の中心地、丸の内に引っ越して、そこで一七歳まで暮らした。

城のお堀のところにブタ小屋が建っとった。姉や兄は、ブタの餌にする残飯集めが日課になったそうです。わたしはまだ小さくて、わけがわからずにいた。ときどきブタがすごい悲鳴を上げる。それはブタをつぶすときで、そんな記憶がかすかに残っとるね。でもブタは長くやらなんだ。丸の内でしょ、ブタは飼えんわね。姉や兄が中卒で就職して、やらんでもようなったということもあったみたい。

▼オモニは女性同盟の活動家

アボジが早く亡くなって身軽になったオモニは、総連（在日本朝鮮人総連合会）の女性同盟（在日本朝鮮民主女性同盟）の活動を熱心にやっとった。女盟（ニョメン）のアジュモニ（おばさん）がよう家に来とったねぇ。小学生のころは総連の夜学で「아야어여（アヤオヨ）」を習ったり、赤いスカーフ巻いて敬礼やらされたりしてね。

でも、夜学が嫌でたまらなんだ。総連の事務所は便所臭いし、その周りには朝鮮人が多かった。ドブロクをつくって闇で飲み屋をやっとったり、キムチやニンニクの臭い。嫌という感覚は、やっぱり日本人と違うから。それと、騒がしいというかなぁ。でも愛着はあるんよ。チェサ（祭祀（さいし））なんかで集まると、大人が花札で大騒ぎして楽しんでいるのを見るのは好きだったし、小遣いなんかくれたりしてね。でもそれを野蛮だと思ったり。

アボジは肺の病気で亡くなったみたい。寝ている枕元にいつも養命酒があって、葬式のことがチラッと思い出されるくらい。オモニの名前は沈泌伊（シム・ピリ）といってね、本当に活動を熱心にやった。総連が元気なころで、帰国運動が盛んやったね。活動したから友達も増えて、勉強もしたから、良かったと思うよ。アボジがおらんもんで、友達が遊びに来て、チャンゴ（杖鼓）たたいて歌って踊ってどんちゃん騒ぎ。近所の人が見に来て恥ずかしかったね。

通名は「木下」で、きょうだいみんな、日本学校へ通った。でも、オモニが女性同盟なんで、すぐ上の兄貴は中学の一年だけ朝鮮学校へ行かされた。でも、朝鮮中学があまりにも暴力的で嫌になって、二年から日本の学校に転校した。その兄も、後に愛知県立芸術大学に入ってからは留学同（在日本朝鮮留学生同盟）をやっとったのか、総連のポスターを描いたりしてました。総連の奨学金をもらっとって、それをもらうとよく七〇ミリの大画面映画に連れて行ってもらったね。

▼「木下」の陶芸家志望

中学のときの同級生は「木下」が朝鮮人だと知らなかった。同胞も少なくて学年に二、三人かな。「あいつは朝鮮人でなあ」と友達が話すと「ふーん」とはぐらかす。友達が家にくると、朝鮮の雑誌やチャンゴを隠してから、入ってもらうようにした。だから同窓会で、わたしが〈李末竜〉でガラス工房をやっとると知った同級生が、「ああそうやったんか」というね。

中学の卒業文集に「陶芸家になる」と書いた。姉が瀬戸（せと）に嫁いでいて遊びに行くと、捨ててある瀬戸物の茶碗（ちゃわん）や人形で遊んだことがあったかもしれん。それと、すぐ上の兄が愛知県立芸大へ行っていて、自由で、気楽な空気。わたしは朝鮮人は自由に仕事を選択できないことがわかっていた。だから芸大生を見て単純に、「あんな生き方もいいなぁ」と思ってね。瀬戸窯業（ようぎょう）高校があるし、「陶芸という選択もあるじゃん」と。姉や兄、周りの同胞の暮らし、オモニから聞かされる話で、心のフィルターに「朝鮮人は違う」という思いが残っとったんやね。

でも、周りは「なんで窯業高校」「なんで陶芸家」となる。けどわたしは、自分の技術で、自分の生き方をしたいと思い続けとった。いま思うと、自由を求めるってのが心から湧いてきたんだといえるね。

瀬戸窯業高校は吹き溜まりのような学校やった。犬山から瀬戸まで定期券三枚使って一時間半。そのうえ陸上部やって、部活終わって、ちょっと駄菓子食べて帰ると九時過ぎ。飯食って風呂に入って寝て、朝は七時に家を出て、八時半に学校に着いて……。そのころから、職人向きのタイトな生活をしとったわけよ。

▼湧いてきた〈ガラス〉で大阪へ

就職する段になって、また選択するわけじゃない。朝鮮人はわたし一人。就職課の先生が「求人が二社しかない」という。「東陶（現・TOTO）とあと一つ。やりようないから、自分で探してよ」って。そこで先生に「陶芸家」といったら、「才能がいるぞ」と返された。ここでふっと、脈絡なく湧いてきたのよ、〈ガラス〉が。それで先生に「ガラスとかないですか」と聞いたら、「そういえばガラスの工場から求人があったなぁ」と。大阪の工場に見学に行って、「おもしろそうじゃん、これ」となったわけね。職人がガラスを吹いて、伸ばして、曲げて、切っててね。「へえ、こんなことができるの」と感心してね。そこに東京藝大を卒業して作品をつくっている人もおったりして、ものづくり活動もしていた。それで、淀川べりの三友硝子工芸に就職して、敷地内の寮に住んだ。

大阪では、平日は工場で仕事して、休みはギャラリー、美術館巡り。休みは日曜日だけ。だから、仕事終わってギャラリーへタクシーに乗って飛んでいったりした。それと本町のデザインセンターに夜間で通ってデザインの勉強。本当に意欲満々で、奈良、神戸、京都のギャラリーまで足を伸ばした。ガラスだけじゃなく、絵、工芸、彫刻、デザインを見てまわって、新聞の美術・工芸関係のスクラップもどんどんたまっていった。

陶器の革ジャンとか、そんな作品に出会うわけね。京都に走泥社の運動（ニューリアリズム）があり、大阪ではグループ「具体」の活動があって、アートの運動が激しかった。大阪万博が終わり、学生運動が解体していく時代。それを背景に、アンチテーゼが噴出していた。多感な少年は影響されて、いまの仕事に結びついている。

そんな中で民族と再会する。懲役八年の刑を受けた協定永住者の中京煥（シン・ギョンファン）君の退去強制処分撤回裁判を、デザインの先輩から教えられて、退去強制反対の署名集めて、集会に参加した。中之島の中央公会堂でやっていた朝鮮語講座に通うようになって、そこで出会った同胞からアイデンティティの問題を教えられて影響を受けました。

そうして、表現する、アプローチする、自分の意志でつくることが重要だと、わかってきた。作品は技術だけで成立しない。個人の血肉、いろんな要素があって、形になっていく。だから自分の血肉になるものを増やしていかなあかん。そこで、民族がすごく大きかったし、生きてくるわけよ。

そうやって動いていると時間が足りなくなる。ちゃんと勉強したいと思って、東京藝大と愛知芸大を受験したけど入れなくてね。でも大学に執着する気はなくて、自分でやればいいと考えていた。瀬戸に戻って、兄弟がやっていたダンプの運転手をしながら、自分でガラスの小さな窯（かま）つくったのが一九七六年。ダンプでガラスの原料運んどったから、わたしは一貫してガラスですよ。

▼ものづくりと本名、韓青活動を全力で

本名を名乗ったのは、瀬戸でガラス窯をつくってから。作品を出すとき、「木下」で自分の本質を隠して、あとになって、「在日の李です」なんて、あかんじゃん。

休みに窯に火を入れて、一升びんやビールびんを溶かしてつくり始めた。そんなときに「中君を支える名古屋の会」があるのを知って集会に行った。そこで連帯挨拶をしたのが、韓青（在日韓国青年同盟）愛知県本部の姜春根（カン・チュングン。211ページ参照）氏やった。支える会は日本人が主体、その集会で在日青年が話している。「日本人のような顔をして座っとったらあかんな」と思ってね。「わたしは李といいます」と自己紹介した。韓青に参加したのは、「民族の言葉も歴史も習慣も知らん。ここで自分の根っこを見つけなあかん」というふうに思っちゃったんやね。「支部で学習会があるから来てよ」と誘われて東中支部に行った。汚いあばら家で、そこにいまも付き合っている仲間がいたわけよね。自分の根っこをつかもうという欲求があったから、瀬戸から通うことも苦にならなんだ。「やるなら、積極的にやろう」と、すっと入って行ったね。

韓青に入ったのも一九七六年。時代としては朴正熙（パク・チョンヒ）政権と真っ向から対峙（たいじ）していた厳しい時代だった。だから燃えるわけよ。全泰壱（チョン・テイル）氏を描いた『炎よ、わたしをつつめ』の演劇運動や三・一民主救国宣言支持の一〇〇万人署名運動やね。金大中（キム・デジュン）氏の救出運動の流れで連帯運動も盛んで、集会やって、ビラまいて、家庭訪問をして青年を探して、海やスキーにつれて行ったり、とにかく一生懸命活動した。なかでも『魂振鬼（ホンジングィ）』を創作する過程は、得がたい体験だったと思う。チャンゴを使って、仮面をかぶり理不尽に殺された魂をなぐさめて、再び闘いに立ち上がる姿を描く。四日市や仙台で出張公演したりした。唯一、韓青活動で悔いが残るのは、ウリマル（母国語）をちゃんとやっときゃ良かったなということかな。

韓青一本の毎日。ガラスを離れて六年間、全力疾走した。自分の根っこをつくろうと、納得するまで、責任を果たせるまでやろうとね。だから一九八二年の韓青愛知県本部の大会で円満に卒業、ガラスに戻っていったわけやね。韓青活動に区切りをつけたのは、ガラスをやるためだから、上部の韓民統（韓国民主回復統一促進国民会議）への誘いは断った。民族運動は大衆運動であって、組織運動がすべてじゃない。だからこそ、韓青活動を経験した人間が大衆運動＝民族運動としてのガラス工芸をするというスタイル。それを認めるか、認めないか、が組織の度量だと思っとるからね。最初、それはなかったけど、だんだん、認められるようになってきた。

▼ガラスに戻り、結婚・修業再開

戻ってガラスを吹いたら、全然腕がなくなっていた。とにかく技術的なギャップが大きい。ほんでも愛知県でガラスをやっとる人がおらんもんで、焦ることはなかったね。知り合いの雑貨屋で展覧会やらせてもらった。そのころのコップはゆがんどったり、温度計が買えんかったもんで、韓青の先輩が義理で買ってくれたコップが窯の温度管理が悪くて割れて苦情いわれたりしたねぇ。とにかく必死に技術を取り返すためにつくる。

その修業時代の一九八六年に友人の紹介で、同胞の女性と結婚しました。それまで見合いも一五回ぐらいした。本人を見ると気に入るけど、「収入は?」「あるときにはあるけど」で、親が引くというパターンやったね。

彼女は「それでもいい」といって、反対されて余計に燃えあがった。大阪・池田市の保母さんで、初めて外国人で市に正規採用された人材なんだわ。いま思うと、公務員で安定しとるから、わたしが池田へ行って、そこで窯をつくって、彼女に働いてもらったら良かったかな、なんてねぇ。生活の糧は、八三年から始めた吹きガラス体験教室で、習いにくる人が増えてきたし、修業したいという人も出てきてね。もちろん個展活動が主やったけど、器の注文も増えてきた。オブジェは、イベントのときに制作して出展するので、日常は器をつくる。時代も右肩上がりで、個性的なガラス容器を認める人が増えつつあるときやった。

▼イギリスに留学する

一九八八年にダッドレイカレッジ・グラスセンター、八九年にウェストサリー美術大学ガラス科に留学した。夫婦で行きました。夫婦で暮らして、学校も二人で行くので、ほとんど英語をしゃべらずに終わっちゃった。向こうは自由だから学生じゃない嫁さんでも「ハーイ」とかいって作業場に入って手伝ってもらったりしていた。学生は学んでも、そこの設備で創作をしてもいい。わたしは作品をたくさんつくって、二次加工で模様を彫る自分の指向を深めていった。

イギリスは九月から学校が始まるので、夏休みを早めにとって、六〜八月は日本で作品つくり、個展で稼いで、イギリスに行くというサイクル。日本の窯は体験教室を友人に維持してもらっとったんで、帰ってすぐに使えた。「二年やればいいかな」という感じで帰ってきました。留学するときの意識は、ガラス工芸家か、アーティストか、といえば、後者だね。工芸家に納まらず、もっと広げたいという思いがあった。

師匠はいない。師匠に求めていくという発想をしないいんやね。人がやっていないところを見つけていく。師匠の影響下で、安定した場所でやっている人はいますよ。でもわたしは違う。やっぱり在日の血ですよ。つねに「アウトローが居心地いい」と直感的に思っちゃうんやろうね。そのころ、有名作家に「こいよ」といわれたけど、やっぱり断っちゃったね。嫌なんだよね、従順に従いながら、そのおこぼれをいただくというのは。やっぱり、これは血だわ。

▼在日であることとアート活動

在日であることが、アート活動にどんな影響をあたえ合っているかというと、在日韓国人という立場、アウトローというか、革新というか、変えていく。現状では自分たちのあり方が見えないから、革新せにゃあかん。ずっとそういう立場にいた。無理をしてじゃない。アーティストというのは、絶対にそうだと思うのね。御用「アーティスト」もおる。だけど、ものづくりでも、工芸家とアーティストは、そのあたりの意識、価値観が違う。わたしの場合、在日だから特にそう思うわけ。日本人だったら、より良い社会のために革新するわけだけど、在日の場合は、自分の居場所を見つけるために革新しようとするんやね。

もっと広げていくと、幸せな人生、生き方を求めるため。たとえば、コップでビールを飲むとき、「こういうコップで飲んだほうが幸せじゃないですか」と、生活者として提案する。アートとして花瓶をつくるとき、曲げてみたり、角度をつけたりする。そこに在日とか、民族ということは、直接に入らない。でも、そういう作品を、在日のわたしがつくっとるということを、見る側、評価する側がどこかで意識してくれるとありがたいと思っとるけどね。

意識しすぎると作品が狭くなる。表現する人は、自由が最高、最大の価値観だから、縛られちゃあかん。自然ににじみ出てくるのがあればいい。それを無理やりに演出すると、本物ではなくなる。だから、「意識しないように意識する」のが加減だよね。けど、簡単じゃない。人間の本質を問いつめる一つの材料、フィルターとして在日の自分という存在がある。

▼韓国のアート界、ガラス事業との繋がり

二〇〇一年にソウルで開かれた「二一世紀と人権展」に招待出品しました。あのころは韓国で、在日が民族主体性を持って生活していることを意識していない時代だった。関連行事のシンポジウムに国会議員も参加していたけど、在日のことを何も知らなかった。でも、国内の人に見てもらえる場所で、在日の作品を展示するのは、大きな意義があったと思うね。大阪で高麗美術会を主宰していた画家が、これをきっかけに、いまも光州ビエンナーレに出展していて、済州島の作家たちと交流展を交互にやっとるね。わたしもそれに参加させてもらっています。

江原道の三陟市というかつての炭鉱の街、ここをガラスの街にしようと市長が公約して当選して、いま二期目。そこに招待されて講演して、視察してきた。市の人に、「三陟市がアジ

アのベネチアになるのは可能ですよ」とわたしはエールを送った。廃炭を四〇%溶かした原料でガラスをつくっとるわけね。それがうまく販売できない。人材を育成する仕組み、作家を定着させる仕組み、ビエンナーレを仕掛け、ガラスで世界一の何かをつくって話題を盛り上げるなどすれば人を集められる。そういう文化的な部分と、産業面でブラウン管処理とかガラスリサイクルを誘致して、三陟市を韓国のガラス処理、産廃処理の基地にする。つまり、「文化と産業の両面で、三陟市がインフラを整備してやっていく戦略、ビジョンに立てば、すばらしい産業になりますよ」とね。

三陟市へのアドバイスを在日のわたしがする。ガラスひと筋にやってきたことで、祖国に貢献できることがあるなら、それは嬉しいことでね。

▼子どもたちと暮らす街・瀬戸の未来

子どもは女の子二人。「自由に生きてください」ということやね。親の気持ちで、本名＝韓国名で日本の学校に通わせたけど、本人の意志でないから「嫌だ」って、ときどき「木下」を使っとる。親の気持ちが、子にどれだけ理解され、受け入れられるか……。国籍は韓国やけど「帰化する」って。それは止められないね。ただ、わたしが帰化に反対なのは、「本人の主体性とか人間性を押し殺してまで帰化することを求める国＝権力は何ごとか」という反発心がある。けれども、ソフトバンクの孫正義社長が日本人になったわけだし、リチャード何がしで日本人になれる制度になったときには、民族と国籍を一致させる必要があるのかな、と。なかなか答えは出てこんけど。

やっぱり日本で生きて、死んでいくわけね。それで日本社会と祖国にどう貢献できるかを、意識せざるをえないというか、したいね。意識しない生き方はありえない。

いま瀬戸の街を、〈瀬戸物とガラスの街〉にプロデュースするNPOの「Art-Set 0（ゼロ）」をやっている。これは、瀬戸でガラスをやってることが、バリューになっとるわけね。メディアも意外性でガラスを取材に来てくれる。粘土を掘ると一緒に珪砂（けいさ）が取れて、瀬戸がガラス原料日本一という背景もあるね。でも地域資源以上には産業化してはいない。だから、〈瀬戸物とガラスの街〉は可能じゃないかと思うわけね。

留学から戻って、スタッフを入れて法人的、社会的に活動する方向にスタンスを変えた。個人工房であいまいにしてきたことを、もっと近代化してやろうとね。それ実現するためには、社会的な評価が必要になるので、いろんなことをやった。一九九八年には、瀬戸で一六〇〇人規模のG・A・S・in瀬戸（グラス・アート・ソサエティ世界大会）も開いた。作家が展示して制作するギャラリーと喫茶店なんかを仕掛けたり、〈瀬戸ガラスの会〉というネットワーク、「プチ修業を火の出る窯がある瀬戸で」と陶芸ファンを瀬戸の個人工房に斡旋（あっせん）するとか、全部旗振りした。それで最近は『るるぶ』なんかで「ガラスの街・瀬戸」と紹介されるようになってきたね。

これは、認められたいという欲求なんだよね。在日が認められていないから、認められたい。在日として瀬戸で認められたい。だからいろんなアイディアを出して活動する、仕掛ける。その根っこが在日朝鮮人であるということやね。

瀬戸での活動に評価と結果が出てきたら、在日全体に還元されていくし、日本人が在日を認めていくことになる。ひいては韓国政府も在外同胞の活動を評価するし、韓国のイメージアップに貢献しとるわけじゃん。そんな願いを持って、自分の足元からやっていく。だから政治活動をしている在日団体と、わたしの活動は一緒なんだと思うよ。

32　父と母の思いを受け継ぐ

蔡鴻哲（チェ・ホンチョル）　男

取材日／二〇一三年一月二七日　**出生地**／北海道雨竜郡深川町（現・深川市）　**現住所**／北海道札幌市　**生年月日**／一九五三年四月一一日　**略歴**／強制労働を経験した朝鮮人の父と日本人の母のもとで生まれ、小学三年生から朝鮮学校に入る。仙台の朝鮮高級学校を卒業して、一九七二年、在日本朝鮮青年同盟札幌支部の専従となる。朝鮮総連十勝支部委員長、北海道本部国際部長などを歴任し、現在、北海道本部副委員長兼胆振日高支部委員長。二〇〇三年から「強制連行・強制労働犠牲者を考える北海道フォーラム」共同代表。　**取材**／殿平善彦　**原稿執筆**／殿平善彦

▼父親のこと

わたしの父、蔡晩鎮（チェ・マンジン）は、戦時下に北海道で強制労働を体験した在日一世です。父は一九一五年、朝鮮慶尚北道（キョンサンプクト）聞慶（ムンギョン）郡山陽面（サンヤンミョン）の農家に生まれました。小作農でとても苦しい生活だったようです。一九四〇年一二月、日炭第二高松炭鉱の鉱夫募集に応じて日本へ働きに出ます。過酷な扱いに抵抗してストライキを計画して捕まり、釜山（プサン）に連れ戻されます。

釜山で北海道炭礦汽船の募集を見て北海道に来ました。最初に入れられたのが赤平町茂尻炭鉱・土屋組のタコ部屋でした。部屋に入ったときに幹部がいったそうです。「お前たち、北海道は島だ。この山越えても海、あの山越えても海、絶対に逃げられない。逃げたら承知しないぞ」。

翌年の春、父はタコ部屋を脱走しましたが、周りが海だと思っていたから、戻って来たところで捕まってしまい、半殺しの目に遭います。「よく生き残ったものだ」といっていました。ひもじくて、石炭まで食べてみたと聞きました。

わたしたち兄弟姉妹は、父からこの話を、寝物語のようにいつも聞かされて育ちましたから、よく覚えているのです。

九死に一生を得た父は、そのあと、幌加内村沼牛の土谷クローム鉱山、鷹泊帝国砂白金を経て、祖国解放を迎えます。父は日本に渡る前に結婚しており、朝鮮に妻と子どもがいたのですが、戦後も北海道の深川市に住むことになり、朝連（在日本朝鮮人連盟）や朝鮮総連（在日本朝鮮人総連合会）の活動をしたため、韓国に帰ることはできませんでした。故郷とは音信不通の時期が長く続きます。強制連行・強制労働を体験した一世の人生にはこのようなことが起こったのですね。

▼戦後の日本で闘った父と母

父は、戦争中もタコ部屋の親方に抵抗して闘った人でしたから、解放後住んだ深川でも、すぐに民族運動に参加しました。東京では一九四五年一〇月に在日本朝鮮人連盟が結成されます。深川町での朝鮮人連盟の結成は一九四七年のようです。

当時、父が住んでいた路地の途中に母の家がありました。奥に住んでいる父がどこの言葉かわからない放送を聞いているのを不思議に思ったそうです。周りから「あの人は朝鮮人だよ。気をつけなさい」と忠告されたらしい。

その父と母が一九四九年一〇月に結婚します。母は明月保子といい、日本人です。母は長姉を連れ子して来ました。一九五〇年には兄、五一年に次姉、そして五三年にわたしが生まれます。

父の仕事は廃品回収業でした。当時、在日一世が就くことができた仕事は大抵そんな仕事でした。

一九四九年九月に朝連は解散させられます。戦後の日本に生きる朝鮮人には、嵐のような日々が続いたといっていいでしょう。当時、生まれた子どもは六ヶ月以内に申請しないと朝鮮籍にならなかった。父は連れ子の長姉も含めて、みんな朝鮮籍を取得させています。

母も朝鮮籍を取り、朝鮮人として生きてゆく決心をします。あの時代にあっては大変な決心であり、努力だったと思います。

一九五五年に在日本朝鮮人総連合会が結成され、すぐに総連北空知（きたそらち）支部が結成されます。もちろん父も結成に参加しました。父は子どもに朝鮮人としての教育を受けさせることにとても熱心でした。兄や姉たちを札幌市白石区南郷（なんごう）にあった朝鮮学校に入学させましたが、わたしは末っ子でしたので、母が手放したくなくて、深川小学校に入学します。

深川でも、朝鮮学校ができる前から、朝鮮人子弟への民族教育は始まっていました。総連北空知支部ができると同時に、妹背牛（もせうし）で「午後夜間学校」が始まります。そこではわたしのような子どもはもちろん、母を含めた女性たちも朝鮮語などの学習をしていたのでしょう。午後夜間学校は毎日ではなく、土曜日や日曜日に開かれていたと思います。

当時わたしは小学校の教科書と午後夜間学校の教科書の二種類持っていました。算数の教科書はオレンジ色でしたが、午後夜間学校の朝鮮語の教科書もオレンジ色でした。小学校二年生のある日、学校に教科書を間違えて持って行きました。算数の時間なのに、朝鮮語の教科書が入っている。しまったと思いましたが、そのとき、友達に自分が朝鮮人だと初めて告げました。

自分の出自を明かしても、さしたる差別を受けた経験はありません。むしろ、親友のように付き合った米屋の息子を思い出します。どうしているでしょうね。次姉が小学校四年生のころ、社会科の時間に「朝鮮は貧しかったから、当時の日本が助けてやったのだ」と植民地時代のことを教えられたと父にいったとき、父がいきなり外に出て、自転車に乗って学校まで抗議に行ったことを覚えています。

父は一九六五年に川本組を立ち上げて、土建の下請けの仕事を始めました。同時に母は仲町五丁目で焼肉店「平和園」を始めます。母の苦労は並大抵ではなかったと思いますが、父との絆(きずな)は揺るぎないものでした。当時、父と母は総連の活動に忙しくしていました。総連は半非合法のような状態でしたが、家の壁にはポスターが一杯に貼ってありました。夜になるとビラ貼りに出かけるのです。ビラは「米帝は南朝鮮から出てゆけ」などと書かれていたと思います。父と次姉、兄と長姉、母とわたしがペアになります。家のストーブの上では大きな鍋にノリが炊かれて、それをブリキのカンカンに入れて出かけます。

警察に捕まるな、見つかったら逃げろと教えられました。それぞれの街路を受け持ったのでしょう。電柱にノリをつけて、ビラを貼ります。兄は警察に追いかけられたこともあったようです。でも、警察はそれほど怖くはありませんでした。よく家に出入りしていて、朝鮮人が絡んだもめ事などは大抵父に解決を頼みに来ていたようでしたから。

母の経営する焼肉店にはたくさんの同胞や日本人の活動家がやってきて、ご飯を食べていました。深川の日本共産党の活動をしていた青年などは、親に勘当されて、二年間もほとんどただで、わが家で食事をしていました。

そんな母は焼肉店を開店してから三年後の一九六八年五月に死去しました。四四歳、胃がんでした。わたしを可愛(かわい)がってくれた母を忘れることができません。

▼青春の日々

あのころ、年末になると川本組の人夫をはじめ、たくさんの同胞や日本人も来て、家の土間で餅つきをしました。つきたての餅を納豆やキナ粉につけて食べるのは、とてもおいしかった。

小学校三年の二学期から札幌の朝鮮学校に転校しました。午後夜間学校で朝鮮語を習っていたし、家でも使うことがありましたから、言葉に不自由は感じませんでした。中学三年で朝鮮少年団の委員長になり、赤いネクタイが自慢でした。高校は水戸の朝鮮高級学校に一年間、仙台にも学校ができたので二年生からは仙台で過ごしました。

母が亡くなったのは、わたしには大きなショックでした。そんなこともあって、中学の委員長から高校の班長になる、いわゆるエリートコースを歩んでいたのですが、それをやめてしまい、タバコもやるようになり、わたしの生活は荒れていきました。いつしか孤独になり、一人で考えるようになりました。高校三年の夏休みに、高校を終えたら一人で国に帰ろうと決心しました。そのころすでに北朝鮮への帰国運動は収まっていましたが、国に帰る人や家族もいましたので。

深川の家に帰省したとき、わたしの決意を家族に告げました。兄や姉たちはわたしが国に帰ることに反対でした。すると、父が「わかった。そんなら俺も帰る。二人で国に帰ろう。仕事の整理をするから、その間北海道で働け」といいます。それで、高校を卒業した後、在日本朝鮮青年同盟（朝青）の専従をすることになりました。一九七二年四月からは札幌支部、九月から七四年六月までは北見支部の専従でした。そのあとは苫小牧、帯広で総連支部の委員長などを歴任します。

三三歳で支部委員長になったのは異例の若さだったので、機関紙で特集が組まれ、取材を受けたりしました。いつの間にか帰国の希望は萎んでいきました。父はわたしが総連の専従になったことをとても喜んでいました。跡継ぎができたと思ったのでしょう。

わたしは父とともに母の存在を強く意識するようになりました。わたしには朝鮮人とともに日本人の血も流れている。父はいつも「日本人を恨むな、日本人には悪いのもいるが、よい日本人もたくさんいるんだ」といっていました。

▼父と民衆史講座の出会い

父は一九七三年に札幌の下水道工事で大けがをします。幸い肩を痛めただけで、命に別条はなかったのですが、それを機に仕事から手を引きます。

そのころ、北海道では、民衆史掘り起こし運動が始まりました。北見の高校教諭小池喜孝さんの呼びかけで始まった、民衆の歴史を掘り起こし顕彰しようとする運動です。

一九七六年春、深川を拠点に活動する空知民衆史講座の人たちが父を訪ねてきました。父は強制労働の自分史を語り聞かせ、日本人たちは固唾をのんで聞き入りました。

深川市から約六〇キロメートル北に上がると、幌加内町朱鞠内（しゅまりない）に巨大な人造湖と雨竜（うりゅう）ダムがあります。戦時中の一九三八年から四三年まで六年を費やして完成したダムでは、二〇〇人以上の朝鮮人、日本人が犠牲になりました。父は直接そこでは働きませんでしたが、工事中に出かけた経験があります。

空知民衆史講座の人たちは、雨竜ダムの歴史調査とともに、朱鞠内の共同墓地周辺に埋まっている犠牲者の遺骨を発掘する計画を持っていました。父にとって、晩年を生きるにはうってつけの活動だったでしょう。「一丁（いっちょう）間違っていたら、俺も穴の中だった。だから民衆史の人たちと一緒に同胞の骨を掘るんだ」というのが父の口癖になりました。

一九八四年八月にがんで死ぬまで、父は民衆史の皆さんとの活動に一所懸命でした。北海道は、北九州とともに、もっともたくさんの朝鮮人が強制連行され、強制労働させられた現場です。戦後、同胞の遺骨は、故郷に帰れずに寺院の片隅に置かれ続け、土の中に埋められたままの遺骨も多いのです。父は同胞の遺骨発掘に晩年をささげました。

父の葬儀の夜、民衆史のメンバーで仏教寺院の住職をしている殿平善彦さんが法話で、父の強制労働の記憶を語ってくれました。父の通夜にふさわしい法話でした。

▼遺骨問題と出合う

父が死んだあとも、わたしは朝鮮総連の専従者として活動してきました。総連道本部国際部長を務め、本部の副委員長も務めてきました。父の思いを受け継ぐ仕事だと思っています。

晩年の父の活動を知っているわたしは民衆史運動に親しみを持っていましたが、一緒に行動する機会はありませんでした。

二〇〇二年秋、殿平さんから電話がありました。浄土真宗本願寺派札幌別院の納骨堂から朝鮮人、中国人などの強制労働犠牲者の遺骨が発見された。この問題に一緒に取り組んで欲しいといいます。

戦争中に地崎組など、北海道内の土建業者から札幌別院に預けられた一〇一体の遺骨は、戦後長く、外部に知られないまま納骨堂に置かれてきました。一九九七年に地崎工業の社員と別院職員の手で合葬されていましたが、教団の内部調査で、遺骨の存在が明らかになったのです。二〇〇二年一二月六日に札幌別院で開かれた遺骨問題を公表する記者会見の会場は、報道関係者をはじめ市民運動の人々などで一杯でした。わたしも出席しましたが、別院輪番の報告は、遺骨を合葬してしまったことを謝罪する真摯な内容でした。

記者会見場に集まった市民運動の関係者や、総連、民団（在日本大韓民国民団）のメンバーなどが残り、今後、別院の遺骨返還活動を支援しながら、問題の解決のために努力する集まりを作ろうということになりました。集まりは国際的な運動体になりました。名称を「強制連行・強制労働犠牲者を考える北海道フォーラム」としました。総連副委員長のわたしと民団の国際部長、北海道華僑総会会長、牧師、僧侶の五人を共同代表に選びました。

北海道フォーラムの活動を通して、父がやりたかったもう一つの活動、同胞の遺骨を発掘し遺族にお返しする運動を引き継ぐことになったのです。

北海道フォーラムの活動を進める中で、強制連行犠牲者の遺骨は、札幌別院を含めて一七九体の遺骨が道内各地の寺院に置かれていることがわかってきました。

二〇〇八年二月に北海道フォーラムと室蘭と赤平の市民で、四体が韓国の遺族に返されましたが、それ以外の遺骨は今も寺院納骨堂などに残されたままです。

▼死者の声が聞こえる

遺骨問題の取り組みの中で、忘れられない出来事があります。

一九四二年から四四年にかけて、オホーツク海沿岸の猿払（さるふつ）村浅茅野（あさじの）では日本陸軍の指令で、軍用飛行場建設が急ピッチで進められていました。労働者はほとんどが朝鮮人でした。被連行者は三〇〇人とも四〇〇〇人ともいわれています。九〇人以上の犠牲者が出ました。

二〇〇五年一〇月二八日、わたしは北海道フォーラムの一〇人のメンバーとともに、猿払村浅茅野成田の沢の山林にいました。旧共同墓地の地下に強制連行犠牲者の同胞の遺骨が埋まっているという証言を聞いて、試掘作業をすることになったのです。韓国から忠北（チュンブク）大学形質人類学教授朴善周（パク・ソンジュ）先生を招いていました。朴先生は韓国現代史の犠牲者遺骨発掘の第一人者です。間もなく雪になる、寒い曇天の日でした。村の古老の証言をもとに地面をスコップで掘りました。埋葬から六〇年以上のときを経ての発掘は成果も上がらず、遺骨はそう簡単に出てはくれません。みんな諦め気味でした。

驟雨（しゅうう）になりました。テントに引き上げようとしたとき、わたしの足が、地面の下に膝まですっぽりと入りました。古老の菅野さんが「蔡さん、狐の穴に足を落としたね」といいました。足を抜こうとしていると、朴善周先生が「いやいや、蔡さん、それは先祖が呼んでいるのかもしれないよ。昼からはそこを掘ってみよう」というのです。わたしは朴先生が冗談をいっているのかと思いましたが、先生の顔は真顔です。半信半疑でしたが、ともかくも穴にスコップを挿して、昼食に出ました。

午後、発掘を再開しました。スコップを挿してあった穴を掘っていきました。二〇分ほどして、一メートル近く掘った穴の底で、硬質の何かにあたりました。遺骨でした。成人男性の遺骨が、完全に一体分出土したのです。身ぶるいがしました。朴先生の鑑定では、大腿骨（だいたいこつ）のしなりから重労働をした成人男性であること。足の骨にパルサゲ（足を覆う保温用の布）状の布が巻いてあり、朝鮮人特有の短頭形状から朝鮮半島出身者の可能性が高いとされました。「俺がここにいる、俺を地上に連れ出せ」と、死者がわたしを呼んでいる。この声に応えなければならない、そう実感しました。

その後、二〇〇六年、二〇〇九年、二〇一〇年の発掘で合計三九体分の遺骨が地上に導き出されました。道内に残された遺骨に象徴されるように、韓国、朝鮮、中国をはじめ、アジアへの日本の戦後責任は未解決のままです。強制連行を強いた日本政府や企業は自らの歴史への責任を自覚して、遺骨の調査と返還に努め、被害者や遺族に謝罪と補償を実現すべきです。遺骨問題に取り組む中で、韓国に住む遺族が次々と発見されました。遺族を北海道に招くときは、大抵わたしが通訳をしています。

在日する朝鮮人として加害者を告発、追及するだけでなく、被害者の側と加害者の側の市民が協同して遺骨を調査し、発掘して、ご遺族にお返しする取り組みを続けることが必要だと思います。日本政府や企業に責任を果たすよう求めつつ、日本社会に在住する者の協同の誠意で遺族の故郷に遺骨を届ける努力を続けながら、平和な東アジアを築いていきたいと願っています。

33 身体障がい者の劇団を創設
金満里（キム・マンリ） 女

取材日／二〇一三年四月一〇、一七日　**出生地**／大阪府池田市　**現住所**／大阪府大阪市　**生年月日**／一九五三年一一月二日　**略歴**／三歳のときポリオにかかり重度身体障がい者となる。一九七三年から「青い芝の会」で活動。八三年、世界初と見られる身体障がい者中心の劇団「態変」を旗揚げし、主宰としてほぼ全作品を演出。九二年以後、ケニア、イギリス、韓国などの海外公演も展開している。ALICE賞、飛田演劇賞大賞など受賞。　**取材**／高賛侑　**原稿執筆**／高賛侑

▼ポリオにかかり重度身体障がい者に

わたしは一九五三年に大阪府池田市で生まれました。母（金紅珠：キム・ホンジュ）の夫（黄熊度：ファン・ウンド）は植民地時代に独立運動の闘士だった人で、刑務所に八ヶ月ほど入れられた後、一緒に日本に渡って来ました。

母の姉はパンソリ（朝鮮の伝統芸能）で朝鮮全土に名を馳せた人で、母も六つから舞台を踏みました。夫は日本に来てから新聞記者もしましたが、夫婦で古典芸能の一座をつくって巡業し、

一九五一年ごろに亡くなりました。

　母はその後、在日コリアン実業家に面倒を見てもらうことになり、わたしはその二人の間の一〇人目の末っ子として生まれましたが、三歳のときにポリオ（小児麻痺）にかかって、首から下が全部麻痺状態になりました。

　七歳になった六一年に施設に入れられました。教育も訓練もできるからいいだろうと判断したみたいですが、職員の態度は人間扱いじゃなかったですね。職員のミスでベッドから落ちて、寝たきりになって死んだ友達もいたし。

　五年生のとき、主治医に「ほんとのことといって。訓練やったり手術やったりして歩けるようになるの」って聞いたんです。お医者さんはウーッと唸って「歩かれへんな」といいました。わたしは「これから無意味な訓練は一切やめる」といいました。その見切りの付け方は、わたしにとって、今思うと金字塔です。

　施設で一〇年間過ごしたあと、家に帰りました。高校には行きたいと思っていましたが、養護学校も試験を受けさせてくれませんでした。それでも兄が近畿大学附属高校の通信制を見つけてくれて。そのときに、すごく嫌だった「ハラダマリコ」という通名をやめて本名を名乗り出したんです。

▼「青い芝の会」との出合い

一九七三年に施設時代の後輩から電話がかかってきました。「グループ・リボンという障がい者のグループに来えへん」って。わたしはグループ活動とか興味なかったんですけど、障がい者が主体と聞いて行くことにしました。そこで、重度障がい者やから人生諦めなあかんていうこと自体が差別なんやってことに初めて気付いたのは大きかったですね。グループ・リボンの元になっているのは脳性麻痺（ＣＰ）者の「日本脳性マヒ者協会全国青い芝の会」という団体やったんですが、青い芝を起こした人たちの本を読むと、わたしが感じていたことがズバッと表れていて、吸い取り紙のように吸収していきました。

わたしはすぐに活動に走り回るようになりました。優生保護法阻止の集会に行ったのが一つの分岐点になったんです。集会には二〇〇人ぐらい集まってすごい意見が飛び交いました。青い芝の活動家がバンバン発言してるんですよ。その一人が「もう一度生まれ変わるとしても障がい者を選ぶ」と発言して痛快でした。厚生省座り込み闘争にも行きました。車で東京まで行って、いっぱいの障がい者が厚生省の前で夜明かしする。寒いとか感じませんでした。

そういう一連の行動を行う中で、自立って何やろって考え出すわけです。食べ物を自分で料理するとか、口に入れるとか、基本的なことが自分でできないのがどれだけペケに思われているか。だけどほんとにそれが自立なのかと考えるようになっていったんです。自分にできないことを、人の身体機能を借りてやるという状況をつくっていかなあかんと。

わたしは自立したいと提起しました。そしたら連絡会議が組織されて、まず親を説得せえといわれました。重度障がい者が家を出る場合は、生活保護を取って経済的な基盤をつくるんですが、親権は親と思われているから、親を説得せんと自立できへん。それで母親に話したら、にべもなく反対に出くわして。親きょうだい以上にお前のことを考えてくれる人がどこにおるんやと。

母親がその次にいったのは、「自分で行きたいといった高校に通わしてやっている親きょうだいの努力を無視して運動に走るのは納得できん」ってことやったんで、「高校を卒業してからやったらええねんね」という条件をつけました。初めてそれをいったときは、母親が台所から包丁持ってきて、韓国語で「お前が死ぬか、わたしが死ぬか」といいましたよ。

▼自立生活と除名

一九七五年に高校卒業と同時に自立生活に入りました。障がい者解放運動のために、わたしを呼び水にして、「グループ・ゴリラ」という介護者の組織を拡大する目的もあったので、ゴリラが健常者組織から介護者を探すことになっていたんですが、なかなか探せない。木造の家の二階に住んだんですが、三時まで誰も来ないこともある。当時は福祉電話もなかったので、布団の中で待つしかない。そんなときは腹立たしさがメラメラと燃え上がってきて、障がい者は死ぬことをもって抗議せんとしゃあないんかと思いましたよ。

二四時間介護体制ができてから、八ミリが作られました。前に原一男監督が『さようならC

P』という映画を作り、その次に運動体自身が『カニは横に歩く』という作品をつくり、三本目が『何色の世界』という一九七五年のわたしの映画でした。上映活動と講演によく出かけ、組織も発展していきました。

そのころ、和歌山青い芝の会の会員が活動に対して施設の賛同を得られないため、国鉄で飛び込み自殺しました。抗議に行くことになって、二〇人ぐらいで車で施設に向かうときは、今まさに何かに向かっているんやという高揚感を感じましたね。そのときフト、これを異次元の宇宙人の目から見れば、高揚感もちっぽけなものに見えるんやろなと感じましたね。事務室に入っていくと、職員全員がびっくりして出て行ってしまったので、椅子とか机でバリケードをつくり部屋を占拠しました。機動隊が来て周りを囲みましたが、わたしは仲間に「首を机に縛ってくれ」と頼んで、針金で縛ってもらいました。最終的には機動隊の車で青い芝の事務所に帰らされたんです。

その後、組織は一九七八年に分裂しました。青い芝は大阪府内の四地域に支部を持っていて、八人ほどの健常者の専従を抱え込んでいましたが、あまりわかってない健常者がのさばりすぎたということで、リーダーが健常者組織をつぶすという判断を下したんです。わたしもそれに追随し、組織から除名処分になりました。

ひたすら落ち込んでいたとき、自分のアイデンティティを考えるようになりました。でも当時は民族運動の中で障がい者は排除されてるって感じがあったので、一足飛びに在日コリアンとしてのアイデンティティに行くわけにもいきませんでした。すると、同じような立場で日本に存在しているのは沖縄やないかと思い出しました。本当は韓国に行きたかったんですけど、勇気がなかったので、友人の誘いを受けて沖縄に旅行しました。三ヶ月間旅をしてる間、初めて大自然を近くに感じ、「自分の存在は自然の一部でええやん」と思えるようになった経験は新鮮でしたね。

▼劇団「態変」の旗揚げ

わたしは、同じように組織解体させた京都の青い芝にいた仲間たちが唯一交流できる関係だったんですが、一九八一年に国連が提唱する「国際障害者年」という胡散臭い企画が来るらしいなという話題が出てきました。テレビを見てると、車椅子障がい者がパラリンピックとかに出たり、ガンバリズムっていうことを吹聴している。そういう動きには反対やったので、「国際障害者年をブッ飛ばせ！'81」という企画を立ち上げようとなったんです。京都大学の西部講堂で、既存のロックバンドの「ブッ飛ばせコンサート」と、手工芸品とか自分たちが作った物の作品展をやりました。

そのとき、親が子どもの障がいを嘆いて殺すという事件を取り上げて寸劇もやったんですが、お決まりの台本になってしまって、も一つ面白くない。それからわたしは、誰かが戯曲書いて劇団とか芝居をやったらええといい始めました。そしたら在日コリアン二世の人が脚本を書いてきたんですけど、わたしが一番に「面白くない」といいました。もっと何かぶっ飛んだものができないかと思ってね。

でも誰もやる人がいないから、しょうがなく「自分が書くわ」ってことになって、できるとは思ってなかったのに、一晩で書き上げたんですよ。イメージがワーッと出てきたという感じで。タイトルは、誰かが「イロハニホヘトでええやん」といったのをもじって『色は臭へど』。劇団名は、「変態」というのをひっくり返して「態変」に決まりました。衣裳は初めからレオタードにしようと決めていました。自分の身体を自然の一部としてリアルに表現するには、レオタードが一番良いというのが直感的にあったんかなぁ。台詞(せりふ)は、大枠だけ決めといて、本人に考えてもらいました。「君、何する」と一人ずつ聞いてもいいのが出てこないので、わたしが「君、これやったらええやん。何か考えてきて」と。

旗揚げ公演は一九八三年六月に西部講堂でやりました。バナナ食べる人役は、観客にそのバナナをまな板で押さえさせ、震える包丁でバナナを切る。見ているほうも恐いし押さえるほうも恐い。ぎゅうぎゅうの会場は引きつった笑いがいっぱいでした。筋ジストロフィーのK君は筋ジスザウルスっていう恐竜になって出てきました。介護者にハリボテの衣裳をつくらせて。K君は筋肉の麻痺のため表情がないんですよ。だから腹話術の人形みたいにしゃべって、自立障がい者の介護者とのすったもんだの話を笑い飛ばしました。

お客さんの中に演劇評論家がいて、「東京の小さなホールでやりませんか」というので、みんなで話し合ったとき、K君は「やるんやったら徹底的にやらなあかん。テレビのコマーシャルに出るほどメジャーを目指すぐらい思てええんちゃうか」といい、すごく納得させられましたね。東京公演は一九八四年五月でしたが、K君は二月に、吸引機を支給されないため自力で痰（たん）を出せない状態のまま病院に運ばれて、一週間後に亡くなりました。

▼子どもの出産

東京公演を決めたことで、今後も演劇活動を続けるという方向になりましたが、障がい者が演劇をやるという着想は世界にもあんまりないやろうと思っていました。

東京公演の一年後、大阪でK君の追悼公演『ゲリラ・クネクネがおんねん』をやりました。そのときわたしは妊娠六ヶ月でした。わたしはこの体で出産できると思っていませんでした。わたしが死ぬか、子どもが死ぬかと。そして病院で帝王切開して産まれたら、オモニ（母）が来たんです。ずっと病気がちだったから、這（は）うようにして。わかめのスープを飲ますのが韓国の習わしなんで、病室まで運んできたんですよ。顔を見たとたん、泣きましたね、わたし。オモニに対してずっと反発してきましたけど、やっぱ落ち込んでるときに母親の顔を見たらそうなるって感じだったんかなぁ。オモニは入退院を繰り返して、一九九八年に亡くなりました。

わたしは自分一人を介護させるだけでも大変やのに、赤ちゃんのことまで介護者に伝えて育児でけへんと思っていたんですけど、自然の中でやっていくと意外と受け入れられるんやなと思いましたね。それまでわたしは、愛情というものが嫌いやったんです。だけど子どもができて。初めて授乳させるとき、苦労しました。わたしの抱き方やったら安定せえへんから飲もうとせえへん。それで声かけしようと思たんですよ。「可愛（かわ）いよ、可愛いよ」と声に出して。そうすると飲み出したんですよね。親っていうのは初めから親じゃなくて、子どもに愛情を注ぎながら、親にならされていくんやなと思いましたね。

そのあとアメリカにピースウォークしに、乳飲み子を抱えて三ヶ月くらい旅しました。平和を祈るために世界中を歩くという企画に参加したんです。ボストンからニューヨークまで二週間ぐらいかかって行く。すっごく面白かった。寝袋ですからね、毎日寝るの。

そのあとペルーにも行きました。メキシコ経由でリマに行き、クスコに移動してからタキリ島へ行きましたけど、インディオの人らの存在は衝撃やったですね。最下層の生活ですから、子ども連れて道で寝てたりするんです。ペルーは八人ぐらいで行ったんですけど、言葉ができる人は一人もいませんでした。そうすると、インディオの人が「ここで乗り換えなあかん」とか手振り身振りで教えてくれるんです。

その旅があって、わたし自身が表現に対してお茶を濁すような感じでやってることに飽き足らなくなりました。それで「わたしがやりたいセンスで、抽象表現に徹してやるんやったら続ける」と話し合いをしました。だからその次の『銀河叛乱（はんらん）'89』は「態変」の分岐点になった作品です。

▼海外公演の反響

一九九二年にケニアで初めての海外公演をやりました。国際交流基金が発行した本に「態変」が紹介されたのをケニアのナイロビプレイヤーズという、主に映画を通じて啓蒙（けいもう）活動を行っている組織が見て招いてくれたんです。下見のとき、施設を見せてもらったんですが、あまりにも劣悪な状態なのでショックを受けました。でも子どもたちの目がキラキラ輝いて、やっぱり何かをするのは意味があると感じましたね。ケニアには約三〇人で行き、一〇日間に三都市で『天国の森』を上演しましたが、ものすごい盛況でした。障がい者たちも施設から来てくれました。

九六年からはイギリスのエジンバラ・フェスティバルで三年連続公演を行いました。第二次世界大戦が終結して二年後、芸術を広めることによって平和をつくりたいということで始まった、世界で一番大きなフェスティバルと聞きました。毎日発行される新聞の劇評に毎回かならず載りました。「ライフとアートの壁をぶっ壊す芸術が現れた」とか、「生きることと芸術が直結した表現」とか書かれて。同じ年に、わたしの本『生きることのはじまり』（筑摩書房）が出版されました。

九七年にはスイスのベルンのダンスフェスティバルから呼ばれて『死霊』をやりました。会場は押すな押すなの状態で、代表の女の人は日本から来たテレビのインタビューで「今日、ダンス界に革命が起こった」と答えていました。

それからドイツに呼ばれることになるんです。最初はベルリンでのワークショップで、健常者の指導者と障がい者の両方に三日間ほど身体指導をやりました。初めはとまどっていましたが、ふだん動かない人が動き出しましたね。寝たきりの重度の人が壁のほうに足を持って行って動きまくったり。

韓国での公演は二〇〇四年にソウルで『帰郷―ここが異郷だったのだ』を上演したあと、二〇一一年にソウルと固城（コソン）で『ファン・ウンド潜伏記』をやりました。オモニがファン・ウンドさんと結婚した固城という所には今でも親戚がいるんですが、わたしとしてはずっと避けていた所でした。でもうちのきょうだいが親戚同様に付き合っている人を紹介してもらって行くことになったんですけど、出会った人たちは何も違和感なく受け入れてくれました。

わたしは母親からファン・ウンドさんは植民地時代に独立を訴えるビラを一回だけまいて演説したために刑務所に入れられたと聞いてたんですけど、故郷に行ってみたらどうも違う。その後、京都大学の先生に昔の新聞記事を検索してもらったら、バンバン出てきたんですよ。独立運動の志士だったと。農民のリーダーやったり、夜学の校長になったり、小作のために地主と掛け合う闘争をしたり、李（イ）という小学生が日本人の生徒に殴り殺されたときは、みんなで学校に押しかけたし、大きな葬儀を行ったという記事も出てきました。

公演はソウルと固城でやりました。わたしたちは黒子を韓国の人にやって欲しいと思っていましたが、フリースクールの高校生たちがやってくれました。

▼ターゲットは世界の人間観

今、「態変」の運営は危機的状況になっています。文化庁の芸術振興基金を毎年申請しながら公演を打ってきましたが、事務所を維持するとか、常駐の専従者を雇うとかいうことは劇団の財政ではできません。

これまでは、情報誌「イマージュ」を年三回発行して、それが大阪市から「障がい者自立支援」のための小規模作業所の事業として認められて、補助金をもらうことができました。ところが二〇一二年の三月から、厚労省が障害者自立支援法に基づく制度の運用を求めるようになって、小規模作業所を廃止したため、二〇一三年三月末で補助金が打ち切られることになったんです。大規模な作業所にして申請し直すんなら補助金を継続してもいいといわれたんですが、芸術活動ができなくなるような形にしてまで作業所を維持することはできないと決めました。

で、芸術としての「態変」をどういうふうに皆さんの中で根付かせていけるかなってことで賛助会員制度をつくってなんとか一年間やったんですけど、専従雇えるほどは会費は集まっていないんで、健常者スタッフがいつかない状態です。

「態変」は二〇一三年、三〇周年なんですよ。作品は来年（二〇一四年）の三月で六〇本になります。現在のパフォーマーは九人ぐらいです。「態変」が目指すのは、人間の価値観そのものが転倒していくような芸術でないとあかんと思っています。理屈とかじゃなく、感性が揺るがされて変わっていく、そういうものでないとわたしらがやる芸術の意味はないなぁって思ってるんで、世界の人間観っていうものがターゲットですね。

※金滿里さんのソロ作品『寿ぎの宇宙』は二〇一三年に大阪と広島、二〇一六年に大阪で上演。劇団「態変」としては健常者スタッフを置けない状態が続く中、年に二、三回の公演を継続。二〇一六年三月、『ルンタ（風の馬）～いい風よ吹け～』東京公演では四ステージ八三一名全席完売。今後、海外公演を目指している。

34　民族・女性・「慰安婦」――痛みの歴史を未来の希望に

方清子（パン・チョンジャ）　女

取材日／二〇一四年七月一四日　出生地／岐阜県飛驒市　現住所／大阪府大阪市　生年月日／一九五四年七月二六日　略歴／日本学校に通う時期は民族差別に悩んだが、就職後は在日韓国青年同盟の韓国語教室に通ったのを契機に民族運動に参加。以後、韓国民主回復統一促進国民会議や在日韓国民主女性会の専従として祖国統一、韓国の民主化や在日同胞権利擁護等の幅広い活動に従事した。一九九〇年代に入り元日本軍「慰安婦」問題に取り組む。二〇〇九年、「日本軍『慰安婦』問題・関西ネットワーク」の結成に参加し、現在、共同代表。翌二〇一〇年、「日本軍『慰安婦』問題解決全国行動」立ち上げに参加、現在、事務局長。二〇一五年に多田謡子反権力人権賞を受賞。　取材／高賛侑　原稿執筆／高賛侑

▼私を民族運動にかりたてたもの

私は一九五四年七月に現在の岐阜県飛驒（ひだ）市の神岡町で三人姉弟の末っ子として生まれました。アボジ（父）は解放前から日本で工事現場などを転々としながら働いていました。私が生まれ

て間もないころ、独立して土建屋を立ち上げたんですが、まもなく心臓の病で寝たきりとなり、私が二歳のときに亡くなりました。神岡町は戦前より在日の人がけっこう多くて、みんな同じような仕事をしていました。学校には通名で通っていましたが、いじめやいやがらせもありました。同級生の男の子が石を持って「朝鮮人！」と言いながら家まで追いかけてきて、怖かったこと、いまも忘れられません。

小学校六年生のときに親戚を頼って家族で大阪に来て、在日の集落に住むようになりました。オモニ（母）は工場に勤めたり工事現場で働いたり、生活のため、なんでもしてました。そのうち通っていた工事現場の親方に勧められて自宅で人夫出しを始めました。学校に通ったことがなく、読み書きもできなかったから、苦労したと思います。そんなこともあり、早く卒業して働きたいと思っていました。

高校三年のとき、就活でとても辛い思いをしました。日本の企業で勤めたかったけれど、在日というだけで資料すらもらえませんでした。大阪興銀（現・近畿産業信用組合）で採用されることになったんですが、オモニが戦後一時帰国の密航者で、当時私は永住権を持っていなかったため、書類提出段階で落とされました。絶望的な気持ちになりました。その後、朝鮮奨学会の紹介で、同胞企業の営業事務員として働くことになりました。

就職に際して将来の夢を失って、どうしたって日本社会で生きていこうと思ったら、「在日」という現実から逃れることはできないんやという、あきらめに似た気持ちで、韓国語を習い始めました。友人の勧めもあって近所だった在日韓国青年同盟（韓青）東淀川支部に韓国語を習いに通ったんです。でも、やれ文化活動や集会やと頻繁に誘われるのがものすごく嫌でした。

そのころ韓青では金芝河（キム・ジハ）の演劇『鎮悪鬼（チノギ）』（三つの化け物の話）の全国公演をしていて、大阪公演のときには大阪のメンバーも農楽隊で出演することになり、みんなで練習していたんですけど、私はそれに反発、抵抗しました。でもチケットは買ったので、当日こっそり観に行き、衝撃を受けました。一生懸命に堂々と演じる仲間の姿に感動したというか、朝鮮人であることを恥じていた自分こそがみじめで恥ずかしい存在だったと気づいたんです。

根が真面目なので、それからは韓青の活動も真剣にするようになり、間もなく金芝河の『苦行』という作品を劇にする話があったときは、支部のなかでも先頭に立ってやりましたね。反独裁民主化闘争を掲げる韓青は民団（在日本大韓民国民団）と敵対していましたから、韓青に参加することによって家族が民団から旅券発給しないと圧力をかけられることがありました。

ある先輩のアボジは、息子が韓青活動をやっているため旅券が出ず、韓国にいる父親の病気の知らせにも駆けつけることができなくて、畳に包丁を突き刺して、「韓青に行くんやったら俺を殺して行け」と先輩に迫りました。先輩からその話を聞きながら、みんなで泣きました。あの時代、家族の反対がものすごくて。特に女性は家から出してもらえなかったり、親に殴られて顔にあざができたり。

私の家にも地域の民団役員のアジョシ（おじさん）がやって来てオモニに「あんたとこの娘、どうにかせい」と言ってましたね。オモニには毎日怒られるわ、兄には殴られるわ、散々でした。女が毎晩出かけるなんてとんでもない、ましてや政治問題に首を突っ込むなんて、そんな意識もあったから余計です。それでメンバーも減ったりして、一度『苦行』公演はやらないということになったんですが、私は「それでもやらなあかん。私一人でもやる」って、みんなを説得して、結局上演しました。私にとっては『鎮悪鬼』での痛い経験があったので、一つのけじめみたいなものでした。

当時は、昼間働いて夜に活動して、大変だったけど、今思えば、そこしか見えていないというか、無我夢中でした。あんなに嫌だった自分の国を「祖国」と思うようになりました。同年代の学生たちが囚（とら）われたり拷問されたり、そういう情報がひっきりなしに流れてきていたので、人として絶対許せないという思いに突き動かされたんですね。在日のスパイ団事件とかもあったでしょ。在日韓国人政治犯救援集会とかは必ず参加していました。

七、八〇年代は次々と大事件が起こりましたが、金大中（キム・デジュン）拉致事件とか光州（クアンジュ）事件は大きかったです。金大中さんに死刑判決が出されたころは毎日仕事帰りにハンスト現場に駆けつけたり、百万人署名運動で走り回ったり。特に光州事件のときのことはショックと怒り、悲しさで言葉に言い表せませんね。全斗煥（チョン・ドゥファン）大統領が一九八四年に来日したときは私も仲間と一緒に扇町公園で抗議のハンストに参加しました。そのころには家を追い出されてひとり暮らししてました。

▼民族運動から女性運動をめざす

一九八三年に韓青を卒業して韓民統（韓国民主回復統一促進国民会議）の専従になりました。三〇歳を前にして、同年代の女性活動家はみんな結婚してだーれもいなくなり、行き場がないという感じでした。そのころは韓青を卒業したら民族運動も卒業と思っていたので、思いがけず先輩に声をかけてもらって、複雑な気持ちでした。でも、「事務員としてではなく、同志として一緒にやっていきたい」と言われて、ちゃんと認めてもらえた気がしてうれしかったです。その先輩には活動家としてだけでなく、人間としても多くのことを学び、育ててもらったと、今も感謝しています。

民族運動を通じて、いつも心に引っ掛かっていた疑問がありました。私を抑圧し、私を縛っているのは「在日朝鮮人」であるということと、もう一つ「女」だということでした。一般社会、とりわけ同胞社会では子どものときから当たりまえのように様々な場面で女だからと差別的な扱いを受け、女性としての役割を担わされます。

朝鮮人としての自分を解放するための運動のなかにもそうした空気があり、息苦しさを感じたり、違和感を覚えることがありましたね。でも、言葉でうまく説明できないし、本質的な問題ではない、「女性だから」ではなく「能力が劣るから」だと自分を納得させていました。反独裁民主化闘争は常にせっぱつまった緊迫した状況下にあり、疑問を持つことや、個人的な感情に流されてはいけないという思いもあったので。民主化・統一すれば女性も解放される、と先輩は言ってたけれど、民主化・統一後に自然と女性解放も実現するなんてこと、あるやろうかと疑念を抱き始めたころ、韓国でも女性たちが葛藤していました。

八〇年代、民主化闘争の先頭に立っていたのは男性だったかもしれないけれど、どの現場でも粘り強く闘い続けた女性たちの存在があったんです。壮絶な闘争の現場に立つ女性労働者、教会女性たちや女子学生たち、政治犯家族たちの闘う姿にどれほど胸を震わされ、勇気をもらったかわかりません。そんなとき、女子大生権仁淑（クォン・インスク）さんに対する公権力による性拷問事件（一九八六年「富川（プチョン）署性拷問事件」）が起こります。学生という身分を偽って労働現場で働いていたことで偽装労働行為の罪で収監中に起こった事件です。権仁淑さん自身が告発することで明らかになりました。恐怖と絶望から立ち上がり、家族や周囲の反対を押し切って加害者を告発、権力に立ち向かったことがその後の彼女の人生を変えただけでなく、韓国女性史を変えたんです。この事件の衝撃から、民主化・統一運動のための新たな女性組織を出発させようという動きが一気にひろがりました。

そうした流れのなかで私たちも一九八六年に「在日韓国民主女性会」を東京と大阪、後に東海で立ち上げたんです。韓国の民主化運動の先頭に立って闘う女性たちに倣って、私たちも男女がともに民主化運動の主体者となる「双翼で飛ぶ民主化運動」をめざしました。在日社会もまた、南北分断によって引き裂かれてきた……統一された社会でなければ人間らしく生きられないという思い、私たちは、在日女性として統一運動の主体となり、女性の視点から、民主化・統一について発信し、行動することを目標にしました。女性解放について、正直ちゃんと学んだこともなく、漠然としたものでした。周りの期待も感じたし、新しい仲間も増えるなか、緊張感と不安もいっぱいで、ワクワク、ドキドキでした。

同時期、八七年に韓国で結成された韓国女性団体連合（女連）は民主化運動の女性部門を担いながら、女性独自の課題にも取り組む進歩的な女性の連合体として、私たちの目標的な存在でした。そのほかにも、韓国ではこの時期、様々な女性団体が立ち上がります。権仁淑さんの事件を契機に性暴力相談所ができたり、ホットライン「女性の電話」が立ち上がりました。女性運動を全体民族運動の一部と位置付けるのか、あるいは独自の運動と位置付けるのかという論争も起こりました。女性に対する差別、深刻な暴力の問題に取り組む過程で九〇年代に入り、「慰安婦」問題が焦点化します。

▼日本軍「慰安婦」問題への取り組みが転機に

「女連」は民主化運動を女性の立場から牽引（けんいん）する重要な役割を担うと同時に、女性差別の撤廃や女性の権利獲得のための立法化運動、家族法改正運動などにも取り組んで、韓国では幅広い支持を集めていました。性暴力問題への取り組みも展開して、それが「慰安婦」問題が韓国社会に拡(ひろ)がる素地にもなりました。あと、韓国教会女性連合会は一九七〇年代から妓生(キーセン)観光反対運動に取り組んでいました。朴正熙（パク・チョンヒ）政権時代には外貨稼ぎを目的に国家が主導して女性の性を売っていました。当時、年間五〇万人の日本人男性がキーセン観光に列をなしたというから驚きです。「エコノミック・アニマル」と言われていた時代です。それで、日本でも女性たちが「キーセン観光に反対する女たちの会」をつくって羽田空港とかでデモをしたりして。そんな日韓の女性たちの行動もまた、「慰安婦」問題に日韓の女性がともに取り組む前例になったと言えるでしょう。

民主女性会が「慰安婦」問題に取り組む契機となったのは尹貞玉（ユン・ジョンオク）さんが梨花(イファ)女子大教授を退任された後、各国を回って調査活動をして一九九〇年に『ハンギョレ新聞』に連載した「慰安婦」被害者に関するルポでした。その記事をみんなで翻訳してパンフレットを作ったのが運動のスタートでした。韓国ではすでに女子大生らが抗議行動を行うなど、運動が起こり始めていた時期でした。まもなく、九一年八月、金学順（キム・ハクスン）さんが「慰安婦」として初めて名乗り出て、日本政府に対して訴訟を起こします。

日本軍「慰安婦」の存在は日本でも書籍や日本軍の日誌などで以前から知られていましたが、金学順さんが「私が慰安婦だった」と顔と名前を出して名乗り出たことは歴史的な出来事でした。国際的にも戦時性暴力根絶運動の出発点になりました。その年の一〇月には沖縄に住んでいた元「慰安婦」の裵奉奇（ペ・ポンギ）さんが亡くなられました。そのとき、私たちは日本の女性団体にも声をかけて大阪で実行委員会を立ち上げて追悼集会をしました。五〇〇人ぐらい入る会場の廊下まで人が溢(あふ)れました。

金学順さんの名乗り出を契機に国内はもちろん、朝鮮民主主義人民共和国、フィリピンや中国、台湾、そしてオランダの女性も名乗り出て、日本政府を相手どった裁判も次々と起こされます。九二年八月、各国の被害者が集まって第一回アジア連帯会議がソウルで開催されました。私は参加できませんでした。韓国政府が長い間、私に旅券を出してくれなかったからです。

九五年には第三回アジア連帯会議がやはりソウルであって、このときは挺対協（韓国挺身隊問題対策協議会）の事務局長だった尹美香（ユン・ミヒャン）さんからも声がかかりました。私は挺対協からの招請状を持って領事館に掛け合って何とか臨パス（臨時パスポート）を出してもらいました。それが生まれて初めての祖国訪問でした。その後、金泳三（キム・ヨンサム）政権になってからは私たちの仲間もパスポートが出るようになりましたけど、李明博（イ・ミョンバク）政権の終わりぐらいからはまた出たり出なかったり。在日への旅券発給をめぐるこうした圧力は軍事独裁政権下の手口の名残で、分断国家の現実でもありますね。

話を戻します。

最初、私は「慰安婦」問題を民族運動の延長線上にとらえ、日本が朝鮮を侵略してあらゆるものを奪い尽くし、女性たちさえ性奴隷にする民族抹殺政策の一環だったと考えていました。

二〇〇〇年女性国際戦犯法廷はそんな私に大きな気づきを与えてくれました。

被害にあったのは朝鮮半島だけではなくて、占領下にあった多くの国々の女性たちでした。頭でわかってはいても、実際に各国から参加した七〇名近くの被害女性たちの姿、凄惨な証言内容と嗚咽（おえつ）、資料映像を目の当たりにして、打ちのめされました。証言を終えてその場に倒れてしまった方もいました。万愛花（ヴァン・アイファ）さんです。日本人女性も例外ではなかったこと、その背景が専門家証言で語られました。また、法廷に続いて国際公聴会が開催され、いまも続く戦場や紛争地で性暴力被害者となった女性たちの証言を聴く機会がありました。命の危険さえ冒してこの場に立った彼女たちの姿は、「慰安婦」被害者たちと重なり、聴きとった者の責任として私たちは何をなし得るのか、自分に問いました。

女性国際戦犯法廷は、「慰安婦」問題はいまに続く普遍的な女性に対する戦時性暴力の象徴であり、女性への人権侵害の問題であることを教えてくれました。一方で、構造的な性暴力、日常的な女性に対する家父長的抑圧構造が戦後も被害者たちに沈黙を強いてきたし、いまも女性への戦時性暴力を生み続けているということも。「慰安婦」問題の本質は「民族問題」ではなく、女性の人権問題だということです。

金学順さんが名乗り出て二三年、民族運動以上に長い時間を「慰安婦」問題解決運動に費やしてきた気がしますが、いまだに日本政府を動かすことはできていません。解決には至らないまま、多くの被害者がこの世を去りました。

▼痛みの歴史を未来に向けて記憶する

女性国際戦犯法廷は一年後にオランダのハーグで天皇有罪判決が出るなど、国際社会では注目されたものの、日本国内ではメディアは沈黙、NHK番組改ざん事件などが起こりました。その後も引き続き右派の攻撃や教科書から「慰安婦」の記述が削除されるなど、バックラッシュが続くなかで厳しい時代を迎えていました。そんなとき、二〇〇四年に若者たちの呼びかけで、全国一〇ヶ所で「一二・四全国同時証言集会」が開催されます。各国被害者を同時にお招きして、各地で証言集会を開催するという取り組みが数年間継続します。大阪実行委員会立ち上げに際しては私も若者に交じって参加しました。それを契機に、彼らの提案で大阪駅前で毎月一回、水曜集会をするようになったんです。ソウルの日本大使館前で毎週水曜日に開催されている水曜デモに連帯して……。二〇〇五年からスタートしました。もちろんいまも続いていますよ。

その後、各地の市町村議会で「慰安婦」問題解決を求める「意見書」可決運動が始まり、二〇〇九年六月には、関西各地の市民とともに「日本軍『慰安婦』問題・関西ネットワーク」（関西ネット）を立ち上げます。関西ネットは当初は意見書可決のための議会対策などを中心に行っていましたが、その後、被害者の証言集会や学習会を開催、水曜集会にも積極的に参加するようになりました。その年の一一月ごろから在特会（在日特権を許さない市民の会）が集会や水曜集会などを頻繁に妨害しにやって来るようになり、被害者を侮辱したり、民族差別発言をまき散らすヘイトスピーチが激しくなりました。結局その後、場所を移し、現在は梅田のヨドバシカメラ前で開催しています。この間に水曜集会は阪神地区や神戸、姫路などに拡がりました。

二〇〇九年、民主党政権に政権交代しましたね。そのとき、私たちはこれで「慰安婦」問題は解決できると期待しました。そこで、全国各地で「慰安婦」問題に取り組む仲間が集まり、議論の末「日本軍『慰安婦』問題解決全国行動」を立ち上げます。残念ながら、民主党政権下での解決は叶(かな)いませんでしたが、引き続き「慰安婦」問題解決のための全国組織として取り組んでいますし、関西ネットも全国行動の地方ブロックの一つとして参加しています。

二〇一三年から、金学順さんが名乗り出られた八月一四日を「日本軍『慰安婦』メモリアル・デー」にしようと、世界各国と日本や韓国の各地で連帯行動が行われています。今年も世界同時行動が行われました。この日を、解決されなかった記憶としてではなく、解決を勝ちとった、被害者の尊厳が回復された日として、すべての戦時性暴力を許さない日として、未来に向けて記憶することが被害者と私たちの願いです。

運動を通して、人として学んだこと、教えられたことがいっぱいありました。そうしていまの私があります。思えばあまりにも幼くて、考えが足らず、人を傷つけたり、遠回りしたことも数え切れずありました。ですが、人生の階段を一歩一歩あゆむ過程で、私にはいつも目標があり、そこに向かって行動を続けてきたように思います。途中で放り出すことなく歩んでこれたのは、支えてくれた多くの人たちとの出会いがあったからであり、家族の存在があったからだと、いまあらためて思います。

35　生まれ変わっても、指揮者に

金洪才（キム・ホンジェ）　男

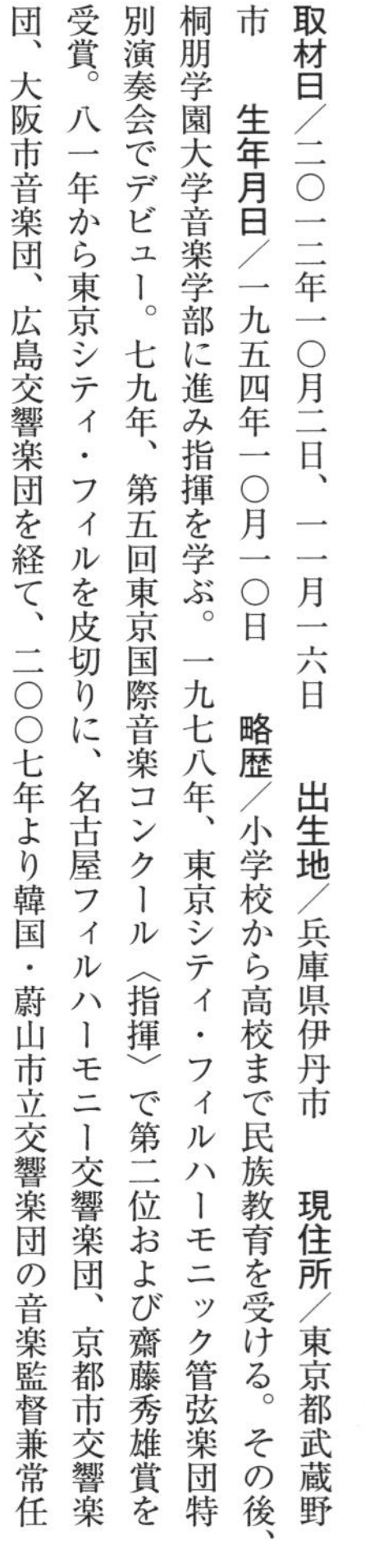

取材日／二〇一二年一〇月二日、一一月一六日　**出生地**／兵庫県伊丹市　**現住所**／東京都武蔵野市　**生年月日**／一九五四年一〇月一〇日　**略歴**／小学校から高校まで民族教育を受ける。その後、桐朋学園大学音楽学部に進み指揮を学ぶ。一九七八年、東京シティ・フィルハーモニック管弦楽団特別演奏会でデビュー。七九年、第五回東京国際音楽コンクール〈指揮〉で第二位および齋藤秀雄賞を受賞。八一年から東京シティ・フィルを皮切りに、名古屋フィルハーモニー交響楽団、京都市交響楽団、大阪市音楽団、広島交響楽団を経て、二〇〇七年より韓国・蔚山市立交響楽団の音楽監督兼常任指揮者。その間、八八年にベルリンに留学し、尹伊桑氏の下で学ぶ。九二年にはコリアンシンフォニーを率いてカーネギーホールに出演。九八年には長野パラリンピック開会式でタクトを振る。同年、渡邉暁雄賞を受賞。　**取材**／朴才暎　**原稿執筆**／朴才暎

▼音楽への道

アボジ（父）は高麗（コリョ）大学校の学生だった一八歳のとき日本に来て、大阪市立大学、立命館大学を経て日本の中学校で教え、その後に伊丹の朝鮮初級学校でオモニ（母）と出会ったと聞い

ています。アボジは一世ですが、オモニは二世なので、僕は二・五世です。

音楽家としては、僕の場合はやはり特異だと思います。両親は教育に関しては熱心で、僕たち兄妹は、とりあえずピアノはやっていましたが、それも近くのヤマハのような音楽教室でしたし、ソロバンや、妹はバレエなど他のこともやっていましたから、音楽のための英才教育というものではありませんでした。ただ、オモニの弟は三人とも音楽をやっていて、一人は音大を出てジャズの演奏家になりました。貧しい家でしたけれど、そういう意味で、オモニに音楽に対する理解はあったと思います。でも息子を音楽家にさせようという気持ちはなかったと思います。

音楽の道に進むきっかけとなったのは、同級生です。高校のときの友人にヴァイオリンで大阪音楽大学を目指した友人がいました。僕は音楽は大好きでしたが、同級生がそういう選択をしたときに、僕も専門的に習いたいと思ったのです。自信などはありませんでしたが、どうしてもやりたいと思いました。

僕はそれまでは神戸の朝鮮学校に通っていまして、両親とも教員でしたし、暮らしていたのは伊丹の朝鮮人の多い集落でしたから、いま思えば、とても狭い社会で生きていました。日本の学校でいじめられた経験など一度もない。朝鮮人としか付き合っていませんでしたし、日本の社会を知らなかった。在日だとか、理不尽だとか、差別とかいうことも考えたこともありませんでした。ずっと日本の学校に通っていて、途中から民族に目覚めて民族運動などに傾く人がいますが、僕はそうではありませんでした。進学なら朝鮮大学校、芸術なら金剛山歌劇団、サッカーなら在日朝鮮蹴球団という、ウリハッキョ（朝鮮学校）の流れや周りの空気に反発がありました。このままどこで何をするんだと。僕は違う道に行きたかったんです。人と同じことはしたくなかったのです。

そういうときに、京都大学や大阪音大に進むという同級生が何人かいて、影響を受けました。じゃあ僕にも何かできるんじゃないかって。単純だったんですね。ですから僕は大学に入って初めて新鮮な世界に触れました。

ありがたかったのは家にはピアノがあり、習わせていてくれたことです。まだ日本人でも男子でピアノをやるのは珍しいような時代でしたから、発表会でも男子は兄と僕の二人だけでした。そういう素地がなかったら音楽は考えなかったかもしれません。東京に歌劇団に入っていた叔父がいたので、オモニが結局は、それほどやりたいならと推してくれました。

桐朋音大（桐朋学園大学音楽学部）に進んだのは、当時、朝鮮学校から国立の東京芸大が受験できなかったこともありますが、そこに小澤征爾先生がいたからです。高校三年のときに、小澤先生が神戸の国際会館に来ました。音楽をやっていた友人たち五人と聴きに行ったんです。

僕は小澤先生に付きたいと思った。指揮がやりたかったのですが、初めは演奏科でした。普段は他の先生に指導を受けて、年に二、三回くらい小澤先生がいらしたときにレッスンを受けるのですが、指揮科だけでも四、五〇人いるので、そのときに成績がトップ3になっていないと小澤先生には付けませんでした。

桐朋に入ってみたら他の連中は皆ゴール近くまで来ているのに、僕はやっとスタートラインに立ったばかりという感じでした。僕は音楽の基礎を大学で学ぶことになりましたが、人より何倍も余計にやらなければならない。僕のように、風呂なしの三畳一間、みたいなのはいませんでしたね。しかし僕は惨めには思わなかった。そんな余裕はなかった。ただ、四年間で絶対に彼らと同じようにゴールしようと思いました。両親が学費だけでも大変なことはわかっていましたし、これですぐ喰っていかなくては、というのが切実でしたから。

僕は、一年目のときから追いつけ、追い越せと必死に勉強しました。堤俊作先生が振っていた東京シティ・フィルハーモニック管弦楽団で学生のころからアルバイトをさせてもらいながら、卒業後はそのまま副指揮者となりデビューもすることになりました。僕は大変な負けず嫌いなんです。

▼指揮者という仕事

当時全国で、二万人近い音大生がいましたが、その中でプロになれるのはほんの一握りです。三〇年以上指揮をやってきて何が一番大変かというと、この仕事には経験・実力・努力の三つがなければならないということ。デビューはしようと思えば誰でもできますし、いい方は変かもしれませんが、ある意味、簡単です。コンクールも入賞しようと思えばどうにかは入れる。

しかし、その後が続かない。どこかに消えてしまったという人は大勢います。世の中に出るとそんなに甘いものじゃないから、継続して残ることが大変なんです。

指揮者という仕事は、野球やサッカーの監督に似ています。スーパースターがいてもすべてを決定しているのは監督です。九〇人から一〇〇人は使うオーケストラを一つにまとめるには、オーラとかカリスマ性がないとだめです。ほかの世界でも、映画だって監督がすべてを決定している。不信があってはだめなんです。オーケストラは対話の歓(よろこ)び、一緒にやる歓びなんです。

今でこそ僕も、他のどのオーケストラに行ったとしても、そこがどういうオケかということが大体わかっていますから楽になりましたが、最初は何もわからないところに行っていきなり振るわけで、大変でした。行ってみると、男ばかりのオケとか、年配ばかりのオケとか、みなそれぞれ違う。デビューのときには、僕の大学での試験官や先生がオケの中に団員としているわけで、そういう中で振るわけです。

指揮者は思っていることすべてを口にする必要はない。動きや気配で胸の内を伝える。僕は何より、楽団員の信頼を得たいといつも考えています。

朝比奈隆(あさひなたかし)やカラヤンのように同じ指揮者が同じオーケストラで何十年も振るというような時代は、もうありえない。大体が二、三年ごとの契約制です。同じところでずっとやりたいというのは指揮者のわがままで、指揮者とソリストはオーケストラにとっては「客」です。結局は音楽も人間関係が大事で、ことに指揮者という仕事はオーラやカリスマ性に加えて信頼関係がないとできない仕事です。客員指揮者として行って僕が気をつけることは、信念を持って一つの方向性を指し示し誘導し、しかるべき方向に進めていくということです。

九八年には長野のパラリンピックで指揮をしました。それもやはりいきなりの抜擢ではなくて、久石譲さんとの一〇年来の付き合いという信頼関係があって、「金君、やってみないか」ということでした。初めはたいした考えもなかったんですが、しかしいざやってみたら、よくこんな大事なところでさせてくれたものだと、本当に感謝しました。

▼ハンギョレ・コンサート、そしてドイツの尹伊桑のもとへ

八七年に大阪のザ・シンフォニーホールでハンギョレ・コンサートがあり、北と南の音楽家ということで、僕は北側からの代表ということになりましたが、僕自身には実際にはそういう意識はまったくありませんでした。

若いときには音楽だけで、政治にはさほど関心がありませんでした。今はむしろ関心を持つようになりました。今年はカナダとアメリカで演奏をしたのですが、老いたハルモニ（おばあさん）などが、「トラジ」や「アリラン」を聴いて、涙して喜んでくれる。そうするとこの人たちは、どうしてこんなところで生きることになったのだろうとか、こんなところで苦労しているんだろうとか考えるようになりました。

それに僕自身、やはり「トラジ」や「アリラン」をやるときには音の一つ目が出てくるとき

から流れが自然についてくる。流れている血が違うというか、スッと流れを作れる感じがあります。言葉ではなく、三つ子の魂のように染み入っているものがある。

僕は家にいるときはあまり雑音は聞きませんし、重たいものよりはモーツァルトなどのほうが波長が合う感じがありますが、マーラーやドヴォルザークは共感できる感じがあります。例えばマーラーはウィーンでは余所者（よそもの）、チェコではユダヤ人、ニューヨークでは外国人でした。僕たちと同じようなもので、それで感じるものがある。

プロになって一〇年ごろ、ちょうどハンギョレ・コンサートが終わったころは、まだ自分には何ができるかと、がむしゃらに勉強して、来るもの拒まずで振っていましたが、自分のライフワークにしたいものがありませんでした。

模索しているその時期に、ドイツから尹伊桑（ユン・イサン）先生が、武満徹（たけみつとおる）さんが音楽監督をしていた東京のサントリーホールにいらっしゃいました。そのときに訪ねていって、僕は「先生の曲をほとんど聴いたことがなかったのでこれまで知りませんでしたが、これから尹先生の曲を日本でやっていきますから勉強したい、留学させてください」とお願いしました。先生は作曲で僕は指揮ですから、教えてもらうのではなくて、そこに先生がおられるのですから、生き字引のような先生の傍（そば）においてもらって、演奏会などにもついていって、先生の一〇〇曲以上ある曲を紹介したいからとお願いしました。

日本での尹先生の曲の演奏会には、桐朋の学長の三善晃や武満徹、芥川也寸志（あくたがわやすし）など、ありとあらゆる音楽界の重鎮たちが来ていましたが、一般の人にはまだあまり知られていなくて、世界初演だというのに、二〇〇〇人入るところに何百人という状況でした。しかし、僕がドイツに行って、その足でフランクフルトの先生の演奏会に行くと、満席なんです、ブラボー、ブラボーと。全国放送のテレビ中継まで入っていて、僕は文化の違いを感じました。

尹先生の音楽を語るときには苦渋に満ちた時代を無視できません。日本が朝鮮半島を統治していた時期に激しい抵抗運動を行った結果、先生は当然のことながら厳しい弾圧を受けました。また一九六七年、ＫＣＩＡ（韓国中央情報部）により拉致されたことは、大きな社会問題になりました。無実の罪にもかかわらず、死刑の宣告を受け、連日の拷問を受けていた日々でさえ、先生はその強靭なる精神力から衰えを知らぬ作曲活動をしていました。

尹先生は日ごろから、「芸術というのは体験に基づく思想の表現である」といわれました。このような体験と温かい人柄が先生の原点なので、その音楽に接したとき多くの人がすさまじいまでの感動を禁じえないのだと思います。

初めは先生のお宅に、後には家族を連れて近くに家を借りて、大学には行かずに内弟子というか、鞄持ちというかたちで先生について勉強しました。桐朋の友人たちの中には、入学早々に留学した人もいましたが、僕は三〇歳を過ぎて家族を連れての留学でした。子どもが小さくても、多少は苦労してでも、家族は一緒にいるべきで離れていてはいけないと思いましたので、最初から留学には家族を連れて行きたいと考えていました。ベルリンには一年いましたが、留学はとてもいい経験になりました。その経験が子どもたちにどう影響したかは、彼らの魂のことですから僕にはわかりません。

尹先生は今まで出会った人たちの中で、一番怖い人です。先生は自分自身にも厳しい方ですが、とにかく最初からビクビクでしたね。それまで、大人で、僕の周りにこれほどまでに怖い目をした厳しい人はいませんでした。先生には、なんでも簡単に見抜かれました。「お前は楽がしたいのか！　帰れ」とか、いつも一撃でした。随分可愛がってもらって、ポンと楽譜を渡されて、あっちに行って来い、あれをしろ、これをしろ、行ったことがないところに行って来い、と。先生の時代は地下鉄にも乗れず、パンをかじって公園の水を飲んで、レッスンに通った、と。ごもっともで、それを経験してきた先生からいわれると身に染みてグサリと来ました。

尹先生は喘息で、結核を患ったこともあるし、胸にはペースメーカーが入っていました。しかし七〇歳代になっても、どんな病気のときにでも毎朝同じ時間にきちんと起きて、コンコン咳をしながら布団を被りながらでも同じ時間からきちんと始めて、消しゴムを用意し鉛筆を削って、唸りながらずっと作曲のための努力をしていました。僕は身をもって体験して、こうやらなければならないんだ、努力がほとんどなんだと思いましたね。日本に帰ってから尹先生の曲を二〇曲以上、初演しました。

▼これから

今は、二〇〇七年から韓国の蔚山(ウルサン)市立交響楽団で指揮をとっています。行ってみて、最初は戸惑いのほうが多かったですね。三〇歳代で行っていたら、できなかったと思います。

日本に西洋音楽が入ったのは早かったのですが、韓国では朝鮮戦争後にやっと入ってきたので、まだまだ大雑把というか、発展途上なのです。一言でいうならプロフェッショナルじゃない。信じられないようなことが起きます。必要な楽器がなくてもそのままやっちゃうとか、演奏会なのに頼んでおいた合唱団が「無理でした」と来ていなかったりとか。お菓子のＣＭなどでも、全部、ワンパターンのクラシックだったりとか、ちょうど日本の三〇年くらい前という感じです。

文化は、経済みたいに一〇年二〇年を簡単に一挙に超えて、とはならないのです。やっぱり伝統ですね。今はグローバルになって、個々の演奏水準自体は世界中変わらないけれども、一番のエリートだけを集めても上手(うま)くいかない。そこに育まれて積み重なってきた伝統みたいなものがないと、なかなか難しいんですね。日本では、音楽の世界も明治維新以来、基礎をずっと積み上げてきた。

演奏のないときには朝の一〇時から夕方まで、一日中、家で仕事をしています。資料を読んだり、調べ物をしたり。新しい曲を自分のものにするためには、最低でも一曲に一週間はかか

ります し、一ヶ月くらい前から準備をします。受験生以上の勉強をしていると思います。

言葉は歴史を知る上でもとても大切なので知っていたほうが良いと、子どものために、小学校は民族学校の近くに引っ越しして通わせました。しかしその後は、国籍の問題もそうですが僕たちのときとは時代が違いますから、せっかく日本の教育制度があるのだからそれも良いかと思い、そちらに変えました。僕の両親は初めは少し反対しましたが、僕自身がもういい歳ですし、子の親なのだからと決めました。子どもたちは祖父母とは母国語で話しますし、毎年、家族のチェサ（祭祀（さいし））にも参加します。

自分の国を想（おも）うのは、またよく見えるのは、外にいるときです。

蔚山では青少年のオーケストラも教えていますが、韓国人の長所も短所もある。日本人はこつこつ、きちんとしっかりとしたアンサンブルをつくる。韓国人には大雑把だけれど、内から湧き上がってくるような音楽があります。教えていて楽しい。

韓国に骨を埋める気はありませんが、若い世代を教えるのなら自分の経験を丸ごと提供して、自分の国のクラシック音楽の水準を上げるために一肌脱ぎたいという気はあります。今、子どもたちを教えておけば、たとえ彼らが音楽家にならなかったとしても、ヨーロッパのように水準の高い聴衆にはなる。それが音楽全体の水準を上げることになります。ソリストだけが音楽ではないのです。

僕にとって音楽とは、もちろん舞台で観客を感動させなくてはならないのですが、それよりその瞬間にまず自分が感動している。音楽を知れば知るほど好きになって、もっと知りたくなる。そして糸口を摑まえたときには充実感がある。舞台に立った瞬間だけは、自分の世界になる。とても良い時間を与えられていると思います。

よく、自分にはチャンスがなかった、恩師にも巡り会えなかったという人がいます。しかしそんなはずはない。誰にも必ずチャンスはあったと思うのです。ただ、摑めたか摑めなかったかの違いだと思うのです。ですから息子たちにも「今日やれることは今日中にすませて、準備万端にしておけ」といつもいいます。

朝比奈さんが僕にいったのは「指揮者に大切なことは、長生きすることだ」ということでした。ヒヨコから入ってきて五〇年やって、ようやくマエストロ、巨匠と呼ばれるような仕事です。特に経験からくるものが大変に大きい。

僕はまだ人生を振り返る齢でもないし、指揮者としては半生も生きていません。健康に留意して体力を保ち、一日でも長く余裕を持って音楽に接していたい。もう一度生まれ変わったとしても指揮者になりたい。やっとそう思えるようになりました。指揮は僕の天職です。

36　舞台の幕が上がって三分間が勝負
金守珍（キム・スジン）　男

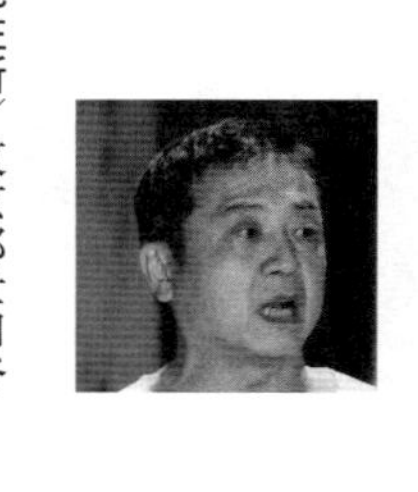

取材日／二〇一二年八月二三日、九月二二日　**出生地**／東京都府中市　**現住所**／東京都世田谷区　**生年月日**／一九五四年一一月二三日　**略歴**／父・金龍翰（キム・ヨンハン）は、慶尚南道昌原の出身、一九二〇年生まれ。母・全幸蓮（チョン・ヘンヨン）は一九三二年、福島に生まれた二世。東京都府中市に生まれ高校まで民族教育を受ける。東海大学工学部電子工学科在学中に芝居に興味を持つようになる。ニナガワ・スタジオ、状況劇場を経て、一九八七年、劇団・新宿梁山泊を結成、代表を務める。　**取材**／裵昭　**原稿執筆**／裵昭

▼幼いころの思い出は民族学校

東京都下の府中市で生まれました。親父は地元の企業で焼肉のたれ「ジャン」で有名になった食品メーカー・モランボンの社長だった故・全鎮植（チョン・ジンシク）さんと親しかったようで、一緒に仕事をしていたときもありました。芝生が植えられた広いところで遊んでいた記憶があります。そこは府中競馬場（東京競馬場）だったんですが（笑）。

とにかく、しょっちゅう引っ越しをくり返してました。親父の商売と関係していたのだと思います。親父はパチンコ屋、プラスチック工場、金融関係の仕事などいろいろやってましたね。大人になるまで十数回も転居しています。子どもにしてみれば、また新しい家に住めると喜んでいましたが。

しっかり記憶しているのが、わが家が一時期、民族学校の中にあったときのこと。今は廃校になっていますが、品川区不動前の東京朝鮮第七初中級学校です。部屋の目の前が教室なので授業のチャイムが鳴ると兄は立ち上がって足でまたいで教室に入ってました。

オモニ（母）は福島県会津生まれの二世です。親父は慶尚南道昌原（キョンサンナムドチャンウオン）市出身の一世です。親父の先祖は三〇〇年続いた名家でした。ところが韓国の李承晩（イ・スンマン）政権に反対して地下活動をしていた伯父が当局に捕まって死刑判決を受けたんです。賄賂を使って日本に逃すため、大切にしていた先祖から受け継いだ山々や田畑を売り払いました。

親父はその土地を買い戻すために日本に渡ってきたそうです。手始めにやったのが日本酒を仕入れての商売。買い付けのために福島に行き、そこでオモニと知り合ったわけです。

幼いころの思い出は民族学校です。ふっくら太っていたものだから「トンちゃん」と呼ばれて、小学生の兄さん、姉さんたちが遊んでくれました。当時オモニは学校の給食を作っていました。一九五九年に始まった在日朝鮮人の共和国（朝鮮民主主義人民共和国）への帰国運動の熱風が吹きました。ナム・チャンジンが最初に帰国するというので学内が大フィーバーしていました。スポーツ万能で頭も良くて超人気者の六年生でした。見たことも会ったこともないですけれどね。名前だけは今でも覚えています。遊んでくれた兄さん、姉さんたちが次々と帰国していきました。当時はまた会えると思っていました。

入学するまでは、授業が始まると一人になるんです。わたしの友達は学校で飼育していたハト、ウサギそして猿でした。この猿がとてもなついて、まるできょうだいのようにしていました。淋しくなるとよく「二人」で夜空を見上げていましたっけ。

しばらくして今度は板橋区大山西町の東京朝鮮第三初級学校に入学しました。当時入居していた目黒区洗足のアパートが立ち退きということになりましたが、うちは最後まで居残りました。そのおかげなのか知りませんが、そこから赤羽の団地に引っ越したのです。朝鮮人で初めて公団の団地に入ったことが誇らしくて、みんなが大喜びしました。トイレが洋式なのには感動しました。文化生活の始まりでした。

ところが学校まではバスを乗り継いで一時間半もかかる通学で、行き帰りはいつも一人でした。小学校四年生になったころ、オモニが民族服（チマ・チョゴリ）を作っていたので上野の店について行くようになりました。店内でオモニが寸法を測っている間に外で一人遊んでいたらいきなり悪ガキたちに取り囲まれてしまいました。お坊ちゃま風の服装だったので目立ったみたいです。因縁をつけられた上に顔を殴られました。鼻血がタラーっと流れました。殴った奴が聞くんです。「何してんだ?」と。オモニがチマ・チョゴリを作りに来ているんだと答えると、「なんだ、朝鮮人か、もっと早く言えよ」と苦笑してました。日本人の子どもと間違えられたんです。その後も何かと朝鮮人の悪ガキたちにいじめられました。盗んできた牛乳も売りつけられました。それも下痢して飲めなくなりましたが。

世間では休日で学校も休みなのに、赤いネクタイを締めて民族学校に通いました。祭日が日本の学校とは違うからです。まわりの日本人とは違うんだと、子ども心にわかりました。親父の商売がうまくいくようになると、今度は練馬区大泉学園の一軒家。江古田、方南町、千葉……と引っ越しが続きました。

▼いつも喧嘩(けんか)してた

オモニは民族教育を受けていませんでしたが、夜学の民族学級で学んでいました。実は親父には韓国に「もう一つの家庭」があったんです。つまり日本でオモニと結婚したことは「重婚」になるわけです。腹違いの姉さんがいることもわかりました。親父は稼いだお金を韓国に送金していました。商売がうまくいっていたときはいいのですが、お金がないときはよくそのことで夫婦喧嘩をしていました。

中学の修学旅行は新潟港に入港する万景峰(マンギョンボン)号の見送りでした。友達を見送ったのですが、当時は帰国する同級生たちが羨ましかったぐらいです。

中学生のころは民族の英雄・李舜臣(イ・スンシン)将軍にあこがれていました。豊臣秀吉の船団を打ち破った亀甲船のプラモデルも作りました。ところが学校では教師が李舜臣将軍のことを「李舜臣」と呼び捨てにしてました。その教師は本当の将軍はただ一人、金日成（キム・イルソン）将軍だと。李舜臣は民衆のために戦っていないというのです。

盗んだ牛乳を俺に売りつけた仲間の一人は当時朝鮮総連議長をしていた韓徳銖（ハン・ドクス）の息子でした。この息子はついに親の手に負えず共和国に「強制帰国」させられたみたいです。ところがあるとき東京文化会館で一五〇〇人が観た映像の中で、ちゃっかりと金日成の隣に座って映っているんです。もちろん、みんな指さして大笑いです。バカらしくて、みんな替え歌を作って歌ってましたね。

兄は高校のサッカー部で活躍していました。サッカーは国技ともいえるほどで力を入れてました。中学生になって入ったのですが、ものすごいしごきにあってぶっ倒れました。兄が見かねてわたしをサッカー部からやめさせてくれたんです。それで今度は卓球部を創設して、中学では民族学校の全国三位。指導は高校生の兄さん姉さんたちでした。高校時代はスキー、スケート部を作りました。空手部も作りたかったのですが反対されました。すぐに「実用化」するのがわかっていたからですね。中学から極真空手を習っていました。

いつも喧嘩してました。千葉、日暮里（東京）などの済州島出身の人たちが多く住むなかの悪ガキグループとでした。あるとき、座った席に画びょうが置かれ俺の尻に突き刺さったんです。頭に血がのぼって置いた奴に回し蹴りをくわせたら、そいつの前歯がポキリと折れたんです。そしたらそいつの親分が現れて「こいつがお前にやられるわけがない」と便所での決闘に発展しました。便所で五ラウンドの殴り合いでボコボコにしたら、相手の顔がパンパンに腫れ上がりました。

このとき後ろから木刀で思い切り俺の背中を叩いたのが教師でした。しばらく息ができませんでした。何故か、俺の喧嘩相手はいつも在日同胞でした。

一九七一年、高校生時代に朝鮮高校生に対する日本の高校生による集団暴行事件が発生したんです。新聞にも載りましたが、山手線を止めた新宿駅での国士舘・中野電波(高等学校)との乱闘事件の当事者でした。国士舘の卒業生の多くが警察官になっていた時代。ナイフで太ももを刺された朝高生の取り調べをして、救急車を呼ばないどころか、外国人登録証明書の提示をさせたり、非人間的な扱いをされてました。

復讐のため豪徳寺の国士舘にも行きました。同級生たちに集合をかけたのですが、早朝のため数人しか集まらないんです。それでも七人は集まり「俺たちは第七艦隊だ!」とお互いに鼓舞して敵地に向かいました。だいたい相手の文句が「朝鮮人、国帰れ」でしょ。バカの一つ覚えでした。だからこちらは「来たくて来たんじゃねえ! 三六年の恨みだ!」と、数百人の中の頭を狙って突っ込んで行きました。もちろん七人とも無事に生還しました。

また北区十条台にある朝鮮中高級学校では、帝京高校との喧嘩が絶えないため、登校時間を一時間ずらしたほどです。それでも部活で早く登校する朝高生が帝京に狙い撃ちされてました。

最近はもっと陰湿になっているような気がします。かつては面と向かって男同士の喧嘩だったのが、女子学生のチマ・チョゴリに切りつけたり、ネットでの誹謗（ひぼう）中傷や国家権力に守られての在特会（在日特権を許さない市民の会）のデモなんか見てるとそう思いますね。

しょせん、この日本は仮の住まいで、国が統一されたら帰るつもりでしたから。映画『パッチギ！』の世界でした。統一機運が高まっていたし、七・四共同声明（一九七二年）があって時代に翻弄（ほんろう）されていました。今でも鮮やかに記憶に残っています。

▼在日同胞の現実を知って愕然（がくぜん）

都立大山高校定時制に転入して一年学びました。さまざまな人たちが定時制高校で学んでいました。自衛官もいました。統一したら祖国で電子技術者――今ならコンピューター開発者――になるつもりでした。ところが朝鮮の国籍が問題で、日本での就職はおろか、海外にも自由に出られない始末でした。かごの鳥だとわかったのです。それまでこんなに不自由だとは知らなかった。在日社会で生活していましたから。日本に置かれている在日同胞の現実を知って愕然としました。大学は東海大学の工学部に入学しました。「朝鮮大学」はどうも俺には向いていませんでした。

東海大の柔道部員に同胞のパク・キョンソンというのがいて、柄にもなく芝居に誘われたのです。彼は今も北海道で焼肉店を営む友人です。芝居は韓国民主化運動で朴正熙（パク・チョンヒ）軍事政権と闘っていた詩人、金芝河（キム・ジハ）原作の『鎮悪鬼（チノギ）』（三つの化け物の話）でした。週刊誌では唐十郎と李麗仙（イ・ヨソン）が誌面で「大江健三郎がハンガーストライキをやってもキム・ジハは救えない」といっているんです。当時、状況劇場は韓国に芝居を持って行って公演をしているんです。驚きました。すごいなと感心していました。

その後、芝居に興味を持つようになり、劇団民藝友の会の会員になって一年間芝居を見続けました。米倉斉加年という役者の『燕よお前はなぜ来ないのだ…』が忘れられません。アマチュア劇団の音響係で養老院回りも体験しました。

演劇雑誌にニナガワ・スタジオが劇団員募集の広告を出しているのを見て応募したんですが、見事に落ちました。でも納得がいかないんです。俺より下手な奴が合格しているんですから。すぐに蜷川幸雄さん宛に抗議の手紙を出したんです。すると劇団から連絡が来たんです。「蜷川さんが来てもいいといっている」と。手紙は出すものです。蜷川さんはすでに帝国劇場で有名俳優を使って『ロミオとジュリエット』を成功させていました。

唐十郎さんは『二都物語』を上野不忍池で公演してました。このとき蜷川さんも観ていて、話題は唐さんのアングラ芝居のことばかりでした。蜷川さんのところには三年いたんですが、あまりにも唐さんを褒めるもんだから「唐さんの状況劇場に四、五年修業に行ってきます」と許可をもらって行くことにしました。しかし、四、五年どころか、三〇年という年月が必要になりました。この間、蜷川さんの芝居に三〇年ぶりに出演して、蜷川さんに「あなたの弟子といってもいいですか」と問うと「ありがとう」と返事をもらいました。嬉(うれ)しかった。

▼「金ちゃん、本名で行く?」

唐さんのところで「金ちゃん、本名で行く?」と聞かれたんです。蜷川さんのところでもプロデューサーから日本名をすすめられ、しかたなく「大山」の名前で出演してました。パンフレットを見て嫌な体験をしたことがあったもんだから、本名で行くことに決めたんです。「キン・シュチン」です。状況劇場で、まず大型自動車免許を自腹で取りました。舞台装置を作って運ばなきゃならないし、必要に迫られていました。

唐さんは一銭もお金をくれないんです。だから舞台セットを作るにも木材が買えず、銭湯の缶焚(かまた)きに使う釘がついたままの廃材を利用して作りました。小道具に使う傘・靴はそれこそ電話をかけまくり、廃棄品をもらい受けたりして、あるときなんかは一度に千足ものエナメルの靴が集まったこともありました。唐さんの状況劇場に九年間いたんですが、その間まったくの無給でした。その前に退団した役者たちは三万円、五万円と毎月もらっていたようです。

入団したころ、すでに状況劇場内では主役級の役者たちが次々と退団していたのです。ですから、もう解散かと世間で噂(うわさ)になっていました。そんなときに、当時唐さんに「状況四天王」と呼ばれていたわたしと六平(むさか)直政、黒沼弘己、佐野史郎が暑い真夏に自主公演を企て、唐さんに観せたんです。それが刺激になって再び唐さんが台本を書き出したんです。本を書いて演出して演じるとはいっても、きっと別人が本を書いているのだと思ってました。実は唐さん一人で書いていたんです。驚きました。やはりすごいなと思いました。唐さんのところは正月の三が日以外休みなしで、行かないとくびになるんです。だからアルバイトをしながら続けるのが大変でした。

俺はオモニと世田谷区の経堂で喫茶店「アムール」をやっていました。そのころ唐さんは自宅に大型犬のセントバーナードとビーグル犬を飼っていましたが、その犬たちの散歩もやらされました。大型犬のうんこのでかいことにうんざりしました。それに大晦日や正月三が日の朝夕の犬の散歩は本当につらかった。

また山中湖の合宿で夜は炬燵での飲み会。ここで面白い話や歌を披露する奴が喜ばれるのです。唐さんのネタ探しでもあったわけですが。わたしはいつも布団部屋で隠れていました。たぶん自分に自信がなかったからでしょう。

状況劇場は再演しないといわれていましたから、『少女都市からの呼び声』の後、『ジャガーの眼』を書いて旅公演に出たとき、今まで主役の李麗仙さんの代わりに田中容子で公演したんです。それで李さんともめて、結局主演した田中容子が突然「一身上の都合」で退団したんです。ハガキ一枚で。

▼在日の芝居を作っていこう

そんな大変なときに、当時、劇団黒テントにいた金久美子（キム・クミジャ）から『統一クッ』（当時の韓国軍事政権を痛烈に批判した民衆劇）を一緒にやらないかと誘われました。韓国から作家の黄晳暎（ファン・ソギョン）氏が来日して指導しました。ここでは在日同胞でウリマル（母国語）がしゃべれる人に限られました。ところが黄晳暎氏の関係者から、黄氏が日本で朝鮮籍の人間と関わると本国で死刑になるという通達が韓国大使館から来たといわれ、「朝鮮」から「韓国」への国籍の変更を要求されました。

一九八〇年の『統一クッ』で在日の仲間をバラバラにされたと思います。これに関わると「スパイ」と見なされ、韓国の情報部に連行されます。在日の学生たちは韓国への留学に二の足を踏むようになりました。

それで再結成したのがマダン企画『明日ジェルソミーナと』――フェリーニ監督のイタリア映画『道』が下地になったものです。

金久美子が主役で芝居をやりました。劇場にロープを張って、これを三八度線に見立てて渡るわけです。久美子演じる「せむし女」の背中のこぶを刺すと銀木犀（ぎんもくせい）の花粉が飛び散るんです。光州（クァンジュ）事件の映像を使い、在日同胞の怒りと悲しみを表した芝居でした。

これを機会に在日の芝居を作っていこうと、鄭義信（チョン・ウィシン。561ページ参照）が在日の話を書くことになったのです。お世話になった状況劇場も退団して仲間と新しい劇団名を考えることにしました。一九八七年一二月に新宿梁山泊（りょうざんぱく）を結成しました。翌年の六月、法政大学の学生会館ホールでの『パイナップル爆弾』が初公演でした。

金久美子はこの公演では衣装の手伝いに来てくれました。その後、梁山泊の主演女優になるわけです。鄭義信が書き上げた『千年の孤独』、そして金字塔の『人魚伝説』。『人魚伝説』は台本を直しながら完成させました。舞台初日にやっと台本が上がり、神奈川県の江の島でのテント公演では口立てで演出する手探りのアドリブでした。

水を使った舞台装置は状況劇場でいつも作っていましたし、『人魚伝説』は一番力を入れた舞台でした。日本全国を巡り、韓国、中国でも公演して人気を博しました。最もエネルギッシュで在日同胞の劇団員が輝いていたころです。同時にその年の映画賞を総なめにした日本映画『月はどっちに出ている』（崔洋一監督、一九九三年）は、脚本に鄭義信が参加して、梁山泊のメンバーも多数出演しました。

▼いつか映画を作りたい

どうもこのころから、劇団内に溜まっていたストレスが吹き上がるようになったようです。毎月の劇団維持費七〇万円は大変でした。俺はもう一度、唐十郎の精神で行くつもりでした。ここで梁山泊を卒業する人も出ました。

いつか映画を作りたいという思いはありました。『新宿の段ボールハウスに見る夢』をまず、ぴあ・フィルムフェスティバルに出品しようかなとも考えました。当時、梁石日（ヤン・ソギル）さんの『夜を賭けて』が直木賞候補になったものの、落選。この宴席で梁石日さん本人に『夜を賭けて』を原作とした映画を作ることの了解を得ました。それがそもそもの始まりです。
プロデューサーもついて映画制作の資金作りに走りました。世の中、そう簡単に映画作りのためのお金は集まりません。それでもなんとか知人たちからお金を借りてスタートしました。

韓国の郡山（グンサン）に当時の大阪の「アパッチ部落」を再現しました。もちろん梁山泊の団員が中心となって合宿し見事に完成させたものです。

ところが映画の撮影が始まるとお金が湯水のごとく流れ、すぐに制作資金を使い果たしてしまいました。それでまた金策に走る、という自転車操業でした。団員にも苦労をさせました。全員にサラ金からカードを作ってもらい、借金をさせましたから。どうにか無事撮影が済んだのも日韓の友人たちの応援があればこそでした。感謝してもしきれません。撮影したフィルムの現像代金が支払えず、現像所にフィルムが差し押さえられたときにはお手上げ状態で、一銭も手元にお金がありませんでした。そんな窮状を見ていた日本人のＮ氏がポンと三〇〇〇万円を現像所に支払ってくれたのです。おかげさまで映画の編集・音入れができました。

▼在日の歴史を残したい

やはり映画は公開されてなんぼのものです。次回作のロケハンも、実は済ませています。同じ在日の映画を作るにしても、やはり梁石日さん原作の『血と骨』を崔洋一監督が作品化していますが、あの作品では朝鮮人が差別されたままです。本名を名乗るだけでいいのか、と思っています。映画は永遠に残るものです。

わたしは在日の歴史を残したいんです。例えば朝鮮学校を作った人たちの物語。この一〇〇年間を通じて共通する死者たちの叫びをシャーマニズムの力を借りて芝居を作りたいのです。映画はシナリオがすべて。朝鮮戦争に巻き込まれ離散家族になり、果ては長崎の大村収容所に排除されてきた歴史。

映画を作って少しお金が入ったので四八歳で結婚しました。当初両親は日本人女性との結婚には反対でしたが、わたしの年齢を考えたら許さざるをえません。

八歳の男児と六歳の女児がいます。日本国籍と韓国に登録しています。互いのルーツを学んでいくこと、受け継ぐことを忘れてはいけないと思います。自分を堂々と名乗って欲しいのです、隠れずに。

祖国は、日本ですね。引っ越してばかりでしたから日本のどこかと訊かれても困りますね。

日本社会で共存するためには在日の文化がいろんなものとごった煮でいいと思う。人間らしく生きていくためには文化活動というのは重要なものです。日常のドラマでは退屈するし、反権力でなければいけません。

在日の文化を表現できる基地の必要性を考えています。映画・演劇・劇場・ギャラリー……アジアとの交流、そして留学生の受け入れです。在日の未来を繋ぐためにも文化センターを東京と大阪に作りたいのです。まず大阪・鶴橋にはコリアン劇場を建てようと思っています。

わたしは街中ではいつも頭にアンテナを張っています。人間らしさを求めて右脳で演出するのです。ですから劇の舞台の幕が上がって三分間が勝負です。お客さんが左脳に偏った日常生活を抱えたまま客席に入ってくるから。三分間演出のドラマ作りです。

後は外連味（けれんみ）――祭りなのです。最後はすべてから解放したいじゃないですか。テント公演の最後の幕を落とす、あの瞬間。あちら側――つまり外界は嘘（うそ）の中に染まっていて、芝居という虚構の中にいかに真実を込められるかです。正義、真実、人間らしさ、一生涯突きつめているわけです。

ドラマを素直に届けたい。夢が終わらず、夢を共有できる空間。ラストの解放は常に音楽、言葉の裏に流れている音です。

テント芝居は一夜の夢のように強烈なイメージを残します。ロマンの復活を求めてテント公演をしているのです。

わたしのパワーの根底は怒りです。世の中の矛盾です。

37　俺の歌はすべて愛

朴保（パク・ポ）　男

取材日／二〇一四年五月二九日、六月六日　**出生地**／山梨県甲府市　**現住所**／神奈川県川崎市　**生年月日**／一九五五年一月二四日　**略歴**／一九二六年生まれの父・朴釘来（パク・ジョンネ）の出身地は慶尚北道月城郡。一六歳のとき渡日し、その後さまざまな仕事に従事。母親（広瀬三重子）は山梨県出身の日本人。一九七九年「広瀬友剛（ユーゴー）」の名前でソロ・シンガーとしてワーナー・パイオニア・アトランティックレーベルからデビュー。シングル「ウエブロ」（なぜ呼ぶの）、アルバム「それでも太陽が」。一九八〇年、韓国を訪れた後「朴保」に改名。自主レーベルでCDを制作。一九九三年、日本で「東京ビビンパクラブ」に参加。アメリカでの約一〇年におよぶ音楽活動から今までプロテスト・ソング（抵抗歌）を歌い続ける。今年（二〇一四年）デビュー三五年。　**取材**／裵昭　**原稿執筆**／裵昭

▼公害の街で、元気に育って

父親は一六歳のとき釜山（プサン）から密航船に乗って日本に来ました。途中日本の巡視船に発見されて慌てて対馬（つしま）の海岸に飛び降りたけれど、右も左もわからない。運良く炭焼きの同胞が通りか

かったそうです。一目見て密航者とわかったらしい。助けてくれた同胞から協和会の登録証をもらい、写真を貼り替えてようやく親類のいる大阪にたどり着いたのです。大阪では中之島の兵器工場で爆弾の信管を作り続けていたと話してくれました。

両親は山梨で知り合い、結婚。大反対されていました。だから母親の親戚たちとの付き合いはほとんどなかったね。俺や兄はおじやおばたちの家に遊びには行ってたけれど、母は淋(さび)しい思いをしたと思う。

雄大な富士山の裾野に俺は生まれたんだけど、一度も登ったことがないんだ。御山は信仰の対象で、いつも俺を見守ってくれていた気がする。三歳頃に静岡県富士市に移り住んだ。なんだかあわただしく家財道具を三輪トラックの荷台に積み上げてロープで縛っていた記憶が残っている。家族は何者かに追い立てられるようにして夜道の県境を走っていた。車のヘッドライトに浮かび上がる道路の小石が今でも妙にまぶたに焼き付いている。アボジ（父）は甲府でパチンコ店をやっていたんだけど、店に来ていた地元のヤクザで芸者組合の会長だったかをやってた人間を殴ってしまったらしい。その後、嫌がらせで街に居られなくなったんだと思う。

富士市に転居したのが一九五七年。一時期、清水の駅前でブドウの直売店もやっていた。その後、国道一号線が目の前を走る場所でスクラップ業（車の解体・事故車の部品扱い）を始めた。

まだ東名高速道路ができていない時代、信号機も横断歩道もなくて、ひっきりなしに荷物を満載した大型トラックが化け物のように疾走していた。車の排気ガスと田子の浦の製紙工場の煙突から吹き上げる煙、その悪臭がする公害の街で育ったから、俺はロックンロールして、ロックを歌った。

兄や近所の子どもらと遊ぶのは決まって国道一号線を挟んだ向こうの田んぼ。稲わらの中で時代劇のチャンバラごっこに夢中で、とにかく田んぼの中を走り回っていました。

小学校二年生、七歳のとき。いつものように兄の後ろをついてまわり遊んでいたんです。腹が空いたころになると、いつもおばさんがリヤカーを引いておでんを売りに来る。おでん屋の鐘がチリンチリンと鳴ると、みんな遊びを中断して買い食いに走って行くのが決まりでした。兄が国道一号線を走って横断した姿を見て追いかけたんだけど、このとき反対側から走行してきた大型バイクに撥（は）ね飛ばされた。後頭部をザックリ切って大出血した状態で倒れているところを、運よく通りかかった父親の知り合いが車ですぐに病院に担ぎ込んでくれました。無事命が助かって一ヶ月入院しました。

実家は今も当時の国道一号線目の前にあります。車のスクラップ業は廃業、焼肉屋の後、貸店舗になっています。

スクラップ屋の家には、よくヤクザな同胞や朝鮮総連（在日本朝鮮人総連合会）の人などが何かと集まって来ました。テレビで力道山のプロレス中継なんか始まると、アボジたちも一緒になって吼（ほ）えていました。まるでリングサイドにいるようで、にぎやか。学校は母の姓――広瀬（ひろせ）保（たもつ）で通っていながら、夏休みや冬休みは総連の事務所で北朝鮮（朝鮮民主主義人民共和国）の歴史と金日成（キム・イルソン）将軍のことなんかを教えてもらいました。

パチンコ屋、土建屋、ヤクザの組、とにかく同胞のアボジたちは俺から見てとても仲が良かった。家では母親が日本人だし日本語で話しましたが、挨拶は父親に習った朝鮮語でしました。父親が電話に出ると大きな声で、しかも母国語で嬉しそうに話すんですね。父親は決まってそれから外出するんです。

▼家業のスクラップ解体作業を手伝って

俺が小学校高学年のときは政治的にも中立でしたが、高校生になるころにはアボジは民団（在日本大韓民国民団）に入ってました。ベトナム戦争の真っ只中で、テレビのニュースを見るたびに、アボジがどうしてベトナム戦争が起きたのか詳しく教えてくれました。戦争が始まると鉄の値段が上がりました。

家業の中古車販売・解体作業は、小学校から高校生までわが家の労働力として手伝わされました。小学校四年生から作業着を着せられて、いっぱしの解体屋の息子でした。作業が終わると油まみれの手をガソリンで洗うのですが、その臭いが好きでした。

みんなが待ち焦がれる夏休みは、俺にとって楽しみではありませんでした。一日中、毎日解体作業の手伝いが待っており、遊びに行くことがかなわないので、むしろ学校に通っているほうが楽しいわけです。

父親はいつも木刀を準備していて、反抗でもしようものなら俺をボコボコにしていました。高校生になって俺が逆らうようになると鉄パイプを用意していました。父親は日本語につまると、カッとなって手が出る。止めに入る母はいつも泣いていました。

今じゃこれも愛情からだったんだと思うようになりましたが、母は大変だったと思います。

▼一〇歳のときバンドのドラム担当に

そのころ、音楽ではザ・ベンチャーズが流行してエレキギターのテケテケ音に兄がハマってエレキ・バンドを始めたんです。メンバーが足りなくて俺が一〇歳のときドラム担当で誘われました。バスドラムはスクラップの中からドラム缶を探してきて、ガスバーナーで焼き切り溶接して作り、スピーカーは事故車のラジオ・スピーカーを取り外して繋いで作りました。

練習はセットを田んぼに出してやったり友達の留守宅でやりました。父親に見つかるとせっかく作ったドラムセットが外に放り出されてしまうから用心してました。それでも練習中に見つかり、使い物にならないまでに楽器をぶち壊されたこともありました。

高校生のときには「チェリーズ」というバンドをつくって、あっちこっちから呼ばれるようになり、女子高生にすごくもてるようになりました。ドラムを叩きボーカルでしたから目立つ存在だったのです。学校は毎日遅刻ばかりで先生にしょっちゅう殴られてましたけど。

今はミュージシャンだけど、小学校のときは画家になりたかった。マンガ本が大好きで読みふけっていたし、自分勝手に物語を作り絵も描いていた。車の絵ばかり描いていたときもあった。学校の先生にも絵がうまいと認められていました。ところがある先生に生意気な奴だと思われていたのか、図画の時間に俺だけ自分の指に絵の具をつけて絵を描かされたことがあった。同級生の前で先生にけなされて涙を流し、すっかり絵に対する自信を失ってしまったんです。みんながかばってくれましたが、絵が嫌いになりました。

そんな俺が再び元気になったのは、「君は、すごく歌がうまい」と小四のときの先生にほめられたことがきっかけでした。声の良さに気づいた先生が何度も一オクターブ低くなる声をそのままもとの音で歌えるように練習をさせてくれた。それで高音とうまく繋がるようになったんです。音楽が俺を救ってくれたんです。音楽が大好きになりました。

高校生のときフォークギターの弾き方も覚えました。ドラムをやっていたから人一倍リズム感があった。誰もいない工場で一日練習してました。誰にも「うるさい！」と文句をいわれないし。

日本大学芸術学部放送学科に運よく入学しました。「お前だけは大学に入れ」と父親にいわれて受けたんです。学費は両親が出してくれました。学業よりもバンド演奏にエネルギーを注いでいました。当時はキャバレー回りでそこそこ稼ぐこともできました。まだカラオケが全盛じゃなかった時代です。生バンドを何軒も掛けもちするというのもやりました。大学同士のサークルにも呼ばれて楽しくやってました。リクエストも演歌から何でもやったのでプロの先輩からも認められていましたね。街にライブハウスができて、下北沢のロフトがバンド仲間内で人気でした。

とにかく毎日演奏することが何より楽しかった。たまに実家に帰省すると、父親に「お前はもうドンチャカやっていないだろうな」といわれるので、そのたびにごまかしていました。

俺をプロとしてデビューさせるためにバンド仲間が企画して、音楽業界の関係者を呼んでのライブをやったんです。ゲストが南佳孝（みなみよしたか）、俺も白いスーツを着て黒の蝶（ちょう）ネクタイ姿でバッチリ決めました。メジャーな事務所に入らないとデビューできない時代だから真剣勝負なわけです。そしてJ&K事務所に声をかけられたんですね。その会社はもともと出版会社で音楽制作を始めたところでした。

女性ディレクターに「何がやりたいの」と問われて、俺は「ヒット曲をやりたいです」と大人の答えを出したんです。それで採用が決まりました。自分の曲でデビューするつもりでデモテープも録音していたんですが、シングルでヒットさせる歌があるからと目の前に出されたのが韓国人歌手・宋昌植（ソン・チャンシク）が歌う「ウエブロ」（なぜ呼ぶの）だったんです。そのときの気持ちといったら、「まさか」「来たか」って、日本の芸能界では在日コリアン出身というのはタブーの時代でした。運命的というのか、しばらくボーっとしてたと思います。

ワーナー・パイオニアが準備していた曲でした。ハードロックの好きな部長が「どうだ？」と俺にすすめるんです、アジアのロックを韓国から持参したと。正直自分の曲で行きたいのに、この曲でヒットするのかなと自分の頭の中でグルグルと「ウエブロ」が回転し始めました。

二四歳のとき、「広瀬友剛」の名前でデビューしましたが、結局日本ではヒットしなかった。しかも邦楽デビューじゃなくて、当時韓国の歌は洋楽扱いだったので洋楽デビューでした。いろんな会場で歌い、俺の「ウエブロ」で、「何それ」って観客が笑い出す。何をいっているんだコイツは、と大勢の人に笑われました。故河島英五(かわしまえいご)氏の前座をやって歌いました。今のように韓(ハン)流ブームなどない時代でした。だから聴くほうも、いきなりふざけて歌っていると思うようです。

それからワーナーレーベルでLPレコードを一枚出しました。あのワーナーからレコードを出した喜びは大きかったですね。つらいことも吹き飛ぶほど嬉しい気分でした。音楽のプロ仲間には受けました。「統一日報」の記事で、「我々の同胞、広瀬友剛がデビューした」と紹介してくれました。「朴保」を名乗るまで、まだしばらく時間が必要でした。

▼「広瀬友剛」から「朴保」へ

あくる年の一九八〇年、初めて韓国に行ったんです。「ウエブロ」を創(つく)った歌手・宋昌植氏からの招待を受けたのです。韓国は前年まで朴正熙(パク・チョンヒ)軍事政権の時代で、学生たちはこの歌を替え歌にして軍事政権反対と民主化を要求し激しく闘っていました。歌手の宋さんもこの替え歌のせいでたびたび拘束されました。「釈放されて出て来たら自分の歌がヒット曲になっていた」と話してくれました。

田舎でのコンサートに専用のホールなどありませんから映画館でやるんです。リハーサルの間に街に出ると軍服のまま殴り合いの喧嘩（けんか）があちらこちらで繰り広げられ、まるで無法地帯のようで、人間が空を飛び血が流れていました。このとき警官に呼び止められたんです。「なぜ長髪なんだ、禁止令が出されてるのを知らないのか」と尋問されました。日本から来ていることを説明し、ようやく解放されました。

やはり父親の国に直に接したことがその後の俺の生き方に大きく影響しています。帰国後にまず自分のルーツに連なる名前で歌いたいと思うようになりました。それまで母方の戸籍名「広瀬」を使っていたけどコリアンネームに変更すると決心したのです。

当然これまで世話になった事務所との決別ですね。相談するにも、業界のタブーに挑戦することになるわけだから好きなように勝手にしろ、と事務所を出たわけです。さてこうなったらアメリカに渡って歌手として成功するしかないと思いつめました。

新しいバンド名を「朴保&切狂言」としました。ごろが好きで社会風刺をロックで歌うのにぴったりの名前でした。仕事はあまりなくて、民団の車で全国を巡るキャンプ回りでした。そこで在日同胞たちの生活を見たり、子どもたちと一緒に歌ったりしました。すると子どもなりに聞いてくるんです。「僕にもエレキギターできる？」って。「俺がやっているんだから君にもやれるよ、何かできるよ、やっちゃいなよ」と答えました。地方を一年半あまり、旅をしました。演劇の音楽もやりました。

一九八一年には核廃絶を願う「Save the Children」のコンサートを企画して埼玉の丸木美術館で開催しました。原発問題は俺にとって当時から日常の問題として考えていました。このころから各地の運動体から呼ばれるようになって歌っています。

▼アメリカでの生活

二六歳のとき入籍しました、日本人女性です。親からは反対されましたね。妻は熊本出身で、当時のテレビ番組「スター誕生!」でスカウトされてデビューが決まった歌手だったので、事務所からも反対されたのですが、「好きで一緒になるのだから」と認めてくれました。娘も誕生しました。名前は俺の父親が自分の生まれた「慶州」からとって「慶子」とつけてくれました。孫に会いに来て一〇分ほどいただけで帰りましたが、雛人形(ひなにんぎょう)を注文してくれてました。親はありがたいものです。その後しばらく伊豆の山奥でベジタリアンのような生活者になり、山荘を借りて畑で野菜作りに精を出す日々を過ごしていました。

外界との連絡のために電話も入れて友達が遊びにくるようになりました。ある日、丸木さんのところでやったコンサートで知り合ったドイツ人のアーティストがやって来ました。そして「アメリカのノーヌークス(反原発)・コンサートに出演したら? お前の音楽は絶対に受けるから」と。

それを信じて二歳になった娘と妻を連れて渡米しました。ロサンゼルスに着いてコンサート会場へと向かう途中、車のラジオから聞こえて来たのが、コンサートの中止。このとき手元にはわずかなお金しか残っていませんでした。

とりあえずバークレーで知人の家に寄宿し、ストリートミュージシャンになりました。当時は黄色い顔をして路上で歌っている人はいなかったし、歌に込められたPeaceメッセージが受けて、一日に七〇ドルを稼いだこともあります。日本人の運動家が関わっていた教会でお世話になったりもしました。運が良かったのはバークレーで日芸（日本大学芸術学部）時代の同期生がテイクアウト専門の寿司屋で働いていたことです。その友人の紹介でフィッシュマーケットの清掃のアルバイトをし、家も安く借りました。

ストリートミュージシャンをやったお陰で、バークレーの学生街で「日本からメッセンジャーが来ている」と噂が流れて地元のラジオ局ＫＰＦＡから二時間の枠をもらったんです。英語のカバー曲よりも、広島・長崎の原爆について、戦争、人種差別、環境破壊などのメッセージ性の強い曲を演奏したら意外に反響があって、その後次々と音楽の仕事が入るようになったんです。ベトナム戦争反対デモを一番初めに起こしたバークレーだったからこそと思います。昼は土方やペンキ大工やレストランなどいろんなバイト、夜はバンドで歌う生活が数年続きました。アメリカでの生活は家に人を呼んでのパーティができて一人前、そしてパーティに招待される人になることです。

いろんな人たちと知り合いました。ネイティブアメリカンの運動に参加したのもこのころです。映画『ホピの予言』ではプロモーションにも関わりました。ヒロシマの日が近づくとみんなが協力してくれ、コンサートを開催しました。「ノーモア・ヒロシマ」と叫び、人の輪が広がっていきました。

サンフランシスコで生活するようになって数年、最初の妻との家庭は壊れていました。その後フランス人女性との間に娘が誕生したんです。名前を伽耶（カヤ）と名づけたのは俺です。現在二五歳。

渡米して九年目に「母、危篤」の報せ。気がついたら飛行機に乗っていました。可愛がってくれた娘（慶子）には、お袋の死に目に会わせたかったけれどね、連れて行けませんでした。一九九二年に母が亡くなりました。

しばらくは日米を行ったり来たりしていたのですが、フランス人の妻ともうまくいかず別れてしまい、日本に帰国しました。が、今度はオーストラリア人女性との間に男の子と女の子が生まれたんです。今、母親と子どもたちはメルボルンで生活しています。六歳まで日本にいたんだけれど残念だね。今年の初夏、久しぶりに子どもたちに会ったけど、日本語が通じなくなっているのには驚いた。日本語で会話できるのは熊本にいる慶子だけです。もう三三歳になりました。

今は、在日同胞二世の女性がパートナーです。

▼人間の魂を歌って届けたい

二〇〇二年に封切された映画『夜を賭けて』の音楽を担当することになりました。原作は梁石日（ヤン・ソギル）、監督は金守珍（キム・スジン。503ページ参照）の作品です。この映画の音楽監督の依頼は本当に嬉しかった。時間と労力とお金をかけた音楽を作りました。全編にわたってほとんどが生楽器で演奏したものです。監督からラブソングのテーマを作ってくれといわれたときには、ラブソングこそ俺の歌の基本なので意気投合しました。上がってくる映像を見ながら一気に作りました。デモCDを監督に渡し、撮影現場で役者たちはその音楽を聴きながらイメージをつかんだようです。

ドキュメンタリー映画では、韓国の安海龍（アン・ヘリョン）作品の『オレの心は負けてない』。日本軍の慰安婦にされた宋神道（ソン・シンド）ハルモニ（おばあさん）の物語です。宋神道さんは俺よりもラッパーで、その場で歌を作り歌うのだから、すごい人です。

日本人監督の森達也氏のオウム真理教事件を扱った『A』にもスタジオ録音した「Good Night Baby」とメイン曲に「峠」が使われています。

時代の証言者が亡くなってしまえば何ごともなかったことにしようとする社会と政治家。俺はね、有名になることよりも自分が関心のあるところに行くし、平気で他人を踏みつけている奴よりも踏まれて苦しんでいる方にいたい。そっち側で歌いたいの。そこから逃れることもできないし、むしろ俺のバネになってる生き甲斐だね。俺にしかできないことをやろうと。

歌手に何ができるかって？　人間の魂を歌って届けたい。一年間で約八〇本のライブコンサートをこなす。あらゆる場所で歌ったけれど、強烈だったのが岐阜刑務所でした。バンドメンバーのベースギターの父親が所長で、ツアーの途中で電話が来て前日に会った。一緒にマムシ酒を酌み交わして気に入られ、翌日受刑者たちの前でロックバンドで演奏したの。年齢も五〇歳を越えて、朴・金・李の名前の他に沖縄・アイヌ・被差別部落出身者が目立ちました。みんな目が美しいんだ。宗教書なんか読んでいるから清いんだね。

所長からコンサートのお礼に感謝状をもらって今も大切に持っています。帰り際に所長がささやいたの、「本当に悪い奴はここには入ってこない、（悪い奴は）その前に金で片をつける政治家たちだ」と。

毎年、必ず通っているのが北海道のアイヌモシリ一万年祭、広島原爆ドーム前でのフェスティバル。それから反戦・反核・人権問題などを訴える運動体のコンサート。

母親が亡くなった翌年、父と兄とで韓国の大邱(テグ)に墓参りに行きました。それまで俺の長髪が一族の恥だといって父親が同行させてくれなかったんです。ところが母親が亡くなって態度が急に変わりました。

先祖の墓のある山を伸びた枝を払いながら登ると丸い土まんじゅうが現れた。親類の人らもいて、墓の前で礼拝しました。父親が日本語で「実（兄の名）も保も来てくれました」と墓に語りかけると、急にこみ上げてくるものがあって心が揺さぶられました。

デビューして三五年、歌い続けてきました。「日本名だったら」といまだにいわれることもあります。しかし俺の歌をみんなが支えて、みんなが手伝ってくれる。その音楽を聴いてくれる人たちに気持ちよくなって欲しい。俺の歌はすべて「愛」なんです。愛を歌いたいんです。反戦・反核・人権・平和・自然、すべてラブソングなんです。この世の終わりなど見たくはない。一緒にやろうぜ！

38　オモニ、ハルモニに寄り添って生きる

鄭貴美（チョン・ギミ）　女

取材日／二〇一四年八月一八日　**出生地**／大阪府大阪市　**現住所**／大阪府東大阪市　**生年月日**／一九五七年六月一九日　**略歴**／看護学校時代に民族の言語と文化を学び、公立小中学校の民族講師を務める。卒業後、看護師として病院などに勤務。一九九九年から七年間、大阪市社会福祉研修・情報センターで在日専門の相談員を務めた。二〇〇一年に在日の自立高齢者のための街かどデイハウスを立ち上げ、二〇〇五年にＮＰＯ法人の認可を受けた。現在、デイサービス・訪問介護施設「さらんばん」代表、法人理事長。　**取材**／今西富幸　**原稿執筆**／今西富幸

▼アボジは二世、オモニは一世

わたしは一九五七年六月一九日、猪飼野（いかいの）で生まれました。いまの大阪市生野（いくの）区田島です。父方の両親が戦前、貿易の仕事で大阪に来ました。アボジ（父）はそこで生まれた二世、オモニ（母）は五歳のとき、朝鮮半島から日本に渡った一世なので、わたしは厳密にいえば、二・五世ということになります。

アボジの生まれ育った家は天王寺区寺田町にあって、郷里が同じ全羅南道(チョルラナムド)だったオモニと結婚するころまでは親の仕事も順調で何不自由ない暮らしぶりだったそうです。ところが、アボジの両親が五〇代で相次いで亡くなり、家業を継いだ長兄も博打(ばくち)と酒にのめり込み、多額の借金を残して早世します。四人きょうだいの次男だったアボジが負債をすべてかぶったので大変な苦労をしたみたいです。田島に引っ越したのも、寺田町の家を借金のかたにしたからでしょう。

仕事はかばんなどの袋物の加工。朝から晩までミシンの音が響いていました。アボジは若いころは美術教室に通ったくらい絵が好きで、家の壁にはアボジが描いた鯉(こい)や鶏の絵がありました。勉学も優秀で日本の学校に通い、新聞社の試験にも受かったそうですが、結局、朝鮮籍がネックとなって入社を断念したと聞いています。

▼日本人のように

この体験がそうさせたのか、アボジからは「とにかく日本人のように」という言葉を嫌というほど聞かされました。アボジ自身、ほとんど朝鮮語が話せないので会話はもっぱら日本語です。わたしは男三人、女二人の五人きょうだいの四番目。食事の時間になると、子どもたちはいろいろ聞かれるわけです。勤労感謝の日なら「今日は何の日や」と。そんなアボジから出てくる朝鮮語といえば、「オソ　チャー」（早く寝なさい）と「コッ　プロー」（鼻をかみなさい）くらいでしたね。

一方、オモニは完全なバイリンガルで根っからの朝鮮人。元来、おおらかな人でしたが、しつけや教育に厳しいアボジがいつもあれこれと口うるさく注意するので、性格がどんどん内にこもっていったようです。たとえば、右膝を立てるのは朝鮮の女の人の座り方なんですが、オモニがそんな動作をすると「朝鮮人みたいなことはするな」、わたしたちもいつも正座をさせられ、箸がうまく使えないと「行儀の悪いことはするな」と怒る。アボジは日本の文化をよく知っていたからこそ、子どもたちがこの国の社会で生き抜くためにもこの生き方がいいのだと考えたのでしょう。でも、それだけに家族の中で一番しんどかったのはオモニだったと思います。

そんな家庭でしたから、わたしたちきょうだいは上のオンニ（姉）が小学校低学年のころ一年余り朝鮮学校へ通ったのを除けば、小中高と全員、日本の学校へ通い、わたしは高校までずっと通名でした。猪飼野で生まれ育ったのに、出自をほとんど誰にも語ったことがないんですよ。わざわざいわなくても、周囲はわかっていたのでしょうが、とにかく触れてはいけないものという感覚ですね。幼心にもそんな社会の空気を敏感に感じ取っていたのだと思います。だから、そういう話になると触れないし、関わらない。国籍にからんで嫌な思いをしないように先手を打つ。どんな振る舞いをすれば、自分を守れるかを必死で考えていたんです。ものすごく計算高い小学生でした。

▼教員になる夢が破れ

もう一つ、決定的なことがありました。わたしは小学生のころは学校の先生になるのが夢だったので、とにかく必死で勉強しました。毎学年、必ず学級委員を務め、先生のいうことをよく聞く、文字通りの優等生で、成績はクラスでいつも二番か三番。日本人が八〇点取ったら、わたしは八五点か九〇点取らんと負けや、同じ点数やったら負けやというプレッシャーが、いつからか、自分のなかに拭いがたく染み付いていたんです。

ところが、中学二年のとき、学校の先生になりたいという夢を担任の先生に伝えると、彼女は目を白黒させながらこういいました。「あんたらはあかんこと、知らんの?」。いまでも、あのときの先生の顔が浮かびます。要するに国籍条項があるので、あんたら、つまり朝鮮人は先生にはなれないということです。普通だったら、そこで「なんでですか」って聞くじゃないですか。でも、わたしはそのまま何もいわずに立ち去ったのを覚えています。とっても教育熱心な先生だったんですよ。そんな先生でも、そのひとことだけで終わってしまう。たぶん、いまのように人権という言葉を習う機会もなかったし、先生自身、生徒をフォローする術(すべ)さえ知らなかったんだと思います。

先生にそういわれてから、頑張る目標がなくなりました。わたしがそれまで頑張ったのは、別に勉強が好きやったからではありません。自分が朝鮮人やからですよ。頑張らんと人並みに生きていけない。日本の子と同じようではダメやといい聞かせながらやっとここまで来たのに。ちょっとずつ成績も上がってきたのに、自分には頑張ることさえ許されていないのか。そのときの気持ちをよくよく考えてみたら、そんな思いが込み上げてきます。

それからは成績も、オモニから「あんた、恥ずかしくないの」といわれるくらい下がりました。勉強に対するモチベーションが全然なくなってしまい、それでもなんとか、地元の公立高校に進学することができました。ちょうどそのころ、わたしが高校二年のときですが、一番上の兄が在日韓国青年同盟に出入りするようになり、わたしたち下のきょうだいにも「韓国語を勉強せなあかん」「学校でも本名を使え。僕らは韓国人やから」というようになってきたんです。すごくまじめな人で、そういうことに目覚めたら、もう一直線。小中高の同窓会の案内が来るたびに「名前が変わりました」という案内を出すんですよ。

でも、わたしは兄の忠告を聞くのが嫌で「いまはいう勇気がないから、三年になったら」、三年になると「あと一年で学校が終わるから、高校は日本の名前で行かせて」と逃げまわっていました。結局、そのときの自分の環境を乗り越えることはできませんでした。自分の中では兄のいうことを肯定しているんだけど、でも認めたくないという気持ちがどこかで交差していたんだと思います。

▼初めて本名を名乗る

鄭貴美という本名を使ったのは高校卒業後、看護学校への入学願書を書いたとき。もちろん、住所とかはすらすら書けるんですが、最後の最後、自分の名前の欄だけ書けないんですね。でも、悩んでいるうち、いったい自分は何から逃げてるんやろと思い、お兄ちゃんもうるさいし、「もうええか」という感じで勢い余って書きました。だから、今日から本名を名乗って朝鮮人として立派に生きていきます、というのではありません。とっても不純でしたね。

看護学校に通いながら、家族が通っていた診療所で週に何回か、看護見習いのアルバイトをすることになりました。そこの主治医が同じ鄭という在日の先生で、卒業後の進路を相談したらスカウトしてくれたんです。学校では生まれて初めて本名の名札をつけました。みんな珍しがって「いつ日本に来たん?」「日本語上手やね」と普通に聞いてくるんですよ。さすがにあきれてしまって。わたしらの存在って何なん。わたしたちのことについて何も知らない、その無知さに驚いたけど、一方で「これは韓国語で何ていうの」と聞かれると、何も答えられない自分がいる。そのうちいい寄って来る彼女たちに答えたいというか、いいくるめたいというか、いろんな気持ちが相まって、平日の夜は在日韓国青年同盟主催のハングル教室や歴史講座に通い、週末は在日韓国YMCAで韓国舞踊とチャンゴ(杖鼓)も習い始めました。

勉強すればするほど、意識が変わっていきました。悠久の歴史を持った祖国やのに、なんで自分は恥じてきたんやろか、いままでどうして隠れて逃げ回ってきたんやろかと。ハングルは言葉一つ一つがとてもユニークで大らかなんですね。そのころの毎日は、それまで自分の中で悶々（もんもん）とくすぶっていたものが日々解き放たれていくような感じでした。

夫の李日雨（イ・イル）と出会ったのもそのころです。同じチャンゴ教室の生徒で楽器の荷物を持ってくれたり、いつも家まで送ってくれたんですよ。歳は彼が一つ上で日本で生まれ育ち、朝鮮語はしゃべれない。生育環境はわたしとよく似ていました。結婚は二三歳のとき。ちょうど光州（クァンジュ）事件が起こった年だったので、デートの待ち合わせ場所が金大中（キム・デジュン）氏の釈放を求めるハンストの現場だったこともあるんですよ。

看護学校の卒業と同時に看護師の資格を取り、生野区の総連（在日本朝鮮人総連合会）系の病院や労働組合系の診療所に勤めました。朝鮮語を話す力はまだまだでしたが、患者さんも在日の方が多く、ハングル教室で学んだことが仕事でも大いに発揮できるので、やりがいを感じました。男ばかり四人の子どもに恵まれ、全員、小中は私立の民族学校の建国学校に入れるため、必死で働きました。夫はいまは介護福祉士として一緒に仕事をしていますが、そのころはサラリーマンだったので、この私学の教育費はわたしら夫婦の最大の贅沢（ぜいたく）だったかもしれません。

▼夜間中学との出会い

一九九四年には東大阪市の長栄中学の校舎を借りて夜間に行われる在日同胞のための自主教

室「ウリソダン」が始まり、わたしも講師として参加することになりました。ウリソダンは朝鮮語で「わたしたちの寺子屋」という意味。朝鮮では古くからソダンがあって、学校がないところでも子どもたちが村の長老の家に集まって勉強するという風習がありました。

わたし自身、看護学校に通っていたころから、昼間の小中学校で民族講師を務めていました。それがきっかけで生徒たちと一緒に長栄中学の夜間学級（夜間中学）を見学に訪れたり、そこで学ぶハルモニ（おばあさん）やオモニたちと一緒に合同文化祭をしたり……。輪番制の講師として夜間学級の授業も担当させていただいたので、関われば関わるほど、夜間中学で学ぶ意味がひしひしと伝わってきました。

ちょうどそのころ、夜間中学は大きな転機を迎えます。東大阪市の教育委員会が、それまでは何年でも通うことができた修業年限を昼間と同じ三年間とする通達を出したのです。長栄中学の夜間学級は当時、在籍者が昼間の中学を上回る四七〇人以上になり、校舎のスペースも限界に達していました。これに対し、夜間中学のハルモニたちが修業年限の撤廃と新たな分校の増設を求め、東大阪市教育委員会の前で数週間、抗議の座り込みを行います。わたしもハルモニたちにエールを送るため、何度か差し入れをしました。

こんなとき、彼女たちは闘う女に変わるんですよ。わたしの親以上の年齢やのに、鉢巻きしてゼッケンつけて、お昼になったら、ござを敷いておにぎりを食べるんですね。そのしたたかさというのか、学びの力ってほんまに大きいと実感しました。わたし自身、ハルモニたちから逆にたくさんパワーをもらったと思います。

この行政闘争がようやく実を結び、修業年限は原則六年、入院などの事情があれば最大九年まで可能になったんです。さらに在籍者の増加に対応した夜間学級が長栄中学太平寺分校として開設され、二〇〇一年には分校から独立した太平寺中学夜間学級になりました。

そもそもウリソダンは修業年限を終えた夜間中学の卒業生を受け入れるのが目的でしたが、「学ぶ人から学ぶ～ウリソダン」がキャッチフレーズ。学び続けるハルモニやオモニからわたしたちが学ぶ、そんな位置づけだったんです。ただ、教室は公立の長栄中学の一角を借り、教育委員会も黙認する形で運営していましたので、ウリソダンの看板は表向きは出せない。だから、学校の見学に来た人も教室がどこにあるのか迷ってしまうんです。実際の活動をしているのに、存在しない学校。そのことがほんまに悔しかった。

▼在日初の相談員として

一九九九年からは週一回、大阪市が運営する社会福祉研修・情報センターで在日外国人向けの相談員を務めることになりました。在日の相談員第一号なんです。それから足かけ七年。この体験は自分にとってすごく勉強になりました。まず電話で相談を受け、場合によっては直接、お宅を訪問してさらに詳しく話を聞くこともありますが、中には生活保護を受けられることも知らない、こんな環境の方がいまなお、いるんだということに驚かされました。

その中で、いまも忘れられない一世のハルモニがいます。一緒に暮らしていた娘さんからの相談でした。ある日、階段から落ちて骨折したハルモニが、病院に入院したのを機にほとんど日本語を話さなくなってしまったというのです。息子を連れて見舞いに行くと、「この人、僕のおばあちゃんじゃない」とびっくりする。それほどベッドの上で変貌していたそうです。会話が成立しないから認知症のレッテルを貼られたりして、骨折で入院したのに、拘束されるなどして、どんどん追いやられていったのだと思います。

それで朝鮮語の通じる病院を紹介してほしいとのことだったので、すぐにわたしが知っている病院に連絡を取ったんですが、あいにくベッドが空いていなかった。それから二週間後、電話を入れると、ハルモニが亡くなったことを知らされました。電話相談を受けてから一ヶ月も経っていないんですよ。やっぱり重要なのは言葉なんですね。特に在日一世は日本語の文字が読めないことも多い。だから本人に適切な情報が伝わらない。人間が生きるうえで、どれほど言葉が大切なものなのかを身をもって知らされた体験だったと思います。

▼デイサービス事業へ

わたし自身は介護保険制度が始まる二〇〇一年、介護認定を受けていないお年寄りが利用できる街かどデイハウス「さらんばん」（舎廊房）を立ち上げました。実は民族講師だけに仕事を絞ろうと医療の仕事もやめていたんですが、多くの在日一世のハルモニには残された時間があまりない。でも、わたしには看護師の資格がある。それならハルモニのためだけのデイハウス事業をしようと心が定まりました。

二〇〇一年に正式認可を受け、翌二〇〇二年には街かどデイハウス「あんぱん」（居間）も開業しました。二〇〇五年、特定非営利活動（NPO）法人「うり・そだん」の認可を取り、翌年から介護保険のデイサービス事業にも参入します。二〇一二年六月からはいまの場所（東大阪市岸田堂西）に移り、それを機に介護保険事業はデイサービスのさらんばん一本に絞り、通所だけでなく、ショートステイのサービスも始めました。

最初は一〇年以上誰も住んでいない古民家を家賃五万円で借りてのスタートでしたが、とにかくそこに「さらんばん」の看板を掲げることができたんです。ウリソダンの悔しさがあったから、このときはほんまに実感が湧いてきたのを覚えています。これから何がやれるのか。そんな期待とプレッシャーを感じましたが、とにかく考えられるすべてのことをやろうと活動を続けてきました。ハルモニたちに大学ってどんなところかを味わってもらいたくて、大阪商業大学の教室を借りて連続講座を開いたり、クラシックコンサート、韓国舞踊やパンソリ（朝鮮の伝統芸能）、カヤグム（伽倻琴）の公演会、そして毎年恒例になった一泊旅行ですね。

利用者さんは現在、四六人。スタート時点では一〇〇％夜間中学の卒業生でしたが、いまは半分以上が地域の方々です。ほとんどが九〇歳以上で、最も高齢の方は九八歳。昨年（二〇一三年）からはここにずっと住んでもらえるよう、介護保険外の宅老所もオープンさせました。

いまここを終の棲家にしていただいている方は四人いらっしゃいます。

▼入所者の孤独死

かつて「あんぱん」に通っていたあるハルモニとの出会いがいまも忘れられません。ご本人は裕福な高齢者マンションで一人暮らしをしていたんですが、そこで朝ご飯を食べたら、毎日うちに来てくれるんですよ。いつもきれいに化粧をして帽子をかぶって。もう本当にかっこよくて、文字通り、施設の〝ドン〟のような人。それが、母の日を前に娘さんとお孫さんが一緒に食事に行くためにマンションを訪ねていくと、室内で倒れているのが見つかった。すぐに救急車を呼んだけど、その日の夜中に息を引き取ったそうです。

ハルモニが倒れたとき、たぶんわたしの名前を呼んでくれたと思うんですよ。一番大事なケアをしなければいけないときに、何もできないもどかしさ。ほんとにつらかった。だから、小さくてもいいから、ハルモニたちに気兼ねなく暮らしてもらい、彼女たちが一番大変なときに役に立てる場所がほしかったんです。

在日のハルモニたちは朝鮮人というだけで、大切なお客様として迎えられたことがあまりないと思うんです。だから、施設の名前も朝鮮語で「お客様の部屋」を意味する「さらんばん」にしました。そして、この人たちが朝鮮人であるがゆえに諦めてきたこと、奪われてきたものを探し出し、それを実現していく場所にしていきたい。夜間中学を卒業してウリソダンに来て、二〇年以上学校に通っているハルモニやオモニもいます。普通に考えたら、大学院でしょう。この人たちが当たり前に学んでいたら、何人の博士が生まれたやろって思うくらい、みなさん優秀ですよ。

▼日本人との共生が課題

いま振り返って思うのは、やっぱり案ずるより産むが易しということでしょうか。まず施設という箱を作って、そこで働いているわたしたちが何者なのかを明らかにしたら、まったく知らない人がある日、ボランティアをしたいと訪ねて来てくれる。施設を立ち上げたとき、昔わたしが看護師として勤務した病院の同僚だったドクターにダメもとでボランティアでの健康指導をお願いしたら、二つ返事で引き受けてくれる。そういう人たちに出会うわけですよ。「人材」って本当に「人財」だと思いますね。地域にどれだけ多くの人財が埋もれているかを改めて確信しました。

これだけ愛情深いハルモニやオモニに囲まれて、わたしはいま本当に幸せです。だって、彼女たちの娘としていつも親孝行できるチャンスがあるんですから。いまの日本社会で在日の問題がなかなか解決しない理由は、わたしたちのことが知られていないからでもあると思うんですね。とくに一世の方々とより多くの日本人が出会ってほしいと願っています。

その意味でも、これからの一番の課題は、わたしたちが地域の日本の人々とどう共生していけるか。それを本気で考えていかなければならないと思います。例えば、うちの施設を地域のお年寄りのためのふれあい喫茶として開放し、食事会なども開催したい。もちろん、意識のある方はどんなに遠くてもわざわざここを訪ねてくださいます。でも、うちの施設の目の前をいつも通っているのに、入りたくても入る理由のない日本の方がたくさんいる。そういう人たちにぜひ、ここがどんな場所なのかを自分の目で確かめていただきたい。それがいまのわたしの夢なんです。

39　在日済州島出身者にも深い傷跡残した四・三事件の完全解決を

呉光現（オ・グァンヒョン）　男

取材日／二〇一四年八月一日　**出生地**／大阪府大阪市　**現住所**／大阪府大阪市　**生年月日**／一九五七年七月七日　**略歴**／両親は植民地下の朝鮮・済州島出身。一九八三年、大阪市立大学文学部卒。生野地域活動協議会を経て一九九二年から聖公会生野センター主事。二〇〇〇年から「在日本済州四・三事件犠牲者遺族会」事務局長、二〇一一年から同会会長。　**取材**／九条護　**原稿執筆**／九条護

▼「猪飼野（いかいの）」で生まれ育つ

わたしは現在、「在日本済州四・三事件犠牲者遺族会」の会長をしています。一九五七年に大阪市生野（いくの）区の旧町名・猪飼野（生野区中川）で六人兄弟姉妹の末っ子として生まれ育ちました。「猪飼野」は日本最大級の在日朝鮮人集住地で、住民の五人に一人は在日朝鮮人であり、その半数近くは済州島（チェジュド）にルーツを持つといわれています。

わたしのアボジ（父）の呉九植（オ・グシク）は済州島南部の中文（チュンムン）で一九一五年に生まれ、

一九三〇年代の初め、一八歳のときに「君が代丸」で渡日してきました。父の兄弟は三人で、父が長男、次男の東植（ドンシク）が四・三事件で犠牲になり、三男の南植（ナムシク）が後継ぎになり済州島で今も健在です。オモニ（母）の姜斗星（カン・ドゥソン）はアボジの生まれた中文の隣村の出身で、解放後の一九四五年秋に日本に来ました。オモニの叔父も事件の犠牲者です。

済州島は朝鮮半島南部に浮かぶ大きな島ですが、火山島のため耕地が少ない上、日本の植民地支配のためにとても貧しく、島民の多くが朝鮮本土や日本などに出稼ぎに行っていました。「君が代丸」など済州島と大阪を結ぶ三つの定期船航路が、年間約三万人もの旅客を運び、戦前は済州島人口の五人に一人が日本に住んでいたほどで、特に大工業都市・大阪などの最底辺を支えてきました。

わたしのアボジもカマボコ工場などで苦労して働きました。徹夜続きの仕事でうつらうつらしていたら、日本人監督に魚をさばく包丁で頭を刺され、タバコの火を押し付けられたこともあったそうです。そしてカマボコを大八車で配達する途中、荷物を盗まれ、そのまま逃げて生野に居を構えました。

戦後も朝鮮飴（ちょうせんあめ）を売るなど、様々な仕事をしてきました。朝鮮戦争が始まると進駐軍用の靴底を扱って大儲け（おおもう）けをしたこともあったようです。それからガラス製造工場を経営して生活が割と安定してきました。

わたしは三歳のころ肋膜炎で医者に「命の保証はない」とサジを投げられたほど病弱で、年に二〇日間ぐらいは学校を休んでいました。当時は在日には健康保険もなかったから、医療費などの出費も大変だったでしょう。

わたしが小学校三年のときにガラス工場が倒産し、両親は廃品回収業を始め、長兄も隣地でプラスチック工場を始めました。ところが両親の廃品回収の店が放火され、一家はプラスチック工場に集中することになりました。プラスチック加工は作業を中断すると機械の調子が悪くなるので、二四時間フル操業です。当時の職人さんはほとんどが済州島からの密入国の人で、オモニも職人の賄い作りなどに追われ、子どもたちもみな家業を手伝いました。

高校生のときにオイルショックでプラスチックの仕事がなくなり、大きな借金を抱えました。そのため大学三年のときに借金取りが毎日押し掛けて来て食べる米もないほどで、不渡り手形を出して一時期大学生のわたしの名義で町工場を続けたくらいです。

▼『鴉の死』に偶然出会う

わたしが通っていた生野区の小学校も中学校も、児童・生徒の約半数が在日でしたが、出席簿ではまず日本人が男女あいうえお順で、そのあと、わざわざ一行空けて、在日の名前が並んでいました。生徒会の役員選挙でも、教師が開票するときに票を不正操作して、小・中学校九年間で朝鮮人が児童会や生徒会の会長になったことがないなど、差別がまかり通っていました。

高校時代に「朝鮮文化研究会」に入り、ようやく少し民族意識に目覚めましたが、テニスに明け暮れ、あまり熱心な部員ではありませんでした。

わたしは本が好きで、中学のころから司馬遼太郎の『竜馬がゆく』やドストエフスキーの『罪と罰』などを乱読していました。高校生のとき、本屋でたまたま金石範（キム・ソクポム）著『鴉の死』（新興書房、一九六七年）を見つけましたが、当時のわたしは在日朝鮮人作家がいることも知らず、朝鮮語の作品の翻訳だと思っていました。でも高校生になり、いろいろ感受性に影響を与える出来事に出会いながら育っている最中だったので、「在日朝鮮人の文学がある んだ」と興味を持ち、『鴉の死』を読んでみました。すると済州四・三事件をテーマにした小説で、両親が済州島出身ということも知っていたので、アボジに「さいしゅうよんさんじけんて何？」と聞きました。するとアボジは突然「誰に教えてもらった！」と烈火の如く怒り、わたしの頭をぶん殴ったんです。

わたしが温厚なアボジに殴られたのは人生でたった二回だけです。一回目はわたしが姉と喧嘩をして姉を殴ったときで、「年上の姉に何てことをするんや！」とアボジに殴られました。これは儒教精神の国だからしかたがありませんね。しかし済州四・三事件のことを聞いたときに、なぜアボジに殴られたのかがさっぱりわからず、ものすごいショックでした。

それ以来、家で「四・三事件」について話すことができなくなり、わたしは金石範さんの本にカバーをかけて本棚に隠し、こっそり読んでいました。アボジもオモニも小学校にもほとんど行けなかったため本が読めず、わたしが何を読んでいるのか知らなかったわけです。

▼「人権の街」目指して活動

大学時代は在日韓国学生同盟に所属し、学生運動、朝鮮史の勉強、家業の手伝いに明け暮れました。大学卒業後は地域活動をしたいと思い、超教派のキリスト教関係者が生野の人権や福祉活動のために組織している「生野地域活動協議会」で一〇年間働きました。そのときの指紋押捺（おうなつ）拒否運動は忘れることができません。そして一九九二年に発足した「聖公会生野センター」の主事になりました。

センターのルーツは、在日一世の張本栄（チャン・ボニョン）師が一九二五年に作った聖公会の聖ガブリエル教会です。この教会には戦前多くの在日が集っていましたが、太平洋戦争の勃発とともに朝鮮人教会は強制閉鎖され、日本のキリスト教団体も戦争に協力していきました。そして戦後も日本聖公会から十分な支援も受けられず、教会堂はなくなりました。しかし一九八四年に日韓聖公会の正式交流で韓国聖公会に謝罪した日本聖公会が、その「謝罪と和解のしるし」として、一九九二年に聖ガブリエル教会の再建とともに、こひつじ乳児保育園、聖公会生野センターを設立しました。

センターは、在日高齢者の集いの場「のりばん（遊び部屋）」、美術教室、韓国語教室、日韓交流、落語会などの「こみち寄席」、阪神・淡路大震災支援、毎年三・一（朝鮮独立運動記念日）

と九・一（関東大震災で多数の朝鮮人らが虐殺された日）の学習会……など多彩な活動を「日本人と在日韓国・朝鮮人がともに働く」「障がい者と健常者がともに担う」「世代を超えて生きる」をモットーに進めてきました。

▼済州四・三事件

済州四・三事件は、済州島で起きた南北分断に反対する武装蜂起に端を発し、その鎮圧過程で、島民の一割以上の三万人近くが犠牲になった悲劇です。

一九四五年、日本の敗戦によって朝鮮が解放されましたが、北側はソ連軍、南側は米軍が進駐しました。そして国連の信託統治を経て朝鮮を独立させる構想が米ソで合意されましたが、南朝鮮での左右勢力の衝突などで構想が頓挫し、一九四八年五月一〇日に南だけの単独選挙が行われることになりました。そのため済州島では単独選挙に反対して四月三日に蜂起が起こりましたが、前年に米軍政が済州島抑圧のために本土から引き入れた警察や右翼「西北青年会」による島民への横暴が、武装蜂起の引き金になりました。

当初、蜂起は小規模でしたが、八月の大韓民国樹立を経て「焦土化作戦」といわれる凄惨な殺戮劇（さつりくげき）に発展し、さらに一九五〇年に朝鮮戦争も起き、一三〇余りの村が焼かれ、少なくとも二万五〇〇〇人から三万人が犠牲となったといわれています。犠牲者の八割余りは軍隊・警察の討伐隊によるものでしたが、武装隊によるものも一割余りあります。この事件は歴代の韓国政府によって「共産暴動」との烙印(らくいん)が押され、これについて語ることは長年タブー視されてきました。

四・三事件と前後して、軍・警察の弾圧や右翼の横暴を逃れて日本に密航した人は、一万人以上に上ると見られます。しかし在日朝鮮人の中でも事件について語ることをはばかる雰囲気が長い間支配的で、四・三事件の悲劇は歴史の闇に封じられてきました。

▼事件をめぐる取り組み

以前は四・三事件について書かれた本は、金石範さんの小説『看守 朴書房(パク・ソバン)』(前述『鴉の死』に収録)、『鴉の死』と金奉鉉(キム・ボンヒョン)・金民柱(キム・ミンジュ)編『済州島人民들의《4・3》武装闘争史：資料集』(文友社、一九六三年)しかありませんでした。しかし一九八〇年代以降の韓国民主化運動の高まりの中で、済州島でも「済州四・三研究所」の創設や、地元紙「済民日報」の連載記事など真相究明を求める動きがようやく高まりました。

そして二〇〇〇年に「済州四・三事件の真相を糾明し、犠牲者と遺族の名誉回復によって、人権伸長・民主発展・国民和合に寄与すること」を目的とした「済州4・3事件真相究明及び犠牲者名誉回復に関する特別法」(いわゆる済州4・3特別法)が制定されました。そして国家による人権蹂躙(じゅうりん)が甚大だったことを認める「真相調査報告書」がまとめられ、当時の盧武鉉

（ノ・ムヒョン）大統領が国家権力の過ちを公式謝罪しました。

日本では事件から四〇年の一九八八年に初めて「追悼記念講演会」が東京で開かれ、わたしも参加してすごい衝撃を受けました。大阪初の催しは一九九一年の追悼シンポジウムです。そして、事件から半世紀の一九九八年に大阪でも大集会をやろうと実行委員会が作られ、わたしもメンバーになり、運動に本格的に取り組むようになりました。二〇〇〇年には「在日本済州四・三事件犠牲者遺族会」が結成され、一世の康実（カン・シル）さんが会長、二世のわたしが事務局長になり、二〇一一年に康さんから会長のバトンを渡されました。

東植叔父さんが四・三事件で殺されたと知ったのは、一九八二年に初めて済州島に先祖の墓参りに行ったときです。叔父さんの墓は、当時はまだありませんでしたが、一九九二年に行ったときには「済州島事件によって波乱万丈の若い生を終えた」と刻まれた墓が建っていました。

その時点でも、叔父さんがどこで、どういうふうに亡くなったかはまだわかっていませんでしたが、それが二〇〇六年になってやっとわかりました。叔父さんは四・三事件のとき、ゲリラの友人におにぎりをあげたため「共産主義者に食事を提供したお前もアカだ」と逮捕されました。その「前科」があるから、朝鮮戦争のときに予備検束で木浦（モッポ）の刑務所に収監されて殺されたのです。しかし叔父さんの法事さえも許されない時代が長く続き、うちの父が日本で法事をしていました。

叔父さんの息子はお母さんのお腹にいるときに父を殺され、自分が五八歳になってようやく父の命日と場所がわかったのです。わたしが法事で済州島に行ったとき、いとこは「光現、俺もやっと親孝行ができる」と泣きながら話していました。自分の親の命日もわからず法事もできないのは、朝鮮の儒教文化では親不孝極まりないことで、還暦近くなったいとこに、ようやく「記憶」が戻ってきた出来事でした。

二〇〇〇年の「済州4・3特別法」制定を受け、同年春、大阪で五二周年の記念集会を開き、詩人の金時鐘（キム・シジョン）さんと作家の金石範さんが「（四・三事件を）なぜ書いてきたのか、なぜ書いてこなかったのか」のテーマで対談をされました。

五〇周年の一九九八年の大阪初の慰霊祭では、済州島から伝統宗教の「神房（シンバン）（シャーマン）」を招きました。当初「神房を呼ぶなんて非科学的な」などと反対もあったのですが、わたしは四・三事件犠牲者や遺族らの癒されない恨（ハン）を解くため、済州島固有の神房の儀式をぜひやろうと思ったんです。

慰霊祭には、わたしの母も含めて在日一世が何百人と来て、みんな泣いていました。あるおばあちゃんたちは「五〇年間も待ったんやから」と開会の何時間も前から会場に来て、終わったときには「今日は本当に気持ちが良かった」といって帰って行かれました。こういう重い重い恨が、わたしたち在日の中に長い間ずっと沈澱（ちんでん）してきたわけです。

▼重い沈黙破り遺族が証言

二〇〇八年の六〇周年を前に開かれた大阪初の体験者証言集会では、Aさんが半世紀の沈黙を破って初めて証言しました。彼女の叔父の李徳九（イ・ドクク）さんが武装隊の二代目総司令官だったため、彼女の母親を含む一族二〇人余りが軍警に殺されました。李徳九さんの七歳の長男ら息子二人が討伐隊に連れて行かれ、射殺された銃声も聞き、自分も殺されるところでしたが、知り合いのおばさんが「この子は一族と関係がない」といってくれたおかげで命拾いしたとうかがいました。家は焼かれ、畑や財産は奪われ、大人も子どもも関係なく、罪もない人たちが次々に殺されました。

さらに朝鮮戦争が始まると、Aさんの兄も「アカだ」と密告されて殺されました。兄の「済州島を出ろ」という遺言で、当時一一歳だったAさんは死の恐怖におびえながら島内を逃げ回った末、日本に密航して来ました。しかし逮捕されて大村収容所に収容された後、大阪に来て喫茶店を経営してきました。

二〇〇七年にようやく再び故郷の土を踏み、叔父や親族を弔った彼女は「自分だけ生きようと日本に逃亡したという事情もあり、二度と韓国に行くつもりはなかったが、大統領が謝ったと聞き、半世紀ぶりに故郷に帰った」と証言しました。

「遺族会」前会長の康実さんは日本で生まれ、戦後すぐ故郷の済州島に帰り事件に遭遇しました。警官隊が夜中に村に来て家族全員が連行され、康さんが泣いて母親を追いかけましたが、母は二歳の妹を背中におぶったまま連行されました。これが母の姿を見た最後です。康さんはそれから毎日、遺体に土をかぶせて埋める作業をさせられました。約一年半後に母たちが埋められたという場所で遺体を掘り起こすと、母は妹をおぶったまま殺されていました。学校では「暴徒の子」「アカの子」といじめられ、済州島に住むのが耐えられず、釜山（プサン）の高校に入学しても予備検束の恐れがあり、親しい人にも事件のことは話せず頭がおかしくなりそうで、一九五八年に日本に密入国してきたのです。

　これらの証言のように、四・三事件は済州島で起きましたが、日本にも事件後逃げてきた人や、親族が犠牲となった人がたくさんいます。現地では、四・三事件関係のいろんな運動が行われていますが、在日の関係者の場合はそうではありません。数年前、親戚のおねえさんが「わたしもアボジが殺された」というので、「体験を証言してください」と頼みましたが、「胸が痛くなるから話せない」と断られました。

　わたしの母も朝鮮市場で白昼、四・三事件で殺した側の人と、家族を殺された遺族が偶然出くわし、殺し合いのような激しい喧嘩をしていたのを目撃したそうです。在日の事件関係者にも、当時からのイデオロギー対立が依然としてそのまま残っており、事件に対する拒否反応が根強くあるのです。

　韓国では「済州4・3特別法」により運動が市民権を得て、「済州四・三平和財団」や「済州四・三平和公園」もできました。前回の大統領選で与党も野党も「四・三事件の完全解決」の公約を掲げ、当選した朴槿恵（パク・クネ）大統領は二〇一四年から四月三日を「国家追悼の日」に制定しました。

しかし「完全解決」の中身が問題です。特別法を作る段階で、当時の金大中（キム・デジュン）大統領は「大韓民国の和解と統合のために、この法律を成立させなければならない」と与野党を説得して、全会一致で成立させたので、政権が保守派に変わっても特別法を否定できません。しかし同時に、この法律は与野党の妥協の産物であり、討伐隊の犠牲者は国家功労者に認定され、遺族にも年金や奨学金が支給されているのに、武装隊幹部だったなどの理由で、被害申告が「不認定」とされた人や、申告しなかった人もあるなどの限界もあります。

在日遺族会としても済州島の運動と強く連携して、事件の真相究明、在日関係者や遺族の掘り起こしや調査などを進め、事件の完全解決を実現していきたい。そして、このような悲劇を二度と繰り返さないため、三世や四世に教訓を継承していくことも大切です。

▼四・三事件と日本

わたしが四・三事件にこだわっているのは、わたしが最初に自分自身を在日朝鮮人として意識するきっかけにもなった金石範さんの小説『鴉の死』に出会ったときの「在日朝鮮人にも作家がいるんだ」という衝撃。叔父さんが四・三事件で死んだという事実、叔父さんがどこで死んだかが二〇〇六年になってようやくわかったということ……。それらがわたしにとっての済州四・三事件へのこだわりの原点であり、こだわり続けている理由でもあります。

済州島や四・三事件のことを勉強し始めてわかった重要なことがあります。第二次世界大戦でヒロシマ・ナガサキへの原爆投下という、人類に対する犯罪がありました。しかしアジアの人たちにとっては、原爆で戦争が早く終わり、アジアが解放されたという現実もあります。実は済州島もヒロシマ・ナガサキと関係があります。本土決戦の前に日本軍は「次は済州島決戦かもしれない」と考えて済州島に兵隊を増派し、飛行場や海岸沿いに壕（ごう）を作って戦闘機や人間魚雷を隠しました。そのうちの一つは、日本軍が人間魚雷を隠すため島民を動員して作らせた洞窟で、ドラマ『チャングムの誓い』で済州島に流された主人公が隠れていたシーンを撮影した所です。

火山島の済州島にはオルム（寄生火山）がたくさんあり、日本軍はオルムの中に長野県の松代にあるような地下司令部を四ヶ所作らせました。その一ヶ所が今は平和博物館（済州戦争歴史平和博物館）になっています。そこの館長さんは、強制労働でトンネルを掘らされた自分のお父さんの恨みを晴らしたいという思いと、こんなことが二度とあってはならないという気持ちを込めて博物館を作ったのだそうです。

このように済州島は日本との関わりがとても深く、もし沖縄戦と同じようなことが起こっていたら、わたしの一族も含めて多くの人が亡くなっていたでしょう。そういうことが日本ではほとんど知られていません。

それから、四・三事件は東西冷戦下で起きた朝鮮半島の南北分断により引き起こされた大きな悲劇ですから、事件のさらなる真相究明を通じ、南北分断の問題をもっと深く考えていきたいのです。祖国の南北分断は民団（在日本大韓民国民団）と総連（在日本朝鮮人総連合会）の対立など、われわれ在日にも大きな影響を与えてきました。残念ながら在日社会は相互組織の反目と本国追随の姿勢のために多くの人びとが組織離れを起こしていきました。在日の処遇を含め大同団結して権利、権益を求めていくべきなのに、それができていません。朝鮮学校の無償化問題などを含め、在日の多くの課題を一致団結して闘ってほしいですね。

日本国家や社会は朝鮮半島の南北分断によって大きな利益を得ています。だから、この大きな悲しみと被害を受けた四・三事件を、在日の存在の観点からも深くえぐり続けていきたいと思います。

40　日本と韓国で活躍する劇作家・演出家
鄭義信（チョン・ウィシン）　男

取材日／二〇一三年五月一三日　**出生地**／兵庫県姫路市　**現住所**／東京都練馬区　**生年月日**／一九五七年七月一一日　**略歴**／一九九四年『ザ・寺山』で第三八回岸田國士戯曲賞を受賞。二〇〇八年に上演された日韓共同制作の『焼肉ドラゴン』で読売演劇大賞、朝日舞台芸術賞、芸術選奨文部科学大臣賞、紀伊國屋演劇賞など数々の演劇賞を総なめにした。その一方で、映画界にも進出し、一九九三年『月はどっちに出ている』の脚本で、毎日映画コンクール脚本賞、キネマ旬報脚本賞などを受賞。九八年には『愛を乞うひと』でキネマ旬報脚本賞、日本アカデミー賞最優秀脚本賞、菊島隆三賞、アジア太平洋映画祭最優秀脚本賞など数々の賞を受賞した。その他『僕はあした十八になる』（二〇〇一年、ＮＨＫ）などテレビ・ラジオのシナリオでも活躍し、エッセイ集『アンドレアスの帽子』なども出版。現在も、文学座、こんにゃく座ほかに戯曲を提供するかたわら、自身も作・演出を務めるユニット「海のサーカス」に参加している。二〇一四年、紫綬褒章を受章。　**取材**／西村秀樹　**原稿執筆**／西村秀樹　**撮影**／加藤孝

▼世界遺産生まれ

ボクの生まれた場所は、世界遺産なんです（笑）。兵庫県の姫路にある国宝の城は別名白鷺城といった方がわかりやすいかと思うんですが、白い漆喰が美しいこの城は日本で初めてユネスコの世界遺産に選ばれました。ボクが生まれた場所が世界遺産なんですと自己紹介すると、みんなホンマって驚いたりするんです（笑）。

もちろん城主ではありませんから（笑）お城の門の中で生まれ育ったのではなくて、内堀の石垣の一画です。ＪＲ姫路駅から北に歩いて二〇分で姫路城に至りますが、鉄道と平行して東西に走る国道二号線を北にわたって今は公園になっている一画、敗戦後、ここに多くの朝鮮人や貧しい日本人がバラックを建てて住んでいました。

そこはつまり国有地なわけです。にもかかわらず、「終戦後、買ったんだ」といつも父はいってましたが、国有地ですからそんなことができるはずがない（笑）。

実はボク、おばあちゃん子です。高度成長期で実家のくず鉄屋が猫の手も借りたいほど忙しく、小学校に入学するまで、ボクは姫路城の城郭から少し離れた小高い丘の上に位置する、母方の祖母が住む朝鮮人部落で祖母と二人っきりで暮らしていました。

その祖母が寝物語に毎晩「死にたい。死にたい」とグチをこぼすんです。五〇歳を越した今では祖母の気持ちが多少はわかる気になるんですけど。やっぱり孤独だったんでしょう。子どものボクには「なんでだろう」とずっと気にはなっても、祖母を慰めることはできません。そんな祖母との暮らしは楽しくも切ないものでした。

今はもう公園になって跡形もないですけど、あの場所がボクの原点といってもいいところです。関西弁で「けったい」というんですが、ユニークな人がたくさん暮らしていました。昼間からお酒を飲んでいたりして。昔はいやだなぁと思ったりしましたが、今は自分が何もすることがないとき、昼間からお酒を飲んでいる（笑）。

▼父親は帝国陸軍の憲兵

父・鄭榮植（チョン・ヨンシク）は一五歳のとき、朝鮮の忠清南道（チュンチョンナムド）から日本に来ました。日本が植民地にしている朝鮮では満足な仕事がなく食えず、一念発起し「学問で身を立てよう」と海峡をわたり日本に来ます。それから、広島にある旧制広島高等師範学校（現・広島大学）に進学します。

しかし太平洋戦争が始まり、父は広島高等師範学校を中退して陸軍中野学校に進みます。ここはみなさんご存じかと思いますが、スパイ養成所なんてありがたくない名前までもらった陸軍の幹部養成所です。

実家の押し入れにサーベルがあったので、けげんに思って父に尋ねたんです。そのとき初めて父が旧帝国陸軍の憲兵だったと知りました。

敗戦後、父の一家は故郷に戻るつもりで全財産をいったん船積みして韓国に送ったんですが、その船が沈没、全財産を失います。父は旧帝国陸軍の憲兵のキャリアから韓国では「親日派」と見なされてしまうので、日本に根を張ることを決心し、姫路城の一画にバラックを作って住み着いたんだと思います。実際、父の父（つまり祖父）は韓国で村八分にされていたそうです。

実家がくず鉄屋だったので、銅とか鉄など金属はもちろん、廃品回収業で集めた古本や雑誌などがバラックの一画の倉庫に山のように積んでありました。そうした古本をボクは一心不乱になって読んだ記憶があります。

▼幼いころから映画大好き

近所に映画館があって、段ボールや空カンを回収していたんです。その縁で映画館の裏からこっそりモギリのおばちゃんにただで映画を見せてもらいました。そんな素晴らしい思い出があるせいか（笑）、ボクには映画館を舞台にした芝居は多いですし、今でも映画は大好きですね。

中学生時代にボクが思いを寄せたガールフレンドというか、N子という女友達がいたんですが、そのN子の家が姫路の映画館の株主で、N子と一緒に映画を見に行った、ちょっと切ない思い出があります。そのN子が亡くなったという訃報がつい最近届きました。

父の口ぐせは、「お前たちは日本で生き続けるんだから、日本の教育を受けろ」「日本で生きていくために、手に職をつけろ」でしたね。

ボクは男ばかり五人兄弟の四番目ですが、ボク以外は全員が理系なんです。「手に職をつけろ」という父の教訓をちゃんと守って、兄たちは懸命に勉強して医者とかになりました。ボクだけ、父のいう「手に職」のない人生を送ることになってしまいましたね（笑）。

▼映画三昧から演劇の世界へ

ボクは大学に進学する一八歳まで姫路に住んでいました。高校は地元の姫路市立の飾磨高校です。直木賞作家、車谷長吉が高校の先輩です。

高校卒業後は、京都の同志社大学の文学部に入ります。ボクは兄たちのように理系には行きたくなかったんで。同志社で選んだのが文学部の美学及芸術学専攻です。同志社は試験を受ける時に、専攻まで選ぶんです。

だけど、同志社は二年で中退します。母は反対しましたよ。兄たちは医学部とかでしょ。中退後、映画をずっと見て過ごしました。バイトが休みの週末は、京都で三本見て、大阪に出てまた三本、またまた京都に戻ってオールナイトで五本立てなんて、映画の筋がごちゃごちゃになる、そんな生活でした。自分で自分の人生を持て余していたんでしょうかねぇ。

同志社を中退し、しばらくしてから横浜放送映画専門学院（のち日本映画大学に発展）に進みます。スクリーンに映る側より、むしろスクリーンの後ろ側、よく映画の業界では「御輿に乗る人、御輿を担ぐ人」っていい方をしますが、御輿を担ぎたいと思うようになったんですね。

この専門学校を二年で出て、映画会社の松竹に入ります。初めは装飾助手になります。そのころ、たまたま在日コリアンの先輩に誘われ劇団黒テントのワークショップに参加します。映画の仕事は斜陽で、けっこうひまだったんです。この黒テントでは「演劇は誰でもできる」というスローガンのもと、主婦や素人がいっぱい参加してワークショップ「赤い教室」が開かれました。ボクも面白いというか、興味深く思ったんですが、そのワークショップの卒業公演で、なぜか演出家の山元清多（やまもときよかず）さんから主役をやれといわれました。それまで芝居などやったことなどなく、ずぶの素人ですから、当然、山元さんからはダメ出しをよくもらいました。

卒業公演が終わってやれやれと思ったとたん、今度は山元さんから「お前、黒テントに残るだろ」と迫られ、二つ返事で「はいっ」って。流されるままの人生です（笑）。

黒テントで「タイタニック・プロジェクト」といって芝居の台本募集があって、ボクは初めて『愛しのメディア』という作品を書き上げ、劇作家、演出家の道を歩み始めるわけです。

▼劇作家の道へ

一九八七年、劇団・新宿梁山泊（りょうざんぱく）を旗揚げします。そこで座付き作家となるんですね。この劇団には、黒テントの金久美子（キム・クミジャ）、紅テント状況劇場から金守珍（キム・スジン。503ページ参照）、小劇場出身の朱源実（チュ・ウォンシル）ら多くの在日韓国人たちが参加し、

『千年の孤独』（八八年）、『映像都市』（九〇年）と続きます。

そんなころ、作家梁石日（ヤン・ソギル）の『タクシー狂躁曲』を原作に、映画『月はどっちに出ている』（九三年）を作るにあたって、監督の崔洋一さんから依頼があってボクは崔監督と共同で脚本を書きます。この映画は興行的に大ヒットしました。

この映画は在日コリアンのタクシー運転手とフィリピンからの出稼ぎ女性の恋愛を描き、それまでの暗く下ばっかりうつむいている在日コリアン像から、エネルギッシュでたくましく日本で暮らす姿に大きく変化させたと、高く評価されました。九四年に『ザ・寺山』で岸田國士戯曲賞を受賞。その後、劇団・新宿梁山泊を退団します。

同じ原作者、映画監督、共同脚本のボクのトリオで二〇〇四年に『血と骨』が作られ、日本アカデミー賞の最優秀作品賞や最優秀脚本賞をいただきました。

同じ年に、女優の金久美子が亡くなりますが、これはボクにとって本当にショックでした。ま、ずっと独身を続けている原因ではないんですが（苦笑）。その後、朱源実も亡くなります。演劇の道をずっと一緒に歩み続けていくと思っていた仲間を失うのは、本当に寂しいです。

▼朝鮮籍から韓国籍へ

『千年の孤独』のソウル上演をきっかけに、ボクは朝鮮籍から韓国籍に変えます。

ボクがそうしたからか、父親をはじめ一家も続けて韓国籍に変えました。父は故郷の韓国忠清南道にお墓を建てたいという希望がありまして、いろいろすったもんだもありましたが、結局、国籍を変えました。その父親も二〇一三年に亡くなりました。

サッカーワールドカップが日本と韓国の両方で開かれたあと、二〇〇八年、日本の新国立劇場と韓国のソウル「芸術の殿堂」による共同制作という形で脚本の依頼が来まして、そのとき書いたのが『焼肉ドラゴン』です。

このお芝居は、伊丹空港近くの在日朝鮮人がたくさん住んでいる朝鮮人集落にある焼き肉屋を舞台に選び、時代は大阪万国博を前後して日本のコミュニティが破壊されかかる一九七〇年前後に設定しました。暮らすことや生きていくのが不器用な人たちが織りなすお芝居です。ボクの芝居の特徴ですが、喜劇と悲劇が交錯します。喜劇と悲劇って、隣りあわせっていうか、本人にとって悲劇であっても、回りから見ると喜劇ってことはありますよね。

時代が少し前後しますが、新国立劇場からの依頼があって書いたお芝居が二本あります。『焼肉ドラゴン』の前の年に、ギリシャ悲劇を題材に、舞台設定を朝鮮戦争当時の日本の福岡に移したお芝居『たとえば野に咲く花のように～アンドロマケ』、さらには四年後『パーマ屋スミレ』の脚本を書きます。『パーマ屋スミレ』には、南果歩さんが主演しています。

テレビの韓流ドラマやサッカーワールドカップ日韓共催の影響でしょうか、多くの旅行客が日本と韓国の間を往復する時代があって、やがて日韓の間の雲行きが少しあやしくなってきた二〇一二年、日韓のスターが出演する『ぼくに炎の戦車を』の脚本と演出を担当します。

この芝居の設定は韓国併合から一〇年余り経過した一九二四年の韓国を舞台に、民芸研究家・柳宗悦（やなぎむねよし）や同志の浅川巧（あさかわたくみ）を思わせるＳＭＡＰの草彅剛（くさなぎつよし）演じる日本人教師と、チャ・スンウオン演じる放浪芸の男寺党（ナムサダン）の若きリーダーの二人の友情を描いた芝居です。

ボクの芝居には在日朝鮮人や貧しい人たち、いわゆるマイノリティがごくごく普通に出てきます。貧しくてちょっとズルいかもしれないけれど憎めない、愛すべき人たちの人生を、ボク自身の出自がそうであるのだから、マイノリティの目線でこれからもずっと描いていきたいと思っています。

41　被爆者二世として何かせにゃいけん

韓政美（ハン・ジョンミ）　男

取材日／二〇一五年八月二〇日　出生地／山口県光市　現住所／広島県広島市　生年月日／一九五七年一二月二六日　略歴／一九四五年八月、母親が原爆ドームから六〇〇メートルの家で被爆。幼稚園から中学まで日本学校に通ったが、民族差別を体験したのを機に広島朝鮮高級学校に入学し、朝鮮大学校に進学した。一九八〇年に卒業した後、広島朝鮮中高級学校の教員となり、在日朝鮮人被爆者問題を中心とする平和教育に尽力。二〇〇四年に総連広島県本部教育部長に就任後、広島朝鮮学園理事長、教育会会長などを歴任。二〇一五年三月に「広島県朝鮮人被爆者二世の会」会長に就任した。六月に総連県本部副委員長と広島市北支部委員長を兼任。　取材／高賛侑　原稿執筆／高賛侑

▼原爆ドーム近くで被爆したオモニ

わたしは一九五七年に山口県光(ひかり)市で生まれましたが、六ヶ月でオモニ（母）の実家のある広島に移ったので、ほぼ広島生まれ、広島育ちです。

オモニは広島で生まれた二世で、山口に嫁に行ったあと、わたしが生まれたことによって広

島の里に帰って来ました。今は江波（えば）という所で暮らしていて、わたしはそこから五〇〇メートルほど離れた所に住んでいます。

アボジ（父）は慶尚北道（キョンサンプクト）の出身で、ハラボジ（祖父）、ハルモニ（祖母）、兄と一緒に暮らしていました。旧制の中学、いまでいう高校を出てから「進学したい」ということで、先に日本に来ていたハラボジに手紙を出したんですけど、「無理だ」といわれて、進学を諦めるしかない。でも自分としてはもっと勉強したいという気持ちがあって、「来い」と呼ばれてもいないのに、ハラボジの元に密航で来たようです。

オモニは一九三六年生まれですから、一九四五年八月六日に原爆が投下された当時は九歳、小学校三年生でした。実家は、原爆ドームから六〇〇メートルほど離れた、川の向こう岸の空鞘（そらさや）という所にありました。アボジは当時、広島にいなかったので状況がよくわかりません。

実はオモニは早い時期に原爆手帳（被爆者健康手帳）をいただいていましたが、わたしが五〇を過ぎるまでは、「その日は田舎に疎開していて、あとで入市被爆をした」という話をずーっとしていました。ケロイドはなかったし、原爆で死んだ身内もいませんでしたので、そういう嘘（うそ）をついてきたんだと思います。わたしは結婚したころでさえ、チャンイン（妻の父）に「被爆はどんなんか」と聞かれると、「うちのオモニは手帳を持っとりますが、原爆が落ちた当時はよそに疎開してたみたいです」といっていました。

ところがずっとあとになって、オモニがポロッといったのは、原爆ドームの近くだと。「それ、もろに被爆しとるやん」といったことがありましたよ。日本の中でもいまだに「自分は被爆者だ」という証言者を探している状況があるじゃないですか。やっぱり被爆者だといろんなハンデがある。プラス朝鮮人。そういったことで、たぶんできるだけ表には出さないようにしてきた面もあるんじゃないかと思いますね。

近年、オモニが乳がんもやり、子宮がんもやり、今年（二〇一五年）の二月にはオモニの弟さんががんのいろんな合併症になりました。

いま考えると、うちの母方の父親は四三くらいで胃がんで亡くなり、共和国（朝鮮民主主義人民共和国）に帰った母方の母親は六〇手前でこれもがんで亡くなっていて、たぶん原爆の被害でそういうふうになったんじゃないかと思います。

だから広島では小学校、中学校で朝鮮人差別はあっても被爆者差別はないんですよ。みんな家族や親戚の中に、誰か被爆した人がいるじゃないですか。わたしも日本の小学校、中学校に通っていたころに、被爆のことで差別を味わったことはありませんでした。

ただ、一世や近所の人に聞くと、やはり朝鮮人ということで、原爆手帳を受けたりするときに、同じように列に並んでいても、「朝鮮人は後ろに並べ」みたいなことはあったそうですね。

オモニは原爆のことは全然話をしませんけど、「死体はよう見たよ」といったことはありましたね。被爆者の方たちがよく話すような状態で。たぶん瓦礫（がれき）の下から出てきた死体でしょう。オモニとしては、被爆体験を話す語り部の方たちの気持ちがわからんみたいです。「何しにあれをいわにゃいけんのか」と。ときどきテレビなんかで映像とか出てきますけど、あくまで再現じゃないですか。生のままが残っているわけじゃない。死体がゴロゴロあって、性別もわからない。うちのオモニは口でようい えんと。

原爆の後、オモニの親戚一同は広島の一番南の方にある江波山という山の向こうに引っ越したようです。山に面している方と山を越えた方では直接的被害が全然違うんですよ。オモニは被爆した後、行く小学校もなく、小学校三年で中退なんですね。本人としては家計を助けるのに精いっぱいで、闇市、闇米、幼い体で本当によう行ってたといっていました。

▼夢を奪われて朝高へ

わたしは子どものころは日本の幼稚園から小学校、中学校に通いました。アボジは日雇い、オモニは失対（失業対策事業）の仕事をしていて、貧乏人の典型でした。朝鮮人部落の周りはみんな貧乏でしたからあまり自覚はなかったですけど、差別は明白にありましたね。何かあると「この朝鮮人が」といわれる。

ただ、わたしはスポーツが得意で、野球が好きでした。親戚にもプロ選手になった人たちがいたもんで、野球で何とか世に出たいというか。ピッチャーで小学校のときに県大会で優勝し、中学校に行っても一〇〇人ぐらい部員がいる中で一年坊主でレギュラーになりました。そのまま広島県立商業高校に行って、そっから広島東洋カープにという夢を持った野球少年でした。

自分がエラーすりゃ「この朝鮮人が！」といわれるが、うまけりゃ差別されないと思って一生懸命やっていました。

二年のとき、骨折で二ヶ月ほど野球部を休んでいたら、先輩が「お前、なんで練習来んねや」というので、「いや、リハビリです。さぼってません」というと、「何を朝鮮人が！」っていいいやがったもんで、瞬間的にそいつの頭を摑んでガチンとパッチギ（頭突き）入れてもうたんです。そしたらそいつは血だらけになって、学校に行って、野球部の部長に告げ口したんです。

部長は「理由はどうあれ先輩に謝るか、野球部辞めるかどっちかにせえ」と。「いや、うちの父親からも朝鮮人といわれて謝る筋合いはないといわれています。ほんじゃ野球部辞めます」いうたら部長の方がビックリしましたけど。自分の夢を奪われたので、しばらく荒れましたね。

そのころアボジもオモニも総連（在日本朝鮮人総連合会）の分会長をしていましたが、総連の人が来て、「朝鮮学校に行ったらええやん」と。それで「行こか」ということになって、高校から朝鮮学校（広島朝鮮中高級学校。現・広島朝鮮初中高級学校）に通うことになって、妹らも同時に朝鮮学校に編入しました。

野球部の先生は「お前はすぐレギュラーや」というてくださいましたが、入学してみたら野球部は六人しかおらんかったです。でもそんな野球部の練習が忘れられんのですよ。周りを見渡せば全員が朝鮮人という環境で、下手こいても「この朝鮮人！」といわれることもない。以前はオモニに「何しに朝鮮人に産んだんや」と怒りをぶつけたこともあったけど、朝鮮学校で勉強することによって「わしは何て情けないことというたんかの」と。そして朝鮮学校がわたしの人生を大きく変えてくれたので、朝鮮大学校に行って教員になろうと思ったんです。学部はどこでもいい。卒業後、広島朝高の野球部の監督になりたいと思って、一九七六年に外国語学部に入学しました。

▼教員として平和教育に尽力

ちょうどわたしが大学にいた一九七九年に、広島・長崎朝鮮人被爆者実態調査団が広島に来て、被爆者の証言の掘り起こしが行われました。そのときにオモニも重い口を開き始めたんです。たくさんのマスコミが来て、テレビの取材を受けたときに、オモニも体験を語ったわけです。わたしは「あれ、いままで聞いていたのと違うやないか」と驚きましたね。その後、『白いチョゴリの被爆者』（労働旬報社、一九七九年）とか『アイゴ！　ムルダルラ――広島・長崎被爆朝鮮人の35年』（二月社、一九八〇年）とか、いろんな証言集が出版されました。

わたしは一九八〇年に卒業して、広島朝鮮中高級学校の教員になりました。ウリハッキョ（わたしたちの学校）が現在地に移転したのは一九九六年ですが、それまでに二〇年かかりました。以前、第一初級学校が横川という所にあったんですが、山陽新幹線が博多まで開通したときに騒音問題が起こって、引っ越しすることになったんです。で、ここの場所が提供されたんですけど、地域の住民の反対運動が起こって、住民との問題を解くために二〇年かかったわけです。そして第一、第二初級学校（呉市）と広島中高級学校が統合して広島朝鮮初中高級学校と改称されました。

わたしは教員になって、『アイゴ！　ムルダルラ』を読んでから、いろいろ本を読んだり調べたりしながら、子どもたちにも教えたり、被爆一世の方々の証言を聞かせたりしました。学校の同僚に、朱碩（チュ・ソク）という被爆教師がいました。原爆の日に、弟が腹が痛いといっていたのに、無理やり市内の工場に送り出したために死なせてしまったという体験を子どもたちに語っていました。それからわたしの後輩のオモニとかに、歴史の語り部という形でウリハッキョに来てもらったり、地方の学校から来た先生や子どもたちに原爆のことを話したりしました。

わたしの教員時代にはよく日本の教職員や生徒たちに講演を頼まれましたが、ほとんどは朝鮮人差別の問題で、朝鮮人被爆者の話をしてほしいというのはあまりなかったですね。

わたしは二〇〇四年に総連広島県本部教育部長になった後、二〇一〇年に広島朝鮮学園理事長になりましたが、そのころは、共和国の核問題などいろんな問題が起きていたので、われわれが文句いわないけんのは、朝鮮ではなく、アメリカじゃないですかと、そういう話はしました。

また、共和国の核実験や拉致問題などが起こるたんびに嫌がらせの電話、プラス児童が登下校の際にランドセルを切られるとか、電車のドアに体を押しつけられるとかの事件が起こりましたから、朝鮮学校に対する誤解をなくすよう努力しました。

▼「広島県朝鮮人被爆者二世の会」結成

わたしは二〇一四年に総連の広島市北支部の委員長になったんですが、今年(二〇一五年)三月に広島県朝鮮人被爆者二世の会が結成されて会長になり、六月には本部副委員長も兼任するようになりました。

結成集会のときは四〇人ぐらいが参加して、マスコミも新聞は四社、テレビはＮＨＫと民放の二社が来て、よく報道してくれました。

資料によると、広島で被爆した朝鮮人は約五万人で、その内三万人が死亡し、二万人が後遺症に苦しんでいるといわれています。しかしその実態は、日本政府に再三要求していますが、まだ明らかにされていません。被爆朝鮮人二世の数は、現在、県朝被協(広島県朝鮮人被爆者協議会)の一世の名簿が一七〇〇名分ありますから、少なくとも四〇〇〇名ぐらいいるだろうと思われています。

今年は朝被協が一九七五年に結成されて以来四〇周年を迎えました。それ以前は、被爆者といえば、日本人だけのように思われていて、朝鮮人被爆者には原爆手帳さえ与えられていなかったので、李実根（リ・シルグン）会長が朝鮮人被爆者の存在を社会に認知させるとともに、日本人と同等の権利を得ることができるようにするなど、大きな役割を果たしてきました。

いま日本の被爆者団体も、被爆者の平均年齢が八〇を超えて、後継者問題が提議されていますけど、李実根会長も高齢になられたし、今までの一世の方々の活動を継承しようという趣旨で二世の会が結成されました。

一番の目的はやっぱり今まで活動されてきた朝被協の活動をサポートし、継承していくということです。被爆者問題について日本の方々とも連携していかなければなりません。また被爆者の中で、共和国にいる朝鮮人だけが外されている問題もどうにかしなければなりません。広島、長崎で被爆した人は、その後、どこの国に住んでも同じ被爆者です。ブラジルに移住したり、アメリカに移ったとしても、彼らは広島にいる被爆者と同じ制度によって医療を受けたりできるようになりました。韓国の人もできます。それなのに、ただ、朝鮮民主主義人民共和国に帰られた帰国者に対してだけは何もないんです。これはおかしいじゃないかと。

わたしは被爆者二世の会の会長に就任するまで朝鮮学校の理事長をしていましたが、高校無償化問題で朝鮮学校だけが除外されたじゃないですか。この問題では広島でも裁判を起こしてるんですけど、その問題とこの被爆者問題がわたしにとってはオーバーラップします。高校無償化も朝鮮学校だけ差別、被爆者問題も朝鮮の被爆者だけ差別。わたしはどちらも同じスタンスではないかと感じますね。

二世の会の結成の日は、広島県朝鮮人被爆者協議会の金鎮湖（キム・チノ）理事長に特別講演をしていただきました。結成式はうちの学校でやったんですけども、先生たちの平均年齢が若くなりましたし、地方から来てうちの教員をやってる先生もいらっしゃいます。そういう先生方に、被爆をした広島市には朝鮮人もいたんだということを知ってもらわなければいけないということで、朝被協の結成過程について話していただきました。今年は被爆七〇年、祖国解放七〇年、朝被協結成四〇周年という節目の年なので、七〇年経ってもまだこんな状態だよということを伝えたかったのと、今後、被爆二世の方たちの権利を拡大していきたいという思いからです。

正確にいうと、二世の会は再結成です。一九七九年に一度立ち上げられたんですが、その後、活動がなくなっていったという背景があります。今回、七名の役員体制を作り、会則も作りました。

ただ、被爆二世の方にもいろいろ声かけをしましたけど、被爆二世から見ると、会を結成して何のメリットがあるかと。被爆一世の方々には原爆手帳があり、月々三万円ちょっとくらいの手当などがありますけど、二世には何もないんですよ。なのに、「実はわしも被爆二世よと表明して何の意味があるんか、ほっといてくれや」と、そういう現状もあるんですね。

だけど二世にはいまだに被爆者だと公言できない心理があると思います。親は原爆手帳持っとるけど、わしら関係ないよといっていても、また日本の行政は、二世ががんになっても医学的には原爆といっさい関係ないという態度を取っていますけど、奥底ではみんな不安があると思います。だから心理的な苛立ちや、何の保障もないことに対する憤りなど、やはり声を上げる必要があると思います。

▼何かせないけんことがある

わたしは日本の小学校、中学校に通っていたころ、平和教育的なもんを受けた印象がありません。住井すゑの『橋のない川』とか、部落差別の問題は印象に残ってますけど。漫画『はだしのゲン』作者の中沢啓治先生はわたしと同じ江波中学校の卒業生です。先生が講演されたときに、わたしも色紙をいただいたことがあるんですけど、にもかかわらず、その学校でも義務教育段階で特別な平和教育はありませんでした。

わたしが朝鮮高校へ行くことを決めたとき、「よう決心したのう」と背中を押してくれた社会の先生は、原爆問題を自分の授業の合間に扱っていました。また妹を朝鮮学校に推してくれた先生も、原爆問題とか朝鮮人問題に関心のある先生でしたけど、学校行事として平和教育を行うというのはわたしらの時代にはなかったことです。いまはわからんですけど、広島県全体を見ても、子どもたちを原爆公園に連れていくとかやっている学校はあまりないようです。

ウリハッキョでは当然のこととして、社会の授業や課外授業として扱うようにしてますね。また、大阪とか岐阜とか関東とかから、朝鮮学校の子どもたちが修学旅行で広島に来たりすると、ここ（広島朝鮮初中高級学校）で話を聞いてから原爆ドームに行くとかしています。

毎年、八月六日の平和記念式典には、朝被協の代表や総連広島県本部の代表が参加しますし、ウリハッキョの学生も献花を行います。わたしは今年は式典のあと、原水禁（原水爆禁止日本国民会議）の追悼式に参加しました。

朝被協は朝鮮人被爆者の権利擁護という形でたくさんの活動を行ってきて、そのおかげで日本人被爆者と、在日の被爆者の差別がなくなりましたが、唯一あるのがやっぱり朝鮮ですよ。共和国の被爆者に対しては何もしない。だから朝被協では、広島の医師団、県の医師団と交渉を行い、毎年祖国訪問して彼らが自主的に治療をするという形でやっていただいています。これで世界で唯一除外されている在朝被爆者に対する支援が実現しました。共和国でも同じような治療ができるようにと。ただし、これは二、三年前にストップしました。今の医師団のトップが北朝鮮大嫌いという人になってしまったからです。

今、被爆一世たちの意思という形でですね、被爆者の統一碑を建立する問題があります。総連と民団（在日本大韓民国民団）の間でずっと棚上げになっとるんですよ。もともと平和記念公園の外にあった韓国人慰霊碑（韓国人原爆犠牲者慰霊碑）を一九九九年に公園の中に移転させることになったときに、統一碑にしようという動きがあったんです。いまの碑は本当は朝鮮王朝の親族の一人の個人的な碑ですからね。ですから、広島で被爆した方々の統一碑を建てるように、もう一度、行政に投げかけようと、民団の方とも話をしていて、その件に対して尽力をしていくのもわれわれの任務かなと思ってます。モニュメント作りも重要ですけど、それを推進することによって二世の会の意義とか証言の掘り起こしなどの活動も変わっていくんじゃないかと思うんですよ。

わたしは過去に、「何でわしが朝鮮人として生まれにゃいけんかったんか」と自分を卑下しただけに、逆に自分が目覚めたあとは、「何かせにゃいけん」と。朝鮮人で、異国で生まれ、そのうえ唯一の被爆国の被爆地であるここで育った朝鮮人としてですね、何かせないけんことがあるという思いはありますね。

42 ありのままのわたしの歌を歌う

李政美（イ・ジョンミ）　女

取材日／二〇一四年七月一一、一八日　**出生地**／東京都葛飾区　**現住所**／埼玉県桶川市　**生年月日**／一九五八年九月二七日　**略歴**／高校まで民族学校。一九七九年、国立音楽大学入学。一八歳のころ、在日韓国人政治犯救援運動の集会で初めて人前で歌う。大学卒業後一九八三年〜二〇〇四年まで約二〇年間、都立南葛飾高校定時制で必修「朝鮮語」の講師を務める。三五歳のとき、オリジナル曲を作り始め、自らの原点を歌った「京成線」を作詞・作曲、音楽活動を再開する。二〇〇三年、韓国ソウルの国立劇場・ハヌル劇場にて、初のソロコンサートを実現し、韓国の聴衆を魅了する。現在、日本及び韓国の各地で年間一〇〇回余りのコンサートを行っている。　**取材**／裵昭　**原稿執筆**／裵昭

▼バタ屋の心やさしい人たちに囲まれて

父は一九三〇年ごろ、「君が代丸」に乗って済州島（チェジュド）から日本に渡って来ました。母は同じころ、済州島からまずサイパン島へ渡り、日本軍玉砕の直前に日本に来たと聞いています。とも

に（今の住所では）済州島西帰浦市の隣どうしの村の出身です。父の名は李時宗（イ・シジョン）、母の名は康亥生（カン・ヘセン）、見合い結婚です。両親とも大阪から東京へ移り、東京で出会って荒川区三河島界隈で暮らしていましたが、わたしが生まれるころには葛飾区に移って「丸八」という屋号のバタ屋（廃品回収業）を営んでいました。きょうだいは七人。女四人、男三人の末っ子です。

二階建ての古いアパートに、わたしたちの家族と、リヤカーで廃品を回収するバタ屋の住人たちが一緒に暮らしていました。いろんなユニークな人たちがいましたが、今になって思えば、みんな訳があって集まってきた人ばかりだったのだと思います。

その中に一人、在日一世のハルモニ（おばあさん）がいました。いつもお酒を飲んでいて、たぶんアル中だったのでしょう。ある夏、一人寂しく部屋で亡くなっていました。身内の人に連絡しようにも何の手がかりもなく、無縁仏になりました。きっと故郷に帰れない事情があったのだろうと思います。

他には、「銀行屋さん」と呼ばれていた博識の紳士、この人はみんなに信頼されていましたが、リヤカーを引いて踏切を渡る途中で京成電車にひかれて亡くなりました。それから、沖縄出身の元棟梁、いつも編み物をしていたおかまのお兄さん、猫をたくさん飼っていた聾唖の夫婦……。末っ子だったおかげで、みんなに可愛いがられたのを覚えています。

母が一人で仕切り場を切り盛りしていましたが、面倒見が良くみんなに慕われていました。

ときには荒れて事件を起こし、警察のやっかいになる人たちもいて、よく母が警察にもらいさげにいっていました。近くの本田警察では「丸八の母ちゃん」と呼ばれて刑事さんたちにも人気があったようです。身体もとても大きかったのですが、心も広い人でした。

父が汗水流して働いている姿はあまり見た記憶がないのですが、バタ屋で儲けたお金を高利貸しや土地ころがしで利殖していたようです。

父は情が厚く、子どもたちにはとてもやさしい人だったのですが、お酒が入ると母に甘えて暴れることが多かったですね。あの時代、在日のどの家庭もだいたい似たようなものだったとは思いますが、子ども心にとてもつらかった。夜中に、ずっと向こうの辻から父が酔っぱらって大きな声で歌いながら帰ってくるんです。これから繰り広げられる修羅場を想像して、ふとんの中でいつも震えていました。小学校に入る前に一年間キリスト教系の幼稚園に通わせてもらったのですが、毎晩父が早く死ぬようにと本気で神様に祈っていました。

▼民族楽器に夢中だった高校時代

両親は特に民団（在日本大韓民国民団）でも総連（在日本朝鮮人総連合会）でもなく、そこそこどちらともうまく付き合っていましたが、子どもたちはみな日本の学校に通わせていました。六歳になったころ、朝鮮学校の熱心な勧誘があり、そのおかげでわたしは小学校一年から、すぐ上の姉は中学一年から朝鮮学校に通うことになりました。

小学校二年生くらいのときだったでしょうか、金日成（キム・イルソン）の写真を自宅に飾る運動があって、自分の家だけ飾っていないのが恥ずかしくて、おこづかいを貯めて購入しましたが、父は「こんなもの飾るか」といって押し入れの中に放り込んでしまいました。ポリシーがないように見えた父ですが、反骨精神は強い人だったのだと思います。

家での共通語は日本語でした。父には済州島なまりが少しありましたが、母はきれいな日本語をしゃべっていました。母は読み書きが不自由でしたが、商売になるとしっかりお金の計算はできるのですから、たいしたものだと思います。

高校は北区十条台の朝鮮学校（東京朝鮮中高級学校）です。朝鮮語を習得できたことと、同胞の友人を得たことはかけがえのないこと。当時の朝鮮学校の教育にはいろいろ問題もありますが、朝鮮学校に通えたことはありがたかったと思います。今でも小学校からの同級生たちがわたしの歌を応援してくれています。

朝鮮高校に通っていたころ、男子の間で日本学校の生徒との乱闘事件が頻繁に起こって、大きな事件の後はよく集団下校をしました。危険な目に遭ったことはほとんどありませんが、罵声を浴びせられたり、つばを吐きかけられたりということはありました。そのころ女生徒はみんなチマ・チョゴリを着て通学するんですが、目立つから危ないんですね。チマ・チョゴリの美しさは誇りでしたが、一番弱い女生徒が危険にさらされるのはおかしい。今では、登下校時のチマ・チョゴリの着用が義務ではなくなったのでほっとしています。

高校時代は、なにしろ音楽に夢中でした。友達に誘われて民族楽器のクラブに入って小奚琴(ソヘグム)という胡弓(こきゅう)に似た改良楽器に出会い、朝五時に家を出て朝練習、お昼休みも練習、放課後は七時過ぎまで、一日中練習に明け暮れました。楽器を弾くのが楽しくてしかたがなかったんですね。

実は両親も音楽は大好きで、いつも二人で仲良く歌を歌っていました。特に父は若いころ、劇団付きの歌手として兵士の慰問で全国を回っていたと聞いています。日本の芸名でレコードも一枚出したそうですが、詳しいことは聞けずじまいでした。結婚して歌は諦めたそうですが、結婚式や野遊会等、同胞の集まりがあるといつも乞われて歌っていた姿が、子ども心に誇らしかったです。そんな音楽好きの父の血筋を引いたのかもしれません。両親は、済州島の言葉で激しく喧嘩(けんか)ばかりしていたかと思えば、「木浦(モッポ)の涙」や「涙に濡れた豆満江(トウマンガン)」、「ナグネソルム」といった植民地時代の朝鮮の歌謡曲を仲良く歌ったり。子ども心にとても不思議でしたね。

母はわたしが中学生くらいのときに糖尿病に罹(かか)り、高校生になったころには入退院を繰り返していました。驚いたのは、あんなに暴君だった父が毎日母のそばに寄り添って看病していたことです。母はわたしが高校を卒業した年に亡くなりましたが、父はあまりにも落胆してしまって、部屋にこもって通夜と葬式に顔を出しませんでした。

それから一年も経(た)たずに、日本には母との思い出が多すぎるからと、一人で故郷の西帰浦へ帰ってしまいました。食べる物にうるさい父だったので、兄たちのお嫁さんに面倒をかけるのが心苦しいというのもあったんじゃないでしょうか。そのうちに西帰浦の家に手伝いに来てくれていた女性と結婚して、父は幸せそうでした。良い人が現れたおかげで、わたしたちきょうだいも安心しました。晩年、持病の糖尿病が悪化したので、嫌がる父を長男が説得して日本に迎え、病院で亡くなりました。父は六七歳、わたしが二八歳のときです。父は、本当は故郷の済州島で死にたかったんじゃないかと思います。

▼一八歳のときから集会で歌を

朝鮮高校の二年までは、なにしろ民族楽器のクラブに没頭する毎日でしたが、それが高じてもっと音楽を専門的に勉強したいと思うようになり、中断していたピアノの練習を再開しました。ピアノは、中学二年生のときに親にねだって買ってもらいました。姉や兄たちには羨ましがられましたね。初めのうちはレッスンに通って熱心に練習しましたが、根気がなくて続かず、その後はずっと自己流で弾いていたんです。

幼いころから音楽は大好きで、小学生のころから姉たちの影響でラジオから流れてくるビートルズ、サイモン&ガーファンクル、カーペンターズなどの歌を聴いていました。中学生になると、一生懸命貯めたおこづかいでギブソンのギターを買って、でたらめな歌を作って歌ったり。高校二年生のときには、ピアノとソルフェージュ（楽譜の読み書き）のレッスンに通うようになりました。このときにわたしの声を聴いた先生がびっくりして、声楽の勉強をするように勧めてくれ、声楽の先生を紹介してくれました。そして声楽の先生に勧められるままに、音楽大学を目指すようになったんです。

朝鮮学校からそのまま希望の大学を受験することができなかったので、朝鮮高校卒業後に都立の定時制高校四年に編入して一年間通い、日本の高校卒業資格を取りました。南葛（都立南葛飾高校定時制）と呼ばれて、同和教育に熱心に取り組んでいる学校として、都内でも全国でも有名ですが、その学校に編入したことはわたしの人生でとても大きな出来事の一つです。

その当時は地方からの最後の集団就職組もいましたし、暴走族や、暴力団に片足突っ込んでいるような不良や、在日朝鮮人、被差別部落出身の生徒など、様々な生徒がいました。在籍中の一年間はそんな周りの状況を気にする暇もなく、自分の受験のことしか眼中にありませんでしたが、卒業後にその南葛とこんなに長く、深く付き合うことになるとは思ってもいませんでした。

南葛卒業後、芸大は二度チャレンジしましたが、失敗。一九七九年に国立音楽大学の声楽科に入学しました。朝鮮高校を卒業して南葛に通っているころ、在日韓国青年同盟（韓青）葛飾支部の若者たちが家に来て、ギターサークルに誘われました。それがわたしにとってはまた大きな出来事でした。

そのころ韓国の民主化運動の集会やデモで歌われていた、韓国のフォークソングに出会いました。素晴らしい歌との出会いと、社会で起きてることへの自分の無知に気づかされ、大きな衝撃を受けたのです。在日韓国人政治犯の存在も初めて知りました。ギターサークルに出入りしているうちに、気がつけばいつの間にか集会やデモで歌うようになっていました。

音大に入学した翌年の五月に韓国で「光州（クァンジュ）事件」が起きました。民主化を求める学生や市民を軍が弾圧し、多数の死傷者が出ました。軍事政権下で抑圧されていた市民や学生たちが、自由を求めて民主化運動を繰り広げていた時代でした。東京だけでも毎週どこかで韓国の民主化運動と連帯する集会が行われていました。受験の前後は運動から遠ざかっていたのですが、八〇年五月の光州事件をきっかけに、集会などでまた歌うようになりました。

わたしにとって初めての大きなステージは、一九八一年の五月に日比谷公会堂で行われた「光州よ、永遠に」というコンサートでした。同タイトルの尹伊桑（ユン・イサン）の交響詩と、高橋悠治の「韓国抵抗歌集」が演奏されましたが、わたしはオーケストラの演奏で「ウリエ　ソウォン」や「朝露」、高橋悠治作曲の「臨終」（詩／高銀（コ・ウン））などを歌いました。学生時代にオーケストラと共演できたのはすごくラッキーだったと思います。

わたし自身は社会のこともよくわからない無知な女子大学生でしたが、民主化運動に関わる過程で様々な大人たちと出会って、いろんな影響を受けました。それまでオペラのプリマドンナを漠然と夢見ていましたが、自分がどんな音楽をやりたいのか、どんな声で、何を歌いたいのか……ということを真剣に考えるようになったんですね。それで行き着いた先に朝鮮の伝統音楽がありましたが、韓国に留学をするのは当時のわたしにはとても危険なことで、諦めるしかありませんでした。

目標を失って音大の勉強はおろそかになっていき、日本でカヤグム（伽倻琴）やチャンゴ（杖鼓）、民謡を知り合いに習いに行ったりしました。そして大学三年生のときに、民主化運動で知り合った在日同胞と結婚。オペラ歌手の夢はしぼんでしまって、大学はもうやめようと何度も思いましたが、学費を出してくれた兄から毎日のように「学校行ってるか、卒業だけはしろ」という電話が来て、なんとか卒業だけはしました。

▼定時制高校での「朝鮮語」講師

大学卒業の前年、高校卒業資格を取るために編入した南葛で、必修「朝鮮語」の授業が始まりました。当時の南葛には同和教育に熱心な教員たちが都教委（東京都教育委員会）にかけ合って、「演劇」と「朝鮮語」の必修化を実現しました。一年目は東京では初めて本名で都立高校教員に採用された李由美（イ・ユミ）さんが一人で受け持ち、二年目にわたしが講師として四クラスを受け持つことになりました。

わたしが南葛を卒業した後にできた朝文研（朝鮮文化研究会）の顧問の木川恭先生がわたしを推薦してくれたのですが、わたしは教員になる気など毛頭なく頑（かたく）なに断り続けていました。そのころのわたしは極度に内向的で、人前に立って何かを教えることなどあり得ないと思っていたからです。そう、人前で歌うこともももちろん苦手だったのです。集会などで歌うのは、こんな自分でも何かの役に立っているという名分があったからできたのかもしれません。

卒業のギリギリまで断り続けましたが、結局講師を引き受けることになり、予想通り試練の日々が待っていました。当時は「韓流(ハン)」の時代が来るなど考えられない時代で、生徒たちの朝鮮に対する嫌悪感は半端ではありませんでした。下町の子たちですから、朝鮮学校の生徒と衝突した経験もあって、朝鮮イコール怖い、というイメージも強かったのだと思います。

最初の授業のときには教室に数名の生徒しかいなくて、わたしの最初の仕事は、学校中をまわって授業をボイコットしている生徒を教室に連れてくることから始まりました。つらくて登校拒否になりかけたこともありますよ。でも、どんなに反発されても、言い合いをしても、生徒たちは可愛かったですね。外国人、被差別部落出身、障がい者、いろんな子がいました。家庭に深刻な問題がある子も多くて、自分自身の将来が閉ざされていると思い込んでる生徒がほとんどだったんじゃないかと思います。

まったくやる気のない生徒に語学の授業をするのは至難の業でしたが、そのうちに、この生徒たちの価値観を壊してしまうような授業ができたらと思うようになりました。潜在意識の中で「汚い」「怖い」ものだったのが「美しい」に変わったら、価値観が根底からひっくり返るのではと。

ハングルの読み書きは諦めて、朝鮮語の響きを美しいと感じてもらうことに重点をおきました。大好きな詩や歌をたくさん取り上げましたが、卒業するときには「朝露」という歌を必ずそらで歌えるようになってもらいました。わたしの授業が成功したかどうかはわかりませんが、町で卒業生たちに会ったとき「先生、あの歌まだ覚えてるよ」っていってくれたりして、そんなときは心の中で「ヤッタ～！」と思いましたね。南葛では二〇〇四年の三月まで、約二〇年間講師を続けました。今はわたしの教え子が引き継いでくれています。

▼離婚、そしてまた歌い始める

三〇歳のとき、三歳になる娘を連れて離婚しました。家事も手伝ってくれるやさしい夫でしたが、わたしのわがままですね。なにしろ自立したいという気持ちが強かったんです。そのころ週に二日くらいは南葛で朝鮮語を教えましたが、それだけでは生活が成り立たないので、アルバイトを探しました。

短時間高収入の仕事を探すうちに、高層ビルの窓ふきの仕事を見つけたんです。初めは怖くてとても無理だと思いましたがすぐに慣れて、ちょっと自慢ですがかなり短期間で一人前の職人になりました。一人前になってからは、その当時で日当一万五〇〇〇円も稼ぎました。子どものころはバタ屋をやっていた両親のことを恥ずかしいと思っていましたが、お天道様の下で汗をかいて働くことがこんなにも気持ち良く、誇らしいことなんだと実感できました。一歩間違えば命に関わる事故に繋(つな)がる作業は、ものすごい集中力が求められます。三〇歳から四〇歳までの一〇年間、この仕事をしたことはいろんな意味で修行になったと思います。

三四歳になった夏、縁があって「野草社」という出版社の読者の合宿に参加しました。その年は本当に暑い夏で、野外で毎日働いていたわたしはへとへとに疲れていました。会場の熊野のお寺は涼しくてとても心地良く、講師の講演もほとんど夢の中で聞いているような感じでした。

講師の中に、屋久島で百姓をしながら詩を書いていた詩人の山尾三省（やまおさんせい）さんがいて、会えるのを楽しみにしていたのですが、三省さんのお話の間もほとんどうとうとしていたんです。それでも三省さんの「祈り」という詩は深く響いてきて、講演が終わった後すぐに三省さんのところに行って、「この詩を歌にして歌いたい」といっていました。自分でもびっくりしましたよ。

そのときにもう一つ忘れられない出来事がありました。三省さんは講演の中でアニミズムの話をされましたが、わたしにはちんぷんかんぷんで、三省さんのいう「カミ」というのがよくわからないんですが……と質問しました。それに応えて「この一輪挿しにきれいな野の花がさしてあるように、チョンミさん、あなたの中にもカミがありますよ」と三省さんがおっしゃったんですね。不思議なことですが、その瞬間、わたしを縛っていた呪文から一気に解き放たれたように感じました。在日として生まれたこと、喧嘩ばかりしていた両親、ほこりだらけだったバタ屋のアパート、父への憎しみ……。わたしに繋がるすべてを肯定できずに、自分自身も否定していましたから。すべてを受け入れれば自由になれると頭ではわかっていたのですが、自分ではどうすることもできなくて、ずっと悩んでいたんですね。それが、一瞬にしてほどけてしまったように感じました。そのすぐ後に「祈り」が歌になり、「京成線」や「ありのままの私」など、歌が次々湧いてくるようにできました。歌いたいという欲求が、たぶん溢れそうになっていたのだと思います。

▼死ぬ日まで歌いたい

二〇年ほど前、たった一曲のレパートリー「祈り」から始めた歌の活動が、少しずつ広がっていって、今は日本全国、そして韓国で、熱心なファンの人たちに支えられて歌い続けることができています。

長い間わたしの歌を演奏してくれている音楽仲間に支えられて、今は一年に一〇〇回余りのコンサートを行っています。ステージは大きなホールもあれば、お寺や教会、酒蔵とか、田舎の村の公民館、学校にもよく歌いに行きます。それから障がい者の三ヶ所の作業所と金沢の少年院には、毎年必ず歌いに行きます。わたしの歌が聴きたいという方がいれば、どんなところへも歌いに行きます。目的地にはわたしたちを待ってくれてる人たちがいて、なつかしい人や初めて出会う人たちに会えるのが本当に嬉しいです。

二〇〇三年の七月には、ソウルの国立劇場・ハヌル劇場（野外ステージ）で、初めてソロコンサートを行いました。韓国の親しい友人が骨を折って企画してくれたのですが、その年の二月、三月にMBC放送とKBS放送で続けてわたしの日本での活動が紹介されて、その勢いに乗って実現したのだと思います。ドキュメンタリー番組は、かなり大きな反響がありましたから。

コンサートには、一八歳のときにギターサークルで初めて聴いてからずっとあこがれ続けていた楊姫銀（ヤン・ヒウン）さんと、張思翼（チャン・サイク）さんがゲストで出演してくれました。二人とも韓国ではビッグスターです。本当に夢のようでした。そのころは仕事で一ヶ月に数回韓国と日本を往復するような生活で、このまま活動の拠点を韓国に移そうかと考えたほどです。二〇〇二年に拉致問題が明らかになり、在日への風当たりが強くなった時期でしたからなおさらでした。観光で訪れていたときには、韓国は在日のわたしにとってあまり居心地が良いとは感じられませんでしたが、二〇〇三年以降は、わたしの歌が、わたし自身が受け入れられたようで嬉しかったんですね。韓国でもたくさんの人に出会い、たくさんの出来事がありました。今でもわたしの歌を支えてくれる人たちがいます。あれから一〇年余りが過ぎて、あのころのように頻繁に行き来することはなくなりましたが、年に数回は招請を受けて歌いに行きます。日本での活動と同じように、車で韓国全土を廻（まわ）りながら歌いたいというのが、わたしの夢です。

近々の目標は、この数年の間に作ったオリジナル曲を集めたアルバム、昨年と今年に東京と大阪で開いた、朝鮮の童謡、民謡、歌謡曲、歌曲、フォークソングなどを歌ったコンサートのライブ盤、今まで歌って来たカバー曲を集めたアルバムを発表すること。韓国の民謡を集中的に習いにも行きたいけれど、今はあまり時間がありません。

オペラのプリマドンナを夢見る音大生のころに初めて歌った日比谷公会堂の公演から三三年。どんな声で、何を歌えばいいのかわからなくなって、歌えない時期もありました。歌から遠ざかろうとするたびに、たくさんの出会いや出来事が、わたしを歌に引き戻してくれました。今こうして一年中旅をしながら歌いたい歌だけを歌って暮らしていることが、とても不思議で、そして、とてもありがたいことだと思います。「どんな」や「何を」の縛りから少しずつ自由になって、ようやくありのままのわたしの歌を歌えるようになれたかもしれません。今日まで歌い続けて来られたのは奇跡のように感じます。出会った人たち、支えてくれた人たちに感謝しつつ、最後の日まで元気で歌うことができたらなぁと思っています。

葛飾で生まれ育ち、長く葛飾に住んでいましたが、昨年の春に埼玉県桶川(おけがわ)市に引っ越してきました。今は三年前に結婚した夫（日本人）と、出戻り娘、孫の四人で暮らしています。桶川市に引っ越したのは孫の保育園のため。孫は自然の中で野生児のように、毎日どろんこになって遊んでいます。孫中心の生活で、育児と仕事に追われる忙しい毎日。子育てがやっと終わったと思ったら、今度は孫の子育てが待っていたとは……。

でも、自分が子どもを育てているときは余裕がなくて大変だった子育ても、今は楽しみながらやっています。いのちを育むということは、今の時代、本当に大変で大切な仕事です。空気も、水も、食べる物も、そして情報も、身体と心に悪いものだらけですから。いろんなことに敏感にならざるを得ませんね。

娘は韓国籍で朝鮮名を名乗り、孫は日本人とのダブルですが、朝鮮名を使っています。わたしは日本国籍を取得する考えはありません。いずれ娘は日本国籍を取ることになると思いますが、朝鮮名をそのまま使いたいといっています。一世の時代から二世、三世、四世へと世代が進めば、少しずつ差別もなくなっていくのかと思っていましたが、まさか今のようなひどい時代が来るとは思いませんでした。孫たちがもっとのびのびと、生き生きと生きられるように、この社会の向かっている方向を少しでも変えたいと思ってます。

娘や孫には、人として誇り高く生きて欲しいという願いを伝えたい。そして、どんな逆境にもくじけない逞(たくま)しさ、しぶとさを身につけて欲しいです。

43 マジシャンとして夢を追い続けて

安聖友（アン・ソンウ）　男

取材日／二〇一二年八月二二日、二〇一五年一月五日　**出生地**／大阪府大阪市　**現住所**／大阪府大阪市　**生年月日**／一九五九年六月九日　**略歴**／大阪朝鮮高級学校卒業。五歳のころに出会ったマジックに夢中になり、中学二年生のとき、兄の死を機にプロのマジシャンを目指す。一九八三年、ハワイで行われた「ＩＢＭ世界奇術大会」で金賞。八七年、アメリカ・ラスベガスの「世界マジック大会」でグランプリ受賞後、本格的な活動を展開。二〇〇五年、末息子を亡くす。〇七年、韓国東釜山大学校にマジックエンターテインメント科が開設され、専任教授として就任。一四年ＦＩＳＭアジアマジック連盟会長として大会成功に貢献。　**取材**／姜志鮮　**原稿執筆**／姜志鮮

▼マジックとの出会い

わたしは戦前済州島（チェジュド）から来たアボジ（父）と日本生まれのオモニ（母）の間に、三人きょうだいの末っ子として大阪市東成区で生まれました。家では「ソンウ、ソンウ」と呼ばれました。小学校に入る前、親は、わたしを幼稚園に行かせようとしました。しかし、入園式は行ったけ

ど、朝起きるのがつらくて。そうしたらアボジが「もう行くな」と。それで好きな時間に起きて、ブロックでいろいろな物を作ったりして家で遊びながら、幼稚園に行った友達が帰ってくるのをいつも待っていました。自分の世界の中で一人で遊ぶのが好きでした。

わたしはサーカスが好きでした。五歳のとき、アボジとサーカスを見に行きましたが、その中でピエロが演じた簡単なマジックに興味を持ち、それ以降ずっとテレビとかでマジシャンがやっているのを見たり。ちょうどその当時、日本中マジックブームでした。でも幼稚園のときはマジックをやったりはしませんでした。

朝鮮学校の初級学校に入ったのがわたしにとって初めての団体生活でした。個性豊かな人が多いなって思いましたし、全員朝鮮人だったからそれが不思議で。それまでには日本人の友達もいたし、在日の友達もいましたから。アボジが行けというから、最初は嫌なこともありましたけど、だんだん学校が楽しくなっていきました。初めてわたしがマジックをやったのは三年生のとき、友達の誕生日のパーティで、新聞紙の中に入れた牛乳が消えるマジックをやったんです。学校中の人気者になって。でもあまりにも夢中になりすぎてアボジに「マジックやめろ」と反対されました。四年生のとき、マジックの本とか自分が作った小道具とかすべて捨てられました。しかし、反対されればされるほど隠れて技法の練習などをこそこそとやっていたんです。

叔父が近くに住んでいて、そこで練習したり、お小遣いもらって小道具を買って隠しておいたりもしました。叔父はその後もずっとわたしをサポートしてくれました。応援はもちろん金銭的な面も手助けしてくれました。アボジがなぜ反対したかというと、日本で在日が食っていくことがどれだけ大変かわたしがわかっていないから。マジックでは「めし食えへん」と。それで反対したんです。でもわたしはマジックをすれば幸せになり、夢中になり、何もかも忘れるんです。その思いが小さいときから今までなくならないんです。

▼ヒョンニムの死

マジックは小さいころから好きでしたし、マジシャンになるのは夢でもありました。しかし夢で終わらず本当に「なろう」と決意した契機はヒョンニム（兄）の死です。わたしが中学校二年生の一四歳で、四つ上の二番目のヒョンニムが一八歳のときでした。ヒョンニムは夏休みに入って、友達と海にキャンプに行きましたが、海で心臓麻痺（まひ）を起こして亡くなりました。あのとき、アボジと一緒に海水浴場に行って、アボジが自分の息子の死を目の前にして気が狂ったように泣く姿を見ました。ヒョンニムは音楽が好きだったんです。いつもヒョンニムは音楽界で有名になって、わたしはマジックの世界で有名になろうと、そのような約束をしていました。ヒョンニムの死を見て「人間死んだら終わりや。生きているうちにやりたいことをやらんと」。このように切実に思い、もう一度アボジにお願いしました。「マジックをさせてくれ」と。そこで、アボジがいろいろ考えて、「分かった」と。

そこからマジックを本格的に習い始めたんです。そのとき、初めて現実的な問題、すなわち何が必要で、何をすればいいのか、ということにぶつかりました。それで同好会に入りました。その当時、裕福な人たちが趣味でしているのがマジックでしたので、いい道具やいい情報はその人たちが持っていたのです。上流階級の人たちが趣味でやっているマジックの同好会に朝鮮人中学生が入ったわけです。一緒に研究したり練習したり。そのとき感じたのが、マジックの世界は差別がないということでした。これまでとは違う社会でした。まして当時、わたしは朝鮮人中学生だったのに、一所懸命する姿を見て誰も差別しなかったんです。また、お金が必要だったから、中学校のときから高校まで牛乳配達のアルバイトをずっとしました。あの当時、ビデオなどなかったから、たまにテレビでマジック番組をやったりすると、これを見逃したら終わりだという気持ちですごく集中して見ていました。

高校を卒業してからは大学に行かずに同胞が経営するナイトクラブでショーをやりました。一年間は百貨店でマジック材料を売りながら、マジックの勉強に励みました。本当に何もかも必死でやっていました。一九八〇年、北朝鮮の芸術団が来て、その中にいたマジシャンから話を聞くと、北朝鮮ではとても優遇されていたから羨ましかったです。正直、北に行ったらいいじゃないかなとも思いました。

一九八二年、長崎で集中豪雨があって、特に在日の被害が大きかったので、総連（在日本朝鮮人総連合会）で同胞たちを慰労する公演団を作ることになり、長崎に公演のために行きました。まだこんなところに住んでいる人がいるのかというくらい悲惨なところで生活する同胞たちがいまして、そのような同胞たちの前でマジックをするとハラボジ（おじいさん）やハルモニ（おばあさん）たちが涙流しながら喜んでくれました。今まで、マジックをやるとお客様はびっくりしたり喜んだりはしましたけど、涙流しながら喜ぶ反応は初めての経験で、そのときに在日の中で一人ぐらいマジシャンがいても絶対いいと思い、同胞に喜んでもらえるマジシャンになろうと決意しました。

次の年の一九八三年、マジックだけの一時間半のリサイタルをやろうと決心し、レパートリーを増やすためにいろいろと努力しました。本当にこのときの努力が一生の財産になったんです。一日一回だけの手作りのリサイタルを、大阪市の森ノ宮ピロティホールを借りてやりました。同級生たちが応援してくれました。このリサイタルに立ち見が出るくらいお客様が入って、同胞もいましたけど、マジック好きな日本の方もたくさん来てくれました。ショーが終わったとき、お客様の中で泣いている人が多かったんです。このとき、アボジが「これだけ応援してくれる人がいるんだったら、おまえ一生かけて恩返しせえ」といい、プロマジシャンとして初めて認めてもらいました。

▼アン・ソンウから安田悠二に

リサイタルでわたしのアシスタントをしてくれた女性が朝高（朝鮮高級学校）の友達で、わたしの彼女でした。これを機に八三年四月に結婚しましたが、新婚旅行は七月にハワイに行きました。幸運にも七月にハワイで開かれるマジックの世界大会（ＩＢＭ世界奇術大会）に出場できるチャンスが訪れ、一石二鳥だという思いと、自分の実力がどのぐらいなのか試したい気持ちがあったからです。わたしは自分の実力がどれぐらいなのか試したかっただけで、賞をもらいたいなどとは全然思わなかったのに、この大会で金賞を取ってしまったのです。ちょうどそのときＮＨＫも撮影に来ていまして、わたしの演技が放送で流れて、それが北朝鮮に知られ、招待されまして、初めて北朝鮮でマジックをやりました。それが八五年です。

同胞関係のイベントはいろいろとやりましたが、ここまで来たら今度はラスベガスの大会に行ってみようと思いました。八七年のことです。舞台一面が瞬間瞬間美しく表現できて、それも人の体全部を使って表現できる衣装チェンジというマジックに出会って、いろんな技術をその中に取り入れて、八三年から八七年までの四年間は、妻の手作りで衣装チェンジのネタ作りに費やしました。新しい芸と新しいアシスタントで自分の技を認められて世界に出たいという気持ちで、八七年にラスベガスで開かれた世界マジック大会に挑みました。そこでグランプリを取りました。大会後、いろんなところからオファーが来ましたが、朝鮮籍で就労ビザが取れなかったので帰ってきました。

日本に帰ってからは「アン・ソンウ」という名前では仕事がまったく来ませんでした。ちょうどそのとき、妻が妊娠していましたし、日本の社会は朝鮮名に対して厳しいと感じましたので、親しい事務所の方と相談したら、名前だけ変えればよいと。中身は変わることないんだ、ただし公言するなといわれて名前を「安田悠二」に変えました。八七年、名前を変えた途端、爆発的に日本全国あちらこちらからオファーがあってとても忙しくなりました。

約一〇年間、海外には行かずに、日本で安田悠二という名前でベースを作り、トップを行く勢いでがむしゃらに働きました。仕事が増えると収入が増える。収入が増えると、その収入で新しいことができる。新しいことができたら、スタッフを増やせる。スタッフを増やせるといいマジックができる。いい循環で回っていましたし、子どもが三人できて家族も増えました。財政や家のことは全部妻がやってくれました。わたしはお金の計算ができない人間ですから。妻はわたしにとって、一番の理解者で最高のサポーターです。

二〇〇一年、ラスベガスの大会にまた参加したとき、韓国のマジシャンに初めて出会いました。それまで韓国のマジック界は情報すらなかったです。それで一度韓国に行って、マジック界を見たくなりました。さらに、それまで一〇年間日本にいたので、世界に行きたいという気持ちが出てきました。これを機に、国籍を変えてもいいんじゃないかなと思い、アボジに相談してみたら、アボジが「好きなようにせえ」と。それで国籍を韓国に変えて行きました。

▼息子の死、マジックはわたしの宿命

プロデビューしてから二〇年間わたしはひたすらいいマジックをやりたいと願い、いいマジ

ックを必死で作って舞台に上げました。本当に二〇年間突っ走りました。それができた理由は、妻もマジックを愛してくれたことと、わたしの演技力が他の人には真似できない大きな財産であることを悟ったからです。仕事も順調で、朝鮮学校に入れた子ども三人もすくすく育って、幸せだなと思った矢先に末っ子が白血病を発病しました。

アボジを二〇〇二年に亡くしてから二年後、二〇〇四年のこどもの日に末息子が発病しました。一三歳、中学校一年でした。最初はちょっと熱が出たりしていて、風邪気味だったのですが、検査してみたら白血病だとわかりました。闘病生活は一年でした。家はわたしが守るからといい、とりあえず妻を毎日病院へ行かせました。公演が終わると、毎日のように現場から直行し、病院に着くまで涙がぽろぽろ出ました。病室に入る前にお手洗いで顔洗って。でもこのように泣き続けて、今まで自分が作ってきたマジシャンとしての顔が崩れたらいけないとも思いました。マジシャンが舞台に登場したときに、この人何者かなというようなオーラがないといけないから。自分との戦いでもありました。このとき初めて、どうしてこのような職業を選んだのかと……。その一年間、本当にあっという間でした。

子どものお葬式の日も公演があり舞台に立ちましたけど、本当に自分がこの職業を選んだのは宿命であると思いました。また、子どもが亡くなる一ヶ月前、韓国から、うちの子どもと同じくらいのイム・ジェフンという子が「高校をやめて、習いたい」と訪ねてきました。家がこんな大変な状況だったけど、彼には彼の未来があるし。断る理由がないと思って、受け入れました。うちの家で寝泊まりしながら、妻はジェフンにご飯を作ってあげたりしました。うちの子どもが亡くなるちょっと前まで教えました。彼は、今、韓国ではトップレベルのマジシャンになっています。

わたしはマジックをやるというのは宿命だと思いましたけど、子どもを亡くした後、前よりパワーがなくなったと感じました。自分がマジックを選んだことには何の後悔もないですけど、自分の人生で後悔があるとしたら、子どもたちが一番可愛いときに日本中、公演で駆け回っていましたから、接する時間がなく、マジシャンとしては立派だったかもしれないけど、親としては後悔が残ります。わたしはやりたいことを正直に全部やった人間ですから、死んで息子と会えるのであれば死にたかったです。公演をしても意味がないように感じて、息子のことばかり思ってしまうのです。家庭を犠牲にしてマジックをやってきたことに対しての後悔、息子に会いたいと願う気持ち。

息子を亡くした後、妻は友達がやっていたお店でアルバイトをしたり、残された二人の息子たちの弁当を作ったり、一番大変だったはずなのに一所懸命生きようとしてくれました。それでも、いまだに息子の写真を胸に抱いています。

末息子が亡くなってから、何をしているのかわからない時間を過ごしました。その一年後、二〇〇六年、韓国から釜山(プサン)でマジックフェスティバルをやりましょうという提案が来ました。また、ほぼ同時に北朝鮮からもＦＩＳＭ（マジック協会国際連合）に加盟したいので力を貸してほしいという連絡が入りました。

▼マジックで縮まる三八度線

わたしが釜山で国際マジックフェスティバルを進行させている間に、北朝鮮から連絡がありました。なぜかというと、ＦＩＳＭに加盟しようとして申し込んだけれど、総会でヨーロッパの会長たちが北朝鮮の人権問題などを理由に拒否したというのです。それで北朝鮮のマジシャンたちとは約二〇年も交流がなかったにもかかわらず、わたしの携帯に直に連絡が来て「助けてください」って。同じ民族だから、助けなければいけないと思いました。まず、北朝鮮に行って話を聞きました。そして北朝鮮のマジックを理解してもらうために世界的に有名なマジシャンを北朝鮮に呼んで、マジシャン同士の交流を行う方が早いと判断したのです。なぜならマジックに言葉や思想、国境はありませんから。しかし、北朝鮮から「予算がないのでそちらで全部やってください」と言われました。それで招待マジシャンの費用すべてをわたしの同級生が出してくれて、そのお金で世界から有名なマジシャンを呼びました。その努力の甲斐あって、二〇一二年の総会で賛成三二〇、反対八〇ほどで北朝鮮は加盟できました。

わたしが北朝鮮のためにこれだけ一所懸命に頑張った理由は、釜山国際マジックフェスティバルに北朝鮮のマジシャンを呼びたかったからです。北朝鮮のマジシャンが釜山に来るのは、ウリナラ（わが国）の三八度線が動くことだと思いますから。

二〇一三年末、わたしは平壌に行きまして、北朝鮮のマジシャンたちと交渉をしました。しかし、北のマジシャンを韓国に送るのは難しいといわれました。北朝鮮の場合は写真であれ映像であれ、韓国で展示しようとしてもトップの許可がないとできないことだったんです。それが去年（二〇一四年）五月に写真や映像なら良いと許可が出たんです。すぐ平壌に行きまして、写真約一〇〇点と小道具、北からの委任状をもらってきました。それで二〇一四年八月に開催される第九回釜山国際マジックフェスティバルで平壌マジック団の特別展が開かれることになりました。

このフェスティバルでは内外一六ヶ国一〇〇余人のマジシャンが参加し、約五万人が訪れました。また驚くほど多くの一般市民が特別展にも来てくれました。

わたしは二〇〇六年に韓国からマジックフェスティバルの運営を依頼されて以後、この釜山国際マジックフェスティバルを世界中のマジシャンが来たがる、釜山国際映画祭のようなフェスティバルにしようという夢を持って携わってきました。それから九年が経ち、今では世界各国のマジシャンや愛好家が参加してアジア最大規模で行われるようになりました。わたしは「マジシャンが頑張ったら、三八度線が三センチ縮まる」といつも若いマジシャンたちに熱くいっています。

▼パフォーマーから教える人に

わたしは二〇〇一年のラスベガスの大会で韓国のマジシャンと初めて会ってから、韓国に行ったり来たりしてきました。若いマジシャンたちと会って演技を見て、悪いところを指摘したりしました。以前はあまりにもレベルが低い韓国のマジック界でした。それでも、その中で光るイ・ウンギョルという子がいて、日本に呼んで、二〇〇一年のマジック世界大会に出場させると、見事に優勝して、韓国ではものすごく話題になりました。また韓国では爆発的なマジックブームの流れになりました。優勝したあの子は今では韓国でトップ、世界でトップです。

釜山国際マジックフェスティバルに携わっていたころの二〇〇七年、東釜山（トンプサン）大学校からマジック学部（マジックエンターテインメント科）を一緒に作ろうと接触してきました。わたしは最終学歴が大阪朝高ですからいろいろな壁がありましたが、それでもわたしを看板にして学部を作ったら勝算があると考えたようです。それで大学に学部を作ったら、学生が全国からいっぱい集まってきました。最初にオファーが来て悩んでいたとき、妻が「行ってあなたの頭にあるのを全部教えなさい、全部教えてもあなたの頭の知識はなくならないからすべて教えなさい」といってくれました。それで決心し、わたしは釜山に完全に住み込んで、大学でマジシャン養成のベース作りに励みました。カリキュラムすらないから、釜山に今までやってきた技量あるマジシャンたちを集めて、形を作っていきました。世界で初めて大学で学部ができたのだから、世界のマジック界でも東釜山大が注目されました。自慢話をさせてもらうと、二〇一二年で六四年目になるFISMマジック世界大会では、今までアジアでは一人も出なかったグランプリが初めて韓国から出ました。それがうちの学生ユ・ホジンです。

二〇一三年マカオでFISMアジアマジック連盟総会がありまして、次の大会の誘致の選挙がありました。誘致するとその国の人が会長になるんですが、手を挙げたのが韓国と中国でした。圧倒的に中国が有利だったのですが、公平な審査を行う大会にする、マジックの未来のために韓国を選んでくれと各国の会長に訴えて一三対九で奇跡的に勝ち取り、わたしが会長になりました。在日同胞で世界機構の会長就任は初めてのことだそうです。

その過程では世界超一流マジシャンやスタッフたちに直接会って大会の協力をお願いしました。また、スポンサーを探すのも難しい中、韓国のマジック界を世界に見せる最大の機会だから、自力で運営しようと韓国マジック界に訴えてチケット販売や寄付などで大会を運営しました。

二〇一四年一〇月三〇日から一一月二日まで四日間、仁川（インチョン）でFISMアジア大会が行われ、三〇余ヶ国、一〇〇〇余人のマジシャンたちが参加して成功裏に終わりました。舞台マジックとクローズアップマジック、二つの部門のグランプリが全部韓国マジシャンでした。この大会の成功の裏には何ヶ月も頑張ってくれた学生たちや卒業生たちのサポートがありました。わたしが一番苦しいときに助けてくれたのも学生であり、卒業生だったのです。この大会が終わったとき、もう死んでもいいと思ったくらいやることはすべてやったと考えました。今回、FISMアジア大会で初めての試みとなるマジック育成プログラムとして、各国から一人ずつ子どもたちを招待しましたが、その子どもたちの目が段々と輝いてきて最後には皆、涙を流しながら喜んでる表情を見て、これはすごいことだ、次は未来を担う子どもたちを育てようと思いました。特にアジアの子どもたちを。世界に子どもマジック大会はないので、子どもたちの大会を開こうと思ってちょっとずつ進めているんです。

興味を持ってマジックをやり始めてから、いろいろなことがあっても一度もやめようとは思ったことがありません。それは妻もマジックを愛してくれて、家族の後押しがあってできたことですが、マジックがわたしの運命を超えた宿命だと思った契機は、やはり息子の死が大きいです。息子を亡くしたときはパフォーマーとして、演技者として生活をしていた人間でした。パフォーマーとしてはある程度成功したと思いますが、それよりウリナラで教えていることのほうが何百倍もやりがいのある仕事をしていると思います。そのような意味で、わたしはすべてを神がさせているように感じます。信仰はないですが、たくさんの試練を経てから、そう考えるようになりました。

▼在日同胞というのは優秀なチョソンサラム

在日というのは立場上中途半端で、昔は日本にいたら「朝鮮人」といわれて差別され、わたしが北朝鮮に行ったらまた差別され、韓国に行ったらまた差別されます。いったいわたしはなに人やと思いながら。でも在日というのは、チョソンサラム（朝鮮人）の血が入っていながら、日本の素晴らしい文化も持っている、二つの国を持っている素晴らしい人種だと。人間としていいと思うんですよ。自分が勉強すれば最高の知識を持てるし、努力すれば世界で優秀な人材にもなれる。わたしは在日同胞はこのようにすごいんだ、とても優秀だと思います。ただし社会的な保障はないですけどね。

喜怒哀楽という四つの感情を引き出すことは俳優などいろいろな分野の人にもできますが、人々を不思議な気持ちにさせるのはマジックだけです。マジシャンは喜怒哀楽に加えて不思議にもさせるから一番観客を引き込む力があります。わたしはチョソンサラムのマジシャンであることに自負心を持っています。

44　あくまで自分のため、自分自身の解放のために表現する

金稔万（キム・インマン）　男

取材日／二〇一四年一二月二六日　**出生地**／兵庫県神戸市　**現住所**／兵庫県尼崎市　**生年月日**／一九六〇年四月一二日　**略歴**／両親は済州島生まれ。大阪・釜ヶ崎を拠点に、ドキュメンタリー映画の制作や、映画上映を仲間たちと続けている。作品に、大阪市による釜ヶ崎住民の住民票削除問題と抗議運動を追いかけた『釜の住民票を返せ！　２０１１』。二〇〇九年、日雇い労働の際に通名使用を強制され、孫請けと一次下請け、元請け、国を相手取り、損害賠償を求めて提訴したが（「イルム訴訟」）、二〇一四年、敗訴が確定した。　**取材**／中村一成　**原稿執筆**／中村一成

▼一番古い記憶はゴム工場のある長田の風景

アボジ（父）もオモニ（母）も一九三〇年に済州島（チェジュド）で生まれた。一九四八年、お互いに一八歳の年で顔も見ずに見合いで結婚した後、アボジが一九四九年に先に日本に来た。そもそもアボジはハラボジ（祖父）との交換条件で結婚したらしい。条件の一つはハラボジに妾（めかけ）がいたのでそれをやめる。もう一つは日本に行かせるということ。アボジの断片的な話を俺なりに繋（つな）ぐ

と、済州島四・三事件も関係してるみたい。何でか知らんけど、俺には余り詳しくいわへんねん。オモニの兄貴が長田（神戸市）でゴム工場やってて成功してたから、その兄貴の金で高校出て、大学まで行かしてもらってん。こないだ大学の卒業写真見たら済州島出身者のグループがあって、本名で写真が出てた。最初は伯父さんのゴム工場で働いて独立していくパターンやね。うちのオモニは無学で字ぃも読めへんから、アボジがバカにして喧嘩になるねんな。オモニがいうわけ、「何いうてんの。あんた誰のおかげで学校行けたん?」って。家の中では子どもとは日本語で、喧嘩とか子どもに聞かせたくない内容は朝鮮語、済州島のサトゥリ（方言）になる。自然と使い分けてた。

アボジは仕事大好き人間で「日本人の倍、努力しろ」が口癖で、今でも「日本人が八時間働くんやったら一六時間働け!」とかいう。八四歳やで（笑）。震災で今では跡形もなくなったけど、物心ついたときは長田の菅原のゴム屋が密集したところにある長屋に住んでた。近所にホルモン屋があって、同郷の済州島出身のおばちゃんがな、店終わったら、タレのこびり付いた網を焼くねん。真っ赤な炎がぶわーって上がってな。今は無煙ロースターやからそんなんせえへんし、あんな危ないことできひんけど。

五人きょうだいで男は真ん中の俺だけ。下に男の子が一人おったけど、一歳くらいのときに亡くなった。アボジが仕事終わったら、ビニール袋にいっぱい中の子どもごと豚の子宮を刻んだセキフェ（刺身）を買うてくるねん。酢で味付けしたやつ。俺は何も知らんからおやつみたいに美味しい美味しいって食べてた。朝鮮人なのが嫌で堪らんかったときは、「えーっこんなん食べてたんや」と思ったこともあった。今は喜んで食べる。

日曜日になったらアボジは一人息子の俺を貸工場に連れて行くわけ。ゴム臭くて、ジンクステアレート（ゴムの防着剤）が床にあってね、水滴を落としたらそれが膨らんだり分離したりする。それで一人で遊んでた。帰りには必ず喫茶店に寄って、にがーいミーコ（ミルクコーヒー）呑まされて、ホットケーキ食べて、それが楽しみやったわな。幼稚園くらいのときにちょっと景気が良くなって、山の手の平和台に引っ越した。ゴム屋は儲かると、山の手か須磨に引っ越してたな。

俺が小さいときのアボジは暴力的でね。酒呑んで帰ってきて食卓をひっくり返したり、お袋や姉に暴力を振るっていた。引っ越してしばらくして、仕事が忙しくなったからやろな、親父の暴力は止んだけど、あれ移るんやな。長女が俺に暴力振るうようになった。やっぱり親は全部長男に投入するわけ。おかずも多いし。それが依怙贔屓に見えた、まあ贔屓なんやけどね。あと長女は母親にあたってた。高校に行くころに長女が大人しくなったら、それまで大人しかった次女が母にあたりだした。

親父に暴力振るわれた後、お袋はよく泣きながらレコードを聴いてた。李美子（イ・ミジャ）の「トンベクアガシ（椿娘）」っていう歌。ビクターのステレオがあってね。それからシンバン（神房）も呼んでた。来たら護摩みたいなの、わーって焚く。あれはオモニが自分の居場所をつくるためやろね。他の家も似たようなもんで、そんなんが絶対に必要やったんちゃう、女の世界やわ。あのとき、オモニは何考えてたんやろって。

二〇〇九年から「龍王宮」（大阪市にあった済州島出身の一世の女性たちの祈りの場）の記録を撮っているのもそれを知りたい思いが強いな。オモニが何を考えて生きてたんやろと。文字の読み書きできひんし、表現できひんわけやん。そこから自分の内面を辿（たど）る部分もあるけどね。

▼本名を名乗る転機、大学時代

アボジは「日本で暮らしているんやから日本名名乗るのは当たり前や」という人やったし、俺もずっと通名やったけど、小学校低学年のころは自分の出自に対して無邪気だった。金海金（キメキム）氏（シ）の古墳みたいな墓の写真とかカラーのカタログみたいなのがあって、それを学校に持って行ってね、みんなに自慢げに見せびらかしてた。「うちの先祖は王様やで」「偉いやろ」って。今にして思えばアホやけど。でも途中で「これはちょっと自慢するもんじゃないな」と気付いた。家に友達が遊びに来るとハラボジ、ハルモニ（祖母）の民族衣装の写真が飾ってある。それも恥ずかしくなって、だんだん隠し始めた。

それから、同級生でヤマちゃんという在日の女の子がいてて、近所に住んでいたし、よう遊んでたんやけど、その子がいじめっ子の標的になった。俺の耳元で友達が囁（ささや）くわけ。「実はあいつはチョーセンや」と。俺は「あ、そう」なんて何食わぬ顔でいっててね。同じやと思われたくなくてヤマちゃんとは遊ばんようになった。みすぼらしい格好してたのも恥ずかしかった。でも彼女は逞しかった。汚いとか臭いとかいわれたらやり返してた。男の子のいじめっ子をボカスカやったり。でも俺は知らん顔してた。

それからついにオモニの存在自体まで嫌がるようになった。服装も話し方も一世の「チョーセン」丸出しやし、道で会うのも嫌でね。無学で字の読み書きもできひんやろ。恥ずかしく思ってた。学校なんかの授業参観でも嫌で嫌でしょうがなくて、「来んな、来んな」と思ってたら、アボジがスーツ着て来るようになった。

高校生になりたてのときやったけど、眼鏡作りに眼科に行ったことがあって、そのとき、受付で「キンさん」って呼ばれてね。保険証が本名やったからやけど、思わず立ち上がって「違います、金海（かねうみ）です。金海って呼んでください！」っていったりした。

転機になったのは大学やった。入学後、民団の春季学校に行ったら、そこに民族サークルの人間がおって誘われて入った。俺は一回、名前を変えてるねんけど、当時は「金年員」と書いてた。朝鮮語の読み方知らんかったけど、先輩に自分の名前の朝鮮語読みを教わった。なんやったか忘れたけど、後で知ったらその読みは間違ってた（笑）。

民族学級とも無縁で、いわゆる本名宣言なんてやったことなかったんやけど、同胞に囲まれて、互いの本名を呼び合う体験が良かったし、大事やと思う。今も本名宣言とか「本名を呼び名乗る運動」とかある。昔の湊川高校とか尼工（尼崎工業高校）の実践とか、当時の本読んだら確かに面白いし、すごいと思うけど、そこでやれるのは恵まれてるし、個人の勇気や努力では限界やと思う。仮にクラスに通名の子が五人おったとして、一人宣言したら後が続くかっていうたらそれは難しいって。それから卒業してからどうすんねんって。あの実践は画期的やと思うけど、違うスタイルを作らんとしんどいと思う。もっと呼び合うことを大事にするというか。ちなみに俺の名前はその後、アボジが変えた。日本語読みでは今と同じ「トシカズ」だけど、字画が悪いとかいってね。でも名前変えてもいっこもええことないねん（笑）。

▼初めて「故郷」の済州島を訪れたのは二一歳

民族サークルに入ったのが一九八一年。光州（クァンジュ）事件の後やし、民主化闘争で盛り上がってた。先輩がね、何か難しいことといっては俺ら後輩を煙に巻くわけ。「われわれは『本質矛盾』と『派生矛盾』の両方を切開せなアカン」とか。「そんなあれこれできるかい」って思ってたな（笑）。そのときは全斗煥（チョン・ドゥファン）の来日阻止とかやってた。扇町公園（大阪市）でハンストやってた。俺は参加してない。実は横目で見てた。そのころから俺はやはり地域やった。祖国統一とかよりも地域やった。なんでかわからへんけど。

その一九八一年に俺、初めて済州島に行った。そのとき、ハラボジは父方母方ともに亡くなってたけど、ハルモニは二人とも元気やった。オモニの方のハルモニは藁葺（わらぶ）きの昔の家に一人で住んでてね、言葉できひんし、ハルモニと俺と一対一で、会話できひんやんか。ひたすら焼酎呑んで豚の耳食うてね。それでトイレ行ったらそこで豚飼うてた。これ、循環システムやわって（笑）。母方のハルモニと会ったのはその一回きりやった。

俺は長男やし、父方の方に行くやんか。そのときのことは忘れられへん。なんか変な感じやってん。テレビでアメリカのアニメやってってな、トムとジェリーが韓国語話してるねん。「この世界かあ」って。それでやっぱり会話できひんやんか。長男の長男いうたら一番大事な孫なわけやんか。それでハルモニに突然、「アイゴー、パンチョッパリ（半日本人）」とかいわれて。ハルモニが自分の白髪を触って、頭を指さしていうわけ。「イゴボラ、イゴボラ」（これ見ろ）って。俺ちょっと「えーっ！」と思って。「わたしはこんな歳になってもうて、孫はパンチョッパリになってもうた」って。言葉は通じひんけど、それくらいのことはわかるねん。ていうかそれしかあれへんやろ。悲しかった。俺は来たらアカンのかなって思って。あれいわれたときショックやったな。そんなんいわれるために俺、済州島に行ったんかなって。そんなんいわれてもしゃーないしな。わからへんもん。そんな状況に抗おうと思っても、帰ったら日本にどっぷりつかってまう。また元に戻ってしまうという感じ。言葉は今もできひん。勉強したけどもう、追っ付けへんし、割り切った。今は韓国の知り合いとはインターネットのグーグル翻訳でやりとりしてる。

大学を留年していたとき、東九条（京都市）の四〇番地とかで地域の在日や日本人の活動家たちと住民の聞き取りとかもした。当時、朴実（パク・シル。129ページ参照）さんが立ち上げた「サークル・チェイル（在日）」にも参加して、地域活動をやろうと思ってたら、そのころ、二番目の姉が自殺してん。高校に入る時期から精神的に不安定になって、薬の影響もあって太ったり痩せたりを繰り返してね。「なんで朝鮮人に産んだ」とか叫んで母親によく物をぶつけたりしてた。連絡受けて戻ったら葬式もすべて済んだ後でね。なんか地域活動もやる気が失せてしまって、家業を手伝い出した。びっくりしたのはゴム屋手伝い出したら同業者が知ってる奴ばっかり、在日やねん。「お前もそうか」「お前もそうか」って。同級生がいっぱいなわけ。

名前は卒業後に通名に変えた。親父が「商売で本名なんてありえない」という人やったから。後で名前で裁判起こすときも猛反対やった。そんな親父やけど西神（西区）に建てた自分の墓の名前は本名やねん。在日は死なんと本名名乗られへんのかなって思う。

仕事に就いたころはまだバブル経済やった。ゴム屋は波あるけど、入ったときはこう（右上がり）やった。それからこう（右下がり）なったけど。何が儲かったかっていうと、昔、パンサーっていう靴があって滅茶苦茶流行ってたん。学校でもクラスの八割、九割がパンサーを履いてた。そのとき、底をうちでやってててん。

マスクもせんとジンクステアレート扱ったりして、外から見ても中から見ても三Kの職場やけど、そんなことというてられへんから。それに中入ったらそれなりに面白い。同胞の人間がいるし、そこで面白おかしく自分の境遇を嗤うみたいな。同胞の集まりがある場所がやっぱり面白いなと。せやけどそれも震災とかでかなり減ってしまった。生野（いくの）のヘップ（サンダル）もそうかわからへんけど。みんなも今ごろどないしてんねんやろと思うわ。

▼家業のゴム工場が倒産、一人に戻る

家業を手伝っているときに、結婚して子どもも生まれた。朝鮮語読みでも日本語読みでもほぼ同じ音の名前をつけた。俺もそのときは通名名乗ってたけど、「いずれは」という思いもあったし。そうこうしてたら二〇〇一年に会社が潰れた。親父は必死でやってたからちょっとかわいそうやったけど、俺はそれで良かった。しゃーないわ。ごっつ気が楽になって、解放感でいっぱいやった。親父の後継いで何かやるなんて嫌でしかたなかったから。一五年くらい働いたあげくに潰れたし、もう何やっても親父はどうこういえへんから。具体的に何がしたいとかなかったけど、とりあえず一人でやれることをと。会社興すとか従業員雇ってとか、そんなんはもう嫌やった。

やったのは果物の行商。一人でできるやろ。四年くらいやってたな。青森のリンゴを売るねん。最初は神戸で二年やってすごい売れた。あれはアホでないとできひん。最初は当然、断られるやん。でも断られても断られても行かなアカンやん。頭を麻痺（まひ）させな行かれへん。そしたら買うてくれる。

一人になった後、名前も本名に戻した。リンゴが腐ってたりしたら連絡してもらわなあかん

から。名刺も本名で刷ってね。行商で本名の名刺配ったら何かトラブルあるかなとは思ったけど、何かワーッといわれたのは一回だけ。毎日夕方の四時や五時まで「味見してください」って配んねんけど、それで何かいわれたことなくて、本名で行くのにちょっと自信がついた。名刺見て「わたしもそう（在日）や」っていう人もいたり。底辺の仕事っていうのもあったと思うわ。セールスマンでネクタイしめて本名の名刺渡したら大変やと思う。大学の先生とかなら別やけど、サラリーマン、特に外回りの営業で本名の名刺配って歩くのは難しいと思う。逆にいうたら自由業は名乗りやすい。

そのころは週一〇本くらい映画を観まくって、自分で撮ろうと思ってカメラ買った。ドキュメンタリーなら一人でできる。年一本くらいは作れると思ってた。どっちも勘違いやったけどね（笑）。

最初は脱北者を撮りたくて中朝国境地帯に行ったけど難しかった。行商で貯めた金もなくなって、釜ヶ崎（かまがさき）で働いて、映画を撮るようになった。大阪市が釜ヶ崎の労働者たちの住民票を一方的に削除した問題を追いかけて、最初のドキュメンタリー『釜の住民票を返せ！ 2011』を撮った。その後に起きたのが、通名の強制やった。

▼通名を強制され、民事訴訟と国賠を起こす

「不法就労防止」でハローワークに外国人の就労状況を届ける制度があるねんけど、その「手間」を省くために、俺を日本人扱いして現場に入れようとしたんやね。二次下請けの事務所に呼ばれて、「通名で行ってくれ」って。同じ現場の一期工事でも本名で働いてたし、拒否して押し問答になったら、横で他の社員が通名の「かねうみ」でシール作っててんねん。それで結局、ヘルメットに貼ってた「きむ」のシールを剝がされて、貼り替えられた。あっという間やった。書類提出の手間を省くために、自分が取り戻そうと努力してきたものを踏み躙られた。在日でアンコ（日雇い労働者）の名前なんて雇用主、ましてや元請のゼネコンにとったらどうでもええわけ。その後、同じ現場で四ヶ月働いたけど、撮影を通じて知り合った友達がヘルメットが通名になってるのに気付いた。事情を話したら「おかしい、裁判しようや！」って。

孫請けとゼネコンと国を相手にしてね。最初は本人訴訟やった。裁判を勧めた友達は別の事件で逮捕されてて、法廷は俺一人。向こうは七人おった。一回目では裁判官が俺の名前を振り仮名もないのに、「キム・インマンさんですね？」っていってびっくりしてね。「理解あるわ」って。二回目までは裁判官がこちら側の肩を持ってくれてる感じやってんけど、それで調子に乗ってもうて、裁判長が全部やってくれるんちゃうかと思ってたんや。それ、やっぱりちゃうやん。民事裁判は訴えた側が立証せなあかんやん。でも何もわからへんし、書面も作られへんからずっと先送りにしてたんや。それで三回目、法廷で水ばっかり飲んでるって裁判官に怒られた。それで空野佳弘さん（弁護士）に話を持って行って、弁護団作ってもらった。

通名強制された後も現場で働き続けたから納得してたみたいにいわれたけど、日々雇用され、解雇されるアンコと雇用主との間の絶対的な力関係下での話やで。それに、抑圧に馴らされてるというか、受け入れてしまう部分ってあるねんね。これを裁判で明確にしたかったけど、伝わらんかったね。最高裁まで行って負けたけど、やって良かったと思う。一つは自分のルーツを調べたこと。裁判なかったら調べようとせんかったし、自分のアイデンティティというか、これまでのこと復習できて良かったわ。ドキュメンタリーだけやってると、撮る側しかない。裁判はまな板の上に乗って自分を晒すわけやから撮られる側やろ。ドキュメンタリーにもこの経験は活かせるなと思った。撮られる、晒すっていうのはしんどいよ。

一番しんどかったのは尋問やな。いろいろと弁護団が質問を考えて、反対尋問も想定してリハーサルやるやろ。でも法廷出ると全然違うねん。あれは不思議やった。何がちゃうんかな。圧迫感じゃない。普段忘れてること、あまり見たくない、向き合いたくないことを改めていうわけやねん。名前のことなんかそうやん。圧倒的大多数のマジョリティである日本人やったら考えんでいいし、当たり前の世界やん。これまで避けてきたことに向き合い、取り戻すしんどさかな。

▼後付けでも、追体験しなければ何が今の問題かわからない

裁判をする中でやはり先例を探すやんか。俺の裁判は名前やけど、調べていったら一九七五年の崔昌華（チォエ・チャンホァ）さんとか一九七〇年の日立就職差別裁判闘争になるけど、も

っと遡ると刑事事件になる。被告側になってしまった在日の陳述になるねん。小松川事件の李珍宇（イ・ジヌ）とか、金嬉老事件の金嬉老（キム・ヒロ）とか。そこで「貰う」わけ。ああこういうことかって。特に小松川事件は衝撃やったよ。高校のとき、湊川高校で（人権教育を）やり過ぎて飛ばされてきた先生から聞かされて、事件の概要や李珍宇の存在は知っていたけど、裁判の中で出会えたというか。

最初は、金子鎮宇こと李珍宇だったのが、獄中での朴壽南（パク・スナム）との往復書簡を通して目覚めていく。自分を回復していく。そこから貰ったことは大きい。彼は極限の状態でやってるわけで、俺はそうではない。状況が全然違うわけやけど、それと向き合った人間がかつておったということを知ったわけ。李珍宇が「名前」を取り戻す過程、それを知りたいと思った。ドキュンメンタリー撮ってるだけで、裁判やってなかったらそんな所まで行かへんかった。裁判は逆に自分が追い込まれるんやんか。それが必要やねん。後付けばかりやけど、それでもそこを追体験せんかったら、何が今の問題かわからへんのちゃうかなという感じがするねんな。

裁判では負けたけど、名前を巡る問題とか朝鮮学校のこととか在日の問題にしても、いわゆる「慰安婦」のことについても、二世、三世とかがもっと自由にいろいろと表現できる世の中になればいいなと思う。それが「次代のため」とか思った時期もあったけど、そんなええかっこなもんじゃない。あくまで自分のため。自分自身の解放のために表現する。自分もできひんことを後（の世代）に望んだら欺瞞（ぎまん）やと思う。それらのことを在日が自分自身と向き合い葛藤しながらも、自己を回復するために、自由に表現できる社会になればいいと思う。それにしても窮屈な社会になったと思うわ、日本は。

45　人生はここからが第二章

李鳳宇（リ・ボンウ）　男

取材日／二〇一一年七月　**出生地**／京都府京都市　**現住所**／東京都武蔵野市　**生年月日**／一九六〇年七月二五日　**略歴**／京都で生まれ、少年時代は民族学校に通いながらサッカーに明け暮れる。朝鮮大学校を卒業後、一九八四年にフランスのソルボンヌ大学に留学。帰国後、徳間ジャパン契約社員を経て、一九八九年に映画配給会社シネカノンを設立し、映画プロデューサーとして活躍。『シュリ』『JSA』など韓国映画の配給で次々にヒットを生み日本に韓流ブームを生む。制作においても『月はどっちに出ている』『パッチギ！』『フラガール』で映画賞を総なめにする。その後、二〇一〇年シネカノンは民事再生手続きを行い、二〇一一年四月には新たに制作会社SUMOMOを設立、現在は社名をRESPECTと変えて映画の配給、制作を行う。最新作は唐沢寿明主演の『イン・ザ・ヒーロー』で、二〇一四年九月より全国東映系にて公開。　**取材**／木村元彦　**原稿執筆**／木村元彦

▼三つの言葉を話した父

生まれた京都で記憶があるのは四、五歳のころからですかね。二世というのは一世の背中を

見て育つんですが、僕の場合もそうです。父は同胞愛が強くて民族意識の高い人でした。京都朝鮮第一初級学校の初代理事長だったんです。学校運営の資金や先生たちの給料を払う仕事を寝る間を惜しんで忙しくやっていて、そういった意味では父の影響は強いですね。

うちの父親は済州島（チェジュド）の人なんです。当たり前ですが、僕、済州島の言葉が全然わからなかったんです。同郷の人が遊びにくるんですが、これ何語だろってくらい、古い人の済州弁のなまりって、東京人にとってのたぶん津軽弁くらいわからない方言なんですよ。

父には済州弁をしゃべるとき、普通の朝鮮語をしゃべるとき、そして日本語しゃべるときの三パターンがあって、それによってモードが変わるんです。すごくリラックスして心許せる人なんだなっていうのが、済州弁。甘ったるい、どこかノンキな言葉なんですよ。そういうとき、父はだいたい酒飲んでました。朝鮮語しゃべるときはまじめな会話で銀行や学校関係者とお金の話をしてるときで、そういうときの父はいつも背広を着てるイメージなんです。家は洋服のプレス工場をやっていたんですが、職人さんや出入りの業者さんやお客さんとはもちろん日本語です。

今思い起こすと商売して一生懸命お金を稼ぐのも学校をなんとか運営するためでした。多くの場合、自分のお金も切り崩して支えていました。見ていたのはそういう親父（おやじ）の背中です。

当時、朝鮮学校に幼稚園はなく、僕は日本の幼稚園に行って小学校から朝鮮学校に行ったんですが、自分の本名を入学時に初めて聞きました。初めはびっくりしちゃって。まあ、親が日本語ではない言葉もときたま話していましたから、子どもながらにやっぱりうちはちょっと違うなというのは感じていましたが、はっきり聞いたのは入学してからです。入学式のときに名前を書いた名札と先生たちの説明で、あっ俺の名前は「リ・ボンウ」なんだって。幼稚園では僕は「きのした・いさむ」って名前だったんです。「いさむちゃん、いさむちゃん」って呼ばれてました。でも親父は僕に「ボンウ、ボンウ」って呼んでたから、変な名前で呼ぶなと思ったんですよ。子どもって使い分けできるんですね、誰かに指示されずとも。例えば母親について買い物に行ってると、外では「おかあちゃん」、家に帰ってくると「オモニ」って。きょうだいは兄貴と一番上の姉が亡くなって、いま四人残っています。

京都に来る前は東京にいて、兄貴が東京の第四（東京朝鮮第四初中級学校）っていう民族学校に行っていました。足立区にあって、済州の人がたくさん住んでる地域です。兄貴は六歳で筋ジストロフィーを発病して八歳くらいから歩行できなくなりました。初級学校の二、三年くらいからは乳母車に乗って通っていて、うちのオモニは病院で看護師として働いていて忙しかったから、同級生や友達が家に迎えに来てくれました。兄貴を乳母車に乗せて学校に毎日連れってくれていた。そういう生活でした。だからオモニは周囲の人たちにすごく感謝していました。いい学校でしたよ。

▼宇野重吉という人

当時、宇野重吉さんが紙芝居をやりに朝鮮学校に来てくれていました。うちの兄貴は歩けなくなってから学校に行きたくないっていっていたらしいですが、宇野さんの紙芝居が見たいから行ったという話を聞きました。『パッチギ！　ＬＯＶＥ＆ＰＥＡＣＥ』（二〇〇七年）に、その宇野さんの劇団民藝出身の米倉斉加年さんに出演してもらいました。米倉さんに紙芝居の話をしたら、「それはよく覚えてるし、自分もしたことあるんです」っておっしゃってました。

僕はまたその話を宇野さんの息子さんの寺尾聰さんにしたら、寺尾さんもご存知でした。「自分の親父はそういう人なんだよ」と。年をとってだんだん自分の父親の生き方がわかってきて、若いときはバンドやって売れたいとか、親父と違うことばかり考えてたけど、考え方が変わってきたとおっしゃってました。昔は「宇野重吉の息子」っていわれるのが嫌だったけど、今はもう、そういって欲しいって。結局、兄は京都で一八歳で亡くなりました。

▼映画との出逢い、フランス留学

映画は子どものころからたくさん観ていました。僕らの町には祇園会館の三本立て三五〇円というオアシスがあったんで、かなり通いました。がーんと感動した映画は『猿の惑星』、観てショックだった映画は『日本暴力列島　京阪神殺しの軍団』です。それは在日のヤクザを描いていて、微妙な台詞がたくさんあって興奮したことを覚えてます。映画が仕事として具体的に見えてきたのは、大学を出てパリに留学してからでしょうね。

フランスに行ったのは朝鮮大学でフランス語を勉強していたので単純に行ってみたかっただけです。パリに行ったら僕の帰属意識が何か変わるんじゃないか、そう思ったことが理由でもあります。日本以外の国から在日である自分を見つめ直すというか、広い世界から相対化することで新しい自分が見つかるんじゃないかと。なんか学生をやりに行ったという感覚じゃないんですよ。次の生き方を探しに行ったんですね。実際、大きな刺激を受けました。

パリではいろんなことを考えたけど、一番ガツンときたのは当時パリ市長だったシラク氏とミッテラン大統領の討論でした。フランス語の勉強もあってラジオやテレビはよく見ていました。

テレビで大統領候補者二人の討論会がオンエアーされて国民的な関心を呼んでいました。最初に司会者が「フランス人とは?」というテーマを選びました。まずシラクさんの説明が長かった。われわれこそローマ民族の末裔なんだという前置きから、ヨーロッパ文化の中心であり、西洋文明を切り開く博愛主義者であると、いわゆるトリコロールの精神を謳うんですね。それからミッテランさんにフランス人とはなんですかって質問をしたら、「わたしが考えるフランス人はフランス語をしゃべりフランスに税金を納めている人たちです、以上」っていったんです。

正直、素晴らしいと思いましたね。過去ではないんですね。今なんだ、これだと思いました。日本では僕ら在日は不可視の状態に置かれていて、あれだけ一生懸命やったサッカーも日本の公式な大会には一度も出られなかった。何も悪いことをしていないのに下を向いて、ヒソヒソと自分たちを語らなきゃいけない、釈然としない存在でした。でも誇りを持って自ら社会参画すれば良いんだと、初めて靄が晴れました。

日本映画を最もたくさん観たのはパリにいたときです。たまたま一九八四年から八五年にかけて日本映画大回顧展というのをやってたんです。フランス語字幕入りのニュープリントで一五〇本の映画を観せるんですが、ちょうどその期間にいたので相当観ましたね。溝口（健二）、衣笠（貞之助）、黒澤（明）、今村（昌平）……。やっぱり溝口が一番すごいと思いました。黒澤は『赤ひげ』を何度も観ました。僕の住んでいた一三区にスターという名前の名画座があったんですが。そこはオヤジが一人でやっているような小屋で、上映スケジュールだけが入り口にかかっているんです。例えば金曜日の一時に『赤ひげ』、三時にフェリーニの『道』、五時からはスピルバーグの『激突！』とか。それで行くと鍵がかかっていて、上映の三〇分前に鍵が開くんです。オヤジが出て来て鍵を開けて、チケット売って、客を入れたらまた鍵閉めちゃう。途中入場ができないんです。あれ、たぶん日本なら消防法に違反するんだろうけど、裏口からしか出られない。自分が好きな映画だけかけて、自分一人でチケット売って、映写もしている。その彼は『赤ひげ』が大好きで、毎月プログラムが変わっても『赤ひげ』だけは残っているんです。だから友達を何度も誘いましたよ、ちょっと仲良くなると「『赤ひげ』観に行かないか？」って。

僕はいつまで日本で暮らすかわからないから、日本の国産映画に興味を持てなかったんです。京都の時代も祇園会館は全部洋画でしたから、映画っていうのはイコール、アメリカ映画でありフランス映画だと思ってたんです。それがパリで初めて日本映画ってすごいなって思ったんです。こんなにすごい映画が日本にもあるのかと驚いたんです。この良さがわかるっていうのは、やっぱり自分が日本で生まれ育ったからかなと。自分もひょっとしたら日本映画を作ることになるかな、いや、ぜひ日本映画をやってみたい、と変わって行きました。フィルムに名を刻んでみたいと強く思いました。

▼「コレアン、ジャポネ、どっちなの?」

当時のフランスは若年層の失業率が高くて、移民問題が頻繁に取り上げられていたんです。フランス全土で二五%くらい。従ってアラブ、アフリカ諸国からの移民に対する風当たりが非常に厳しかったんです。外国人排斥運動がすごく盛り上がっていて、学生の中でもそういう雰囲気はありました。一緒にご飯食べないとか、学食でもクスクスを出さないとか。ヨーロッパって、どこも自由で寛容なのかなって思っていたけど、そんなムードじゃなかったです。そんな中でのミッテランの発言はとても印象に残っています。

フランスの友達に「お前は何人か?」と聞かれて説明するのは難しかったですね。在日韓国・朝鮮人をフランス語で説明しなさい、一分で、といったらこれ難しいですよ。「コレアンなのジャポネなの、どっちなの？」っていわれて、一応国籍上とかルーツはコレアン、でも「どこで生まれてどこで育ったの」って聞かれると日本。「じゃあジャポネだよ」っていわれて、いやいや違うんだと。初めは自分の中で整理するのに時間がかかりましたね。

特にフランスの植民地だったアルジェリアの人たちとそんな議論をしましたね。チュニジア、アルジェリア、モロッコ、その辺の人たちは大学にもいっぱいいたし、僕の友達にも一人アルジェリアの奴がいました。そいつの話を聞いたら、われわれよりもっと複雑なんですね。俺たち在日朝鮮人はかわいそうで複雑なんだという思いで彼らと話をしていたら、いや全然。全然かわいそうでもなんでもない、お前らの話聞いたらもう頭痛くなった、もういいよってことになったんです。

話したのはフランス側で戦争を戦ったアルジェリア人なんですよ。彼らはアルジェリアで迫害されて、フランスに来てもアルキって蔑称で呼ばれています。フランスのために戦ったから、一応功績が認められて公務員になれるんです。ただ下級公務員で、清掃夫とか。最低限の仕事には就けるけど、その上にはいけない。だからフランスで犬の糞処理してんの全部北アフリカの出身者でしょ。親友のお父さんは正にそうだったんです。彼はそれを徹底的に嫌ってたけど、まあまじめな奴なんですよ。勉強して僕はアルジェリアのために働くんだ、フランスなんて最低の国だと、いっていました。彼のおじいさんやお父さんの話を聞くとフランスってひどい国だなとつくづく思いました。でも彼の彼女はフランス人で、お父さんは軍人で……。だからいろいろ話聞いてると、全然僕ら単純だなっと（笑）。

▼芸能界で口にしてはいけないワード

一九八六年に父が病気で急遽日本に戻りました。帰って来て半年後にアボジ（父）もオモニ（母）も亡くなり、職も定まらないまま宙ぶらりんの生活が続きました。いろんな本や資料とかそのままパリに置きっぱなしで、結局一年以上取りに行けず、最後には送ってもらいました。

徳間ジャパンに契約社員で入ったのは八七年くらいですか。そこから九〇年くらいまで世話になりました。ＬＩＮＤＢＥＲＧってバンドを筆頭にいろんな歌手が契約していて、僕は日生（日生劇場）とか厚生年金（東京厚生年金会館）とかに行ってそのコンサート映像を撮っていました。ずっと本名で仕事していたんですが、撮影をするからマネージャーや事務所社長とかにご挨拶するじゃないですか。そうすると当時は、えっ？　ってほとんどの人はびっくりするんですよ。「何、あなたいつ日本に来たの？」って。「いや日本で生まれましたから、全然言葉も大丈夫です」っていうと、「ああそうなの」って。それで二、三日撮影してると時間もできるんで、弁当食ったりして話すんです。「朝鮮人ていわない方が良いよ。李くんね、日本の名前あるんだろ。悪いことといわないから、その名前にしなさい。そんな名刺出したら皆もうびびっちゃって仕事できないよ」って、もちろん善意でいってくれてるんですよね。心配していってくれるんですが、「そうですか。でも僕一応これポリシーなんです」って答えていました。

中には在日の演歌歌手もいますから、その方のお兄さんなんかはすごく親身になってくれて、お酒おごってくれたりとかしてくれました。もう俺はこの業界に何十年もいるけど、そんな甘いもんじゃないと諭されました。やがて韓流ブームが起きて、イ・ビョンホン、ペ・ヨンジュンなんていうのが有名になるずっと前でしたからね。芸能の仕事では韓国の「か」の字も、ましてや朝鮮の「ち」の字もいっちゃいけない言葉でした（笑）。それはもう大変なこと、絶対に口に出しちゃいけないワード（笑）でしたよ。

本名を名乗ったのはうちの父がそういう人だったからです。「何も悪いことをしていないのに、先祖代々から引き継いだ名前を隠す必要があるのか」ってよくいっていました。だから影響されたんでしょうね。

▼映画館を持つのが目標だった

僕が映画のキャリアを始めたころは、やはり映画は東宝、松竹、東映の大手しか作っちゃいけないし、配給も当然そういうメジャーがやるという風潮で、インディペンデントっていわれる人たちは小さい存在でした。インディペンデントなプロダクションは今村プロダクションか大島（渚）プロダクション、それから新藤兼人さんの近代映画協会。監督の制作会社しか存在していなかった。あったとすればアニメの制作会社で虫プロとかタツノコプロ、あるいは特撮に特化した円谷プロダクションとかかね。言わば作家性がものすごく強いか、ジャンルが違うか。

だからどうしてもインディペンデントは王道の商業映画が作れないというのが常識でした。

それが九〇年代になると出版社のお金や広告代理店の都合で映画がまわりだすので、日本映画全体がスカスカになって粗製濫造時代に入るわけです。作品自体がつまんなくなって来る。そういう時代だから僕らにチャンスがあったんじゃないかなと思います。僕は最初から映画館を持つということを目標にしていました。制作をする上で、日本では映画館を持たないと絶対負けるって思っていましたし、一方で配給会社も作ろうって思ったのは、徳間にいてシステム全体を垣間見たからです。そういう意味でも勉強させていただいた徳間さんにはすごく感謝してます。

例えば僕が作った『フラガール』（二〇〇六年）みたいな映画は本来インディペンデントが作る映画じゃないです。あれは松竹や東宝が王道として作るべき商業作品です。じゃあなぜ東宝は作らなくて僕が作ったかっていうことですが、それも僕が徳間にいたからだと思います。そういった娯楽映画を目指すＤＮＡがあるし、一方でインディペンデントとしてやってきたキャリアもあるので、それらが融合したからでしょうね。三年連続で「キネマ旬報」のベストワン（『誰も知らない』『パッチギ！』『フラガール』）をいただきましたが、一つの証明として、とてもありがたいと思いました。

▼良い映画をこつこつ作っていきたい

僕自身はこれまで失敗も成功もいろいろと経験しましたが、人生はここから第二章だと思っています。映画を始めて二〇年で、ある程度まで映画館（二一スクリーン）を作り、一六〇本くらいの映画を配給し、二六本の映画をプロデュースしました。

僕が大きな失敗をしたのは、それはインディペンデントがはまる失敗でもありますが、映画の夢を実現するためには大きな資金が必要で、会社を大きくするべきだと考えてしまったからです。そこで僕は、よく吟味もせずにファンドっていうものに手を出してしまった。それが大きな失敗でした。もう同じ失敗はできないので、たぶんこの先は上場会社を目指すとか、また社員を一〇〇人以上抱えるとかはしないと思います。ただ良い映画をコンスタントに作っていこうと思います。

ただし自前の映画館はこの先も必要だと考えています。映画館はメディアだからです。今は先ず、大きな実験ですが、移動型の映画館を作って運営しています。MoMOっていうこれはムービング・オン・ムービー・オアシスの略なんですが、つまり移動映画館を作り運営しています。一二〇席の映画館を三時間でどこでも作れるっていうものです。メルセデス・ベンツの一三トン車に特注の映写機や機材を全部積み込んで、それ以外にも階段式の椅子やシート、いろんなものをカスタマイズしました。フランスではかなり昔から移動映画館という劇場があるのですが、それを日本風にアレンジして作ってみたんです。今はこれ一台ですが、ゆくゆくはいくつか持とうと思っています。理想はこれを二台、三台と連ねて熱海海岸で例えば国際映画祭をするとかね。もうその期間は浜辺に赤絨毯を敷いてお祭りができるわけです（笑）。

この間、映画業界の事情もずいぶん変わったと思います。今はテレビ局が映画を作り、そしてテレビ局の事業部で関連商品も売り、観光名所まで作ってしまう。映画のすべてがそういうビジネスになってきました。たぶんテレビが廃るまで続くと思うんです。さっきお話しした八〇年代から九〇年代にかけて出版社が担っていたものが、今はテレビ局が担っている。それにずっとくっついているのが、広告代理店ですけどね。だから僕がずっと考えていたのは、どこかでそういう人たちといかに協力したり対抗したりして映画を作っていくかってことだったと思うんです。元々がゲリラだったわけだけど、改めてもう一回認識したっていうか。この先も「強い映画」を作る戦いは続くと思うんですよ。だったらゲリラっぽくもっと徹底的に戦う術を持とうじゃないかと考えています。

▼在日一世のことを忘れてはいけない

次世代の在日にメッセージというか、日本社会がどうなって欲しいか、ということですが、それは時代とともに変化しますね。サッカーの話でいうと、今、在日の選手は力さえあれば北朝鮮代表への道も選べるし、日本代表も選べるし、韓国代表も選べる。もっといえばさらに違う国の代表にだってなれる可能性はある。二世の僕らの世代はそういった選択肢はなかった。いや、一つだってなかった。現在はいろんな要因が重なって突然三つも窓が開いたといえる。

だから二世と三世の違いってそんなところにあって、ものすごく大きな違いですね。〇から三になったという。だから、それをいかに前向きに捉えられるか。それを変なふうに利用しようって思うんじゃなくて、可能性があるから頑張ろうってなれるかどうか。そこがすごく大切だと思います。

何もしないと何も生まれない。どの業界でもそうですが、何かを一から創り出そうとやって来たから今、もう一度始めることに躊躇(ちゅうちょ)がないんです。『パッチギ！』作るのも相当大変なんですよ（笑）。無謀でも誰かが何か始めないと変わらない。そういった意味では二世は定住し始めた世代としてパイオニア的なところがあったと思うんです。三世四世の時代って安定しているけど、その中で安住することになるかもしれない。そうなると同化だけが進んで何も生み出せない世代になるかもしれない。だから次世代には信条を強く持った上でグローバルな生き方をしてほしいですね。グローバルなというとグローバリゼーションという名の下で行われている経済システムのぶち壊し政策を想(おも)い起こしますが、それとは逆行する生き方として、オリジンである李とか金とかっていうアイデンティティを失ってほしくない。

われわれは決して在日一世のことも忘れてはいけないと思います。うちの息子にもいうんですが、自分の父親よりも自分のおじいちゃんの生き様を見なさいと。そういう人たちの生きてきた様を考えることがプライドに繋(つな)がり、生き方を教えてくれると信じています。俺なんてたいしたことないけど、お前のおじいちゃんはすごい人なんだ、お前がおじいちゃんのことを理解できたら一人前だって、そういっています。

僕にとっての祖国とは、一世の背中のことなんです。どこかに帰属して生きて行こうとは考えないし、日本で死ぬまで生活するつもりもないです。だからこの先どこで生きても、どこで映画を作ってもいいと思っています。

僕は、「あなたの肩書きは何なのですか?」って聞かれるとはっきり答えられないんですよ。映画ってよく規定するでしょ、プロデューサーとか監督とか俳優とか。でも僕はあまりそういう肩書きにこだわるというのがないんです。良い仕事をしよう、何かを実現しようと思ったら、肩書きなんてなんでもいいんですよ。自分が何に役立てるかを必死に考えることが大切だと考えます。だから自分が映画プロデューサーっていう感覚はまったくないです。

それも帰属意識がないからですかね。どこかに所属するっていう意識がもともと自分の概念の中にないのかもしれないですね。後ろ盾もない、金もないところから始まったけど、信念だけはあるわけだから、何か起こすにはまず自分がやらなきゃ、という思いがいつもあります。どこかの組織に入ってそこでやっていくということは、はなから性に合わないんでしょうね。頑張ります。

46　父が始めたパチンコ店を二兆円企業へ

韓裕（ハン・ユウ）　男

取材日／二〇一二年九月八日、二〇一六年二月二九日　**生年月日**／一九六三年四月一七日　**出生地**／京都府峰山町　**現住所**／東京都千代田区　**略歴**／在日であることを意識せず、幼稚園から本名を名乗っていた。野球強豪校の京都商業高校時代、本名で甲子園に出場、準優勝を果たした。二〇歳のとき、当時としては珍しく本名のままで日本国籍を取得。法政大学卒業後、慶尚南道出身の父・韓昌祐（ハン・チャンウ）が京都で始めたパチンコ店「マルハン」を継ぐ。当時あまり良くなかったパチンコ業界のイメージを一新させるため、様々な改革に取り組む。女性アルバイトの雇用、経営のデータ化、多店舗化など、それまでのパチンコ店経営とは一線を画す手法で業界改革を成功させ、マルハンを二兆円企業にまで成長させる。

取材／木村元彦　**原稿執筆**／福田優美

▼父が峰山で始めた事業

マルハンの事業は、会長（父）が京都府峰山町（現・京丹後市）で始めた「るーちぇ」という喫茶店からスタートしました。父は一六歳のとき一九四七年一〇月二二日に慶尚南道から来日した一世です。子どものころは一階に喫茶店、二階に中華料理屋、三階に宴会場がある飲食ビルの四階に家族で住んでいました。峰山でもマルハンというパチンコ店は一店舗だけやっていたんですが、わたしが小学校低学年のころは、会社はパチンコではなくボウリングに力を入れていました。そのあとだんだんボウリングの人気が落ちていって、経営が悪化していくんです。会長の自叙伝を読むと、六〇億円もの負債を抱え込んだそうで、わたしがちょうど中学校に入学する昭和五〇（一九七五）年前後、自殺を考えていたと書いてあります。昭和四七（一九七二）年に静岡にオープンしたボウリング場は三年で閉めたとも。子どものころは知る由もなかったんですが、そのころ、会社はどん底だったそうです。

▼京都商業時代、レギュラー獲得への強烈な執念

小学校低学年くらいのころ、母の弟で創業メンバーでもある鈴木嘉和（よしかず）副会長が、兄とわたしとすぐ下の弟の三人に、子ども用の巨人軍のユニフォームをプレゼントしてくれたんです。それですっかり野球に目覚めて、ソフトボールを始めました。中学に入ると念願の野球部に入って野球漬けの毎日。どうせやるなら一番強いところで、と思って高校は当時の甲子園連続出場校の京都商業（現・京都学園高等学校）へ進みました。

高校も本名で通いました。創業当初の社名は西原産業で、西原という日本名があるのは知っていましたけど、わたしは幼稚園から韓裕という名前で通ってましたから。高校で急に名前を

変えたら地元の友達は気づかないじゃないですか。だから迷わず本名で進学しました。

京商時代は、とにかく練習がきつかった。野球部は一年生だけで一八〇人いたんですけど、辞めさせるためにわざとこんなきついことさせてるんじゃないかと思うくらい。朝練して通常の部活を終えて、十数キロ走って帰って、そこからさらに素振りして、ってやってると寝るのは一二時を過ぎていました。それで朝五時に起きるというのを三年間繰り返していたんです。甲子園に出場したい一心で、家を出てまで京商へ行ったわけですから、なんとしてもレギュラーにならなきゃいけなかった。スタンドで応援するくらいだったら今すぐ辞めてやるという気持ちでやっていました。でも、それはみんな同じ。チームメイトで同胞だった鄭（昭相）や金原（貴義）とは常にお互いを意識してました。特に、鄭とのポジション争いは本当にきつかった。自分が休んでる間もあいつは走ってるかもしれない、素振り一〇〇回してる間にあいつは二〇〇回してるかもしれない。常にそんなことばかり考えてました。

▼段ボールいっぱい届いた同胞からの手紙

一九八一年、夏の甲子園に出場しました。鄭は一番センター、わたしは五番レフトで。われわれの名前がスコアボードに上がったことが当時大きな話題となりました。わたし自身は意識してなかったんですが、本名で甲子園に出場したこと、さらに決勝まで勝ち残ったことが在日の方々にとって強烈な印象を残したようです。それで「勇気をもらった」とか、「息子を本名で進学させる決意をした」という手紙をたくさんもらいました。段ボール二、三箱はありましたね。本名ではなかったですが、金原、呉本（治勇）もそうでしたし、決勝戦であたった報徳学園にも金村義明、高原広秀、岡部道明、松本政輝という在日の選手がいました。入場行進のリハーサルのとき、金村が「お前らすごいな」ってわたしと鄭に声を掛けてきたんです。あとから聞くと、彼は在日としての自覚が強かったので、われわれが本名で出場していることに衝撃を受けたらしいんです。

甲子園まで行って、さらに準優勝したチームでレギュラーになれたのは幸運だったとしかいえません。もちろん、そのために必死に努力をしたわけですけど、甲子園を目指す何千、何万もの人が同じように死ぬ気で練習しては、甲子園に出場することなく涙を飲んで野球生活を終わっていくわけですから。あの三年間の出来事は、わたしの人生にとって大きな意味を与えてくれました。

▼兄の死

わたしが中学三年のとき、アメリカ留学中の兄が事故で亡くなったんです。それまで将来のことなんか何も考えていない野球小僧でした。兄が亡くなったころからですね、自分が会社を継ぐかもしれない、となんとなく意識し始めたのは。大学のときには完全にそう決めて卒業後、地産に入社しました。当時の地産はホテル、ゴルフ、不動産が中心で、わたしはゴルフ事業部に配属されました。そのころ、マルハンでもゴルフ場の話があがっていたので、パチンコよりレジャーを勉強したほうがいいと思ったのです。それで、地産で約二年お世話になって、マルハンに入社しました。

実は入社前まで、わたしは、実家はパチンコの会社というより、ゴルフもボウリングも展開している「総合レジャー会社」だと思っていました。入社前に結婚をしたのですが、披露宴に来てくださった方が来賓スピーチで「パチンコ業界の最大手、一〇〇〇億企業のご子息が……」というようなことを話されるんです。ビックリしましたよ。うちの会社ってパチンコで日本一なのかって、そのとき知ったんです。わたしが高校進学で家を出て、実家を離れていた一〇年の間に、会長はどん底だった会社を回復させるばかりか、日本一にまで成長させていたんです。

▼パチンコ業界改革の始まり

入社後すぐは、会長からお金の流れを勉強しろといわれ経理部に入りました。とはいえ、現場が気になるから昼は経理をして、夜になると大阪や兵庫の店に行ってました。そしたらどこもかしこも、軍艦マーチががんがん流れてマイクの呼び込みがうるさい。それで店長に、何のためにこんなことをするんですかと、聞くとこういうんです。「パチンコにはマイクの呼び込みと軍艦マーチが大事やねん。何もわかってないね」と。

実は大学時代から、武蔵小杉（神奈川県川崎市）のパチンコ店さんには結構行っていたんです。

あのころのパチンコ店は、サービス業としてまったく体をなしていなかった。パンチパーマにサングラスをかけたスタッフが、客を客とも思わない態度でこちらを睨みつけてくる。この店、こんなんでよくつぶれないなぁと思っていたんですけど、そこだけじゃなくてパチンコ業界全体がそんなもんだったんです。これじゃダメだ。こんな状態で入っても仕事に対して誇りを持てない、誇りを持って働ける業界に変えよう、まずは自分が動いてパチンコ業界を良くしていこうと考えました。パチンコは一世の時代、在日が生計を立てられた数少ないビジネスだったと思います。だからこそ、次はパチンコをもっと誇りを持てるものに変えたいと思って一人で経営企画室を立ち上げて、経営企画の立場から現場に口を出していったんです。

ところが現場にはまったく響かない。わたしのいうことはきれい事だとか、パチンコにサービスは関係ない、お客様が求めているのは勝ち負けだけなんだ、となかなか聞き入れられない。二年間続けたけど、この調子だと一〇年経ってもまったく変わらないかもしれないと思い始めていたところ、ライアル・ワトソンの著書『生命潮流』で「一〇〇匹目の猿」という現象を知ったんです。普通に芋を食べていた猿の群れで、ある猿が芋を海水で洗って食べた、それを真似する猿も少しずつ現れるがそのスピードはそれほど速くない、しかし真似する猿が一〇〇匹に達して以降、伝播は場所を越えて一気にすべての猿がそうするようになったという話。八〇〇人の従業員、三五店舗をいっぺんに変えるのは難しいけれど、まず一店舗だけならなんとかなるかもしれない。そこから二店舗、三店舗とやっていったら、そのうち「一〇〇匹目の猿」

のように全体が変わるはずだ。そう思って、社長（現会長）に、自分に一店舗任せて欲しいと申し出たんです。ちょうど静岡支社に現副会長がいたこと、それに築年数、業績、規模が平均的な店だったことから、「草薙（くさなぎ）アピア店」をモデル店として任せてもらえることになりました。それで、一九九二年四月からスタートするために、一年間の準備を始めることになったんです。

まず取り掛かったのが採用です。残念ながら社内には業界擦れした人しかいなかったので、将来のパチンコ業界のあり方や会社のビジョンに共感してくれる人を他業界から採用したかったんです。ただ、これが想像以上に大変だった。仮にこれが経営企画で一緒にやろうという話なら、それほどでもなかったと思うんです。でも、要するにパチンコ屋のホールで働くということですから、ものすごくハードルが高かった。当時パチンコ屋といえば、スポーツ新聞の隅にある「三食付き、即日住み込み可」みたいな広告を見て駆け落ちしてきたカップルが最後に逃げ込むような世界で、まともに募集しても来ないんですよ。結局、法政の野球部の後輩とか、その知りあいを勧誘するくらいしかできることがなかった。一年かけていろんなツテをたどって、ようやく五人採用しました。うち三人は野球部。それと今、太平洋クラブの社長である弟の俊が後に入ってきました。

必死に集めたはいいけど、五人じゃお店はまわらない。それで、アルバイトを雇おうと考えたんです。わたしが目指していたのは、サービス業としてのパチンコ店だったので、それまでみたいな柄の悪い店員じゃなく、笑顔で接客できる人が欲しかったんです。そのためには、当時夕ブーだった女性がいいと思いました。それに、将来、多店舗化していくためにも、女性の戦力は欠かせないと思っていました。ただ、パチンコ店がアルバイトを募集しても人が集まらないことはわかっていたので、登録制度というのを作って、モデル店が入っていた複合施設内のテナントのアルバイトをまとめて募集したんです。三、四〇人集まりました。それで、現状、他のテナントはアルバイトが足りているから、よかったらパチンコ店で働きませんか、と切り出したんです。パチンコ店といっても、これまでにない新しいタイプのものなんだ、ということを一生懸命説明しました。それに共感してくれた人が残って、五人以外は全員女性アルバイトでスタートを切ることになったんです。

▼モデル店開店直後の大トラブル

モデル店は、一九九二年の四月一五日の夕方にオープンしました。ところが、一時間もしないうちに補給装置のトラブルで玉が出なくなったんです。お客様は「新装オープンだから来たのに、なんだこれは！」と暴れるわ、アルバイトの子たちはお客様に怒鳴られて泣き出すわ、もう大パニックでした。玉が出ないので出玉相当分を保証してその日は早々に店を閉めました。まったく、とんでもないオープンでした。

そのあと、社員五人とわたしと弟の七人で、寮の二階の食堂に集まって大反省会です。実は社内には、モデル店を快く思わない人がいっぱいいたので、密(ひそ)かに何か仕込まれたんじゃないかという話まで出たんですけど、はっきりとした原因は結局わからずじまい。そのうち一人が「お客様はやっぱり勝ち負けだけを求めていて、『いらっしゃいませ』『ありがとうございました』なんて言葉は求めてないんじゃないですか」と弱音を吐き出した。それに、アルバイトはもう来ないかもしれないといい出すスタッフも出てきて。そうなったらわれわれだけでやるしかない、とにかく何があっても絶対にやり切るからついて来い！　といいました。

正直、不安でしかたなかったんですが、翌朝アルバイトは全員来てくれました。彼女たちは怒鳴られてベソをかいても、ここで辞めるわけにはいかないと思ってくれたんでしょうね。社員五人の熱い想い（おも）が伝わっていたんだと思います。もしあのとき彼女たちが来てくれなかったら営業そのものが危うかったかもしれません。彼女たちは後に逞（たくま）しく成長しました。今はマルハンにも多くのアルバイトがいますけど、彼女たちは伝説のアルバイトとして語り継がれています。

当時パチンコ業界では、アルバイトはお客様としゃべらせないというのが常識でした。仲良くなると不正に繫（つな）がるといわれていたからです。でも、わたしは積極的に話しかけてお名前を覚えるようにさせました。最初はお客様も戸惑っていましたけど、二、三ヶ月したころには確実に手応えを感じていました。ただ、そのころになると社員五人は見るからにげっそりしてしまっていて。朝七時半から夜一二時まで毎日通し勤務。そのうえ、閉店作業を終えて毎晩反省会の繰り返し。これじゃもたないと思い、リクルートに相談に行ったんです。そこでまた、

「業界を変えたい」「そのために会社のビジョンの発信者となる人材が必要だ」と語りました。

最初は、今のままだと自分がこの仕事に胸を張れないというのがあったんですけど、そのころには、社員が仕事に誇りを持てるようになんとしても業界を変えなきゃいけない、という想いが強くなっていました。話しているうちにリクルートの人たちも真剣に応えてくれて、「韓さんの想いをダイレクトに伝えたら響く若者はいっぱいいる。ただ、出会ってないだけです」。それで「B-ing」という転職情報雑誌に、カラーで見開きを三週間連続掲載して、東京のホテルを借りて会社説明会をしましょう、と提案されました。一回あたり二、三〇人集まる計算で、三回やったら六〇人。二〇人くらいは採用できる可能性がある、というんです。

ホテルで説明会をするとなると、媒体費と合わせて一回あたり約三〇〇万、三回で一〇〇〇万近くかかることになる。今までスポーツ新聞の一枠七万円の採用広告しか出したことないのに、そんなこと認めてくれるのかと不安に思いながらも、企画書を作って京都にいる会長に持って行ったんです。いろいろ思うことはあったと思うんですけど「お前の好きなようにやれ」と一言で許可してくれました。よっしゃ！　これで道が開けた！　と思いました。でも、いざ蓋(ふた)を開けたら、一回あたり五人しか来なかったんです。そのとき、また現実を思い知らされましたね。人一人採用するのにこんなに金がかかってたらこれからどうしたらいいんだ、と。そのときは全部で五、六人が入社しました。そうやって、少しずつモデル店を充実させていったんです。

次に何が起こったかというと、既存店の店長たちがどんどん辞めていくんです。彼らからすると、社長の息子が入ってきて何かやり始めたのが面白くなかったんでしょう。人が辞めるたびにモデル店二号店、三号店を作り、拡張していきました。それでもっと人が必要になって、翌九三年から新卒採用を始めることにしたんです。そのときはすでに内定が出ていた時期で、われわれがまともにやっても人は集まらないだろうと思い、学生たちに兵庫県の森友北店でパチンコ大会をするというダイレクトメールを送り七〇人くらいを集め、パチンコ大会の後、この店を経営している会社が新卒採用をやっているので、もし可能であれば説明会に参加してほしい、少しだけ時間をくださいといって、近くのホテルまでバスで学生を連れて行ったんです。半分くらい来てくれたのかな。モデル店のメンバーも全員来て、お酒を飲みながら一人ずつ口説いて。結果的に一期生は二〇人くらい入ってくれました。よそで内定が決まっていた学生の親御さんからはパチンコ店なんて行かせるか！　と怒鳴られましたけどね。そうして二期生、三期生とだんだん人数が増えていったんです。今は例年、約二万人の学生がマルハンに興味を持って新卒採用の情報サイトへエントリーしてくれています。あのころと比べると大違いです。

▼蓄積したノウハウと精悦部隊で東京進出

多店舗化にあたって、もう一つ変えなきゃいけなかったのが勘に頼らない店舗運営の実現です。昔の店舗運営は優秀な店長を、良い条件で引き抜いてきて、その店長個人のノウハウに店舗運営を任せていたんですが、それじゃダメ。人を育てないといつまで経っても外部に頼らないといけない。でも、ベテラン店長のノウハウ、つまり勘を教えてもらうことはとても難しいものですし、それを目で盗んで、みたいなスピード感でやっていたら多店舗化なんてできない。それで店長たちとはよくやり合ってました。モデル店では、オープン初日から五人全員にいろいろなことを経験させました。ド素人ですから当然失敗もしますけど、ちゃんとトレーニングすれば数ヶ月でできるようになる。大事なのはデータをしっかりと分析しそれを根拠に店舗を運営することなのです。あのころは、データ分析が赤鉛筆からホールコンピューターに代わっていく、ちょうど時代の境目でしたね。

パチンコ業界のイメージを一新できる！　と思ったのは東急から渋谷店の提案があったときです。これは良いイメージを発信する店になる、と思いました。路面店じゃないというのはリスクでしたが、モデル店スタートから三年が経っていたので、ノウハウも蓄積されていました。なにより人材に厚みが出ていたので、精鋭部隊で東京に乗り込む準備は整っていたんです。

渋谷店には、業界初のネタをたくさん詰め込みました。パチンコ店開店としては珍しく、帝国ホテルでマスコミを三〇〇人くらい呼んで記者会見をしたり、カップルシートやカジノのようなお洒落（しゃれ）なスロットコーナーを作って女性誌にデートプランとして取り上げてもらったり、とにかく話題作りをいっぱいしたんです。投資が嵩（かさ）んだので、利益面では大成功というわけではありませんが、集客やイメージアップという面では大成功といえますね。オープン初日から東急ホテルに滞在してたんですけど、部屋の窓からお客様がエスカレーターを上がってどんどん店に入っていく様子がずっと見えていました。九五年七月にオープンして、翌年正月までずっとそんな状態でした。

渋谷店には業界の方もたくさん見に来てくださいました。二〇〇〇年ごろから多店舗化を進める会社がいくつか出てきたこととも相まって、この一〇年くらいの間に、一気に業界が進化したといえます。残念ながら二〇一六年一月に賃貸借契約満了につき渋谷店は閉店しましたが、この挑戦はパチンコのステータス向上に少しは役立ったのではと自負しています。また、当社のことでいえば、この店でマルハンを知り、入社を決めた社員も多く、今のマルハンの原動力になっています。この挑戦をして本当に良かったなと思います。

▼絶大な影響を与えてくれた父

業界改革なんて大層なことをいい出したのは後々になってからで、最初は今ある店舗をなんとかしないといけない、というところから始めただけです。今、三〇〇店舗を突破して、地域によっては自社競合も起こっています。他業界なら日本が飽和状態なら海外展開を目指すところですが、パチンコの場合、そのままでは海外展開が許されてないので、さらなるパチンコ業態の進化を追求するとともに、パチンコで蓄えたノウハウと人材を活かして、レジャーやエンターテインメントという他領域に事業を拡大するというのが、今後の挑戦になります。

「余暇市場の提供によって世の中を豊かにする」というのは、創業時代からの理念です。会長は今も昔も「夢と希望とロマン」という言葉をよく口にするんです。実際、夢と希望とロマンを持ってチャレンジし続ける生き様を、子どものころからずっと近くで見てきました。七万円の広告で採用していたときに九〇〇万円という無茶な提案を認めてくれたのもそうですが、いつでも新しいこと、大きなことに挑戦させてくれ、それを見守ってくれていたんです。親として経営者として在日として、すべての面で会長から影響を受けて、今の自分ができたんです。

三〇年ほど前、二〇歳のとき、本名のまま日本国籍を取得しました。最初は変えるつもりはなかったんです。在日という意識を持っていたわけではないし、親から在日として生きろ、ということをいわれたこともありません。難しく考えたことはないけど、それまで韓という名前で何不自由せずに生きてきたんだから、わざわざ変える必要はないと思っていたんです。でも、会長の考え、日本で生きていくうえで持つべき権利や義務の話を聞いて、それに納得したのでそうしました。

当時、出自を隠すために日本名で国籍を変える人はいても、本名のまま変える人はいませんでした。法務局に嫌みをいわれましたけど、人はそれぞれ自分の考え方を持って生きているんだから、それぞれの選択肢があっていいと思うんです。しかし、これから日本で生きていく二世・三世は、自分のルーツをしっかりと認識しながらここで生きていかないといけない。ですから、国籍や名前についてはそれぞれの考えがあるでしょうが、わたしはルーツである韓国、生きていく日本、どちらも大切に考える韓国系日本人という意識を持って両国に貢献していきたいと考えています。

47　テコンドーのパイオニアにして経済学博士

河明生（かわ・めいせい）　男

取材日／二〇一二年一一月二三日　**生年月日**／一九六三年九月一五日　**出生地**／東京都大田区　**現住所**／滋賀県彦根市　**略歴**／両親ともに慶尚南道出身。在日一世の父・河祐植（ハ・ウシク）は一九四〇年前後に学問をしたいと渡日したものの、お金が無いために職を転々としながら東京へ。土木労働者の親方をやっていた同郷の先輩を頼って現在の大田区六郷に定住。やがてその先輩にまじめな人柄を見込まれ娘の金点淑（キム・ジョムスク）と結婚。両親は祖父の亡き後、くず鉄回収業者として生計を立てていた。家を建て替えると同時に焼肉屋を開業する。そんな家庭で育ち、極真空手を学びながら民族学校に進む。五人きょうだいの末っ子。朝鮮大学校を中退後、テコンドーと出会い武道を極めると同時に梶村秀樹氏に学びたいと神奈川大学に進み、学者を志す。法政大学、高崎経済大学などで兼任講師。二〇〇一年に日本国籍を取得。経済学博士、日本テコンドー協会会長。家族は妻と息子二人。　**取材**／木村元彦　**原稿執筆**／木村元彦

▼民族学校の思い出

わたしは一九六三年生まれです。生まれ育った韓国への帰国を諦めていなかったアボジ

（父）の意志で東京朝鮮第六初級学校に行かされました。帰国後の生活で支障がないよう朝鮮語を学ばせるためです。アボジは無学でしたから思想はありません。

朝鮮学校時代は高二のときを除けば、良い思い出はありません。いじめられっ子でしたから。嫌というほど先輩、同輩、教師、そして日本人アウトローに殴られましたね。対抗上、殴り返しましたけど（笑）。ですがそのお陰で、打たれ強くなったのは事実です。

一〇歳のころ、学校から東急池上線千鳥町駅に向かって歩いていると、同級生が思い詰めた表情で、「ミョンセン（明生）、俺達、将来、何になれるのかな？」と聞くんです。わたしは「焼肉屋かなぁ、それとも金貸しかなぁ、もしかするとパチンコ屋かもしれないぞ。それから……」と絶句しました。それ以外の将来、朝鮮人がなれる職業が浮かばないんです。一〇歳でわずか三つしか将来の職業が浮かばないんですから悲しいですよね（笑）。だから勉強して一流大学に行こうとする意味がわかりませんでした。

教師にもいわれていましたね。「朝鮮人はいわれのない差別を受けている。東京大学を出てもろくな仕事にはつけないからパチンコ屋で働いている。それならばいずれ統一された差別のない朝鮮に帰ろう！　朝鮮統一のため、朝鮮民族のため、一生を捧げよう」と。その指導者こそが偉大な金日成（キム・イルソン）だから命令を絶対視し、個人利己主義を捨て犠牲精神で祖国と民族のために一生を捧げろ、と叩き込まれましたよ。

▼喧嘩（けんか）

こんな環境におかれていましたので、喧嘩に強くなることしか道がありませんでした。子どものころは、戦争体験者がたくさん生存していましたから、ガキの喧嘩くらいで大騒ぎはしませんでした。死ねば別ですけど。警察も寛容でして、現行犯で捕まっても調書をとられて終わりでした。蒲田（かまた）駅東口の大階段で見ず知らずの不良と殴り合っていると刑事に止められ、交番に連れて行かれましたが、「今後、蒲田駅の中で喧嘩をするな」と叱るだけで見逃してくれました。暴走族全盛時代で一〇〇〇台規模で国道一号線を暴走していた時代ですが、不良は不良なりに武器を持たないで素手で殴り合うなど、喧嘩の暗黙ルールを守っており、半殺しはあっても全殺しはないという加減も知っていました。

暴力の洗礼は、サッカー部の部活が始まって先輩後輩関係を叩き込まれる小四から始まったと思います。早朝、ランドセルを背負って蒲田を歩いていたら暴走族の車が目の前に停（と）まって「乗ってくれ、学校まで送るから」と強引に乗せられました。「将来、うちの族に入ってくれ」と真顔でスカウトされましたね（笑）。二つ上に喧嘩が恐ろしく強い先輩がいました。小六のくせに、パンチパーマで青いソリをいれ、ダボダボのボンタンズボンで週休三日くらいでしょうか。学校に遊びに来たときに持っていたうすい革製の「チョンバッグ」の中身が、ヌンチャクとコンドームだけでした（笑）。身体の大きな転校生からいきなり膝蹴りをぶち込まれたのもこの時期です。ものすごく痛くて、内出血で赤くふくらんだ鼻を医者に診てもらったら「危なかった」といわれました。今も鼻の骨がつぶれているのはそのためです。

五、六歳上の先輩達は朝鮮高校の「全盛時代」でした。国士舘大学生・高校生との乱闘事件は日常的で、新聞紙上を賑(にぎ)わせていました。電車内で乱闘し車窓を壊して山手線が停(と)まって国鉄のダイヤを乱していました。小学生のころは、いずれ自分も朝高生になれば国士舘と闘うことになると覚悟していました。まぁ、三度しかありませんでしたけど、国士舘と闘ったのは。最後の「朝鮮高校アウトロー伝説時代」だったのかもしれません。

▼テコンドー

武道との出会いは、小五か小六のころの袋叩きからです。家から五〇メートルも離れていない勝田医院の前で自転車に乗っていると、いきなり後ろから首をしめられて倒されボコボコにされました。南六郷中学の不良四人でしたが、わたしを殴ったのは一人でした。泣きながら帰った後、姉の化粧鏡の前に座ると、涙が溢(あふ)れました。顔が腫れて痛いからではなく、一発も反撃できなかった自分自身が情けなくて情けなくて。自殺なんて考えませんでした。強い先輩達に頼んで仕返しするのも男らしくないと思いました。

自分自身が強くなって復讐(ふくしゅう)しようと決意し、柔道場に入門しました。しかし、柔道では投げ飛ばしたり絞めたりする腕力をつけるまでに時間がかかりすぎて喧嘩には即効性がないことに気づきました。それで寸止め空手やボクシング等々、打撃系格闘技を学び始めましたが、あまり実際には役に立たなさそうで止めようかなと思っていた矢先、電信柱に貼ってあった極真空手城南支部開設ポスターを目にしました。「実戦ケンカ空手」がウリでしたから、見学したその日に入門しました。当時創始者の大山倍達が朝鮮人だとは知りませんでしたが、全日本大会での挨拶での発音が、聞き慣れた濁音のできない在日一世そっくりでしたので「これは怪しいな」と感じました。

パンフレットをあけると「顧問・柳川次郎」とあり、裏表紙の協賛広告は「世界日報」です。前者は在日一世で「殺しの柳川」と恐れられた山口組全国制覇の際の切り込み隊長です。後者は文鮮明（ムン・ソンミョン）を教祖とする統一協会の機関紙です。朝鮮民族は別名「倍達（ペダル）民族」といいます。つまり極真空手創始者の大山は朝鮮（倍達）民族という証をその名に残していたわけです。一世を風靡したプロレスの力道山が朝鮮人だということは知っていましたから、焼肉、金貸し、パチンコ以外の新しい職業が加わったのです。

「そうか、朝鮮人でも、格闘家と空手家、ヤクザと宗教屋にはなれるんだな（笑）」

その結果、選んだのがテコンドー師範という道です。わたしは二〇〇〇年に独立し、日本テコンドー協会の会長職にあります。

▼日本国籍の取得

今、わたしは日本国籍です。しかし、朝鮮大学を中退するまで約一四年間も民族教育を受けていましたので一九歳のころは帰化に対して拒否反応が強かった。教師や先輩達から「帰化する奴は民族の裏切り者」と刷り込まれていましたから。当時、尊敬していた母校出身の空手家が帰化して衝撃を受け、教わっていた師範から「朝鮮人が帰化するのはしかたがない」といわれて二重のショックでした。昇段証の氏名を「将来のため河田明生」にしたらどうかと勧められましたが「河明生でお願いします」と断った矢先のことでした。極真空手は創始者はもとより創成期の幹部も朝鮮人ですし、二代目館長もそうです。しかし、本名を名乗っている者は一人もおりません。

そういう矛盾に悩んでいる最中、モランボンを傘下に持つさくらグループから「朝鮮武道テコンドーの普及事業に力を貸して欲しい」と誘いを受けました。堂々と本名を名乗って武道の先生として生きていける、というのが魅力でした。渡りに船で転向しました。給料は手取りで八万九〇〇〇円程度でしょうか。大田区から府中まで交通費も出ませんでした。電車賃だけで片道二〇〇〇円以上かかりましたからほとんど残りません。しかし、朝鮮人であることを隠さず、のびのび生きることが嬉しかった。武道だけを教えて、一応、「先生」と呼ばれて生活できることが楽しかったです。これは今も変わらぬ初心です。

一番驚いたのは、府中における朝鮮人に対する信用の高さです。これは堂々と本名を名乗って成功したさくらグループ創業者の功労です。初期のころ、入門してくる子ども達のほとんどすべてがさくらグループの日本人の社員の子どもでした。彼らはわたしに対して偏見がまったくありませんでした。朝鮮人であるか否かよりも、普通の人間として接してくれたことが爽やかな感激でした。極真空手時代も、貧しかった日本人の先輩から奢ってもらう過程で感じたことですが、「朝鮮学校の教師から、日本人のすべてが朝鮮人を差別していると教えられたけど違うんじゃないか」と考え始めました。これはマイノリティの建設的同化過程で大切な思考のプロセスだと考えます。このように考えることから日本を愛する芽が生まれたと思います。

▼スパイを要請される

嫌な思い出もあります。わたしは小田実の『何でも見てやろう』を読んでヨーロッパに憧れました。映画『男はつらいよ』も好きで、寅さんに憧れたこともあります。しかし、パスポートが下りませんでした。生まれながらの韓国籍であるのに、北朝鮮を支持する朝鮮学校に通ったため韓国政府から疑われたのです。ＩＴＦ（国際テコンドー連盟）主催の第四回世界テコンドー選手権大会が、一九八四年にスコットランドのグラスゴーで開催されることが決まり、日本代表の出場選手として内定を受けたわたしは、必死になってパスポート許可を韓国領事館にかけ合いました。ソウル五輪を控えていた韓国政府は比較的寛容でしたが、わたしのような経歴を持つ在日をそうやすやすと信じません。知人の民団（在日本大韓民国民団）幹部に領事館に同伴してもらい「留学のため出して下さい」と参事官と交渉したところ、「河さん、あなたは嘘をついている。テコンドーの世界大会に出るためパスポートが必要なんですよね。あなたの兄は北朝鮮に何回も行っているし、姉も朝鮮信用組合に勤めていたころ、北に行ってますよね」といわれ、驚きました。

結局、朝鮮総連（在日本朝鮮人総連合会）の大幹部が経営するモランボンや北朝鮮系の世界的テコンドー組織、ＩＴＦ（ＩＴＦ－ＪＡＰＡＮ。日本国際テコンドー協会）の情報が欲しいので、それを定期的に提供してくれたらパスポートを出しましょうといわれました。つまりスパイしろというわけです。二〇歳でしたから衝撃でした。後ろめたさもありましたが、どうしても外国に行きたかったので総連を支持する上司にそのまま報告し「当たり障りのない公表されている情報だけにしますから許可していただけませんか」と恥ずかしいことをいいました。

上司は不快感をあらわにしましたが、良いともいわずダメともいわれないままパスポートを取得しヨーロッパに行くことになりました。一九八四年の春です。貧乏遠征でしたが、あのときの体験が今のわたしの原点になっているのかもしれません。

こうしてわたしは日本国際テコンドー協会第一号の世界大会出場選手としてヨーロッパに旅立ちました。その後も第五回世界大会（一九八六年、ギリシャ・アテネ開催）や第六回世界大会（一九八八年、ハンガリー・ブダペスト開催）にも選手として出場しました。大会終了後、三回にわたり世界にあるテコンドー道場へ武者修行に出ました。ヨーロッパは共産国を除いてすべて行きましたが、強く印象に残っているのが西ドイツの道場でした。少年少女部のほとんどが、ドイツのマイノリティ、トルコ人移民だったからです。「あぁ、在日と同じなんだ」と感じました。

外国でのマジョリティとマイノリティの相対化は、後の学術研究の端緒となりました。

一人で外国に出て一人で思考するしかなかったのですが、思考を司る言語が日本語であることに気づきました。一四年間も習った朝鮮語ではなかったのです。「オレは日本人なのかな」と思い始めました。旅先で仲良くなるのも日本人旅行者で、韓国人ではありませんでした。当たり前のことですが、それに気づくまで二十数年かかったのです。

▼学問への道

わたしは経済学博士号の学位を持っています。一度諦めた学問の道に進んだのも、ＩＴＦテコンドー時代の事件でした。第五回世界大会は、予定ではマレーシアで一九八五年に開催するはずでした。

ところが三年後にソウル五輪を控え、メダル量産競技としてＷＴＦ（世界テコンドー連盟）の公開競技実施を計画していた韓国政府が妨害しました。ＩＯＣ（国際オリンピック委員会）には、一競技一団体という建前があり、同じアジアで別のテコンドー団体ＩＴＦが世界大会を開催するのは望ましくないと判断したからです。結局、マレーシア政府が中止を断行し、急遽、開催国が一年後のギリシャに変更されました。わたしは一週間断食し減量し、大会二ヶ月前にはマレーシアに行ってめぼしい相手と組手で対戦するなど、それなりの準備をしていましたのでかなりショックでした。スポーツに国境はないというスローガンが嘘であると感じました。結局、政治に翻弄されるのがスポーツの運命で、あまりのショックにテコンドーを止めることも考えました。

落ち込んでいるころ、たまたま偶然に読んだ「朝日新聞」(一九八六年一〇月一二日)の「わたしの言い分」という記事が目に飛び込んできました。梶村秀樹先生(神奈川大学教授)の「客観的に韓国朝鮮問題を学ぶべきだ」という主張でした。「これだ!」とインスピレーションを感じ社会人入試で再入学しました。二三歳でした。そしてそのまま大学院にも進み、マイノリティ問題を専攻する研究者の端くれになりました。

日本最大の暴力団の成長期はもとより、日本共産党が非合法時代の尖兵(せんぺい)部隊、体制側の立場から見ればテロ実行犯として活躍したのが朝鮮人です。右翼にも朝鮮人はおり、その一人が若き日の大山倍達でした。創価学会にもたくさんいます。つまり日本では右派や左派、アウトローや新興宗教も、朝鮮人を利用したのです。これは世界的に見てもマイノリティの宿命といえます。わたしなど比較にならないほど差別された時代に生きた朝鮮人は、将来に希望がありません。不満も強い。差別に敏感になるから感受性が研ぎ澄まされて感情の起伏が激しくなり感激しやすい。熱しやすく冷めやすいので、「鉄は熱いうちに打て」のたとえどおり、まず見込んで平等待遇のポーズを見せながら恩を施す。次いで人生の意義と将来の希望を与える。極めつきは自分をこんなに大事にしてくれる恩人を苦しめる敵に対する憎悪を刷り込む。こうなるとマジョリティではためらうような逸脱した行動を見事にやり遂げてしまうのではないか。つまり朝鮮人は、各種組織の成長期にものすごい威力を発揮したと思います。

この行動は合法的ならイノベーションとも見なせます。実際、在日二世、三世から一部とはいえジャパニーズドリームの具現者が現れています。たとえば、現代の起業家で最も成功しているのは、在日三世のソフトバンクの孫正義氏です。ガリバー企業・NTTを追いつめたインターネット価格破壊は彼の存在抜きでは語れません。学者の世界で最も著名なのは、在日二世の姜尚中（カン・サンジュン）氏です。日本の左翼の論客が衰退し、右翼知識人隆盛時代に立ち向かった功績は見逃せません。プロ野球で稼いだのも、鉄人の異名を得ていた金本知憲（ともあき）氏です。もちろん彼らだけではありませんが、こういった人物を朝鮮人社会から輩出しているのですから、日本におけるマイノリティ社会は新たな段階を迎えていると考えられます。

しかし、彼ら成功者はほんの一つまみのエリートで誰でも真似できるものではありません。在日社会は、生まれ育った日本という地に足をつけたまじめな中流を育てるべきです。中流は安定した国家社会の核心的存在ですし、日本なら誰でもなれます。マイノリティの中流が増加すれば犯罪は確実に減ります。「日本に生まれて良かった」と思える若者も増加し、かつての渡来人のように永住の地と定めた日本のため新たな感性を発揮することも期待できます。母語ができない、変な発音をする人間を韓国や北朝鮮の大衆は同胞とは見なしません。「言葉は民族である」と考えているからです。中途半端な韓国人・朝鮮人としていつまで残りたいのかを考えるべきではないでしょうか。孫や曾孫の代まで非建設的な思いを残すのはエゴ以外の何物でもありません。米国の日系人や韓国系人のように居住国の一員として頑張る方が本国のためになります。普段、日本名を名乗っていても犯罪を犯せば韓国・朝鮮人として出自を公表され「またあいつらか」と思われてしまいます。

数年前、六〇億円近い現金を自宅のガレージに段ボール箱につめて置いていた史上最高額の脱税事件が摘発されましたが、その犯人も在日でした。犯罪者として捕まってTVニュースで見せしめにされ、追徴課税で徴収されるのなら、恵まれない子どもや東日本大震災復興基金として寄付することで称賛され、市長や県知事等から感謝状をもらい、国から勲章をもらえばいいじゃないかとわたしは思うのです。ところが日本を恨み、信用していないから金だけしか頼るものがないのでしょう。正しい金の使い道がわからなくなるのだと思います。人は誰しも民族も生まれる国も選べません。ですが、それに比べて生まれた国の国籍取得は不可能ではありません。同化が悪いという人々はどうかしてます（笑）。問題は同化のしかたにあると思います。たとえば、民族の形跡がまったく残らない同化はいけません。わたしが父母が使用していた「河田」を一九歳で完全に捨て、「河」姓にこだわるのは、先祖は朝鮮から渡ってきたという史実を子々孫々、家族史として残したいと思うからです。何人も生まれ育った故郷を愛せないようでは幸せになれるとは思いません。

しかし、あたかも最初から日本人であったかのように装うのも正しいとはいえません。先祖は二〇世紀の半ば、朝鮮から渡ってきたけれども、二代目のとき、生まれ育った日本を愛した者が現れ、この国の土となることを決心して朝鮮民族の姓「河」で日本国籍を取得したのだ、と子孫に語り継いで欲しいと思っています。遥か昔に日本に渡ってきた高麗王若光の子孫が現在まで「高麗」姓を名乗っているのを模範としているのです。

▼小説執筆

わたしは小説を発表しています。『三島孝行犬物語』というもので、現在、書いているのが『小説朝鮮高校物語―士官大「天長節」新宿決戦』です。一九七〇年代の国士舘大学について調査したところ「純粋な右翼」であることがわかりました。学力は低いが田舎育ちの純粋な若者が戦前の日本帝国陸軍を彷彿させる鉄拳制裁の右翼教育を叩き込まれる過程で立派な右翼になっていくんです。対する朝鮮高校は「純粋な左翼」です。頭も悪い（笑）。右翼と左翼という違いはありますが似ているんですね。ちょうどマル暴の刑事とヤクザの親分が似ているのと同じです。

国士舘の入学資格は「日本人に限る」でしたが、朝鮮高校も「朝鮮人に限る」でした。両者は似ているから憎たらしく妥協できないのです。だから相続争い同様、果てしない争いを続けたと思うのです。右翼も左翼もお互い嫌いだけど大人だから殴り合いはしない。二面性を持つわけです。しかし、子どもは違う。いずれも大人たちから叩き込まれた偏狭な価値観に基づき真逆の異質な集団を目の当たりにして嫌悪感を抱くわけです。

二〇年も前、わたしのテコンドーの教え子にミントというパキスタン人の道場生がいました。彼は「パキスタンで教育を受けたら、インド人を殺したくなります」といってました。インドも同じだろうと。

それと似たようなことが日本でも起こっていたのだと思います。純粋な子どもは大人のように二面性を使い分けることができません。どこであろうと憎むべき奴、嫌いな奴と遭遇すれば後先考えずに殴り合います。それが一九七〇年代を賑わせた朝鮮高校と国士舘大学・高校との抗争の真実ではないかと思います。

これまでのいわゆる在日文学は偏っていると思います。朝鮮人だけの視点で書いている。わたしの小説では日本人右翼の視点も描写したいと考えています。彼らの目に映った朝鮮人のダメなところも書いて、お互い競わせようと思っています。入学からどうやって変わっていくのかを、そして右翼と左翼の大人たちの思惑通り、変身した若者同士が新宿駅で殴り合うというプロットで書いています。実際、殴り合った連中は、五〇〜六〇代の初老に達しています。もうそろそろわかり合ってもいいんじゃないかと。俺たちは実は似ていたんじゃないかと。対立の時代の精神的遺産を孫の世代に残さない方が良いのではないかと悟ることを希望しています。

48　家族のドキュメンタリーを撮りたい

梁英姫（ヤン・ヨンヒ）　女

取材日／二〇一三年三月五日　**出生地**／大阪府大阪市　**現住所**／東京都世田谷区　**生年月日**／一九六四年一一月一一日　**略歴**／両親共に熱心な総連活動家の家庭で育つ。七歳のとき、三人の兄が帰国事業で朝鮮民主主義人民共和国へ渡る。朝鮮大学校を卒業後、大阪朝鮮高級学校の教師となるが、結婚を機に退職。離婚後、劇団員の道を歩み出す。二〇〇五年、家族を撮った『Dear Pyong-yang』で山形国際ドキュメンタリー映画祭特別賞を受賞。しかし作品発表を理由に北朝鮮への入国を拒否される。続けて平壌にいる姪を撮った第二作『愛しきソナ』（二〇一一年）、初の劇映画となる三作目『かぞくのくに』（二〇一二年）を発表する。『かぞくのくに』は読売文学賞、ベルリン国際映画祭などで数々の賞を受賞した。　**取材**／木村元彦　**原稿執筆**／木村元彦

▼活動家のアボジと働き者のオモニ

生まれも育ちも大阪市生野(いくの)区の鶴橋です。アボジ（父）は済州島(チェジュド)出身で、オモニ（母）は生野のお隣の東成区生まれ。といっても、オモニの家族も済州島出身なんですけどね。それと、

年の離れたオッパ（兄）が三人います。

アボジは一五歳まで済州島の缶詰工場で働いてたんですけど、稼ぎも悪いし、小さな島では将来もないと思って、工場を辞めて大阪へ渡ってきたそうです。済州島でマルクスや金日成（キム・イルソン）の話を聞いていたから、自然と朝連（在日本朝鮮人連盟）の活動を始めることになったと聞いています。結婚後は、全然お金にならない活動家のアボジの代わりに、うちはオモニが生計を立てていました。

うちのオモニは本当に働き者です。自宅で紳士服の仕立て屋をしたり、雇われママとして、淀屋橋（よどやばし）で定食屋を切り盛りしたり。わたしたちが何不自由なく暮らせたのは、そうやって家庭を支えてくれたオモニのおかげです。

オモニが定食屋でママをするための条件は、朝鮮人だということを隠すことだったんです。だからお店にいるとき、オモニはわたしのことを「ヨンヒ」じゃなくて「エイコちゃん」って呼んでました。わたしにも「オモニ」じゃなくて「お母さん」って呼びなさいって。それが恥ずかしくてね。お店ではいつもおとなしい子になっていました。

▼夢を叶（かな）えるチャンスがあるかもしれない

わたしが七歳のとき、二番目のオッパと三番目のオッパが、帰国事業で北朝鮮へ渡りました。一六歳と一四歳、生まれ育ったところを離れるにはつらい年齢ですよね。でも二番目のコナオッパには、建築家になりたいという夢があったんです。当時の日本で、朝鮮人がつける職業なんて限られてる。建築家になんてなれるわけがない。でも北朝鮮に行けば、教育も受けられるし、夢を叶えるチャンスがあるかもしれない。そう考えて、帰国事業に参加したんですよ。三男のコンミンオッパも、兄が行くなら俺も、ということで一緒に行ってしまいました。

一九七一年のことなので、帰国事業はすでに下火でした。なんでそんなときに行かせたんや、と後になってよくいわれたんですが、オッパたちも、アボジもオモニもみんな、日本にいるよりはマシ、と信じていたんでしょうね。それにうちのアボジは総連（在日本朝鮮人総連合会）の人間やから、息子二人が行くっていい出したときに、反対できなかったんですよ。ほかの人には勧めているのに、自分の家の者にはやめとけ、なんていえないですからね。

その数ヶ月後、今度は長男のコノオッパが北朝鮮へ渡ることになったんです。コノオッパは朝鮮大学の優等生だったから、金日成誕生六〇周年の祝賀隊に選ばれたんです。アボジとオモニは、下の息子が二人とも北朝鮮に渡っているので、せめて長男だけは手元に置いておきたい、と総連本部に何度も働きかけたそうです。けれど、聞き入れられなかった。悲しいかな、一地方である大阪の幹部、それも在日社会では差別の対象である済州島出身のアボジには、この決定を覆すだけの権限も人脈もなかったんです。差別される側の在日の中にさらにヒエラルキーがあるなんて、おかしな話ですよね。

コノオッパは三度の飯より音楽や演劇が好きな人でした。箸でも鉛筆でも歯ブラシでも、長いものを持つとなんでも指揮棒みたいに振るんです。それでよくオモニに何してんの、って怒鳴られていました。頭の中にはいつもクラシック音楽が流れていたんでしょうね。幼稚園児だったわたしの頭にヘッドフォンをかぶせて、夜な夜な音楽講義をするんです。

「ヨンヒ、わかるか。これがベルリン・フィルで、さっきのがロンドン・フィルや。同じ曲でも指揮者によってこれだけ変わるねんで、すごいやろ」ってね。小さいころ、クラシックとその講義を聞きながら、オッパの布団で眠ることが大好きでした。

当時、北朝鮮ではクラシックを含む西洋音楽はすべて禁止されていました。でもコノオッパは、ほかには何もいらないから、といってオープンリールのデッキとクラシックのレコードを数十枚持って行ったんです。オッパがあまりにもいうから、オモニが不憫に思ったんでしょうね。アボジに内緒で荷物の底にこっそり詰めたんです。

違法な物を持ち込んだとして、オッパは北へ着くとすぐに「自己批判」を強要されました。自分を蔑み、何よりも愛するクラシックを冒瀆する言葉をいわされ続けた。それに祖国への忠誠を誓う言葉。それを何度も何度も、繰り返しいわされた。それも相当長い間にわたって。まじめで繊細だったコノオッパは、ノイローゼになってしまったんです。オッパはそのあともずっと躁鬱病に苦しみ続けました。

▼難解な映画や小説の世界に没頭

オッパたちがいなくなった後、オモニは空っぽになったように落ち込んでいました。見かねたアボジが、オモニに定食屋をたたんで一緒に活動家の道を歩もうと誘ったんです。息子たちのためと思えばどんな試練にも堪えられる、と思ったんでしょうね。二人は「愛国的夫婦」として、毎晩遅くまで在日の家を一軒一軒回り、啓蒙（けいもう）活動に勤（いそ）しむようになりました。

それでわたしは、鍵っ子になりました。オモニがときどき聞くんですよ。「ヨンヒ、オモニがいないと寂しい?」って。わたしはそのたびに、「そんなことないよ」と答えてた。心配させたくなかったんです。それを聞いてアボジとオモニが、ほっとしたように笑っていたのを覚えていますね。

オッパたちがいない部屋はガランとしていて、一人でいるとますます寂しくなりました。部屋にはオッパたちが残した大量のレコードがありました。長男が好きだったクラシック、次男と三男が好きだったビートルズや日本のグループサウンズ。レコードだけじゃなく本や雑誌も山ほどあった。トルストイ、チェーホフ、シェークスピア……そういう高尚な海外文学は、長男が好んだもの。ほかにもバレエや劇団、映画のパンフレットから、雑誌に漫画まで、あらゆる読み物がありました。オッパたちは、好みは違いながらも、みな揃（そろ）って音楽や映画など文化的なものを愛する人たちだったんです。

小学校高学年にもなると、一人で映画館に足を運ぶようになりました。当時はタルコフスキーのような難解なものをあえて選んで観ていましたね。部屋にあったのもそういう映画が多かったから「オッパたちはこういうのを観ていたんだ」と、背伸びして観ていたんだと思います。中学生になると労演（勤労者演劇協会）の会員になって、学校帰りにチマ・チョゴリのまま劇場に通っていました。

▼平壌で再会した兄たち

高校二年のとき、学生代表団に選ばれて、生まれて初めて北朝鮮を訪問しました。一〇年前、オッパたちを見送った新潟港から。わたしのときは三池淵（サムジョン）号でした。船ではおいしい食事がたくさん出たんですよ。特にアイスクリームは日本でも食べたことがないほどおいしかった。

北朝鮮に着くと、教科書の中で何百回と繰り返し見てきた金日成の銅像に深々とお辞儀をして、バスで平壌へ向かいました。あと数時間でオッパたちに会える！　そう思うと、急に緊張と興奮で胸が高鳴りました。一〇年間。あまりに長い時間が過ぎたので、正直わたしは、自分がオッパたちに会いたいのかどうかさえ、わからなくなっていました。でも「平壌まであと数キロ」という看板が目に入った瞬間、自分でも驚くほどオッパたちへの想いが溢れてきたんです。

バスがホテルに着くと、その前でコノオッパとコナオッパが待っていました。懐かしいオッパたちの顔を見て、心臓が絞られるようだった。わたしは、バスが止まると同時に外へ飛び出して、コノオッパの胸に飛び込みました。コノオッパは「大きくなったな、ヨンヒ」っていって頭を撫でてくれた。あんなに山ほど話したいことがあったのに、言葉が全然出てこない。代わりに涙が止まらなかった。わたしはオッパの顔を見ることさえできずに、オッパの胸に顔をうずめていました。友人たちはそんなわたしたちの姿を見て、バスの中で泣いていましたね。

その日は、三男コンミンオッパの結婚式だったんです。わたしが来る日に合わせてくれてて。わたしは学校のみんなと別れて、オッパたちと式場へ向かいました。式は質素だったけど、料理はたくさん出てきましたよ。シメが冷麺だったのが新鮮でしたね。式の間も、わたしは悲しいのか嬉しいのかもわからずに、ずっと泣き続けていました。

オッパたちは、わたしの自由時間に合わせて毎日ホテルに来てくれました。なのにわたしは緊張して、ただ聞かれたことに「はい、いいえ」と答えるだけ。ろくに会話は続かなかった。日本に帰ってそのことをものすごく悔やみました。日本に住んでいるわたしは、学校の中の世界に辟易しても、一歩外へ出ると映画館でもコンサートでも、好きなものに思う存分触れることができる。でもオッパたちは違う。オッパたちはあの国でどうやって息抜きをしているんだろう。なんであんなに笑っていられるんだろう。わたしだったら到底あんなに明るく生きることなんてできない。そうやってオッパたちのことばかり考えていました。

▼門限破りの常習犯

高校生活が終わりに近づいたころ、学校で進路相談がありました。本当は日本の大学で演劇の勉強をしたかったんです。でも、両親や学校の先生がそんなこと許すはずがない。だから代わりに、朝鮮大学の文学部で朝鮮の演劇や戯曲の勉強をしようと考えたんです。それに正直なところ、東京でもっといろんな演劇を観るというのも狙いでした。

先生にそれを告げると、反対するどころかわたしに「組織委託」をしろというんです。組織委託って要するに、「組織のいうがままの道に進む」ということですよ。他の生徒ならともかく、総連幹部の娘であるわたしがそれを拒むことを許さないという様子でした。冗談じゃない。わたしはすでに妥協したつもりで朝鮮大学に進むと話しているのに。これにはオモニも「いつの時代の話や！」と激怒してましたね。

結局何度も話し合いを重ねた結果、朝鮮大学に進むことができました。これで自由だ！ そう思っていたら、それはとんだ間違いだった。入学式の日、学長の挨拶で、朝鮮大学の文学部は民族学校の国語教師を育てるための学部、ということを知ったんです。授業は金日成の抗日闘争などの革命文学が中心。大学は高校より自由だと考えていたのに、実際はさらに強くチュチェ（主体）思想を押し付けるところだったんです。

在学中は、できる限り多くの演劇や映画を観にいきました。小平（こだいら）から電車に乗って新宿や下北沢まで。知り合いでもないのに、公演後の打ち上げにまで参加することもありましたね。みんなが自由に演劇や脚本の話をする雰囲気が好きで、その場に居られることがとにかく幸せだったんです。そんなわけでしょっちゅう寮の門限を破っていました。おかげで大学時代のわたしのあだ名は「自由人」なんですよ。

全寮制の朝鮮大学での厳しい生活と、舞台や芝居の自由な世界。そのギャップがあまりに大きすぎて、わたしは心のバランスを失いかけていました。夏休みに帰省してお酒を飲む度に、「今は仮釈放中やねん。あんな大学辞めてやる」とわめいていましたね。

それでもなんとか四年間耐えました。今度こそ演劇の道に進む、そう決めていたのに卒業間近の進路指導で、「ヤンさんの就職は大阪朝高の国語教師に決定している」といわれ、愕然としました。今回ばかりは自分の自由にする、そう思って舞台演出の仕事をしている兄の親友に相談をしたんです。

その方は「演劇の道は険しいから一度先生をしてみて、それでもまだ意志が変わらないのなら、そのときは一緒に両親を説得してあげよう」といってくれました。わたしはそれに納得して、とにかく一度、大阪朝鮮高級学校（大阪朝校）の国語の教師をしてみようと決めたんです。

▼大阪朝高で教師、同僚との結婚、離婚

やってみると教師という仕事は意外に面白いものでした。学生たちは可愛いし、先生の立場

になってわかったこともたくさんあったし。授業は基本的に教科書に沿って進めたけど、ときどきつかこうへいさんの戯曲や小説を使うこともありましたね。生徒と一緒に芝居をしたこともあるんです。あれは楽しかったなぁ。

反対に進路相談はつらかった。優秀な学生には、朝鮮大学に進むよう推奨しなきゃいけないんです。わたしは、学生たちには自分の希望を実現してほしい、と考えていました。それでも彼らの方から「先生、俺朝鮮大学に行くよ。日本の大学進むっていうと先生がいじめられるんだろう」っていってくることもあったんです。なんか戦時中みたいですよね。

彼らのためにも戦わなくちゃと思っていた矢先、交通事故に遭ったんです。全治三ヶ月。入院中にアボジが半ば強引に、同僚との結婚話を進めました。退院一週間後に結納、その一ヶ月後には結婚式。式当日はまだ具合が悪かったので鎮痛剤をたくさん飲んでいたほどです。当時朝鮮学校では夫婦は同じ職場にいられないという規程があって、わたしは結婚を機に退職しました。

▼切望していた演劇の道を歩み出す

結婚生活は長続きせず、一年半くらいで離婚しました。アボジは「うちの娘の何があかんのや」と嘆いていましたが、オモニはお得意の切り替えで「過ぎたものはしゃあない」といって、すぐに前向きに考えてくれました。

ちょうど離婚前、大学時代の演劇部の友人が在日系の劇団を立ち上げるというので、その手伝いをしていたんです。実家に戻った後、その劇団で裏方の仕事をしているうちに、少しずつ舞台にも立つようになっていました。アボジは、大学まで出た娘がアルバイトをしながら演劇をすることに納得がいかなかったみたいですけど、わたしはようやく自由な生活を手に入れて、毎日が充実していました。

でも在日だけのメンバーで凝り固まる必要はない、そう思ってメンバーに日本人を交えて公演をしようと提案したんです。ところが彼らは「日本人は舞台に上げられない、日本人とは魂が違う」と一蹴したんです。あれだけ差別だ排他的だといっていたのに、自分たちも同じことをするなんて。それで劇団を辞めて、東京に行くことにしました。

▼「ブロードウェイを観においで」

これから先どうしよう、と将来に不安を感じていたとき、ニューヨークにいる友達からブロードウェイを観においでよと誘われたんです。アメリカに行くなんて考えたこともなかったけど、こんなチャンス二度とないかもしれない。それにこれ以上東京にいてもしかたない。そう思うや否や、荷物を実家に送りつけ、アパートを引き払ってニューヨークへ渡りました。

ニューヨークは本当に刺激的な街。アメリカは移民の国だから、みんながそれぞれ家族のストーリー、バックグラウンドを自慢するように分かち合う。日本では、兄は北朝鮮にいますというと、露骨に申し訳なさそうな顔をされたり、「変なこと聞いちゃってごめんなさい」って謝られたりすることがあるんです。そっちの方が失礼だと思うんですけどね。でもニューヨークでは、面白がって理由や経緯を聞かせてといってくるんです。そういうオープンな空気がわたしには合っているんでしょうね。二ヶ月半のニューヨーク滞在ですっかり充電されました。

帰国後、ラジオの仕事が舞い込みました。劇団員時代に出逢ったMBS（毎日放送）のプロデューサーから、パーソナリティをしないかと誘いを受けたんです。ちょうど関西空港がオープンしたばかりで、日本語以外のアジア語を話せる女性を探していたそうです。

最初はアシスタント的な仕事しかできませんでしたが、慣れてくると台本だけでは物足りない、もっと自分の言葉でニュースを発信したい、そう思うようになっていました。アジアプレス・インターナショナルの野中章弘さんにお会いしたのもちょうどこのころです。

一九九四年の秋、野中さんに勧められるがまま山形国際ドキュメンタリー映画祭に行きました。実はそれまで、ドキュメンタリーは堅くてつまらないものだと思っていたんです。でも実際は全然違った。涙が出るほど笑うものもあれば、深く考えさせられるものもある。ドキュメンタリーの自由さにまんまとハマったんです。

年明けにはさっそくビデオカメラを買いました。ちょうど六度目の平壌訪問が決まっていたので、カメラを持っていったんです。三年前に生まれた初めての姪（めい）っ子のソナや、甥（おい）っ子たちの姿を撮るのもいいかなと思って。それが家族の撮影の始まりです。

帰国後、日本でチマ・チョゴリを着る学生たちを撮りたいと考え、カメラを回し始めました。野中さんの推薦もあり、その映像がＮＨＫで放送されたんです。それでますます映像にハマった。その後アジアの国をまわって、売春宿の子どもたちを取材しました。

アジアを取材するうちに、もっと本格的に映像を学びたい、それに英語も話せるようになりたいという想いが強くなって。それでニューヨークへの留学を決めました。

両親、特にアボジは絶対に反対すると思っていたんですが、「お前が一度決めたことや。どうせ俺が反対しても行くんやろ」と、意外にもすぐ認めてくれました。なのに翌朝になると、弱々しい声で「やっぱりやめとくか？」と聞き直すんです。もう二度と娘が帰ってこないんじゃないか、と不安だったんでしょうね。

▼ニューヨーク留学後、『Dear Pyongyang』を発表

一九九七年、わたしは再びニューヨークに渡りました。最初の二年間はバーでアルバイトをしながら、必死で英語を勉強しました。人生初の受験勉強ですからね。寝る間を惜しんでやりましたよ。その甲斐（かい）あって三年目、ようやくＴＯＥＦＬが合格点に至り、念願かなってニュースクール大学院に入学できました。

そこで四年間、みっちり映画漬けの日々を送りましたよ。学校に行く前、学校で、さらに学校から帰ったあと。朝、昼、夜と食事をとるように毎日映画を観ていました。そうしているう

ちに心の中に漠然とあった「家族のドキュメンタリーを撮りたい」という想いが、はっきりしてきたんです。ニューヨークにいる間も、平壌には何度か足を運んでいました。もちろん、カメラを持って。

平壌にいるオッパたちに迷惑をかけず、家族のドキュメンタリーを撮る方法はないか。先生にもたびたび相談をしました。旧ソ連時代、モスクワの映画学校で教えていた経験があるという先生は、わたしの家族が北朝鮮にいると知り、親身になって助言してくれたんです。考えに考えた結果、アボジを主人公にした映画を撮ることに決めました。大阪にいるアボジが主役の映画なら、オッパたちが咎められることはないと思ったんです。

二〇〇三年、ニューヨークから帰国してすぐ、大阪で撮影を始めました。そのとき撮ったアボジの映像と、一九九五年から平壌で撮り溜めていたものを一緒に編集したのが初監督作品『Dear Pyongyang』(二〇〇六年)です。

映画はベルリン国際映画祭最優秀アジア映画賞、サンダンス映画祭審査員特別賞、山形国際ドキュメンタリー映画祭特別賞を受賞しました。興行的にはいまいちでしたが、わかる人たちに認めてもらった、と思うと嬉しかったです。

でも作品を発表したことが原因で、総連から北朝鮮への入国拒否がいい渡されました。しかも謝罪文まで提出しろと。わたしは、わたしの家族の話をしただけで、謝ることなんてしていない。それで謝罪文の代わりに、平壌で撮りまとめた姪のソナの映像を集めた『愛しきソナ』

（二〇一一年）を発表したんです。

今も北朝鮮への入国は許されていません。この間に長男のコノが亡くなりました。わたしはオッパのお墓参りに行くこともできないのです。そのお墓には『Dear Pyongyang』発表後に亡くなったアボジも、一緒に眠っています。

▼フィクションへの挑戦

二〇一二年、製作・配給会社スターサンズの河村さんのご協力で、初の劇映画『かぞくのくに』を制作、発表することができました。脚本は、三男コンミンが治療のため一時帰国したときの体験を基にしたものです。撮影中、役者さんたちの演技と自分の記憶がオーバーラップして、泣いてしまうこともありました。それほど井浦新さんや、安藤サクラさんの演技は真に迫るものだったんです。周りの人に助けてもらいながら、なんとか完成にいたることができました。おかげさまで『かぞくのくに』はベルリン国際映画祭で国際アートシアター連盟賞や、読売文学賞の戯曲・シナリオ部門賞など多くの賞を受賞することができました。

これまで自分の家族をテーマにした映画を三作撮りました。ドキュメンタリーを作った一五年間というのは、本当に自分の家族と向き合う時間でした。

ひと一人の人生っていろんな側面があると思うんです。一人の人間だけじゃなく、一つの家族というのも。いろんな側面があって、一言では片付けられないことがたくさんある。その人の言葉一つ一つにも、全部理由があるし、全部歴史と繋がっている。なんでこんなことをいうのか、逆になんであのことをいわないのか。わたしはそれをわかるために、一五年かけて家族のドキュメンタリーを撮る必要があったんです。

でも、自分の中に溜まっていたものを吐き出すように映画を撮るのは、もう終わり。今度はもっとエンターテインメント性の高い作品を撮らなきゃいけない、と考えています。

まだまだ語りたい話が山ほどあるんです。いいたいのにいえない、そんな時期が四〇年以上も続いたから。兄たちがよくいうんです。「人生は一回しかないんやから、後悔のないように生きろ。お前は自由に生きられるんやから」って。だからこれからは、誰に気兼ねすることなく、自由に表現し続けたいと思います。

49　商売に国境はない、人生にも国境はない

兪哲完（ユ・チョルワン）　男

取材日／二〇一三年九月五日、一二月五日　出生地／京都府京都市　現住所／兵庫県神戸市
生年月日／一九六五年五月一二日　略歴／小中高は日本の公立学校に本名「兪哲完」で通う。一九八四年に、京都学園大学に入学したが一年で中退。一九九六年に社会人入試を受け、立命館大学経済学部入学、二〇〇〇年卒業。高校卒業後、三年間の放浪の時期を経て、二一歳のとき、ＭＫタクシー創業者である父・兪奉植（ユ・ボンシク、通名・青木定雄）の会社エムケイ石油に入社。ガソリンスタンドの係員、タクシー営業、新入社員教官など役職全般を経て、現在ＭＫ西日本グループ代表取締役社長。通名は青木義明（あおき・よしあき）。　取材／姜志鮮　原稿執筆／姜志鮮

▼「ユ・テッカン」「ショウニや」と、殴るしかありません

京都で生まれまして、姉、姉、兄、兄、僕。五人きょうだいの末っ子でした。小中高全部京都の公立学校に通いました。物心が付いたときはもう大きい家に住んでいて、親同士は韓国語で話したりしましたけど、きょうだい五人とも韓国語は話せません。

わたしは幼稚園までは「青木義明」という名前で通ったのですが、小学校に行くとき、急に本名「兪哲完」で行けと。きょうだい全員一緒に、その日、その年に。上の兄は小学校二年生から三年生に、一番上の兄は小学校五年生から六年生に、二番目の姉は小学校から中学校に入るときでした。わたしらきょうだいが通った学校は日本人しかいなかったのに、いきなり全員本名で、途中で名前が変わってしまいました。

だから、友達とかにいじめられかけました。わたしはきょうだい五人の末っ子でしたので、兄二人にある意味鍛えられましたから、いじめられたら殴り倒してから「さん付けで呼べ」と。それで友達は皆わたしを「ユさん、ユさん」と呼びました。他の親が、あの子は朝鮮の子だと、朝鮮はレベルが低い民族だというから、子どもが「お前は朝鮮人のくせに」「変な名前しやがって」というんです。もう殴るしかないじゃないですか。結局暴力で黙らせたのです（笑）。それを友人の韓国人たちにいうと、「MKの青木、金持ちで大きい家に住んでいるから、韓国人、朝鮮人だけど、すごいと思われたからできたのかもしれない」と。でもわたしの立場でいうと、「そんなこと知るか。いじめられて、嫌じゃ」だったのです。

そして、名前だけではなく、一番上の姉のことでいわれたりもしました。一番上の姉が重度の身体障がい者なのです。脳性麻痺（まひ）で、生まれたときから。その姉が第一子でしたから母親は姉に気を取られた部分がいっぱいあったと思います。わたしより七つ上なので、一九五八年生まれ。上の三人は年子で、二番目、三番目を産むときには、両親は姉の障がいに気づいていなかったと思うのです。それが一年経ち、二年経ち、三年経っても立てないし、しゃべりもわかりにくい。呂律が回らないということでわかったそうです。

一番上の姉は今でも車椅子。寝たきりです。姉は京都市にある養護学校に「青木」という名前で通いました。その養護学校の通学バスが近所のバス停に来るので、きょうだいで当番を決めて送り迎えをしました。小学校一年のときから、一緒に手つないで、送り迎えをしました。姉は足を引きずって歩き、しゃべることもあまりできなかったのです。

韓国人差別もありましたけど、障がい者に対する差別もひどかったのです。「ショウニ（小児麻痺）や」「お前のお姉ちゃん、一緒にバス停に送っていく気持ち悪い人、こんな歩きで」と。殴るしかありません。韓国人と障がい者に対する差別、ダブルです。当時は韓国人というのも嫌だったし、姉が元気でないのもすごく嫌でした。できたら健康なお姉ちゃんでいてほしかったです。今でもそう思っています。今では姉が障がい者だから恥ずかしいと思うのではなく、かわいそうだからです。

今になると親父とお袋がオープンないい教育をしてくれたと思います。韓国名で堂々と日本の学校に行って、姉の送り迎えをして。韓国人であること、姉が小児麻痺であるのを皆知っているから、別に恥ずかしいこともなく、またそれによって、人の痛みがわかるようになりました。障がい者がいない家は、いる家の痛みがわからないのです。韓国人でない人が韓国人の気持ち、在日の気持ちをわかろうとしてもわからないのと同じです。

中学校、高校も日本語読みではありましたが、「ユ・テッカン」で行きました。友達も仲良く「ユ、ユ」と呼んでくれました。周りに韓国人であることを隠している子も多くいましたが、さすがに高校のときからカミングアウトする子もいまして、わたしのことを羨ましがっていました。もうわたしの前では悪口いいませんでした。

▼ぐうたらな経歴

高校を卒業してから大学に入って、学校は通わず、とりあえず籍は置いてから死ぬほど遊びました。車の免許取って三〇万ぐらいの車を自分で買って。ドライブするわ、夜はお酒飲みに行くわ、流行(はや)っていたディスコに行くわ。結局学校もやめました。なぜやめたかというと、小学校から大きい家に住んでいる、MKタクシーやボウリング場、ガソリンスタンドもやっている。わたしにはバックボーンがあるという甘えがあったから。要はドラ息子だったのです。

毎日、朝帰りして、ある日明け方帰ってきたら、親父がちょうど出勤の時間だったのです。親父が五時に起きて会社へ行こうとしたときに、わたしが酔っぱらって帰ってきたのです。そしたら、木刀を持ってきて、叩(たた)かれました。そのとき、怒られて当然だと思って、「京都は友達が多いから、東京に行って、受験し直す」といって逃げました。しかし、東京でも遊んで、結局大学受験もまた失敗しました。

受験失敗後、親についてヨーロッパに旅行をすることになりました。パリで通訳をしてくれた人と仲良くなり、その人の家を借りて、フランス語の学校に行って、日本語しかできないから日本レストランで働きながら半年パリに残りました。日本に帰ってきて、次はアメリカに行かせてくれといったら「いい加減にせぇ」といわれました。それが二一歳の冬です。そのようなぐうたらな経歴です。

そこで思ったのは、東京に行ったときも一日たりとも楽しいと思ったことがないですし、パリにいたときも一日たりとも楽しいと思った日がないということです。目的、目標がないから、遊んでも一切楽しくなかったです。パリには画家を目指している人や音楽家を目指している人がいて、彼らの眼はわたしの眼と違いました。輝きが。何かになりたいと思ってきた人と、わたしとはすごく違う。それを感じました。

▼「社員を大切にせなあかん」

パリから帰ってきてから、父の会社に入り、ガソリンスタンドの新入社員として掃除はもちろん、トイレ掃除から仕事を始めました。下積みのときは誰もやることです。特別な研修や帝王学的なものは一切なかったです。普通の従業員のように、周りの人はわかっておりますけど、同じようにガソリンスタンドに入ったら、朝一番にトイレ掃除して、そしてお客様がいらっしゃったら、ガソリン入れたり、オイル交換したり、手が真っ黒になる仕事をしました。それに関する抵抗感はなかったです。普通に一従業員として働きました。それで良かったと思います。

甘やかされて秘書になれとか、現場はやらなくていい、タクシーも乗らなくていいとか、企画室に入って、経営を教えることなんか一切なかったです。

だから、わたしは一年間ガソリンスタンドで働いて、後はMKタクシーに来ました。そしてタクシーの免許を取って、タクシーの営業もして、またドライバーから管理職に。そこからも全部ゼロから、現場から仕事をさせてもらいました。だから、父から教わるものはほぼなしでした。父が作った会社を見て、仕事を通じて、父の仕事を、父を学んでいったといっても過言ではありません。

わたしは子どものころ、親父とキャッチボールとかで遊んだ記憶が本当にないです。年に一回、家族旅行をしましたけど、それも仕事のついでに家族も連れていく感じでした。しかし職場での父はわたしの人生の恩師でした。本当に仕事一筋でした。父は朝六時ぐらいには会社に行っていました。朝、その時間に行くと、ほぼ全社員と会えますから。遅くても七時とか。仕事の鬼です。全従業員に「畳の上で死ぬと思うな、男は仕事場で死ね」と、会議でわたしらにいっていました（笑）。

毎日顔を合わせますから、指導を受けます。それはわたしだけの特別なことではなくて、皆がです。毎月一回研修会をやっていますから、そのときは全従業員に向けての父の話を聞かなければならないです。やはり自分の父の話でしたから、わたしはいつも真剣に聞いていました。そして、その話が心の中にまっすぐ入ってきました。父からの指導はほとんどなかったのです。

周りも取り立てて特別な扱いもなく、普通でした。嫌な上司もいました。本当に（笑）。厳しいことをいわれることもありましたが、結局全部勉強になっています。正しいことをいっている場合が多かったので。

わたしにとって一番のターニングポイントは、会社に入ってから二、三年経ったとき。父が「よく頑張っている」と車を買ってくれたのです。それで、その新車に乗っていきました。しかし同じ職場のドライバーさんは九州から出稼ぎに来て、もう家族のために死ぬほど働くのです。あのとき、わたしは朝六時から夜一一時まで働きましたけど、皆もそれぐらい頑張っていたのです。その姿勢を見たら、「こっちがさぼったらあかん。こんな車に乗っていることは恥ずかしい」と思いました。こんなに家庭を守るために、一〇〇円、二〇〇円稼ぐために、一生懸命仕事をしているのだと。すぐに、わたしは買ってもらった自分の新車を売りました。それから今までわたしは、従業員に敬意を表すために、新車なんか乗ったことが一度もありません。そしてそこから真剣勝負しました。

わたしは「社員を大切にせなあかん」と気づきました。父から「お客さんあってのわれわれだ。社員があってのわれわれだ。だから社員が一円でも多く所得を取れるように、その家族が幸せになれるように、経営者はやらないといけない」とずっといわれてきたこともあります。わたしは完全に父に洗脳されてきましたから。まったくぶれません。

▼「人間万事塞翁が馬」、好きな言葉です

わたしは社会に出てから三〇歳のときに、立命館大学の社会人枠がありまして、経済学部に入り、仕事しながら通って、三四歳のときに卒業しました。すごく充実していたし、熱心に勉強しました。高校卒業してから大学に入ったときは勉強の楽しさがまったくわかりませんでした。それなのにもう一回大学に行ってみたいと思ったのは、別に学歴が必要だったからではなく、社会に出てから八年過ぎて、教養をつけてみたいという考えがあったからでした。一回社会に出てから大学で勉強させてもらったこと、本当に感謝しています。

また在学中に経営学部の教授に頼まれて、立命館大学の学生たちに講演もしました。MKの経営に関して。わたしが現場にいたことと、会社に入ってから、直球できちんとわたしの中に入ってきた会社の信念。それに、父がいっていた「努力すれば努力するほど報われるんだ。一生懸命、合理的に、お客さんのため、従業員のため。一生懸命にやっていくと報われるんだ」という言葉。

わたしは二七、二八歳から、何百人の前で、それもわたしより年上の人たちの前で、教官として話さなければいけなかったんです。若造の話を何とか聞いてもらおうと思って、一生懸命話しました。わたしがまともなことをいっても、聞いてもらえないときもありました。それがだんだん、場数を踏むと笑いも交え、大学で勉強したことも交え、お客さんに聞いたことも交えて幅の広い話ができるようになると聞く方も面白くなってきたのではないかと思います。

わたしがちょうど立命館大学を卒業するときと父が京都シティ信用組合の仕事を始めた時期が重なり、三四歳ぐらいからMKの営業部分はほとんど兄とわたしが取り仕切るようになりました。父は破綻した京都シティ信用組合を立て直し、二〇〇一年に旧信用組合大阪商銀の事業を引き継いで近畿産業信用組合（近産）を発足させ、その後、旧信用組合関西興銀などの他の在日韓国人系信用組合の受け皿になり、大きく育てました。わたしの父は本当の意味でお客様第一主義です。

父はMKの仕事をやめて、MKは息子たちに任せて、数年かけて成長させましたが、父の理念は近産の人たちにはまだまだ浸透していませんでした。もし、父がMKをそのままやっていたらもっと大きくなったかもしれません。しかし父は在日同胞のために金融の仕事を始めてから、体調が悪くなると、車椅子で頑張りました。

父はMKで、とにかくタクシードライバーの地位向上に力を注ぎました。人の命を預かる崇高な仕事をしているのに、なぜ社会から信頼されず、尊敬されてないか。悪いのはわたしたちだと。わたしたちがもっと勉強して、上質なサービスを提供する、それでお客様や社会に信頼される。お客様を大事にして、お客様から信頼されて、尊敬されると、当然ドライバーの社会的な地位も上がるし、収入も上がる。サービスの質を高めるというのは、社会的地位向上に繋（つな）がることなのだと。だから、社内で「ドライバーの社会的地位向上」をよくいっていました。

社会的地位向上の基準は二つだと思います。一つはサービスの質。もう一つの基準は収入です。収入が一般人の半分以下だったら誰も魅力を感じませんし、社会的な地位向上にもなりません。わたしは父に徹底的に教え込まれました。「お客様がいての俺たちなんだ。とにかく頭を下げろ。頭を地べたに擦り付けても。商売はそうゆうもんや。お客様第一主義や」これが父の「お客様第一主義」精神なのです。銀行員は収入が高い割にはサービスが良くないじゃないですか。だから銀行員のお客様に対しての態度がまだまだだと父は見ていました。

二〇一三年、「お客様第一精神をやらすのは誰や」ということで、父は近産の後継者として理事長にわたしを指名しました。形は世襲です。親子ですから。しかし、わたしを指名した理由は、子ども可愛(かわい)さではありませんでした。わたしはずっと断っていました。MKの西日本グループの仕事だけでもとても忙しかったからです。しかし二年間理事長として、本当の「お客様第一主義」の経営をやってくれといわれたので受けましたが、世襲、私物化、独裁的などといわれ、結局解任されました。いわば権力争いなのです。

わたしの好きな言葉は「人間万事塞翁が馬」です。人生に起きることは何が禍(わざわい)で何が幸いになるかはわからないので、何事にも自然体で。近産に解職されたことは、むしろわたしがMKの経営に集中できるから今後のMKの発展をもたらすことになるだろうと受け止めています。頼りない馬鹿息子を理事長にさせようとしたと思う人もいると思います。それも一つの見方です。しかし、わたしに近産の理事長をやってほしいと思う方が今でもいます。わたしの本業はMKです。父が作った会社はMKです。近産は父が作ったというよりも、父が立て直した会社です。父にとって近産はもちろん大事ですけど、父が一九五七年にガソリンスタンドの商売を始めてから五六年、命を懸けてやってきたＭＫの方がもっと大事であるはずです。無論両方とも父が関わったところなので、うまく行ってくれればいいと思っています。

▼「何があかんね」、三七歳の結婚

三七歳のときに結婚しました。在日ということもあって、「韓国人と結婚せぇ」と当たり前のようにいわれ続けてきました。見合いも数十回。週二、三回の紹介で名古屋へ行ったり、京阪神、岡山まで行ったことあります（笑）。結婚してもいいかなと思った人がいて、結納直前までいきましたが、成就できませんでした。

今の嫁は、友達の紹介で知り合った日本人でした。「この人と結婚します」と報告すると、親からは日本人だからと反対されました。それでわたしがいったのは、「そんなもん、韓国人、韓国人って。僕も韓国人と結婚しようとした。でも今、出会う人はほとんどが日本人だ。何があかんね。見合いも数十回やって、結婚しかけて、ダメになって。それなのに日本人だからダメかよ」と覚悟決めていいました。そしたら親父に「出て行け」といわれまして、「わかった。会社もやめるわ。日本で子どもを生んで、育てて、日本人相手にビジネスやってて、日本人に感謝せなあかんじゃないか。韓国人、日本人といっている場合違うでしょ。そりゃ戦前、戦中、親父とお袋は酷い目に遭ったかもしれない。でも僕は申し訳ないけど知らんわ。それが結婚す

るなという理由にはならんで。それに、息子である僕が信用できないんですか」と言いました。結局結婚して、今は皆ハッピーです。実家にも頻繁に子どもを連れて遊びに行きます。

　子どもは娘、息子、二人です。二人とも国籍が日本です。わたしは韓国人のままなので、日本人である妻の戸籍に入っています。一応夫という形でわたしが載っています。わたしの戸籍に妻と子どもが入ってないのです。少なくとも、彼らは日本人です。ただ子どもたちはわたしが韓国人であることを知っていますし、当然、祖父母が韓国人であることも知っています。子どもたちは日本で生まれ育つのに、わざわざ韓国人にさせることがわたしには理解できず、重く考えずライトに子どもたちは韓国系日本人でいいと思います。無論妻に韓国人になりなさいともいいません。わたしは韓国人ですけど、いつでも帰化していいと思っています。帰化しようと思ったり、思わなかったり、どちらでもいいです。

▼MKの信念と理念は永遠に不滅です

　MKタクシーは、前身のミナミタクシー設立から二〇一四年で五四年。父が商売をやりだしてから六〇年近いですが、それがあって今があるわけです。父が経営にのりだしていなかった大阪、東京に進出したのが一九九七年です。その後神戸、名古屋、福岡、滋賀、札幌に営業を拡大しました。海外にもエリアを広げ、ロサンゼルスMK（二〇一一年）、ソウルMK（二〇一二年）の営業をしています。そして、タクシー事業だけではなく、ハイヤー、ドライバーの派遺、一九七六年にスタートした養護学校のバス運行を基礎とした観光バス事業、ガソリンスタンドなどのいろいろな事業も進めています。

ＭＫの「お客様第一主義」のため、闘わざるを得なかった時期もありました。二〇〇八年、国の再規制に反対し、タクシー業界の自由化のため、五三万九〇〇八名分の署名を国土交通省に提出しました。二〇一〇年には国による福岡ＭＫの運賃上げの指導に対して、五〇〇〇円運賃継続を認めるように提訴し、五月には福岡地裁が国に全国で初めて仮に認可するよう決定しました。続けて同月、北海道運輸局が札幌ＭＫの運賃継続を認可しました。名古屋地裁も同年一一月、福岡と同じく名古屋ＭＫの運賃認可の仮の義務付けを決定しました。すなわち、これらの闘いを通して国としても、適正な経営と安定した収益、利用者の支持があれば安い運賃を却下できないことが明らかになったのです。

わたしの父の一番の偉大さは、この会社を作った信念、理念です。これからまた五〇年、六〇年かけて、次に受け継ぐ人がこのＭＫの信念、理念を大事にして、こつこつと伸ばしていけばいいじゃないかと考えています。

売り上げをもっと上げる、上場する、事業を拡大するなどのそのような広げるイメージではないです。要は質、そして継続。金儲け（かねもう）けじゃなくて、社会に貢献して、お客様に貢献して、会社に貢献して、質を高めながら継続することが重要ではないかと思っています。父がずっといっていたのが、「商売に国境はない。ええもん作ったら、なに人というのが関係あるか」と。

そして現場にいるドライバーさんがお客様に「ありがとうございます」ときちんと頭を下げたら、絶対大丈夫やともずっといっていました。父が育てて、われらが受け継ぐＭＫのこの信念と理念がある限り、ＭＫは永遠に不滅だとわたしは信じます。

50　ヘイト・スピーチを許さぬ裁判闘争の勝利

金尚均（キム・サンギュン）　男

取材日／二〇一四年七月二三日　**出生地**／大阪府大阪市　**現住所**／京都府京都市　**生年月日**／一九六七年七月三日　**略歴**／幼少年期は民族差別に苦しんだが、立命館大学入学時から本名を使用し、在日本朝鮮人留学生同盟活動にも積極的に参加。大学院を中退し、ドイツに留学した後、大学教員となる。現在、龍谷大学法科大学院教授。ドイツ・ギーセン大学客員教授。刑法専門。二〇〇九年に発生した京都朝鮮第一初級学校襲撃事件において法学者と保護者の立場から裁判闘争の中心的役割を果たし、画期的な勝利に貢献した。著書に『危険社会と刑法』（成文堂）、編著に『ヘイト・スピーチの法的研究』（法律文化社）他。　**取材**／高賛侑　**原稿執筆**／高賛侑

▼初めて本名にした解放感

わたしは一九六七年七月に大阪で生まれました。東淀川区（ひがしよどがわ）はまぁまぁ在日の人も住んでいる地域ですが、民族教育に触れるってことはなくて、夏に朝鮮学校の高校生がやってくださる夏期学校に行く程度でした。

小さいときは通名を使っていたんですけど、日本の子どもたちから「おまえ、チョンコやろ」とよくいわれました。そういった中で喧嘩になるでしょ。しかし勝とうが負けようが、晴れないですよね。小学校、中学校時代は一般的にいう悪い子で、いつも「俺はいったい何者なんやろ」と思っていました。このままでは何にもなられへんと思い、高校時代にはボクシングをやり始めてアマチュアで試合をしました。

でも大学に入るときには本名でいこうと思ってました。嫌で嫌で仕方なかった、通名が。初めて本名にしたときの解放感は今でも覚えています。大学では留学同（在日本朝鮮留学生同盟）に入り、朝鮮人の中で生きるってことと、勉強もしなければいけないことに対する意識を強く持たされました。入学した時期は、韓国では学生と軍事政権との闘いの時代で、日本での自分の生き様を考えさせられる悶々とした日々でしたね。

立命館大学法学部を選んだのはあまり深く考えたからではなかったんですが、大学院に入るとき、面接で指導教授にこういわれました。国際法以外で、日本の国法という分野において外国人が教員になったことがないと。僕はドクターを中退し、ドイツのボン大学に行きました。ところが一年ほど経ったころ、もう一人の指導教授のおかげで九六年に山口大学経済学部講師として就職できました。それから九八年に突然、福岡の西南学院大学法学部の学部長からお誘いが来て助教授になりました。

その後、二〇〇一年ですね。連れ合いは京都出身なんですが、僕らが住んでいた福岡の近隣には子どもたちが通えるウリハッキョ（朝鮮学校）がなかったんですよ。で、京都やったら初級部が三校ありましたから、龍谷大学に移り、助教授、教授から大学院教授になりました。

京都に来てから、同胞社会になんらかの形で貢献できればいいなと思い、二〇〇七年から二年間、地域を回って在日のための法律相談会をやりました。日本人の五人の弁護士も一緒に。相談会では、在日の人たちが現実社会で生きる人間として困っている姿を見て、「あぁ、自分はわかってなかったな」ってことを痛切に感じさせられましたね。

僕は龍谷大学に移ってから、再びドイツに行き、二〇〇二年にボン大学、一二年にギーセン大学の客員教授になって講義をしたり研究したりしたんですが、日本の刑法の持つ問題性とか社会的な矛盾とかを一番感じたのは、〇七年に滋賀朝鮮初級学校に警察が捜査に入った事件です。ある人が「車庫飛ばし」をしたという軽微な事件なのに、大勢の警官が学校に押しかけて捜索するということに強い疑問を感じました。捜査機関の恣意的、政治的な意図の下でそういう法の運用が行われているということに矛盾を感じたんです。

▼京都朝鮮第一初級学校襲撃事件

京都朝鮮第一初級学校に対する襲撃事件は二〇〇九年一二月に起こりました。実は一一月半ばに友人から「ユーチューブに京都朝鮮第一初級学校を撮影してアップロードしている人がいる。学校の側（そば）にある勧進橋児童公園を学校が不法占拠しているので、一二月のいつか襲撃すると予告している」というメールが来ました。すぐ学校に連絡し、南警察署や市会議員、弁護士の方々にも相談して手だてを講じてたんですが、一二月四日、在特会（在日特権を許さない市民の会）などのメンバーらが一二時四〇分から一時間ほど、街宣活動と称して襲撃を行いました。理由は、勧進橋児童公園を日本人の手に取り戻すっていうことでした。

公園の使用については、実際は五〇年ほど前に市と住民と学校の三者で話し合いをして、書面もあるんですよ。それなのに、彼らが京都市の公園担当課などにしつこく電話をしていたらしく、学校側としても市などから何度も連絡を受けたので二〇一〇年一月に退去するということで話し合いがついていたんです。また公園にあったサッカーゴールは朝鮮学校の子どもたちだけが使っていたわけではなく、近隣の工場の職員さんや子どもたちも使ってました。公園を日本の学校が使うというのはわりにあるんですよ。京都府でも日本の学校三校ぐらいが公園を使用している事実がありました。何よりも朝鮮学校に通う子どもたちは京都市民ですから公園を使うのは自由なわけです。

襲撃してきた在特会メンバーらは一一人です。その日、僕は授業が終わって昼食の用意をしていたとき、朝鮮学校の教務主任から携帯に連絡が入ったんですよ。「これはえらいことが起こっているな」と思いまして、自転車で駆けつけたときには事務員の女性が激しく泣いておられて、すごく身体がこわばりました。

彼らは拡声器でどなり立てているので、「子どもたちがいるから静かにしてくれ」っていったんですけど、まったく通じない。彼らは朝鮮学校の歴史とか、知識や認識がまったく欠けているんですね。「スパイの子やないか」とか、偏見やインターネットで拾ってきた言葉だけでしか語れない。だから会話が通じないんですよ。

僕の子どもは三人通っていましたが、その日はたまたま滋賀と京都第二の初級部六年生との交流会があり、一七〇名以上の子どもたちがいたんじゃないかな。子どもたちに怒鳴り声が届かないように、先生方が何とか防ごうとしても限界があったと思います。安らかに勉強する学び舎が戦争のような緊張状態になり、その恐怖感は想像できないですよ。泣き叫ぶ子もいました。

警察の対応も非常に問題が多かったです。そこには警官が七名いましたが、何もしない。その場で威力業務妨害、侮辱罪、それから電線を切った器物損壊罪が行われているわけですから逮捕すべきなのに。警察の恣意的な対応が、この事件が大きくなった根本的な原因やと思います。騒ぎが終わった後、先生や保護者たちは静まり返ってました。あの雰囲気は凍り付くような感じでした。

▼裁判闘争の決意

一二月八日に保護者を集めて説明会をやったときは、皆さん非常に心配されておられましたね。やっぱり自分たちで警備をしようと、朝と昼、いろんな警備の対策を取りました。

僕は刑事告訴をしたいっていう思いがありましたけれども、非常に迷ってました。ただ、これをなかったことにしてしまおうと考えるのは一番避けたいと思ったんです。彼らは朝鮮学校、異質なものを排除するってことを、彼らがいうナショナリズム、民族主義の名の下に行ったわけですよね。僕たちは日本にいながらも、民族的アイデンティティを守るため朝鮮学校に子どもを行かせていますから、攻撃に対して黙っておくっていうことは民族教育を自ら否定するもんやろというふうに考えてました。

しかし一方で、警察や裁判に対する不信感もありました。警察が現行犯逮捕しなかったってことは、おそらく警察としてはなかったことにしよう、在特会と朝鮮人の喧嘩というふうに見ようとしたからでしょう。

僕は一二月一六日に第一回対策委員会が開かれたときに初めて刑事告訴を提起したんですが、反対もありましたよ。「そっとしておいて欲しい」といわれるオモニ（母親）もおられたし、「こんなんやってもしかたがない」といわれる方もおられました。日本の司法に対する不信感も大きかったと思うんですよ。やはり日本社会で裁判しても勝てないという一般的な認識と、しかたないという諦めですね。

京都弁護士会は非常に尽力してくださいました。この事件について声明を出してくれたんですが、それに対して在特会が抗議しに来たんですよ。それを機に一二月二一日に京都府警南署に告訴状を提出しました。しかし警察がなかなか受け取らず、朝九時に行って受け取ってもらったのは夜の七時半でした。

僕たちは名誉毀損で刑事告訴をしたんですけど、検察側が侮辱罪に落としてくれないかと要請してきました。名誉毀損罪は刑法二三〇条、侮辱罪は刑法二三一条です。名誉毀損罪というのは、事実を提示して名誉を毀損した場合に成立する罪で、侮辱罪は、事実の提示をしなくても人の名誉を毀損した場合に成立します。例えば「朝鮮学校はスパイ養成学校や」というふうなことを事実のようにいうと、名誉毀損罪で最高三年の刑罰になります。それに対し、単に「チョンコ、チョンコ」というような悪口をいった場合が侮辱罪に当たります。

検察側は恐らくスパイ養成学校とかについて裁判で向こう側が反論してきたときに、朝鮮学校の味方をしたくない、だから単なる侮辱罪に落としたかったんだろうと思います。侮辱罪は刑法の中でも一番軽い罪です。だから学校側は納得しなかったんですけど、検察側は独自の判断で侮辱罪に落として起訴しました。

刑事訴訟を起こした後の二〇一〇年一月一四日にまた学校周辺でヘイト・デモが行われました。しかし休校にするのは民族教育が不当な行動に屈するということやから、そらいかんと。だから、彼らはデモを午後一時からやるんで、午前中一一時まで授業を学校でやってから、課外学習という形にして、僕ら関係者は学校で警備しました。警察は、午後四時半には終わるといっていたので、五時にバスが戻るようにしてたんですが、五時になっても彼らが帰らなかったんですよ。だからバスの運転手さんにグルグル周辺を回ってもらって、実際に学校に戻ったのは五時四〇分ぐらいでした。

三回目の三月二八日のときは、予告があった三日後に街宣禁止の仮処分申請を行い、学校から半径二〇〇メートル以内の街宣を禁止する仮処分が出ました。彼らはそれも破りました。第一部隊が河原町とかの目抜き通りを回り、第二部隊が朝鮮学校付近まで来たんです。弁護団はその三日後に京都地裁に改めて間接強制（仮処分に違反したときの金銭的罰則）申し立てを行い、一日あたり一〇〇万円の支払い予告金が容認されました。

▼民事訴訟の画期的判決

僕たちは二〇一〇年六月二八日に京都地裁に民事訴訟を起こしました。自分たちが本当にこの問題を解決しようと思っていると、警察にプレッシャーをかけるという意味もありました。民事裁判は本当はやりたくなかった。負担も大変だし時間もかかるし。初めは、諦めの思いをもってた人もいましたが、だんだん認識が変わっていったのは事実です。この裁判のとき、若い日本人を中心とした「こるむ」（歩み）という支援者組織ができて、その人的、物的な支援と精神的な支えが裁判を支えてきたのは明らかです。

しかし現実としては、学校に入学する生徒が減ったり大きな損害を被りました。教師たちも辞めていった人がいますし。子どもたちのすごい恐怖を取り除かなきゃいけないっていう精神的負担があまりにも大きかったんじゃないですか。保護者もつらい。やっぱり躊躇（ちゅうちょ）する人が出てきますよね。事件が起こった翌年の入学者数は極端に減りました。

刑事裁判では二〇一一年四月二日に、襲撃してきた一一人のうち四人に対して懲役一年から二年、執行猶予四年の判決が出ました。

その後、第一初級学校は二〇一二年に一時的に京都朝鮮第三初級学校と合併したあと、二〇一三年五月に京都朝鮮初級学校として新たな校舎の竣工式が行われました。移転した醍醐の土地は一〇年以上前から所有してたんですが、バブルが弾けて建設が頓挫したんですね。しかし第一初級学校はかなり老朽化してましたし、在特会の問題もあったので、第一から第三に移り、その段階では新学校の建設は計画済みだったようです。

もちろん第一初級学校が無くなるのは、関係者は残念やったみたいですね。この事件が起こった一番のきっかけは、学校付近での高速道路の建設ですが、教育する場としては不適切かなという認識は学校側も持ってました。ですから学校関係者としては、在特会の事件が起こったから移転したというふうなことはできるだけ考えないようにしてると理解していいんじゃないですかね。

以前だったら朝鮮学校を支援する人たちって固定されていたんですけれども、それ以外の人もたくさん学校の開校式や授業参観なんかに来てくれるようになって、関心を持ってくれる人の輪が広がりましたね。

民事裁判は二〇一三年一〇月七日に京都地裁判決が出ました。四年かかりましたが、僕たちが訴えたのは、一つは、彼らのやったことは名誉毀損であり威力業務妨害であり、その中でも人種差別、民族差別やと。もう一つは、彼らは民族教育権を侵害したということでした。京都地裁では、人種差別の点については認めてくださり大きな前進でした。名誉毀損や威力業務妨害だけじゃなく、同時に人種差別が行われたんですよ、だから損害賠償は自ずと高くなりますよ、といったんです。

判決が出た瞬間、みんな非常に喜んでましたね。判決の一番重要な一つは損害賠償金が一二二六万円。もう一つは、学校から半径二〇〇メートル以内での街宣差し止めです。ただし、民族教育権問題については、僕たちは強く主張していましたが、一切触れられなかったのは問題でしたね。

彼らは控訴してきました。そして今年（二〇一四年）七月八日に大阪高裁で判決が出て、一審判決が支持されました。高裁判決では「民族教育事業」って書いてくれました。わが国において、民族教育事業を行う朝鮮学校と。民族教育権って書いてくださったらパーフェクトですけれども、これは日本の裁判所で初めて書かれた記述であり、画期的なことです。向こうの主張を一切考慮しなかったという点でも、非常にいい勝ち方をしたんじゃないかと思います。

彼らは最高裁に上告しました。最高裁は書面審査だけですし、憲法についての問題を扱う所です。彼らは表現の自由といってますけども、憲法の問題を論点にして争ってるわけじゃなく、あくまで名誉毀損の問題ですから、最高裁で取り上げられないというのが通常なんですね。彼らが何を主張するのかと、僕は違和感を持ちながら見てますね（二〇一四年一二月、上告棄却）。

▼日本の奇異な法的状況

僕はドイツに行ったときに改めて研究したんですが、こういう問題に対する諸外国と日本の対応の仕方はかなり違います。ドイツなどでは民衆扇動罪、ヘイト・スピーチに対して規制し、刑事罰に処するんですよ。非常に重く、最長刑罰五年です。日本の名誉毀損罪三年の一・五倍以上ですよね。

ヘイト・スピーチには三つあって、一つは「朝鮮人死ね」とか「出て行け」とかいう直接的な攻撃です。それと、例えば「従軍慰安婦というのは売春婦だった」とか、「日本の朝鮮に対する植民地支配はなかった」というふうな歴史の否定。ドイツでは「アウシュビッツでの虐殺はなかった」というような歴史的否定も処罰されます。もう一つは、日本の右翼がよくいう「日本は朝鮮でいいことをしてあげた」という植民地統治を正当化する表現、これもドイツでは処罰するんですよね。EUは加入する条件の一つとして、ヘイト・スピーチに対する規制も入っています。

アメリカの場合は、ヘイト・スピーチは規制してないですが、ヘイト・クライム、人種的な憎悪に基づく犯罪はより重く処罰するヘイト・クライム法があるんです。だから日本の場合はある種、奇異な法的状況にあると考えられます。

日本は国連の人権理事会などから何度も勧告を受けているのに一向に改善しようとしない。日本は表現の自由の問題で、人種差別撤廃条約第四条の(a)(b)の項を留保してるんですけれども、京都地裁判決を機にいくつかの判例評釈がありまして、あの事件では四条を適用しても良かったんじゃないかという意見もあります。日本政府も四条(a)(b)を集会や表現の自由と抵触しない限りにおいて条約を遂行する義務を負うといってるのであって、まったく適用しないとはいってないです。ヘイト・スピーチは表現の自由の問題ではないということです。

ヘイト・スピーチ問題ではマスコミ報道も増えてきましたが、僕はヘイト・スピーチという言葉だけが一人歩きすることに危機感を覚えます。ヘイト・スピーチの裏には、例えば朝鮮高級学校に通う子らに対する授業料無償化適用除外とか、不当な取り扱いがあるんですよ。そういう差別が背景にあるからヘイト・クライムが起こるわけです。今、日本政府が行っている朝鮮学校無償化適用除外なんかは、在特会が行っているデモに対してお墨付きを与える効果をもたらしていると思うんですよ。そこにもっと目を向けるべきでしょう。

ヘイト・スピーチは、例えば朝鮮学校の子どもたちの心を包丁で刺すような行為やと思います。人間が生きる上で一番大事なのは自尊心だと思うんです。これをなくした人は、自分は価値がないもの、劣るもの、存在しても意味がないものと考え、その究極は自死です。ヘイト・スピーチは言葉によって名誉を毀損するだけではなく、在日朝鮮人とかマイノリティの人たちがこの社会で生きることを阻害する行為であり、そこにやっぱり差別があると思います。個人の問題だけじゃなく、一定の属性を有する人々すべてを社会的に阻害する、そういった重大な害悪をもたらす行為です。

今回の地裁、高裁の判決によって、同胞たちが少しでも元気を取り戻していただけたら嬉しいです。自分たちもやればできるんだって。また高校無償化裁判においてもこの判決の一文が使われたら何ものにも代えがたい喜びです。

巻末鼎談　もう一つの戦後日本史——『在日一世の記憶』を編纂して

小熊英二　高賛侑　高秀美

司会・集英社新書編集部　落合勝人

▼『在日一世の記憶』と『在日二世の記憶』のあいだ

——最初に司会のほうから、この六年間の経緯を追っていきたいと思います。

第一作の『在日一世の記憶』（以下『一世』）が刊行されたのが二〇〇八年のことです。その当時から、「ゆくゆくは二世の調査も」という話が出ていました。手元の記録を見ると、一〇年七月二七日に、高賛侑（コウ・チャニュウ）さんからメールが届き、「その後、どうなっていますか、可能性があるなら、ぜひ実現させたい」と、かなり具体的なボールが投げられてきました。それで「やらなければいけませんね。その場合、『一世』のときとほぼ同じ体制で事務局もやっていくことになるでしょう」と御返事しました。ほどなく、小熊さんと高秀美（コウ・スミ）さんに相談したように記憶しております。

八月の終わりから九月にかけて、『一世』に協力してくれた関東圏や関西圏のライターたちに声をかけ、『在日二世の記憶』（以下『二世』）の聞き取りにおけるテーマや人選等について会議をすることになりました。

高賛侑さんからは、エピソードのおもしろさを重視することと、各ジャンルのパイオニアを中心にしてはどうかという考えを伺いました。高秀美さんからは、民族教育の対象者としての二世の姿を浮き彫りにする、幼少期から青年期にかけての言葉の問題や教育環境、アイデンティティ形成に筆を割くようにするというような意見がありました。他にも、すでに自伝等がある人より、なるべく語る機会がなかった人にアプローチしてはどうかとか、とはいえ、あるいは、二世の歴史を知るうえで、やはり、民族団体組織である総連（在日本朝鮮人総連合会）、民団（在日本大韓民国民団）、韓統連（在日韓国民主統一連合）などの活動家たちも候補に含めるべきではないかというアイデアも出ています。私自身、インタビューするという行為自体に、取材対象者とともに歴史を形成する側面がある以上、メンバー一人一人のモチベーションも大切にしたいということを申し上げた気がします。

関東圏のメンバーの会議のとき、小熊さんにも声をおかけしたのですが、この二〇一〇年の時点で体調を崩されており、残念ながら欠席されましたので、代わりに後日、打合せ内容をまとめた備忘録をお送りしました。これに対して、小熊さんはきっちり応対してくださり、コンセプトをはっきりさせるということと、一般書として商業性を持たせることの両立性を念頭に、いくつかの有益なアドバイスをしてくださいました。この結果、ある程度著名な方も、取材対象者に含めるべきだと気づかされ、現状の目次に反映されていると思います。

二〇一〇年九月末に、最初の聞き取り候補者の名簿が完成します。そんななか、同年一〇月二八日、高賛侑さんから、『在日一世の記憶』に出ていただいた生野のコリアタウンの方が亡くなったという知らせがありました。他の一世の方たちの訃報も相次ぎ、実際、二世にも、決して若いとはいえない年齢の方が多くなってきているし、これはうかうかしていられない、という気持ちが高まってきたことを覚えております。

ところが、二〇一一年三月一一日に、東日本大震災が起こり、作業がかなり遅滞してしまいます。

実は、この時点で、取材候補者のうち、およそ二〇人からOKの返事をもらうところまでは行き着いていたのです。関西圏事務局長の髙賛侑さんは、この時期、ずいぶん気を揉まれていたのではないかと推察します。でも、東京にいる私や高秀美さん、小熊さんも、正直、今はそれどころではないというような状況にあった気がします。改めて振り返ると、この西と東の三・一一の経験の濃淡が、『二世』の作業に少なからず影響していたことがわかりますね。

この年の七月二〇日、私のほうで取りまとめたライターへの正式依頼文を髙賛侑さん、高秀美さんに送信しました。「『在日二世の記憶』企画に関するお知らせ」です。ここで重要なのは、二世取材にあたっての共通の質問項目です。言語環境、教育、親子、きょうだい、将来の夢、仕事、結婚、国籍、アイデンティティ、祖国、次世代の在日の子どもたちへ、そして日本社会へ……等々になりますが、これらの要素をなるべく含めてほしいとお願いしました。ここから、さらに何人かのライターが、メンバーに加わってくれました。

以後、取材が具体化していき、二〇一三年の四月八日には、『一世』以来のメンバーである木村元彦(ゆきひこ)さんが、張本勲さんの取材をしてくれました。小熊さんからの最初の宿題だった、誰もが知る著名人の記事が、実現した形です。

二〇一四年に入って、どんどん原稿が入ってくるようになります。そして四月八日、集英社新書ホームページに、第一回の張本勲さんの回がアップされました。この年は、竹田青嗣さんと蔡鴻哲さんお二人の記事がアップされるに留(とど)まりましたが、翌一五年の春ごろからは、大きな混乱もなくウェブ掲載が進んでいきます。

二〇一五年一二月二三日、小熊英二さんの御自宅で、書籍化の打合せをしました。その際に、小熊さんから「巻末に、一作目と二作目を踏まえた、総括的な鼎談を入れてはどうか」という御提案があり、本日この場に集まっていただいた次第です。『一世』の編者の一人であった姜尚中さんは、この間、多忙を極められ、また、二世を代表する著名人の一人として取材対象者に含めるにしても、すでに『在日』『母――オモニ』等、自伝的なベストセラー作品を刊行していることから、『二世』の編者は、ここにいる御三方に引き受けていただくことになりました。

ウェブ連載後に書籍化という流れは、第一作でほぼ確立しており、作業上の混乱は、さほどありませんでした。そのかわり、二〇一〇年から一六年にかけて、小熊さん、高賛侑さん、高秀美さん、落合四名の仕事をめぐる状況が激変し、合間を縫っての作業を積み重ねてきた感があります。それ以上に、二〇一〇年から一六年にかけては、社会状況そのものが大きく変化した時期でした。ある意味、『在日一世の記憶』の作業と『在日二世の記憶』の作業の間には、一世と二世という取材対象の違いに加え、三・一一を挟んだ時代の断層も投影されている気がします。

心残りは、女性――とりわけ一般女性の記事が少なく、また、民団関係者のインタビューも最終的に収録できなかったことです。事務局では当初から、男女比をなるべく均等にして、いくつかの民族団体にかかわる人たちの証言も同時に収録したいと努力してきました。しかし、実際のアプローチや取材、また、できあがった記事の掲載許諾を進めるなかで、結果的に、本書の形になった次第です。ただし、書籍出版というビジネスモデル自体が、大きく揺らいでいる現在、二〇一〇年の夏以降から六年間、第一作から換算すると一三年間にわたる長期のプロジェクトが、流動性の高い「新書」という舞台で貫徹できたことは、それなりに意味があったように思います。

▼総括

高賛侑　最初の『在日一世の記憶』のプロジェクトは二〇〇三年から始まったようですね。僕は二〇〇四年に大阪でたまたまあるパーティがあって、そこで高秀美さんと会ったときに一緒にやらないかと誘われまして、すぐに飛びついたというような感じです。東京の会議に参加してみたら、初期のころにものすごく丁寧にやり過ぎていて、僕から見た感じでは、これは五年、一〇年かかってもできないいんじゃないかというような印象を受けました。というのは、僕がその前に『100人の在日コリアン』（良知会編、三五館、一九九七年）という一〇〇人のコリアンたちの活躍を本にする企画の編集を担当して、大変な作業だったことを体感していたので、その経験をお話ししたら、どういうわけか事務局長という役割が回ってきたということになります。

結局『在日一世の記憶』のときには関西圏のスタッフとして九名が参加してくださいました。それから『二世』のときにはそこのなかでダブる人もいるし、都合でできなくなったり、あるいは途中から加わってくれた人もいて、結局一〇人のスタッフが参加してくださいました。

二世のことについては僕もぜひ出版したらいいと思っていました。一世は強制連行とか強制徴用、それから日本の植民地時代というのを何らかの形で引きずってきたという内容が多いですが、二世の場合はそれを引き継ぎつつ、新たな分野を開拓したという人が比較的多いんですね。これは在日のパイオニアだという感じがします。この人たちの活躍を本にするのは、それぞれの人間的なドラマとしても非常にドラマチックで、読み物としてもおもしろいのではないかと思いました。結果的にはそういう面でもかなり幅広い人たちの体験を収録することができたと思います。貧しくて、苦労して、劣等感にとらわれてとか、そういう少なからずステレオタイプ化された在日朝鮮人・韓国人のイメージというのはまだまだ日本社会にありますけれども、それを打ち崩していくうえでも意味があったかなというような感じはしています。

——ありがとうございます。高秀美さんはいかがですか。

高秀美　『一世』を終えたときに、私は『二世』の本というのは全然想定してませんでした。在日のルーツはすでに『一世』の本に描かれているし、二世の記憶を描き残す意味はどこにあるんだろう、と思っていたんですね。ただ高賛侑さんからの提案があったということを落合さんから聞いてその後、ずっと在日二世とはどういう存在なんだろうと自分でも考えるようになりました。私の親がまさに二世であるわけです。親たちや叔父・叔母たちはどんなふうに生きてきたのだろうかと、そんなことを考えながら実際に取材をするようになりました。ライターたちが取材した原稿を読んだり、実際に二世の人の話を聞いたりしていくうちに、「在日という存在」の原点は二世なのではないかと気づくようになったのだと思います。一世の場合はあくまでも朝鮮人であって、「在日」ではない。根っこは故郷としての母国で、彼らは帰ることができないまま結果として日本に残ることになっただけなんですね。一世は朝鮮人が日本に来たそのルーツの原点ですね。

そもそも「在日」という言葉が定着するようになったのは七〇年代以降のことだと思うんです。そういう意味においては二世という存在そのものが「在日」の原点であり、歴史なのではないかということを考えるようになりました。

——では、小熊さんのほうからも。

小熊　まず、やはりこういう企画ができたのは大変意義のあることだったと思います。落合さんがおっしゃったように長期的な企画としてできたということ、また現在の出版状況を考えてもよくできたということ、これはもちろん書いてくださった方々及び出版社で動いてくれた方々がいないとできなかったことですから、まずそれが大変恵まれていたということですね。

そのうえで、内容についてですが、いま高秀美さんがおっしゃったことは、私も同感です。つまり在日というのは、二世を中心とした言葉である。一世の経験というのは、「在日」というよりは「戦後に日本に残った朝鮮人」の経験です。いま使われている「在日」という存在は、二世から始まったのだと思います。一世の聞き取りは、「在日」という存在のルーツとしても大変意味のあることですし、戦争を挟んだ時期のオーラル・ヒストリーとしても意味のあることですが、二世の聞き取りはまた別のものだと思いました。

再読して思ったのは、ここに収められている二世の経験は、日本社会の鏡だということです。二世とは何なのかといえば、一世の子どもであるという以上の共通点があるわけではない。父親が一世で母親が二世という「二・五世」という方もいらっしゃいますし、片親は朝鮮系ではないという方も結構いらっしゃって、「一世の子ども」という以上の共通性はない。年代もだいぶ開きがあって、一番ご高齢の方が一九三二年生まれで八四歳、一番下が六七年生まれ四九歳と広がっています。だから、それそのものの共通性よりは、彼らの経験を通して逆に日本の社会が見えてくることが、私には興味深かった。

では、どういうものが見えてくるか。結果として言うとそれは、日本の社会の周辺部に置かれた人たちの歴史です。職業で言えば、大企業正社員とか、官僚とかは出てこない。自営業とか、自営業が少し大きくなったような小企業、それがまれに当たって大きくなったオーナー系企業、それから芸術、芸能、スポーツといった領域の人々です。あとは弁護士と医者でしょうか。みんな、要するに「履歴書がいらない職業」ですね。

実を言うと、これは二昔前ぐらいのアメリカのユダヤ系の人たちの地位とよく似ている。医者と弁護士と芸能人、そして自営業が多いという、そこしか進出できるところがなかった時代の、ある意味で典型的なマイノリティのあり方です。そういう周辺部の人たちがどういう暮らし方やどういう人生ルートをたどったかということは、意外と語られたり記録されたりすることが少ないんですけれども、二世たちの経験を読んでいるとそういう部分がよく見える。

それともう一つ気づいたのは、在日の二世の幼少期は、社会的境遇にあまり差がないことです。どの話を読んでも、最初の部分はみな同じで、小さな朝鮮人の集落――それが都市部にあることもあればそうじゃないこともありますが――のなかで貧しい生活をして、父親が博打を打って、酒を飲んで荒れて、母親がなんとか生活を工夫してという、そのパターンはほとんどみな同じです。もちろんなかには、親が知識人で、親に教えてもらった書道の腕で自分も生きていくという、文化資本を親から受け継ぐという形態をとった方がいますが、そういう例はわりと少ない。全員がゼロからスタートし、日本社会のなかに進出していったという意味で、高賛侑さんのおっしゃった「パイオニア」ということになると思います。

ただし、これはいい悪いの問題ではないけれども、ここに記録されている人たちが在日二世の多数派だったとは私は思わない。圧倒的多数は、華々しい職業には就かず、自営業のままだった人たちだと思います。そのなかで成功した人たちも、ほとんど親は自営業。その境遇から芸能やスポーツで成功した人たちも、きょうだいはみんな自営業。音楽や芸術で成功した人も、音楽や芸術で食べられなかった時期は自営業。そういう、日本社会の周辺部のライフコースがよく見えてきます。周辺部と言っても、人数的にいうと実際には日本社会の多数派であって、大企業正社員や官僚のほうがよほど人数は少ないのですけれどね。

もう一つ、この本で大きな部分になっているのが、運動をやった人たちです。その運動の形は全くさまざまであって、活動家のままでずっと生きた人もいれば、そこから離れていった人もいる。総連や民団系の人もいれば、全く関係ないところからあるきっかけによって活動に入っていった方もいる。始めたきっかけも、差別の場合もあれば、韓国との関係もあり、いろんな方がいらっしゃる。そこには日本社会の周辺部の問題がよく見えるし、また同時にエリート層とは違う意味で国際的な性格を持っている。そしてそういう人たちは一体何をやって生活していたんだろうという観点から見ると、ほとんど自営業です。

ここで語られている人たちが、在日社会、在日二世のマジョリティなのかということになってくると、おそらくそうではないかもしれません。何らかの形で成功した人、語るに値する活けではないだろうと思います。

動をした人々が多い。しかしその彼らも、やはり日本社会の周辺部のあり方を反映しているという意味で、ここに記録されていない在日二世のマジョリティと、そんなに分断されているわけではないだろうと思います。

▼戦後日本社会のなかで

小熊　次に歴史的観点からいうと、二世ですから、これは戦後史です。戦後史のプロセスのなかで、各人がいろんな分かれ方をしているという印象を持ちました。

まず全体の背景として、日本の高度経済成長があった。そこでチャンスをつかむことができた人たちはビジネスで成功したし、バブルの時期になってから成功したという人もいる。高度成長は、日本の芸能界やスポーツ界の急膨張、つまりそれはテレビの普及ということと大きくかかわっているわけですが、そこでチャンスをつかんだ人たちも一群いる。つまり、高度成長から九〇年代ぐらいまでの日本の経済成長の経緯というものが、社会の周辺部にいた人たちにどう反映していたかが見えると思いました。

もう一つの注目点は、民族団体及び「本国」とのかかわりです。これはよく総連と民団の二大潮流として語られるけれども、個々の生活史からみると、その二大潮流も常に変化していたことがわかります。その変化の仕方も、一は在日社会の変化を反映し、二は日本社会の変化を反映していた。もちろん韓国や北朝鮮の変化も反映していると思います。

「民族団体の歴史」として語られるのは、敗戦直後に朝連（在日本朝鮮人連盟）という組織ができて、それから総連と民団になって、六〇年代になって対立が深まり、八〇年代に指紋押捺拒否運動があってといったストーリーです。しかしこの本に収録された生活史を読むと、いくつか別の観点が浮かびます。

第一にわかるのは、六〇年代の初めぐらいまでは一世の指導下にある時代だった、ということです。そして六〇年代後半になると、二世の時代になり、いろいろな変化が起きてくる。

前著の『在日一世の記憶』を読んでいると、民族団体の幕開け期から分裂期に至る経緯が伝わってきますが、この本に集められている二世の体験からは、それはあまり大きな影響を彼らに与えているように見えない。むしろ、民族団体とあまりかかわりのない二世も含めて、日本の六〇年代後半の学生運動の影響や、その時代の雰囲気の影響を受けたという証言が非常に多い。しかし二世のなかでも、一九三〇年代生まれの人や、一九五〇年代以降に生まれた人には、そういう時代の影響が感じられない。一九四〇年代から五〇年前後に生まれた人たちに、色濃く影響している。

在日といっても日本社会のなかで生きているわけですから、大学に行かなかったとしても、時代の影響は非常に受けている。それが在日の団体のなかにもいろんな波紋になってあらわれ、結果として金大中救援運動という形になったり、在日韓国人政治犯の問題になったり、韓統連になってあらわれたりしたのでしょう。それがよくわかるのが、私には興味深かったです。

逆に、思ったほど一九八〇年代の指紋押捺問題が、彼らの生活史に影響を及ぼしていないような印象を持ちました。日本社会、とくにマスメディアや研究者に在日が注目されたのは、もちろん六〇年代後半から七〇年代にかけての注目もあったけれども、やはり指紋押捺問題が大きかった。けれどもこの本を読む限り、意外と当の在日二世には、あまり大きな波紋が感じられない。もしかするとあれは、八〇年代になって日本社会の国際化ということが問題になったときに、それを象徴する問題として日本側が、つまり、日本社会側の関心が、大きな問題として取り上げたということだったのかもしれないと思いました。あるいはあれは、当時の三世や若い世代にとって、重大だったのかもしれませんが。

まとめて言うと、在日二世と一言で言っても、ここで聞き取られている人たちは一九三二年生まれから六七年生まれまでいる。最初の出身階層はほとんど同じだから、かえって時代的な経験による違いが色濃く出て、それがかえって「もう一つの日本戦後史」というか、「日本社会の鏡」という印象を与えます。そのなかでも、四〇年代後半から五〇年代初めに生まれた人は、非常に同時代的な日本社会ないし韓国社会の変化の影響を強く受けている。それが、再読して持った印象です。

高秀美　二世の方たちの話でよく出てきたのが学生時代のことですね。学校で勉強のできた人たちはこのまま努力すれば日本の会社ぐらいには入れるだろうと思うんですね。もしかしたら学校の先生になれるかもしれない、なんとか道は開けるだろうと思っていて、あるとき教師に話してみたら「朝鮮人なんかできるわけないじゃん」みたいなことを言われてしまう。そんな挫折を味わわされるという体験を結構多くの人がしてますね。通名で日本の学校通って、なんとなく、社会に朝鮮人差別があることを知っていても、自分は大丈夫だろうと思っていたのが、いきなりその言葉でバタンと扉が閉じられてしまう。その絶望はどこにも持っていきようがなくなって、今度は怒りの矛先が自分の親に向かっていく、「何で朝鮮人に産んだんだ」と。ところがその苦しみや絶望のなかで同胞と出会ったり歴史を知っていくことで、もう一度大きな揺り戻しがあるわけです。そのなかで在日二世としての自分に気づいていく、そういう屈折の経験を経て今があるんだなということがよく見えてきましたね。

逆に最初のところで挫折したままの人だと、今回の企画の取材には登場してこないのでしょうけれど。

小熊　その点も印象に残ったことの一つです。一〇代の後半ぐらいになってから、初めて成績が良くても職が得られないということがわかったという人が多い。そのあとは、通名で通すか否かとか、いろんなケースに分かれるわけですけれども、とにかくそれまでは日本社会の一員だということは疑っていない。そのなかで、この本で取り上げられている人は、自分の個人的な努力であるか、活動とか運動という形であるかは分かれますが、何らかの形で道を切り開いていった人たちです。それができなかった人たちは、知人とか親戚とかいう形で言及はされるけれども、この本では表には出てこない。

高秀美　先ほど在日の歴史というのは日本社会の鏡だというふうに小熊さんはおっしゃったんですけれども、在日二世の若者たちが学校で教師から、大学に行っても就職は保証できないよって言われる過程で、そう言った側の世代の日本人というのも存在しているわけです。だから朝鮮人の子どもたちを前にしてそういうふうに、差別されるのは当然みたいに言える世代の日本人たちがいたということも別の角度から光を当ててみなきゃいけないないと思いました。まさに戦後日本社会というものの姿が映し出されているような気がします。

小熊　それはそのとおりです。ただしおそらく、そういうことを言った人たちの側も、漠然とした意識しかなかったでしょう。「なぜできないのですか」と聞かれて、法律制度的にこれがこうでみたいな説明ができる人は多分ほとんどいなくて、自分が何となくそう思っているのと、おそらく日本の大企業もそう思うだろうという前提で言っただけだと思いますね。そうした無知も含めて、「差別」とはそういうものだと思います。

高賛侑　いま高秀美さんがおっしゃったことですが、戦争体験があるような年代の人が在日の子に対してそういうことを言ったとしたら、その人の人間性を僕は疑いますね。しかし多くの場合は教師自身が歴史を知らない、無知のまま子どもに接している場合が非常に多いと思います。

高秀美　いつの時代の？

高賛侑　本書に出ていて、僕が最近、別の件で改めて取材した鄭貴美さんの場合もそうですけども、中学校のときに「学校の先生になりたい」と言ったら、その教師が驚いて「あんたらはあかんこと、知らんの？」と言ったと。お互いにそれ以上もう言葉が出ない。その教師はおそらくかなり若い先生だから、植民地時代から今日にいたる在日の差別状況とかに対してほとんど無知なわけです。そのため、哀れな人間という見方しかしない。もし理解があるんだったら、その子どもに対して何か言いようがあったはずです。そこでやはり言いたいのは、教師たち自身ですらもうほとんどそういう過去を知らないという問題です。知らないというのは知らされていないということであり、そこにさっきおっしゃった日本社会の鏡だという現実が映し出されていると思うんです。

▼近似値、全体像

――『在日一世の記憶』をまとめるときに、調査をするなら母数は多いほうがいいと、小熊さんがおっしゃったのです。それで、できれば一〇〇人、最低限五〇人ぐらいを収録して、全体像の近似値まで行き着きたいと、当面の目安を定めました。ただ、やってみた実感として、二世というのは、最後まで難しかった。

ウェブ版では、原稿が完成した順に掲載していったのですが、書籍化にあたって、生年月日順に、一から並べなおしてみたのです。すると、最年長と最年少では、三五年も違う。ほとんど一世代ほどズレが生じてしまったのです。民族教育、言語教育、社会の雰囲気、朝鮮半島との政治的な関係等々、歴史感覚そのものが別物になってしまう。これらの条件の下では、共通項はなかなか見出しづらいようにも思えるのですが、一方で、小熊さんの見立てから二世を見てみると、今回の取材を通して、ある程度の近似値は描けているような感じもします。その点で、髙賛侑さんがおっしゃったパイオニアとしての意味も、別の文脈で位置づけが可能かもしれません。いずれにせよ、これ以上、二世の全体像に迫る方法はあり得るでしょうか。

小熊　難しいと思います。先ほども言ったように、ここに記録されている人たちは、成功した人か、運動した人か、何らかの形で切り開いた人たちです。そういう人たちは、ある意味では例外的な人です。しかし、彼らも最初はみな同じ立場であり、彼らとは違う道をとった人たちも言及されているから、そこから全体は推し量れる。これ以上の調査を質的に行うのは、かなり困難でしょう。

髙賛侑　あえて近似値というものをとる必要はないのではないでしょうか。それほど多様化してきていると思うんです。一世の場合はある程度、先ほど小熊さんがおっしゃったように共通項が多いですけれども、それを変えていったのが二世の時代だったような感じがします。僕はパイオニアという言い方をしたけれども、決して日本や世界の誰もやってないことを、新しいことをやったというんじゃなくて、在日世界のなかでのパイオニア、せいぜいそこまでですよ、やれたのは。つまりパイオニアになることすら以前は許されなかった。日本人だったら当たり前にやってることを在日がやればパイオニアの役割になってしまうということなんだと思います。

例えば在日二世だけ考えてもかなり両極端に分かれて、一つはそういう運命に抗い自分で道を切り開こうとした人々。もう一つはこういう差別社会だからいかにそこに適応していくかという生き方を選んだ人々、これでまずかなり大きく分かれると思います。多くの場合はやはり差別から逃れるために自分の出自を隠し、あえて言えば、日本社会に埋没していく道を選ばざるを得なかった人が非常に多かった。だから逆に言うと、大変だけれどもパイオニアとしての役割を果たした人たちというのは、僕は高く評価したいと思います。

小熊　あえて私の推定で言うと、髙賛侑さんのおっしゃるような意味での「パイオニア」的なことをやらなかった人、例えばずっと出自を隠し続ける道をとった人は、階層的に上昇するのは難しかったと思います。そういう人は、「履歴書の要らない職業」にしか就けない形になってしまうからです。

この本に出てくる人たちの共通項としては、親の一世がほぼ同じ社会状況だった。だからどの話を読んでもスタート地点は同じ。ただそこから後は著しく多様化していく。しかしビジネスでも芸能でもスポーツでも学問でも、何らかの形で切り開いていく過程で、自分の出自というものと向き合わざるを得なくなり、どこかで公表せざるを得なくなる。最低限、仕事でかかわったりする周囲の人は知っている、という形にはせざるを得ない。ある程度のステータスの職に就くとなるとそうなってしまう。ですから、それを避けようとすると、多分階層的に上昇するのは難しかったと思います。

職業とか地位で上昇するという形でなく、運動とか活動とかの方向に行った人たちも、この本には出てきます。その人たちは、また別の形で、出自と向き合ったわけです。でもここに記録されてない、場合によって親戚とか知人という形で間接的に言及されている人たちのなかで、髙賛侑さんがおっしゃったような、埋没するという言い方が適切なのかどうかわからないですけれど、そういう道をたどった人たちは、繰り返しになりますけども上昇できなかったかもしれないと思いますよ。「埋没」したから階層的に上に行けたかというと、そう簡単ではなかったと思います。

髙賛侑　そうですね。だから人間的な何かを失うんですよ、やっぱりね。

小熊　「人間的な何か」だけではないでしょうね。

高秀美　埋没ということをどう捉えたらいいのか。例えば学生時代に帰化するならば道があるよということを言われてその道を進む人もいる。その後上昇していけたかどうかわからないけれど、多くは「見えない存在」になっていくわけです。それが埋没ということだとしたら、いずれにしろ今回の取材には登場してこない人たちです。

小熊　「埋没」というような形で、ある時期の在日社会で「悪い生き方」として語られていたものが、実態としてどんなものだったかというのは、気になるところではあります。

高秀美　やはり気になるのはここに出てこない人たちはどのように生きているのかなというこ

とですね。彼らも含めて今日の日本人社会が形成されているわけですから。それとは別に、例えば民族学校が弾圧された一九四八年の四・二四阪神教育闘争の時代、民族学校が次々に弾圧されていく時期の在日の子どもたちの作文を読んだことがあるんです。植民地時代に学校でいじめられていたのが、ようやく自分たちの学校と言えるものができて生き生きとしていたのもつかの間、弾圧されて学校が閉鎖されてしまう、そんななかで子どもたちは思いを作文にして書いていたのですね。

学校から締め出されてしまった子どもたちはその後どうなったんでしょう。総連系の朝鮮学校ができるまでブランクの時期があります。でもこのブランクの年月も子どもたちは生きているわけです。バラバラにされた子どもたちがどんな思いでふたたび日本の学校に通ったのか、あるいはそのまま通うことはなかったのか。何度も言うようですが、「見えない存在」になった在日が確かに存在するんですよね。表に出てこない子どもたちのことについては、結局いつまでたっても空白のままです。自分たちのいる場所を失った子どもたちの生き様がものすごく気になりました。私にとって『二世』のイメージというのは、このときの子どもたちの姿と重なります。今回の取材で「民族教育の対象者」、そして彼らの教育環境のことをぜひ入れてほしいと思ったのはここからなんです。

▼今後の課題

高秀美　それと、阪神教育闘争があんなにも大きく在日のなかで記憶されるのに、それを当時、あの現場のすぐ近くにいた日本の人たちはどのように見ていたのか、何を感じていたのかというのもすごく気になるところです。

高賛侑　いまおっしゃった四・二四阪神教育闘争の後、民族学校が弾圧されて、子どもたちはもう行くことのできる民族学校がなくなってしまったわけですね。それで一部の公立学校内に生じたのが民族学級というものです。それから東京、大阪などでは公立の朝鮮人中学校という特殊な形態の学校が一応できますが、それもやがて閉鎖されてしまう。しかし、これらについてはほとんど知られてない。

高秀美　できたけれども、そこにも行けなかった、行かなかった子どもたちがたくさんいたわけです。

高賛侑　そういう場に通える子どもは相当限られますよね。だからそれ以外の子どもはほんとに行くところがない。それでやがては日本の学校に通うということになるわけだけれども、そういった子どもたちは全く民族教育を受ける場がなくなったということですね。

高秀美　そうですよね。それ以外にも二世の世代でここに出ない、例えば帰国してしまった人たち、どんなに勉強しても日本の社会では開ける道がないからと、帰国運動の時代、北朝鮮に帰国していった人たちがいる。もう少し古い世代だと解放直後、親に連れられて小学校ぐらいのときに韓国に戻った人もいる。ところが向こうでもいじめに遭うんですよね、言葉をしゃべれないから。本国の人間から見たらかつての宗主国の言葉しかしゃべれないなさけない奴らなわけです。今回ここに出てこない在日ではなくなった人たち、そういう二世世代の人たちのことも含めて考えるとある意味朝鮮人の歴史になっちゃうんですけど、出てこない人たちの歴史を描く手段はあるのだろうかということが、今回の編集作業を経て思ったことでしたね。

——今後の課題ということでしょうか。

高秀美　ええ、でもそれはなかなか難しいですね。

高賛侑　僕なんかアメリカの黒人の公民権運動からすごく学ぶところが多いんです。在日朝鮮人、韓国人の歴史と黒人の歩んできた歴史というのは基本的に同じなんですよ。人間による人間の差別は世界共通ですから。しかし黒人が公民権運動に立ち上がることができたのは、やはり歴史を学んだからですよ。自分たちのルーツは何であるのか。どこに問題があるのか——自分たちに迫害を加える白人の側にこそ問題があるということに気がついたところから始まるんです。

僕も高校まで日本の学校へ通ったから、ほんとに朝鮮人が嫌で劣等感にさいなまれたんですね。過去を全く知らなかった。自分はなぜ日本で生まれたのかと。それが高校三年のときにある先輩との出会いがあって、それが大きな転機となったんです。先輩は僕に過去のことを教えてくれました。朝鮮半島の歴史、それから在日の歴史、そのたった一、二時間の話で僕の人生は大きく変わったんですよ。僕はその場で初めて朝鮮大学校へ行くことを決意しました。

さっきおっしゃった阪神教育闘争以後の子どもたちはどうなったのかということは、在日の社会でもあまり知られていない。学校などで学ぶ場がないから、よほど意識的に取材するとか研究しない限りわからないんです。例えば大阪に西今里中学校という公立朝鮮人学校が存在したということを知ってる在日はほとんどいないでしょう。だから『在日一世の記憶』の中で歴史学者の朴鐘鳴（パク・チョンミョン）先生をぜひ入れたいと思いました。この事実を語ってほしかったからです。できるだけ幅広い人たちを登場させたいなという思いがあって、それはある程度は成功したかなという感じがしてます。

僕は『二世』の本ができたら日本人とか在日韓国・朝鮮人に読んでほしいんだけど、在日外国人にも読んでほしいという思いがすごくあるんです。僕は以前、「毎日新聞」大阪版で在日外国人に関するルポの長期連載を行い、在日外国人を取材する機会がかなりありました。そのなかで気づいたのは、僕ら在日韓国・朝鮮人が五〇年代、六〇年代に体験したことをいま彼らが体験しているということでした。彼らは本当のマイノリティです。数が少ないから民族運動をする術（すべ）もないんです。

彼らにとって在日韓国・朝鮮人がやってきた経験というのはすごく参考になるんですね。例えばベトナムから難民として来たグエン・テ・フィさんという青年がいます。ボートピープルでいつ船が転覆するかわからない、そんな九死に一生を得たというような体験を経て日本に渡ってきたんですね。ボートピープルとしてベトナムから来た人たちは関西圏で六〇〇人ぐらいいるそうです。彼ら同士でたまに会ったりすることはあるけれど、どう日本で生きていったらいいのかわからない。そのとき彼は在日朝鮮人たちが学校をつくったりいろんな団体をつくって交流会をやったりとかしているのを見て、学んだわけです。やがて彼が中心になってベトナム人の団体をつくることになりました。

在日韓国・朝鮮人が頑張ってきた道というのは、自らの権利を獲得するために一生懸命努力してきた過程ですが、それは結果的に、いま二〇〇万人以上に上る在日外国人全体のために非常に有効であったと思います。逆に言うと、在日コリアンがやり切れなかったこと……まだ法的な差別とかいろいろ残ってるじゃないですか。それは在日の先輩である我々が解決できなかったから、それをほかの外国人が引き続き体験せざるを得なくなっているということですね。

かつては在日コリアンはほかの外国人と一緒にしてくれるなという意識がすごくあったんですよ。自分たちは日本の植民地支配からの歴史があって現在に至る、だから、特権という意味じゃないんですけど、在日韓国・朝鮮人については歴史を踏まえた正当な権利を与えるべきだ、ほかの外国人とは違うんだと。しかし僕は、一方ではそれを正論だと思いながら、他方では逆の発想も必要だと思うんですよ。ほかの外国人の権利を守るために自分たちは何をしなければならないか。そういう考えに立ち、ほかの外国人と同時に自分たちの権利も向上させるというふうに意識を変えていかなければならないんじゃないかという感じがすごくしています。

高秀美　でも、それはちょっとなかなか難しいんじゃないかと思うんです。なぜ日本に在住することになったのかについて特別な歴史的な事情を抱えているということ。しかも祖国が分断しているなど、大きな問題をかかえているわけです。これは歴史を切り離して考えることができません。それはもう簡単に無視することはできないことだと思うんです。

高賛侑　もちろんそれは非常に重要ですよ。だけど在日コリアンだけのことを考えているようだと、やはり輪が広がらないんです。

高秀美　権利や人権の問題とかいう意味ではそうだと思います。もちろんそれはわかるんですけど、でも今の状況のままで「在日外国人」ということで一括り（ひとくくり）に輪を広げて運動をしていくのは難しいと思うんです。

高賛侑　少々脱線するかもわかりませんが、典型的な例として、九五年の阪神・淡路大震災が起こったときに神戸にある外国人学校が軒並み大損害を受けました。そのとき朝鮮学校が中心になって呼びかけて、兵庫県外国人学校協議会というのが結成され、ここにほかの中国系とか欧米系とか全ての学校が網羅されました。それで貝原知事に挨拶に行きました。「外国人学校協議会というのをつくりました」と。すると知事が「神戸市、兵庫県にとって外国人学校は宝物です」と言ったんです。僕はちょうどその現場にいたんですが、それからがらっと行政側の対応が変わりました。

一例をあげれば、それまで朝鮮学校はずっと教育助成金の運動などをやってきたので、少しは支給されていました。ところがほかの外国人学校は助成金制度があること自体をほとんど知らなかった。それが外国人学校協議会ができて、アジア系も欧米系も一緒になって要求すると、それまでゼロだったところにも助成金が出るようになり、しかもその額は従来朝鮮学校が受けていた額よりもアップされた。これは非常に典型的な例だと思います。

朝鮮人だけの運動では限界があるけれども、外国人学校というか外国人全体の運動となると、これは特殊な問題じゃない、普遍的な人権の問題になってくるのでもっと有効な効果をもたらすだろうと感じました。

高秀美　でも高校無償化の問題だと朝鮮学校だけが除外されるということが出てくるじゃないですか。

高賛侑　そうです。だから政府がやり方を変えてきてるわけです。朝鮮学校とほかの外国人学校との間に新たな差別を設けようとしているということです。

——今までの議論では、在日コリアンという存在をできるだけ大きく普遍的に捉えるとどうなるかというもので、有効な論点がいくつか出てきたと思うのですが、一方で、ある種の別の側面というか、個性というか、そういったものがあるのではないか。それは、高秀美さん自身が、ざらっとした感じで抱いてきたものではないでしょうか。

高秀美　そうですね。例えば今回の『二世』では、ニューカマーの在日コリアンは入ってないんですよね。今回対象とした在日の二世というのは、「植民地時代に来た親を持つ子ども」というくくりの人たちです。

三世、四世以降の問題となってくると髙賛侑さんが言われたようなことというのは、今後当然出てくると思うんですけど、まだその段階以前にあるように思えます。先ほど言ったように歴史それ自体がほとんど知られていないような状況のなかで、それはまだ困難かなっていう感じが私はするんです。例えば現時点でニューカマーの人たちとそのままフラットに「二世」の問題を語り合えるのでしょうか。もちろん権利とか置かれている状況は一緒ですよ。でも、「在日の歴史」を共有できるのだろうか、そう思うんです。

小熊　関連して言えば、読んでいて思った点の一つに、活動と呼ばれるもののなかに法的権利のものとほぼ同レベルの比重で歴史に関する活動がいくつもあることです。

おそらくこの歴史の問題が、これから在日を考える際に、大きくなっていくと思います。というのも、「在日」の核になるものが、ほかにないからです。いわゆる文化や言語で言えば、もともと二世以降は日本社会の中で差異化しにくい。だからこそ、二世の時代には言語と国籍に非常にこだわった。文化や生活様式としては、「在日」の核になるものを二世以降は持っていないわけですから、言語と国籍を守らないといけないという意識は非常に強かったと思います。国籍にこだわったというのは、「本国の分断」という歴史的経緯を含めて、ほかの国のマイノリティとはかなり異なる経緯ですが。

高秀美　あと本名か通名かという名前の問題……。

小熊　そう、名前もありますね。名前、言語、国籍の三つが、アイデンティティの核として大きかったんでしょう。しかしおそらくこれから先、言語や国籍の比重は下がっていかざるを得ないと思います。そうなると、おそらく歴史認識に比重がかかる可能性があるでしょう。

これはどこの国のマイノリティ、あるいは日本のアイヌや沖縄などの例でも共通しています。言語や文化で差がなくなっていくと、歴史しかなくなる。一昔前は、近代化が進んで言語や生活様式の統合が進んだら集団意識が消えると言われていましたが、実際にはそうならないケースが多い。そうなった場合、歴史しか頼れる核がないから、歴史を核にしてアイデンティティをつくる。そういう意味で、一世と二世の生活史を記録したことは、今後の「在日」にとって、あるいは日本社会にとって、意味が大きいでしょう。

▼最後に

――議論はこのあたりにしまして、最後に一言ずつコメントをいただけないでしょうか。

小熊　私が思ったのは、これまで「在日」という言葉で語られていたのは、二世を中心とした体験のことだったのだなということです。とくに、一九六〇年代後期の日本社会の雰囲気の影響をうけて、七〇年代を中心として活動した人たちです。日本でいえば、いわゆる「団塊の世代」にあたる人たちですね。このことは、貧しい出自から道を切り開いていったという、本書に多いパターンとも重なっている。つまり日本の同世代も、そうしたストーリーの成功談がしばしば語られる世代であり、時代であった。そうしたいろいろな意味で、彼らが日本社会のなかで「在日」と呼ばれる存在をつくったのであり、彼らの軌跡は日本社会の鏡であるとも思いました。

高賛侑　そうですね。

高秀美　前回のときも生年月日順に並べられていましたが、在日一世の場合はどこから読んでもいいというか、年代順ということのなかから見えてくるようなものは感じられなかったんですけど、今回、生年月日順に並べることで在日の歴史がそのまま再現されてくるような感じがして、そういう意味ですごくおもしろいものになったような気がします。あと、ちょっと今後考えてみたいのは、今回の『在日二世』で「父親が日本人、母親が一世の朝鮮人」というケースの方が一人もいらっしゃらなかったということです。それはなぜなのか。もちろん、たまま取材対象に上らなかったということもあると思うのですが、それだけではないような気がしてなりません。一世世代の朝鮮人の女性が日本人男性と結婚をした場合、彼らの子どもたちにはルーツが見えなくなっていくのではないか、見えなくされていくのではないか、そんなことも、ふと私の身近にあったケースとして考えてしまうのです。

――たしかに気になることですね。時系列のことでは、縦軸にすると、別の光景が広がってきました。本当にそう思います。

高秀美　ただ一世の大変な生き様を見ながら、それでも自分なりに道を切り開いてきた二世が、最後の一番若い世代である金尚均さんのところに来て、ヘイト・スピーチの問題に直面してしまう。今度は親としてかかわらなきゃいけないこの時代の日本というのを、どう考えたらいいのかということですね。

髙賛侑　僕が非常勤講師をつとめている大学の若い学生の場合、ヘイト・スピーチに対して感覚的な反発を感じたりするんですが、何が誤っているのかよく認識していない人もいます。そういう人に対してどれだけの話をしなきゃならないか。基礎知識がほとんどないんだから。だから非常に恐ろしいです。正しい歴史が伝えられないというのはどれだけ多くの弊害を残すかということですね。

僕はよく言うんですが、一人の人間を差別する人間は、必ずほかの人間もあらゆる口実をつけて差別します。だから在日朝鮮人を差別する人間は身体障がい者差別、女性差別、移民差別、難民差別、あらゆる差別をやりますよ。しかし逆に……アメリカでまさにそうだったと思うんですが、黒人差別が過ちであると認識したときから大きく社会が変貌したと思います。逆も真なんですね。だから朝鮮人差別が過ちだということが認識されればほかの差別も大きく変わっていくだろうと思うんですが、日本社会でなかなかそうなっていないのが現状です。むしろ歴史の流れに逆行しているように見えるのが異常な感じがしています。

小熊　日本の文脈では、朝鮮人差別をただすことが、他の差別をただすことにつながる。そのことは、全くそのとおりだと思います。ただし、近年のヘイト・スピーチの台頭は、日本だけの現象ではないし、「歴史への逆行」というほど単純なものではない。いまは世界中で、右翼運動や排斥運動が起きている。

高賛侑　もちろんそうだと思いますね。

小熊　もちろん、日本には日本の文脈がありますから、それはそれとしてきちんと対応する必要があります。しかし、これを日本だけの例外的な現象というふうに考えると、かえって事態を見誤ると思いますね。

――高賛侑さんが現在かかわられている韓国の国史編纂委員会のことも報告していただけますか。

高賛侑　僕はかねがね歴史を記録し保存するというのはすごく重要だという問題意識を持っていたので、今回のプロジェクトにも喜んで参加させていただいたわけですけれども、六年前から映像記録を残すということに力を入れてきています。在日の歴史というのはいろいろ不足な点はあっても、一応文字とか写真による記録はある程度存在するんですが、映像の記録がほとんど残されていないというのが非常に残念だと思い、自分でビデオカメラを持って、重要な出来事の体験者のお話を撮影し、ＤＶＤを本人に渡す活動を行ってきました。これは記録だから、とくに貴重な映像については何らかの形で活用したいと思っていたのですが、保存する場がないというのがネックでした。それでようやく実現した一つが、歴史資料館的な施設に寄贈して保存してもらうということです。今年に入って大阪市内の図書館にも置くことが可能になりました。

さらに、韓国の青巌（チョンアム）大学校には在日コリアン研究所というのがあるんですが、そこと協力し合うことになりました。すると今度は、青巌大学校の先生から韓国の国家機関として国史編纂委員会というのがあることを教えていただきました。そこでは近現代史を生きた人の証言を録音または映像で記録し、国の歴史として永久保存するという活動を行っています。そして口述記録収集活動を行っている人に対して支援をするという公募制度も実施しているのですが、青巌大学校の先生から勧められて応募したところ認定されたのです。

歴史の記録として残すものなので、人選が非常に重要だと思いましたが、一番参考になったのが『在日一世の記憶』なんですね。あのなかから四人の方、強制徴用の体験者、元ＢＣ級戦犯、阪神教育闘争参加者、それからサハリン帰還在日韓国人会会長ですね。そういった人を含め六名の方を改めて取材し、撮影した映像をＤＶＤ化して、それを九月末（二〇一六年）までに国史編纂委員会に提出するという作業を進めています。

日本人でも活字にならずに消えていく貴重な体験とか、民間の努力でなんとか冊子にした記録などがたくさんあると思うんですが、そういうものも含めて、もっときちんとした形で映像の記録を保存できるシステムがなんとかできないものだろうかと、改めて痛感している次第です。

小熊　それは映像史料として国史編纂委員会で保存するということなんですね。

髙賛侑　そうなんですね。国の正式な歴史として残すと。それを必要に応じて公開したり本にしたりするようです。向こうに送るときにはＤＶＤだけじゃなくて、僕は日本語で取材してますから、それを韓国語に翻訳して両方提出するということになります。それを向こうが確認して保存するということですね。これは非常に有意義な仕事なので、作業が大変なんですが、やりがいを感じています。

――私自身、編集者を四半世紀やっていますが、この仕事のおもしろいところは、いろいろな人たちが関与し、それぞれの思いや考え方が集約していき、最後に一冊の本が完成する現場に立ち会えることです。編集とは、小さな社会をつくっていく作業に似ていると感じるときもあります。とくに、『一世』『二世』では、普通の新書以上に、そうした側面が際立っていました。いつか小熊さんが、共同作業であることにオーラル・ヒストリーの可能性を見出すべきだということをおっしゃっていました。語り手、記憶の持ち主がいて、それを受け取り、記録した人がいて、編集者や校正者をはじめとする「つくる人」がいて、最終的に、ネットユーザーや、紙の本を購入する人々の存在を予測しながら、一連の作業が進んでいく。未来の読者を含めれば、一三年の年月をかけて、『一世』『二世』の語り部一〇二人を中心に、想像以上の繋がりを構築できたように感じますし、そう信じたいと思います。とにかく、このプロジェクトを支えてくださった編者の御三方および取材に応じてくださった方々やスタッフのみなさんには、感謝の言葉しかありません。

小熊　在日という存在を築いたのは二世であり、その歴史は日本社会の鏡であり、もう一つの日本史です。こうした記録を遺したことには大きな意味がある。それに貢献できたことは、私にとって貴重な経験でした。

（二〇一六年八月二八日）

用語解説（五〇音順）

高賛侑

朝日新聞阪神支局襲撃事件　一九八七年五月三日、兵庫県西宮市の朝日新聞阪神支局に男が侵入し散弾銃を発砲。二階編集室にいた小尻知博記者（当時二九）が死亡し、別の記者（同四二）は重傷を負った。五月六日、時事通信社と共同通信社に「赤報隊一同」の名で「すべての朝日社員に死刑を言いわたす」などと書かれた犯行声明が送られてきた。二〇〇二年五月三日に公訴時効が成立した。

一条校　学校教育法は第一条で「学校とは、幼稚園、小学校、中学校、義務教育学校、高等学校、中等教育学校、特別支援学校、大学及び高等専門学校とする」とし、第一三四条で「第一条に掲げるもの以外のもので、学校教育に類する教育を行うもの」（専修学校を除く）を各種学校とすると規定。多くの外国人学校は各種学校とされているため、一条校に比べて差別的処遇を受けている。

浮島丸　一九四五年八月二四日、青森県の大湊海軍施設部などで強制労働を強いられていた朝鮮人徴用労働者とその家族など三七二五人を乗せた釜山行き浮島丸は京都舞鶴港に入港したが、午後五時二〇分ごろ、突然爆発し沈没。乗客五二四人、乗員二五人が死亡し、行方不明者は一〇〇〇人以上と言われる。

外国人学校法案　政府・自民党は一九六六年に外国人学校制度創設の構想を国会で表明したが、実質的には朝鮮人学校に対する規制強化をはかるものだったため、各界から強い反対運動が起こった。政府は六八年に国会に「外国人学校法案」を上程。廃案になった後も部分的修正を加えて立法化をはかったが、七二年に最終的に廃案となった。

韓国中央情報部　略称「ＫＣＩＡ」。韓国で一九六一年五月にクーデターを起こした朴正熙（パク・チョンヒ）が一ヶ月後に設立した情報機関。主要な任務は内外の保安情報収集とされたが、民主化運動をはじめ、広範な国民に対する弾圧を行い、監禁、拷問、殺害などの事件が多数発生した。八〇年に全斗煥（チヨン・ドゥファン）が大統領に就任した後、「国家安全企画部」と改称。九九年、金大中（キム・デジュン）政権下で「国家情報院」に改編された。

帰国事業　一九五九年八月に日本赤十字社と朝鮮赤十字会との間で結ばれた在日朝鮮人帰還協定に基づき、同年一二月から北朝鮮（朝鮮民主主義人民共和国）への帰国事業が始まった。六七年にいったん打ち切りとなったが、七一年に再開され、八四年までに総数九万三三四〇人が帰国。

金芝河（キム・ジハ）　韓国の詩人・思想家。一九四一年、全羅南道生まれ。本名金英一（キム・ヨンイル）。ソウル大学校在学中の六〇年、四・一九学生革命に参加。六四年、日韓会談反対デモに参加し拘束。七〇年、朴正熙政権を風刺した長編譚詩「五賊」を発表し反共法違反容疑で逮捕された後、保釈。七四年、民青学連事件の捏造により逮捕され、死刑判決を受けた後、無期懲役に減刑され、七五年に釈放。しかし同年、手記「苦行－１９７４」を発表して再逮捕され、死刑判決を受けた後、無期懲役に減刑されたが、国際的な釈放要求の声が高まり八〇年に釈放された。以後、詩作や生命運動などの活動を行っている。ロータス賞（特別賞、一九七五年）等受賞。

金石範（キム・ソクポム）　作家。一九二五年、大阪生まれ。京都大学文学部美学科卒業。一九五七年、『文藝首都』に「看守朴書房」「鴉の死」を発表。総連関係の仕事にも従事したが、六七年、『鴉の死』を単行本出版した後、組織を離れる。七五年以後、ライフワークとして済州島四・三事件をテーマとする作品を執筆。その集大成である大著『火山島』は第一部が大佛次郎賞、全七巻が毎日芸術賞を受賞した。二〇一五年、韓国の第一回「済州四・三平和賞」受賞。

金大中（キム・デジュン）拉致事件　一九六一年にクーデターを起こして大統領に就任した朴正熙は七一年の大統領選挙のとき、野党の候補者として僅差まで迫った金大中の存在に危機感をおぼえ、抹殺を図ろうとした。七三年八月、海外で活動していた金大中が東京に来たとき、白昼にホテルから拉致される事件が発生した。金大中は車で関西に連行され、乗せられた船から海に投げ込まれかけたが、突如ヘリコプターが現れたため計画が変更され、事件発生五日後に韓国で解放された。後日、警視庁は韓国中央情報部が関与していたと発表したが、事件の指揮官と見られた金東雲（キム・ドンウン）駐日韓国大使館一等書記官は外交特権で保護され帰国した。

金炳植（キム・ビョンシク）事件　金炳植は総連中央の活動家として一九六三年に事務局長、六六年に副議長、七一年に第一副議長を歴任。組織の思想性を強化するという名目のもとに強硬路線を推し進めたが、一九七二年に失脚した。その後、北朝鮮に帰国し、九九年死去。

金嬉老（キム・ヒロ）事件　一九六八年二月二〇日、在日朝鮮人二世の金嬉老は静岡県清水市（現・静岡市清水区）で暴力団員二人をライフル銃で射殺した後、同県内の寸又峡の旅館で宿泊客ら一三人を人質にして五日間籠城した。その間、金はマスコミを通じて民族差別を訴えた。七五年、最高裁で無期懲役判決確定。九九年、韓国に強制送還することを条件に仮出所。二〇〇〇年、釜山市で不倫相手の夫と乱闘し殺人未遂容疑などで逮捕。〇三年に出所。一〇年死去。

九一年問題　一九六五年、日韓基本条約とともに「日韓法的地位協定」が締結された際、「韓国」籍保持者には「協定永住権」が与えられたが、「朝鮮」籍保持者の法的地位は曖昧にされた。また三世以降の法的処遇は、二五年後に再協議を行うとされた。九一年一月の日韓外相会談で覚書合意がなされたのに基づき、一一月に入管特例法が施行され、在日韓国・朝鮮人の在留資格は「特別永住者」に一本化されたが、参政権や民族教育権などの権利については解決されなかった。

協和会　植民地時代の内務省、警察当局を中心とした在日朝鮮人に対する統制機関。同化政策を進め、労働力、軍人軍属への動員に協力させ、民族的活動を弾圧した。

光州（クァンジュ）事件　一九八〇年五月一八日から全羅南道光州市を中心に起こった民衆蜂起。民主化を求めた学生や市民に対し、戒厳軍が無差別攻撃を加え二七日に鎮圧した。五・一八記念財団が二〇〇三年に発表した「五・一八民主有功者登録現況」によれば、死者は二〇七名だが、五・一八遺族会などはもっと多いと見ている。韓国政府は事件当時、暴動と見なして「光州事態」と呼んだが、その後、民主化運動と定義し「光州民主化運動」と呼ぶようになった。

国語（クゴ）講習所　終戦直後、朝鮮人が子どもたちに母国語を教えるため全国に作った学習の場。

クッ　朝鮮半島で古代から伝わる土着宗教である巫俗（シャーマニズム）をつかさどるムーダン（巫女）が行う祭祀。供え物をし、踊ったり、神のお告げを行ったりして、暮らしの安泰や病気の治癒などを祈る。

建国学校　白頭学院建国小・中・高等学校。民団系の民族学校。一九四六年、建国工業学校と建国高等女学校が創立された後、四七年に建国中学校に改称。四八年に建国高等学校、四九年に建国小学校設立。五一年に学校法人認可。

小松川事件　一九五八年八月二一日、都立小松川高校定時制の女子生徒が同校屋上で絞殺死体となって発見された。一〇日後、同校に通う在日朝鮮人少年の李珍宇（イ・ジヌ）が逮捕される。李は朝鮮人集落に生まれ、中学卒業後、日立製作所などの入社試験を受けるが不合格。町工場を転々としながら定時制高校に通っていた。犯行時一八歳だったが、五九年に東京地裁が死刑判決。大岡昇平をはじめ減刑助命嘆願運動が起こったが、六一年に最高裁で上告棄却。六二年一一月二六日、死刑執行。享年二二。

在日韓国人政治犯　朴正煕政権は一九七〇年代、国内の民主化運動を弾圧するため「北のスパイ事件」を捏造し、留学などの目的で渡韓した在日韓国人を一〇〇人以上逮捕。拷問を加え、死刑を含む重刑を科した。しかし国際的な救援活動が広がり、九八年までに全員が釈放された。

在日韓国青年同盟　略称「韓青」。一九四五年に結成された建青（朝鮮建国促進青年同盟）は五〇年に民団傘下団体となり、大韓青年団と改称された。六〇年に韓国で四・一九学生革命が起こると、大韓青年団は改編され韓青が結成された。しかし韓青は翌年韓国でクーデターが発生した後、民政移管要求運動や日韓法的地位要求貫徹運動、民団民主化闘争などを行ったため七二年に民団から傘下団体認定を取り消された。七三年、韓民統（韓国民主回復統一促進国民会議）の結成に参画し反独裁民主化闘争を展開。八九年に韓民統が韓統連（在日韓国民主統一連合）に改編された後も会員団体として祖国統一運動など幅広い活動を行っている。

在日韓国民主統一連合　略称「韓統連」。一九六一年に韓国でクーデターが発生した後、民団では保守派と改革派の対立が激化した。七三年、改革派の団員を中心に金大中を議長とする「韓国民主回復統一促進国民会議」（韓民統）を結成し、韓国の民主化等を目指す運動を推進したが、七八年に韓国の大法院判決により「反国家団体」に指定された。八九年に韓統連に改編。思想や所属団体の違いを超えた祖国統一運動を展開している。九〇年に「祖国統一汎民族連合」（汎民連）が結成されると、汎民連日本地域本部を創設した。

在日朝鮮統一民主戦線　略称「民戦」。一九五〇年六月に朝鮮戦争が勃発した後、五一年一月に朝鮮人によって組織された団体。反戦闘争などを行ったが、日本共産党の指導のもとに過激な日本革命闘争を展開するようになったため路線論争が起こり、五五年五月に解散。

在日本大韓民国民団　略称「民団」。在日本朝鮮人連盟（朝連）の左翼的傾向に反対する朝鮮人が結成した「朝鮮建国促進青年同盟」（建青）と「新朝鮮建設同盟」（建同）を主軸に、一九四六年一〇月に「在日本朝鮮居留民団」として創団。四八年に「在日本大韓民国居留民団」、九四年に「在日本大韓民国民団」と改称。

在日本朝鮮学生同盟　略称「朝学同」。一九四五年九月結成。五五年六月、祖国を持つ留学生としての立場を明確にし、「在日本朝鮮留学生同盟」（留学同）と改称。

在日本朝鮮人総連合会　略称「朝鮮総連」。戦後に結成された朝連、民戦に続き、一九五五年五月に新たに結成された朝鮮人団体。北朝鮮の海外公民としての立場を堅持し、祖国統一・民族的権利擁護・民族教育促進などの運動を推進。

在日本朝鮮人連盟　略称「朝連」。一九四五年一〇月に朝鮮人が結成した団体。祖国への帰還や民族教育させた。

のための活動等を推進したが、四九年九月、ＧＨＱの指令のもとに日本政府が団体等規正令を適用し解散

在日本朝鮮青年同盟　略称「朝青」。総連の傘下団体。一九五五年結成。七一年、世界民主青年連盟に加入。

在日本朝鮮民主女性同盟　略称「女盟」。一九四七年一〇月、朝連の指導の下に女性組織として結成。五五年五月の総連結成後、九月の全体大会で総連が加盟を決定した。

崔洋一　映画監督・脚本家。一九四九年生まれ。在日二世。大島渚監督などの助監督を経て、八三年に『十階のモスキート』で劇場映画監督デビュー。九三年、『月はどっちに出ている』でブルーリボン賞など多数の映画賞を受賞。九六年、文化庁新進芸術家在外研修員として韓国・延世（ヨンセ）大学校に留学。九九年、『豚の報い』でロカルノ国際映画祭国際シネクラブ賞受賞。二〇〇四年、日本映画監督協会第八代理事長に就任。〇五年、『血と骨』で日本アカデミー賞最優秀監督賞、優秀脚本賞受賞。

ＪＲ通学定期券差別　ＪＲは旧国鉄時代以来、外国人学校児童生徒の通学定期券に対し学割を認めていなかった。朝鮮学校を中心に抗議の世論が高まるなか、一九九四年四月から外国人学校にも日本人学校と同様の割引運賃が適用されることになった。

七・四南北共同声明　一九七二年七月四日、南北分断後初めて祖国統一問題について韓国と北朝鮮が同時に発表した歴史的声明。自主・平和・民族的大団結の三大原則をはじめ、不意の軍事衝突の防止、交流の実施、常設直通電話の設置、南北調節委員会の設置・運営など、七項目の祖国統一原則が合意・明記された。共同声明は画期的な出来事として内外に大きな反響を呼び起こした。しかし韓国の朴正熙政権は一〇月に独裁体制を強化する「一〇月維新」を開始し、北朝鮮では一二月に社会主義憲法が制定され、やがて対話の道も閉ざされていった。

指紋押捺拒否運動　一九八〇年、在日一世の韓宗碩（ハン・ジョンソク）が外国人登録証の更新時に指紋

押捺を拒否した。当時、外国人は一四歳を超えると、新規外国人登録や三年ごとの更新時に指紋押捺をしなければならず、違反すれば刑事罰が科せられた。外国人を犯罪者同様に扱う制度に抗う韓宗碩の行動は大きな反響を巻き起こした。全国各地で支援運動が起こり、指紋押捺拒否者や留保者は一万人を超えた。その後、法務省は一回目の登録年齢の引き上げ、更新期間の延長、指紋押捺は最初の登録時の一回のみと徐々に制度を改めていったが、強い批判はおさまらなかったため、ついに二〇〇〇年に外国人登録法上の指紋押捺制度を全廃した。

青丘文化賞　文芸・学術の面での創作研究活動および文化活動において優れた業績を挙げ、在日韓国・朝鮮人社会の文化水準の向上に貢献した個人、団体を対象に授与。一九七四年に青丘文化賞と青丘文化奨励賞が設けられた。

創氏改名　一九三九年一一月、日本は皇民化政策の一環として、朝鮮人の姓を日本式の名前に変えさせるための創氏改名に関する法律「改正朝鮮民事令」を公布した。抵抗した者には強い圧力が加えられた結果、四〇年八月の期限までに約三二二万戸（約八〇％）が届け出た。

書堂（ソダン）　漢文などを教える朝鮮の伝統的な私塾。

空知民衆史講座　一九七六年、北海道空知地方の民衆史掘り起こし運動の市民団体として発足。幌加内町朱鞠内の雨竜電力ダム建設工事（一九三八～四三年）におけるタコ部屋労働者、朝鮮人強制連行犠牲者の遺骨発掘に取り組み、韓国の遺族に届けるなどの活動を続けている。

大政翼賛会　一九三九年にヨーロッパで第二次世界大戦が勃発した後、日本でも強力な指導体制を作る必要があるという思惑のもと、四〇年一〇月、近衛文麿を中心とする新体制運動推進のために創立された組織。非合法だった日本共産党などを除くすべての政党が自発的に解散して大政翼賛会に合流した。総裁には総理大臣が就任し、道府県支部長は知事が兼任。大日本産業報国会、大日本婦人会など多数の組織を傘下に入れ、国民生活の全般にわたって統制した。四五年六月、本土決戦に備えた国民義勇隊の結成にともない解散した。
単独選挙　朝鮮半島では解放後、左右の対立が激化。一九四七年、米国は朝鮮独立問題を国連に移管した。翌年、国連小総会は南朝鮮だけで単独選挙を実施するという決議を採択。挙族的な反対運動が起こったが、五月一〇日に単独選挙が強行され、八月一五日に大韓民国が樹立された。これに対抗して九月九日には北半部で朝鮮民主主義人民共和国が樹立された。
チェサ　祭祀。日本の法事のように、朝鮮民族が先祖を供養するために行う儒教式の儀式。
チマ・チョゴリ暴行事件　一九九三年から「北朝鮮核疑惑」が国際的な問題としてクローズアップされていったのにともない、九四年四月から七月にかけて、朝鮮学校女生徒を主な対象とする暴行・暴言事件が全国で一六〇件以上発生した。
朝銀　総連系の民族金融機関。朝銀信用組合。一九五〇年代から各地で民族金融機関が設立され、五三年に中央機関として在日本朝鮮信用組合協会（朝信協）が結成された後、五九年に総連の傘下団体となった。その後、三八組合、一七六店舗にまで拡大したが、九〇年代後半から多数の朝銀が破綻したため再編が行われ、朝信協は二〇〇二年に解散した。
朝鮮人強制連行・強制労働　一九三七年に日中全面戦争に突入して以後、日本は国内や海外占領地での労働力や軍要員の不足を補うため、多数の朝鮮人を強制的に連行・徴用した。三八年には国家総動員法、三九年には国民徴用令が公布され、朝鮮人にも適用された。
朝鮮大学校　一九五六年に東京都北区で二年制の大学として創立された総連系の民族学校。五八年に四年制に改編。五九年に小平市に移転。六八年に各種学校として認可。
独立万歳運動　一九一九年三月一日に起こり全国に拡大した反日独立運動。「三・一独立運動」。
土地調査事業　朝鮮総督府が一九一〇年から一八年まで実施した朝鮮人の土地の所有権、価格、地形などの調査・測量事業。多くの農民が先祖伝来の土地を奪われ貧窮化し、日本や中国へ移住する者が急増した。

日帝強占下強制動員被害真相糾明委員会　盧武鉉（ノ・ムヒョン）政権による韓国の過去史見直しの一環として、戦時中の強制連行・強制労働による犠牲者の真相解明のための法律「日帝強占下強制動員被害真相糾明等に関する特別法」（二〇〇四年三月二日韓国国会で成立）に基づき設置された委員会。〇四年一二月、鹿児島県指宿で行われた日韓首脳会談の席上、盧武鉉大統領から小泉純一郎首相に対し、戦時下に死亡した強制動員犠牲者の遺骨の返還に協力してほしい旨の要請があり、小泉総理は協力を約束。以後、同委員会は遺骨問題をめぐる韓国政府側の窓口として、日本政府との間で遺骨調査と真相究明、遺骨の返還について話し合った。

朴正煕（パク・チョンヒ）大統領射殺事件　朴正煕は一九六一年にクーデターを起こした後、韓国大統領に就任したが、反独裁・民主化闘争が激化するなかで、七九年一〇月に中央情報部長によって射殺された。第一八代大統領朴槿恵（パク・クネ）は長女。

阪神教育闘争　一九四八年当時、全国で五百数十校の朝鮮人学校が運営されていたが、文部省（当時）はGHQの指示のもとに学校教育局長通達を出し、大量の武装警官隊を動員して閉鎖を強行した。神戸では四月二四日、大阪では二六日に起こった抗議運動に対しGHQと警察は激しい弾圧を加えた。関西における一連の事件は「四・二四（サイサ）阪神教育闘争」と呼ばれる。その後、日本政府は四九年九月、朝連に対し団体等規正令を適用して解散を命じたのに続き、一〇月に閣議で「朝鮮人学校処置方針」を決定。大阪の一学院三校だけを私立学校として認可した以外、すべての朝連系、民団系学校を閉鎖した。

韓（ハン）流　二〇〇〇年代以後、東アジア各地で起こった韓国の大衆文化の大流行のこと。日本では〇三年からテレビドラマ『冬のソナタ』が放映されて熱狂的な「冬ソナブーム」が起こった後、映画、音楽、アイドルなど多様な分野で韓国文化が広く流行するようになった。

日立就職差別裁判　一九七〇年、在日二世の朴鐘碩（パク・チョンソク）は日本名で日立製作所の入社試験を受け内定の通知を受けたが、朝鮮人であることを明らかにすると取り消された。支援する会が作られ、裁判闘争を進めた結果、七四年に横浜地裁で勝訴。

広島県朝鮮人被爆者協議会　一九七五年、在日朝鮮人被爆者の初の被爆者団体として結成。七九年、長崎県朝鮮人被爆者協議会結成。八〇年、全国組織として在日本朝鮮人被爆者連絡協議会結成。

ヘイト・スピーチ　一般的に人種、出身国、宗教、性的指向、性別、障がいなどに基づいて個人または集団を攻撃、脅迫、侮辱する言動を指す。日本では二〇〇九年に在特会（在日特権を許さない市民の会）のメンバーなどが京都朝鮮第一初級学校（当時）に対して行った言動に対する裁判を機に大きな社会問題となった。一四年に国連の二委員会が日本政府に対しヘイト・スピーチ対策を求める勧告を行ったが、積極的な対応は行われなかった。しかし一六年一月に大阪市で「ヘイトスピーチ抑止条例」が成立したのに続き、五月に衆院と参院の法務委員会において「ヘイトスピーチ対策法」が成立、六月に施行された。ただし、罰則を設けない理念法にとどまった。

墓参団　一九七五年、民団は「朝鮮」籍を「韓国」籍に変更しなくても墓参団などで故郷を訪問できるようにする「総連同胞の母国訪問団事業」を開始した。

マダン　韓国語で、庭や、ある事を行うための場所の意。東九条マダンの趣旨文では「東九条で、韓国・朝鮮人と日本人がひとつのマダンに集い一つになって、みんなのまつりを実現したい」としている。

面（ミョン）　行政区画の一つで、郡、市の下。

梁石日（ヤン・ソギル）　小説家。一九三六年生まれ。在日二世。タクシー運転手をしていた一九八一年に出版した『狂躁曲』（文庫版出版時の題名は『タクシー狂躁曲』）が、九三年に『月はどっちに出ている』というタイトルで映画化され大ヒットした。九四年『夜を賭けて』が直木賞候補になり、二〇〇二年に映画化された。一九九八年、実父をモデルにした作品『血と骨』は山本周五郎賞を受賞し、再び直木賞候補になった後、二〇〇四年に映画化された。

両班（ヤンバン）　高麗・李朝時代の官僚組織、また特権身分階級。

四・一九学生革命（四月革命）　大韓民国樹立以来、独裁政治を強行していた李承晩（イ・スンマン）政権を打倒した学生を中心とする大衆蜂起。一九六〇年三月の大統領選挙における不正に抗議した馬山市民の蜂起後、反政府運動が全国に拡大した。四月一九日にはソウルの多くの大学生がデモに決起。李承晩は二七日に辞表を提出した。

四・三事件　戦後、米ソの対立のもとで画策された南朝鮮単独選挙に反対して、一九四八年四月三日に済州島人民が蜂起した武装闘争。国防警備隊とテロ団が送り込まれ、七年にわたる闘争で多数の島民が虐殺された。

六・一五南北共同宣言　二〇〇〇年六月、韓国の金大中大統領が平壌を訪問し、北朝鮮の金正日（キム・ジョンイル）総書記との初の南北首脳会談が実現した。一五日、南北の統一・交流問題などに関する南北共同宣言が発表され、以後、南北間の交流が劇的に進展した。

《読者の皆様へ》

本書には、「土方」「ニコヨン」「乞食」などの職業に関する差別語、「チョン」「チョンコ」といった民族に関する差別語、その他差別的表現が収録されています。

右に例示した表現は、差別を拡大、助長させる恐れがあり、本来ならば使用を避けるべきです。しかし、それぞれの話者が生きた時代には、こうした言葉は日常的に話されており、何よりもオーラル・ヒストリー（口承の歴史）という性格上、当時の実際を記録にとどめる意味でも、そのままの形で本書に残すこととしました。読者の皆様におかれましては、このような事情をご理解のうえ、お読みくださるようお願い致します。

初出　集英社新書ＨＰ／二〇一四年四月八日～二〇一六年一〇月三一日

小熊英二（おぐま えいじ）

一九六二年生まれ。歴史社会学者。慶應義塾大学教授。『〈民主〉と〈愛国〉』『１９６８』『社会を変えるには』『生きて帰ってきた男』等。

高賛侑（コウ チャニュウ）

一九四七年生まれ。ノンフィクション作家。『アメリカ・コリアタウン』『統一コリアのチャンピオン』『ルポ　在日外国人』等。

高秀美（コウ スミ）

一九五四年生まれ。ライター・編集者。在日朝鮮人の記録を残す仕事に携わる。「海峡」同人。共著に、『韓国併合一〇〇年の現在』がある。

在日二世の記憶

二〇一六年一一月二二日　第一刷発行

集英社新書〇八五七Ｄ

編者……小熊英二／高賛侑／高秀美

発行者……茨木政彦

発行所……株式会社集英社

東京都千代田区一ッ橋二-五-一〇　郵便番号一〇一-八〇五〇

電話　〇三-三二三〇-六三九一（編集部）
〇三-三二三〇-六〇八〇（読者係）
〇三-三二三〇-六三九三（販売部）書店専用

装幀……原　研哉

印刷所……大日本印刷株式会社　凸版印刷株式会社

製本所……加藤製本株式会社

定価はカバーに表示してあります。

 ISBN 978-4-08-720857-3 C0221 Printed in Japan

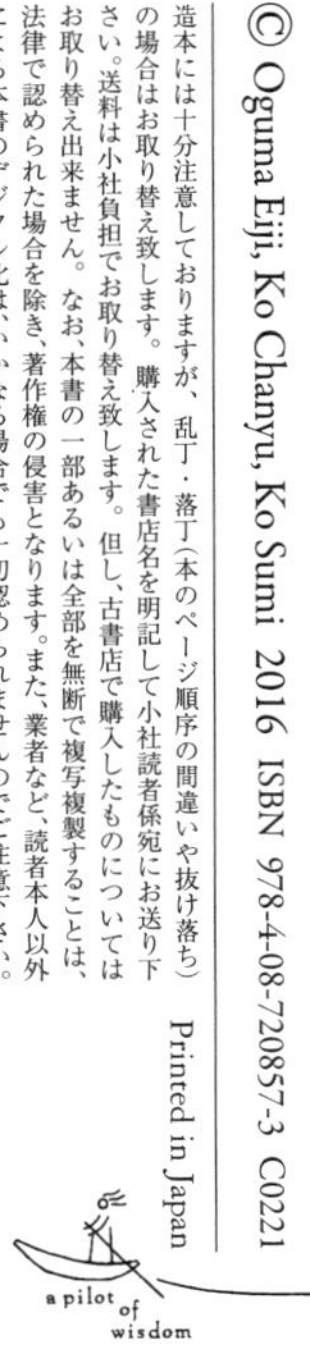

集英社新書　好評既刊

歴史・地理――D

- 「日出づる処の天子」は謀略か　黒岩重吾
- 日本人の魂の原郷 沖縄久高島　比嘉康雄
- 沖縄の旅・アブチラガマと轟の壕　石原昌家
- アメリカのユダヤ人迫害史　佐藤唯行
- 怪傑！ 大久保彦左衛門　百瀬明治
- 寺田寅彦は忘れた頃にやって来る　松本 哉
- ヒロシマ――壁に残された伝言　井上恭介
- 悪魔の発明と大衆操作　原 克
- 英仏百年戦争　佐藤賢一
- 死刑執行人サンソン　安達正勝
- パレスチナ紛争史　横田勇人
- ヒエログリフを愉しむ　近藤二郎
- 僕の叔父さん 網野善彦　中沢新一
- ハンセン病 重監房の記録　宮坂道夫
- 勘定奉行 荻原重秀の生涯　村井淳志
- 江戸の妖怪事件簿　田中 聡
- 沖縄を撃つ！　花村萬月
- 反米大陸　伊藤千尋
- ハプスブルク帝国の情報メディア革命　菊池良生
- 大名屋敷の謎　安藤優一郎
- 陸海軍戦史に学ぶ 負ける組織と日本人　藤井非三四
- 在日一世の記憶　小熊英二・姜尚中 編
- 徳川家康の詰め将棋 大坂城包囲網　安部龍太郎
- 名士の系譜 日本養子伝　新井えり
- 知っておきたいアメリカ意外史　杉田米行
- 長崎グラバー邸 父子二代　山口由美
- 江戸・東京 下町の歳時記　荒井 修
- 警察の誕生　菊池良生
- 愛と欲望のフランス王列伝　八幡和郎
- 日本人の坐り方　矢田部英正
- 江戸っ子の意地　安藤優一郎
- 長崎 唐人屋敷の謎　横山宏章
- 人と森の物語　池内 紀

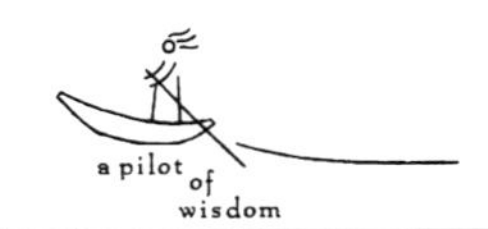

新選組の新常識　菊地　明
ローマ人に学ぶ　本村凌二
北朝鮮で考えたこと　テッサ・モーリス・スズキ
ツタンカーメン　少年王の謎　河合　望
司馬遼太郎が描かなかった幕末　一坂太郎
絶景鉄道　地図の旅　今尾恵介
縄文人からの伝言　岡村道雄
14歳〈フォーティーン〉満州開拓村からの帰還　澤地久枝
日本とドイツ　ふたつの「戦後」　熊谷　徹
江戸の経済事件簿　地獄の沙汰も金次第　赤坂治績
消えたイングランド王国　桜井俊彰
「火附盗賊改」の正体　——幕府と盗賊の三百年戦争　丹野　顯

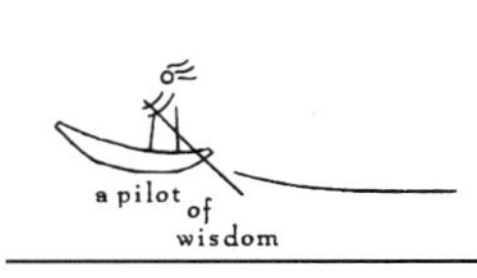

小さな「悟り」を積み重ねる　アルボムッレ・スマナサーラ
科学と宗教と死　加賀乙彦
犠牲のシステム　福島・沖縄　高橋哲哉
気の持ちようの幸福論　小島慶子
日本の聖地ベスト100　植島啓司
続・悩む力　姜尚中
心を癒す言葉の花束　アルフォンス・デーケン
自分を抱きしめてあげたい日に　落合恵子
その未来はどうなの？　橋本治
荒天の武学　内田樹　光岡英稔
武術と医術　人を活かすメソッド　甲野善紀　小池弘人
不安が力になる　ジョン・キム
冷泉家　八〇〇年の「守る力」　冷泉貴実子
世界と闘う「読書術」　思想を鍛える一〇〇〇冊　佐高信　佐藤優
心の力　姜尚中
一神教と国家　イスラーム、キリスト教、ユダヤ教　内田樹　中田考
伝える極意　長井鞠子

それでも僕は前を向く　大橋巨泉
体を使って心をおさめる　修験道入門　田中利典
百歳の力　篠田桃紅
釈迦とイエス　真理は一つ　三田誠広
ブッダをたずねて　仏教二五〇〇年の歴史　立川武蔵
「おっぱい」は好きなだけ吸うがいい　加島祥造
イスラーム　生と死と聖戦　中田考
アウトサイダーの幸福論　ロバート・ハリス
進みながら強くなる　――欲望道徳論　鹿島茂
科学の危機　金森修
出家的人生のすすめ　佐々木閑
科学者は戦争で何をしたか　益川敏英
悪の力　姜尚中
生存教室　ディストピアを生き抜くために　内田樹　光岡英稔
ルバイヤートの謎　ペルシア詩が誘う考古の世界　金子民雄
感情で釣られる人々　なぜ理性は負け続けるのか　堀内進之介
永六輔の伝言　僕が愛した「芸と反骨」　矢崎泰久編

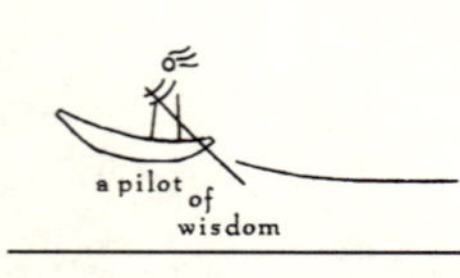

集英社新書　好評既刊

既刊情報の詳細は集英社新書のホームページへ
http://shinsho.shueisha.co.jp/